SOME MORE MOVIES TO BE MURDERED BY

Die Alfred Hitchcock Bonus-Tracks Vol. II

AF281516

Für Claudia

MARKUS HIRSCH

SOME MORE MOVIES TO BE MURDERED BY

Die Alfred Hitchcock Bonus-Tracks Vol. II

Bibliografische Information der Deutschen Nationalbibliothek:
Die Deutsche Nationalbibliothek verzeichnet diese
Publikation in der Deutschen Nationalbibliografie; de-
taillierte bibliografische Daten sind im Internet über
http://dnb.dnb.de abrufbar.

Umschlaggestaltung: BoD

Verlag: BoD · Books on Demand GmbH, In de Tarpen 42,
22848 Norderstedt, bod@bod.de
Druck: Libri Plureos GmbH, Friedensallee 273,
22763 Hamburg

ISBN: 978-3-7693-2859-2

Inhalt

Vorbemerkung zu Vol. II

„Understatement is important to me"

&

„With `Harry` I took melodrama out of the pitch-black
night and brought it out into the sunshine. [...]"

&

„You win my love / You win my soul / You win my heart /
Yeah, you get it all / You win my love / You make my motor run
/ You win my love / Yeah, you're number one"

(ZITAT 1: Alfred Hitchcock teilt dem „*so called*" „Understatement" eine wichtige Rolle in seinem künstlerischen Schaffen & Kosmos zu, und gerade ein Werk wie *Immer Ärger mit Harry* ist geprägt von Figuren, die ihre Ängste & Hoffnungen sowie ihre „*hatreds & passions*" mit „*a lot of*" Understatement zum Ausdruck bringen; // ZITAT 2: Hitchcock über die „aufhellende Wirkung" der im Endeffekt etwas „statisch" geratenen schwarzen Komödie *Immer Ärger mit Harry*, die aber vor allem auch durch die großartige Kameraarbeit von Robert Burks „glänzt", welche das „*Country Life*" & vor allem die „*nature in Vermont*" in „*vivid splendor*" präsentiert; darüber hinaus hört sich der „*The Trouble with Harry*"-Score von Bernard Herrmann, die die erste von insgesamt 8 „Filmmusiken" war, die der Komponist für den „Meister der Suspense" kreierte, so

„frisch & melodisch" wie ein „*Country Tune*" an – das ZITAT 3 gibt den Chorus des mittlerweile klassischen Country-Songs „*You Win My Love*" von Shania Twain aus dem Jahr 1995 wieder)

Wie bereits in der Vorbemerkung zu „Vol. 1" erwähnt, kann das Werk Hitchcocks als „Serie von Filmen, die alle möglichen Varianten an `romances` bieten", gesehen werden, wobei in manchen „Hitchcock-Movies", so wie etwa in *Vertigo – Aus dem Reich der Toten* (1958) oder in *Marnie* (1964), bekanntlich die „Hingabe" an eine „*romantic obsession*" eine Rolle spielte, und „*romantic fixation*" ist ohne Zweifel auch eines der Motive in der „*Love Story*" zwischen Joan Fontaine & Cary Grant in Hitchcock's viertem US-Film *Verdacht* aus dem Jahr 1941.

Im Zentrum dieses in England spielenden Thrillers, auf den, zusammen mit dem 1955 veröffentlichten *Immer Ärger mit Harry*, in dem vorliegenden Buch, „*Some More Movies To Be Murdered By: Die Alfred Hitchcock Bonus-Tracks Vol. 2*", näher eingegangen wird, steht eine „`shy and neurotic daughter` wohlhabender Eltern", die sich in einen charmanten, aber unverantwortlichen „Verschwender" verliebt, in „*a real spendthrift*" sozusagen.

Allerdings verdächtigt sie ihn nicht lange nach der Hochzeit auch des Plans, sie ermorden zu wollen, was dazu führt, dass die

„*relationship*" zwischen „Lina" Joan Fontaine & „Johnny" Cary Grant „*close to destruction*" ist.

Der für einen Hitchcock-Film ziemlich „gesprächig" daherkommende *Immer Ärger mit Harry* hingegen, in dem sich alles um eine Leiche, die einfach nicht „*buried*" bleiben kann, dreht, ist zwar nicht in England angesiedelt, aber dafür ganz im Sinne eines „*strictly British genre*" realisiert, nämlich der „Schwarzen Komödie" mit dem zugehörigen „*humor of the macabre*". Zur Riege der, durchaus sympathischen, „*town people*", die denken, für den Tod von „Harry" bzw. für die Entsorgung des „*dead body*" verantwortlich zu sein, gehören, neben „Harry's Witwe" Shirley MacLaine, der lokale „*abstract painter*" John Forsythe, der „pensionierte Captain" Edmund Gwenn sowie die „alte Jungfer" Mildred Natwick. Und über „*Harry's Corpse*" hinweg werden letzten Endes sogar diverse „*dates*" vereinbart, die zu gewissen „Paarbildungen" führen – „*What seems to be the trouble, Captain?*" (Copyright: *Mildred Natwick*).

In die umfangreichen Auseinandersetzungen mit den Hitchcock-Filmen sind wiederum nicht nur die berühmten „*Conversations*" mit François Truffaut eingearbeitet, sondern auch zahlreiche „motiv-ähnliche" bzw. „ein bestimmtes Motiv verdeutlichende" Werke (darunter auch aus der James-Bond-Serie), sodass sich zusätzlich eine „*Cinematic Landscape*" bestehend aus jenen Filmen sowie Schauspielerinnen & Schauspielern auftut, die den Autor dieses Buches „*over the years*" maßgeblich beeinflusst haben. M. H.

IMMER ÄRGER MIT HARRY (1955)
(OT: THE TROUBLE WITH HARRY)

„Such a nice day to throw your life away / Such a nice day,
to let it go"

(aus dem Song „*Wire*" von *U2*, der auf dem Album „*The*
Unforgettable Fire" (1984) zu finden ist, das bereits reichlich,
angesichts von Songs wie „*Pride (In the Name of Love)*", „*4th*
of July", „*Indian Summer Sky*" oder „*Elvis Presley and Ame-*
rica", „US-orientiert" war; // Alfred Hitchcock's „Eine Leiche
liegt im Wald herum"-Film *Immer Ärger mit Harry* besticht
durch *einige der schönsten* „*Herbst-Aufnahmen*" *der Filmge-*
schichte, denn „Hitch" & sein Kameramann *Robert Burks*
brachten darin gleichsam das herbstliche New England „zum
Leuchten")

„What seems to be the trouble, Captain?"
„[…] He's dead"
&
„Ist das Ihre Leiche, guter Mann?"

(aus: *Immer Ärger mit Harry*; Dialogzeilen im „Herbst-Wald" angesichts der Leiche „Harry"; die ZITATE 1 geben einen Dialog zwischen „Miss Gravely" *Mildred Natwick* und „Captain Albert Wiles" *Edmund Gwenn* wieder und das ZITAT 2 ist eine Aussage, die von „Sam Marlowe" *John Forsythe* stammt und ebenfalls an den „Captain" gerichtet ist)

„*Tag*"
„*Sie sehen bezaubernd aus. Wunderbar. Etwas so Bezauberndes wie Sie habe ich noch nie zu Gesicht bekommen. Ich* **muss** *Sie malen*"

(aus: *Immer Ärger mit Harry*; nun: „*First impressions are often correct*": „Begrüßungsdialog" zwischen „Jennifer Rogers" *Shirley MacLaine* und dem „*artist / painter*" „Sam Marlowe" *John Forsythe* beim Haus von MacLaine)

„*Er entsprach meiner Neigung, mit* **Gegensätzen** *zu arbeiten, gegen die Tradition zu kämpfen und die Klischees. Mit `The Trouble with Harry` hole ich das Melodram aus der Dunkelheit der Nacht und bringe es ans helle Tageslicht. Es ist, wie wenn ich einen Mord an einem plätschernden Bach zeigte und einen Tropfen Blut ins glasklare Wasser spritzte. Durch diesen*

Kontrast entsteht ein Kontrapunkt, und vielleicht werden so die alltäglichen Dinge des Lebens aufgewertet"

"Tatsächlich, selbst wenn Sie schreckliche oder furchterregende Dinge filmen, die leicht schmutzig und morbide werden könnten, machen Sie es so, dass es niemals hässlich wird. Im Allgemeinen ist es sogar sehr schön"

&

"Als ich Hitchcock das erste Mal sah, wähnte ich mich einem Genie gegenüber. Nachdem ich eine Weile mit ihm gearbeitet hatte, hielt ich ihn für einen guten Filmemacher. Am Ende meiner Verbindung war ich wieder bei Genie. Die vielen Subtilitäten an ihm musste ich erst mal verstehen"

(ZITATE 1: *Alfred Hitchcock* macht gegenüber *François Truffaut* nochmals seine Tendenz klar, in seinen Filmen möglichst „anti-traditionell" und „anti-klischeehaft" vorzugehen, und Truffaut bescheinigt Hitchcock eine gewisse „Ästhetisierung des Schrecklichen", die den Schrecken abschwächt; // ZITAT 2: „Genie-Kult anno dazumal": der *Immer-Ärger-mit-Harry*-Drehbuchautor *John Michael Hayes*, der für Hitchcock auch die Skripts zu *Das Fenster zum Hof* (1954), *Über den Dächern von Nizza* (1955) & *Der Mann, der zu viel wusste* (1956) geschrieben hat, über sein sich im Laufe der Zeit „wandelndes" & wieder „zurückwandelndes" Hitchcock-Bild)

Nach der „leichten Geschichte" *Über den Dächern von Nizza* mit Grace Kelly und Cary Grant wollte Alfred Hitchcock, auch wenn Paramount damit „keine rechte Freude" hatte, unbedingt „*The Trouble with Harry*" auf die Leinwand bringen, der auf einer 1950 erschienenen „*novel*" des britischen Autors Jack Trevor Story beruht, wobei Hitchcock aus der „*small English town*", in der J. T. Story seine Geschichte angesiedelt hat, eben eine „*small American town*" gemacht hat.

Von Anfang an war klar, und das war auch der Grund für die Einwände von Paramount, dass die „dark comedy" *Immer Ärger mit Harry* über das Eingraben/Ausgraben einer Leiche kein „typischer Hitchcock" werden würde oder überhaupt kein „größerer Film", aber dem Regisseur lag daran, sich von dem „Erwartungsdruck" zu befreien, dem er sich mittlerweile als „*Master of Suspense*" und als Regisseur von Klassikern wie „*Notorious*" (1946), *Der Fremde im Zug* (1951), *Bei Anruf Mord* (1954) und „*Rear Window*" ausgesetzt sah.

Aus „*The Trouble with Harry*", der auch das Leinwanddebüt von Shirley MacLaine darstellte, wurde letztendlich ein „*nice piece of work*", „*clean*" und „*funny*", aber im Grunde hatte Hitchcock damit die Erwartungen des Publikums, zumindest in den USA, zunächst tatsächlich nicht erfüllt, denn während der Film beispielsweise in London, Rom und Paris recht erfolgreich in den Kinos lief und von der dortigen „*audience*" offenbar „verstanden" wurde, waren die Vereinigten Staaten ein Land, in dem man der Meinung war, dass „*death*" nicht unbedingt als Anlass zur „Komik" dienen sollte – „*So always look on the bright side of death / A-just before you draw your terminal breath*" (Copyright: *Monty Pythons*).

Allerdings hat der „*big success*" des Hitchcock-Films in England, Italien und Frankreich („*In Paris kam er in einem kleinen Kino an der Champs Elysées heraus, man gab ihm ein bis zwei Wochen, und dann war das Kino sechs Monate lang ausverkauft*" – TRUFFAUT zu HITCHCOCK) letztendlich auch einen „*small success*" in den Staaten bewirkt, und ganz abgesehen davon hatte *Immer Ärger mit Harry* und der „schwarze Humor" des Werks dann erheblichen Einfluss auf „Hitch's" berühmte TV-Serie „*Alfred Hitchcock Presents*".

Der Inhalt von *Immer Ärger mit Harry*:

[„INSPEKTOR COLUMBO" PETER FALK: „*Ist doch wirklich interessant. Ich meine für mich, für einen Menschen mit meinem Job*" / „ELLIOT MARKHAM" PATRICK O'NEAL: „*Wieso?*" / INSPEKTOR COLUMBO: „*Na, überlegen Sie. Eine Leiche an einem Ort vergraben, wo sie keiner mehr finden kann. Also, wenn ich mir überlege, ich hätte jemand ermordet, ich könnte nichts Besseres tun*" / ELLIOT MARKHAM: „*Sie übersehen im Augenblick, dass heutzutage nicht mehr sehr viele Pyramiden gebaut werden*" / INSPEKTOR COLUMBO: „*Ich habe doch nicht an Pyramiden gedacht. Heute käme da natürlich was anderes in*

Frage, wie etwa…äh, so genau weiß ich auch nicht…will mal sa-
gen…" / ELLIOT MARKHAM: *"Darf ich das Fundament eines*
Hochhauses vorschlagen?" / INSPEKTOR COLUMBO: *"Sie sa-*
gen das nur zum Spaß, Markham, aber wissen Sie, was Sie da
sagen? Versteck en Sie mal eine Leiche in so einem Fundament.
Die bleibt verschwunden bis in alle Ewigkeit" / ELLIOT MARK-
HAM: *"Das werd' ich mir merken, wer weiß, wann ich davon*
mal Gebrauch machen kann. […]" (aus *Columbo* 1.7: *"Ein*
Denkmal für die Ewigkeit" / OT: *"Blueprint for Murder"*) – "Inspektor Columbo's" Hauptverdächtiger, der Architekt "Elliot
Markham", schlägt dem ermittelnden Inspektor, der gerade
seine Vorlesung besucht hat, in der es um Pyramiden gegangen
ist, genau jene "effektive" Methode vor, die der Inspektor ohnehin in "Verdacht" hat, dass sie von "Markham" angewendet
wurde, um damit die Leiche seines Widersachers, des großspu-
rigen texanischen *"Business Man"* "Beau Williamson" (Forrest
Tucker), verschwinden zu lassen; der *"Business Man"* ist dem
"Star-Architekten" bei einem wichtigen Bauprojekt in die Quere
gekommen, mit dem er sich "ein Denkmal" setzen will; ursprünglich ins Visier von Columbo's Ermittlungen ist der Architekt geraten, weil er "Fan klassischer Musik" ist, denn im aufge-
fundenen Wagen der "`missing person` Beau Williamson", der
"deklarierter Fan von Populärmusik" war und auch zahlreiche
Musikkassetten in seinem Auto mitgeführt hat, hat der Inspektor
bemerkt, dass das Autoradio, völlig "Williamson-untypisch"

also, auf einen „Klassik-Sender" eingestellt war – dieser Tatsache liegt der Umstand zugrunde, dass „Markham" nach dem Mord an dem Geschäftsmann, dem er im Auto aufgelauert hat, auch eine Weile mit dessen „*car*" herumgefahren ist und offenbar im Radio nach „anspruchsvoller Musik" gesucht hat; diese siebente Episode der ersten *Columbo*-Staffel ist ein echtes Highlight und darüber hinaus bemerkenswert, weil „Lt. Columbo"-Darsteller Peter Falk hier auch *Regie* geführt hat; nur Steven Spielberg's „*Tödliche Trennung*" / OT: „*Murder by the Book*" ist eine noch bessere *Columbo*-Episode innerhalb der ersten Staffel dieser klassischen TV-Krimiserie] – nach dem Vorspann [*Anmerkung*: „*And the songbirds keep singing / Like they know the score*" (Copyright: *Fleetwood Mac*) – der mit „minimalistischen" Zeichnungen von diversen Vögeln und einer Leiche ausgestattete Vorspann ist mit einem Score von *Bernard Herrmann* versehen, der hier seine „Hitchcock-Premiere" gefeiert hat; der Komponist der Filmmusik zu *Über den Dächern von Nizza*, Lynn Murray, hatte, da er selbst nicht für das „*The Trouble…*"-Projekt verfügbar war, Hitchcock den „*composer*" Bernard Herrmann empfohlen, aber allgemein wird angenommen, dass sich der Regisseur und der Musiker schon vor *Immer Ärger mit Harry* kannten; fest steht, dass der *Immer-Ärger-mit-Harry*-Score zu Hitchcock's Lieblings-Scores gehörte und er ihn sogar den legendären Herrmann'schen Musikuntermalungen zu den „Über-Klassikern" *Der unsichtbare Dritte* & *Psycho* vorzog]

16

wird man mit ein paar Impressionen des kleinen Städtchens, das im Bundesstaat Vermont liegt, konfrontiert.

Anschließend sieht man in einem Waldgebiet einen „little boy", Arnie, herumspazieren, der „bewaffnet" mit zwei Spielzeug-Waffen ist, beides „plastic machine guns", wobei er die eine in den Händen hält und die andere „an den Körper" geschnallt hat [„Arnie Rogers" wird von *Jerry Mathers* gespielt, der später Auftritte in diversen Episoden von einst populären TV-Serien wie z. B. *Love Boat* hatte (*Anm.*)].

Plötzlich…fällt ein *Schuss*…und Arnie wirft sich auf den mit Blättern übersäten Waldboden. Dann fallen ein zweiter und ein dritter Schuss…und schließlich hört man jemanden, einen Mann, etwas sagen [MÄNNLICHE STIMME: *„Mit euch werd' ich noch alle Tage fertig!"*].

Der neugierig gewordene Arnie spaziert nach den drei Schüssen einen Hang hinauf. Als er die Spitze des „hillside" erklommen hat, entdeckt er auf dem Waldboden… *„Tell me, tell me the story / The one about eternity / And the way it's all gonna be / Wake up, wake up dead man"* [Copyright: *U2*] …eine männliche Leiche!

Als sich der „little boy" noch näher an die Leiche herangewagt hat, sieht er, dass der „dead man" ein wenig Blut auf der Stirn hat [*Anmerkung*: Ein berühmtes Bild innerhalb von Hitchcock's Werk: Die Kamera „sitzt" hier, nach der Aufnahme vom Kopf der Leiche, dann quasi auf dem Waldboden und man sieht „im Bildvordergrund" die Schuhsolen des Toten und Teile der

Beine und „im Bildhintergrund" *Arnie with his shotgun*, so-dass man den Oberkörper des Jungen wahrnimmt und den „Unterkörper" des „*dead man*"; Hitchcock bestand darauf, dass die „Leiche" in *Immer Ärger mit Harry* von einem echten Schauspieler gespielt wurde, und erhalten hat die „Rolle" letztendlich der aus Boston stammende „actor" *Philip Truex* (1911 – 2008)].

Kurz darauf verlässt Arnie eilig die Anhöhe, auf der die Leiche liegt, und läuft (wahrscheinlich) „back home" [*Anmerkung*: Exkurs: „Eine europäische Arthouse-Murder-Mystery": „PAINTER BILL" JOHN CASTLE zu „PHOTOGRAPHER THOMAS" DAVID HEMMINGS: *„Das*[Bild] *ist bestimmt schon fünf, sechs Jahre alt. Wenn ich daran arbeite, weiß ich nie warum. Es hat keine Bedeutung. Und später, da finde ich irgendwas, was mich daran fesselt, so wie das...so wie das Bein hier. Dann wird alles auf einmal klar und fügt sich zusammen. So, als ob man in einem Krimi eine Spur findet"* (aus: *Blow Up*; „der Maler" John Castle bespricht mit „dem Fotografen" David Hemmings eines seiner abstrakteren Gemälde, auf dem er offenbar „ein Bein"/„eine Beinstruktur" ausmacht) – eines gleich vorweg: Auch Alfred Hitchcock mochte Michelangelo Antonioni's 1966 in England und nach Motiven einer Erzählung von Julio Cortázar entstandenes Meisterwerk „*Blowup*" (OT), einen Film, der, wenn man so will, mit der „Faszination der Ungewissheit" spielt; zur Story: Thomas, ein Londoner „Star-Modefotograf", fotografiert „aus einer Laune heraus" in einem Park ein Liebespaar; als die Frau (Vanessa Redgrave) ihn dabei entdeckt, stellt sie ihn aufgebracht zur Rede und verlangt die sofortige Herausgabe des Films (Redgrave: *„Geben Sie den Film her! Sie dürfen Menschen nicht so fotografieren!"* / Hemmings: *„So, wer sagt das? Ich mache nur meine Arbeit. Es gibt eine Menge Berufe. Manche Menschen sind Stierkämpfer, andere Politiker. Ich bin Fotograf"*); sie wäre sogar bereit, ihm die Aufnahmen abzukaufen, aber als er das ablehnt, taucht sie später bei seiner Wohnung auf, wo Thomas ihr aber nur den falschen Film aushändigt; als er dann *„the right one"* entwickelt und einige „Blow-Ups" (Vergrößerungen) anfertigt, fallen ihm beunruhigende Details auf: Zunächst scheint die Frau während einer Umarmung sichtlich nervös in eine bestimmte Richtung zu blicken, dann ist da noch das verschwommene Antlitz eines Mannes bei einem Gebüsch, außerdem entdeckt der *„photographer"* einen „zielenden" Revolver, und letztendlich, auf einem Foto, das nach der Unterredung zwischen ihm und der Frau geschossen wurde, einen Körper, der offenbar unter einem Baum liegt; Thomas fährt in der Nacht nochmals in den Park und findet unter dem besagten *„tree"* tatsächlich eine Leiche, bei der es sich offenbar um den „Lover" der Frau handelt; zurück in seinem Atelier sind die Fotografien verschwunden und das Atelier durchwühlt; als er dann noch einmal in den Park fährt, ist plötzlich auch die Leiche bei dem Baum verschwunden…; *Blow Up*, eine eigentümliche „Murder Mystery *ohne* Aufklärung", die aber gleichzeitig auch ein Porträt der Beat-Generation Londons ist, hat stets Anlass zu Reflexionen & Deutungsansätzen gegeben, aber fest steht, dass der Fotograf

„Thomas", genauso wie der mit ihm befreundete Maler „Bill", der plötzlich *certain things* auf seinen *paintings* entdeckt, der Faszination seiner eigenen Bilder erliegt; absolut *genial* an diesem Antonioni-Werk, in dem sich auch die junge *Jane Birkin* (als blondes „Möchtegern-Model") und die britische Band *The Yardbirds* tummeln, die in den 60s nacheinander Leadgitarristen wie Eric Clapton, Jeff Beck & den spätere *Led-Zeppelin*-Mastermind Jimmy Page in ihren Reihen hatte, ist die *Tonspur*, denn die Szenen im Park, in denen Hemmings Redgrave und ihren (vermeintlichen) „Lover" fotografiert, sind auch deshalb auf eine seltsame Weise absolut spannend und sogar „unheimlich", weil Antonioni hier gänzlich auf Musik verzichtet hat und man stattdessen die ganze Zeit nur das intensive Rascheln der Baum- & Strauch-Blätter im Wind hört, das irgendwie „Unheil" ankündigt; *„Blowup"* ist, wie bereits ausgeführt, ohne Zweifel ein *„masterpiece"* der Filmgeschichte, aber ich persönlich mag andere Antonioni-Werke wie z. B. *„La notte"* (OT; 1961) mit Marcello Mastroianni & Jeanne Moreau oder *„Il deserto rosso"* (OT; 1964) mit der großartigen Monica Vitti sowie mit Richard Harris oder *„The Passenger"* (engl. Verleihtitel; 1975) mit Jack Nicholson & Maria Schneider irgendwie „weit lieber"].

„Till they roll me over / And lay my bones to rest / Gonna live while I'm alive / I'll sleep when I'm dead" [Copyright: *Bon Jovi*] ...währenddessen, also: während der kleine Arnie Rogers die Flucht angetreten hat, sitzt der umtriebige „Old Captain" Al-

bert Wiles mit seiner ebenfalls „altertümlich" wirkenden „shotgun" irgendwo im selben Wald unter einem Baum und sinniert „über die Jagd" [CAPTAIN WILES: *„So, du treues, altes Schießeisen, das wär's für heute, und wenn du nicht mindestens zwei fette Karnickel erlegt hast, kommen wir eben mit leeren Händen nach Hause. …Tja, gesegnet die Menschen, die nichts erwarten, sie können wenigstens nicht enttäuscht werden. […]"*].

Der Captain erhebt sich von seinem „Sitzplatz unter dem Baum" und begibt sich auf die Suche nach dem „Erjagten". Zunächst findet er auf dem Waldboden aber nur eine leere Dose Bier, die ein Loch hat, das wie ein „Einschussloch" aussieht [Kommentar von CAPTAIN WILES, während er die Bierdose mit dem *„bullet hole"* hält: *„Wenn diese Dose vier Beine und einen Stummelschwanz hätte, würden wir sie heute Abend essen. Glatter Herzdurchschuss"*].

Wiles setzt dann seinen „Waldspaziergang" fort und findet als Nächstes eine Tafel, die an einem Bäumchen lehnt. „The old Captain" begutachtet sie und darauf steht irgendwas davon, dass weder „Shooting" noch „Trespassing" erlaubt ist.

In der Folge „erklimmt" auch Wiles den Hügel, den schon Arnie Rogers bestiegen hat. Oben auf der „Hillside"-Spitze angekommen, entdeckt er schließlich ebenfalls die… *„Wide awake / I'm wide awake / Wide awake / I'm not sleeping / Oh no, no, no"* [Copyright: *U2*] …männliche Leiche.

Wiles ist sofort der Meinung, dass *er* den Mann auf dem Gewissen hat [CAPTAIN WILES: *„[…] Ein harmloser Schuss am*

Morgen und schon ist man ein Mörder"], der ihm allerdings völlig unbekannt ist [CAPTAIN WILES: *„Wenn du dich unbedingt erschießen lassen musst, tu's da, wo man dich kennt…"*; // *Anmerkung*: Die, trotz allem, „phlegmatische" Reaktion von „Captain Wiles" Edmund Gwenn auf die Leiche ist praktisch *„typical"* für den Humor des gesamten Films, so wie auch Truffaut und Hitchcock in ihrem Gespräch über *„The Trouble with Harry"* verdeutlicht haben: TRUFFAUT: *„Der ganze Humor des Films entwickelt sich aus einem Mechanismus, und zwar immer demselben, einer Art übertriebenem Phlegma. Man spricht von der Leiche, als sei es eine Schachtel Zigaretten"* / HITCHCOCK: *„Das ist mein Prinzip. Mich amüsiert nichts mehr als **die Komik des Understatement"*** (aus: Truffaut's *„Le Cinéma selon Hitchcock"*, wie *„Mr. Hitchcock, wie haben Sie das gemacht?"* im Original heißt)].

Er zieht dem „Toten im Anzug, der eine Krawatte mit Herzchen-Muster trägt" schließlich einen Briefumschlag aus der Tasche, der wohl seine Identität verrät [CAPTAIN WILES – liest vor: *„Mr. Harry Worp, 57 Maple Avenue, Boston, Massachusetts"*].

„By the looks of it, you won't get back for Christmas" – nach einem Kommentar des Captains, dass es „Harry" wohl nicht mehr „rechtzeitig bis Weihnachten" nach Hause schaffen wird, sieht man eine „woman" den „hillside" hinaufgehen.

„*She's the wave / She turns the tide / She sees the man inside the child*" [Copyright: *U2*] …Albert „The Captain" Wiles jedoch, der die Frau noch *nicht* bemerkt, wendet sich abermals der Leiche zu und „entschuldigt" sich bei „Harry", wobei er auch feststellt, dass er dort, wo er jetzt liegt, unmöglich liegen bleiben könne [CAPTAIN WILES: „[…] *Trotzdem kann man dich nicht hier rumliegen lassen. Das gibt doch nur Ärger*"; // *Anmerkung*: „Eine andere berühmte Leiche innerhalb der Filmgeschichte": „M" BERNARD LEE: „*Mit Gold? Der ganze Körper?*" / „JAMES BOND 007" SEAN CONNERY: „*Ja, die Haut konnte nicht mehr atmen. Man hat von solchen Unfällen schon bei Tänzerinnen gehört. Der Goldüberzug ist nicht gefährlich, wenn man eine bestimmte Stelle am Rücken freilässt. Dann kann die Haut noch atmen*" / „M": „*Offenbar hat das jemand versäumt*" / JAMES BOND 007: „*Und ich weiß wer*" (aus: *Goldfinger*; der „Chef des britischen Geheimdienstes" Bernard Lee diskutiert in seinem Büro in London mit seinem „besten Agenten" Sean Connery den „reichlich ungewöhnlichen" Tod von „Jill Masterson" Shirley Eaton in einem Hotelzimmer in Miami und Connery macht einen Hinweis auf den Auftraggeber des Mordes) – *Goldfinger* aus 1964 (Regie: Guy Hamilton), Connery's dritter Auftritt als „*007*", gehört zweifellos zu den „*most popular James Bond films*" und gleichzeitig zu den „*most popular films, of any genre, ever made*", und das nicht nur wegen dem ikonischen „*golden girl*" Shirley Eaton, sondern, beispielsweise, auch wegen dem hier in die Serie eingeführten Aston Martin DB5 inklusive

Schleudersitz und diversen anderen „Extras"; zum „Grundgerüst" der Story: James Bond verfolgt den „Geschäftsmann/Goldschmuggler im großen Stil" Auric Goldfinger (Gert Fröbe) zunächst in die Schweiz, wo er herausfindet, dass Goldfinger eine riesige Operation namens „Grand Slam" plant, im Rahmen derer er in Fort Knox (Kentucky) einbrechen will, um dort eine Atom-Bombe detonieren zu lassen, die die Gold-Vorräte der Vereinigten Staaten kontaminieren würde; Bond muss Goldfinger's beste Pilotin, Pussy Galore (Honor Blackman), davon überzeugen, die Seiten zu wechseln, um zahlreiche Menschenleben sowie im Grunde auch „die US-Wirtschaft" zu retten…; natürlich geben „Goldfinger" Gert Fröbe (Connery, gefesselt und gerade im Begriff, von einem Laser in zwei Teile geteilt zu werden: *„Do you expect me to talk?"* / Fröbe: *„No, Mr. Bond, I expect you to die!"*) und der Hut-werfende „Oddjob" Harold Sakata, mit dem sich Connery einen spannenden „Schluss-Kampf" in Fort Knox liefert, einen *„great villain"* bzw. einen *„great henchman"* ab, aber speziell die Bond-Girls in dem Film sind, im Vergleich zu vielen anderen Bond-Filmen, *„fantastic"* & *„unforgettable"*, vor allem die wunderbare *Honor Blackman* als „Chefpilotin des `Flying Circus`", die nicht nur *„beautiful"* ist (Connery zu Blackman, in Goldfinger's „Düsenmaschine", die ihn nach Baltimore bringt: *„Dieser Flug wird mir immer in Erinnerung bleiben"* / Blackman: *„Sie können Ihren Charme abschalten, ich bin immun"*), sondern auch *„smart"*, *„sharp-tongued"* und „mit trockenem Humor ausgestattet" daherkommt, wobei der einstige *Mit*

Schirm, Charme und Melone-Star Blackman (1925 – 2020), wenn man so will, die erste „*Bond-Woman*" verkörperte, denn sie war sogar „*a few years older than*" Sean Connery; Shirley Eaton hat nur wenig Leinwandzeit in *Goldfinger*, aber auch bevor sie zu „*the golden girl*" und somit zu *einer der berühmtesten Leichen der Filmgeschichte* wird, stimmt die „*chemistry*" zwischen ihr und dem Schotten (Eaton: „*Allmählich gefallen Sie mir, Mr. Bond*" / Connery: „*Oh, sag doch James zu mir*"); legendär auch die Aussage, die „*007*" noch zu „Jill" in dem Hotelzimmer in Miami tätigt, bevor er von dem Goldfinger-Handlanger „Oddjob" bei einem Kühlschrank niedergeschlagen und für einige Zeit „ausgeknockt" wird: „*My dear girl, there are some things that just aren't done, such as drinking Dom Perignon `53 above a temperature of 38 degrees Fahrenheit. That's as bad as listening to the Beatles without earmuffs*" (Sean Connery zu Shirley Eaton, die er nach seinem K.o. eben „vergoldet & tot" vorfindet)].

Dann… „*Where do bad folks go when they die? / They don't go to heaven where the angels fly*" [Copyright: *Nirvana / Meat Puppets*] …hebt der Captain die Beine von „Harry Worp" hoch und will die Leiche „tiefer in den Wald hinein" befördern, doch ein „Captain Wiles!-Ruf einer... „*And a woman needs a man like a fish needs a bicycle*" [Copyright: *U2*] …„Woman" unterbricht sein Vorhaben.

„Yes, Ma'am?" – bei der Frau, die grade den „hillside" raufgekommen ist, handelt es sich um Miss Ivy Gravely, die sich danach erkundigt, ob es „trouble" gebe, ob er „Unannehmlich-keiten" habe [Reaktion von CAPTAIN WILES: *„Wie man's nimmt. Es ist ein Unfall, der sich leider nicht vermeiden ließ. Er ist tot"*; // Anmerkung: Den Satz *„What seems to be the trouble, Captain?"*, den Mildred Natwick hier zu Edmund Gwenn sagt, hat auch Hitchcock gegenüber Truffaut als jene Aussage „geou-tet", die den „Geist" seines Films am besten zutage fördert: *„Wenn beispielsweise der alte Edmund Gwenn die Leiche zum ersten Mal hinter sich herzieht und die alte Jungfer ihn trifft, sagt sie: `Haben Sie Unannehmlichkeiten, Kapitän?`. Das ist ei-ner der komischsten Sätze, und für mich liegt in ihm der ganze Geist der Geschichte"* (HITCHCOCK zu TRUFFAUT)].

Gravely vergewissert sich nach dieser „Einschätzung der Lage" von Wiles, dass der Mann auf dem Waldboden tatsächlich ein „dead man" ist, indem sie den Körper kurz mit ihrer Schuh-spitze berührt. Auch Miss Gravely behauptet schließlich, den Mann nicht zu kennen [IVY GRAVELY: *„Er lebte sicherlich nicht hier"* / CAPTAIN WILES: *„Aber er ist hier verschieden und nur darauf kommt es an"*].

„What do you plan to do with him, Captain?" – „Ivy" will daraufhin wissen, was „the Captain" gedenke, mit der Leiche zu tun, und „Albert" bringt zum Ausdruck, dass er nicht vorhabe, ihr gegenüber auch nur irgendetwas zu beschönigen [CAPTAIN WILES: *„[…] Ich werde ihn verstecken, ihn begraben und ihn dann vergessen"*].

Nachdem außerdem klar ist, dass auch die von Miss Gravely erwähnte „Polizei" keine Option für den Captain ist, meint er, dass sie das Ganze vergessen solle, da es ohnehin nur „ein Unfall" gewesen sei, weil er den Mann für einen „rabbit or something" gehalten habe [Nachsatz von CAPTAIN WILES: *Irren ist menschlich*"].

Daraufhin meint „Ivy", dass er tun solle, was er für richtig halte, da sie sicher sei, dass er „auf seinen Weltreisen" schon „weitaus schwierigere Situationen" bewältigt habe. Der ehemalige Seefahrer betont, wie froh er sei, so einer „warm, tender and understanding woman like her" begegnet zu sein, und… „*Solitary brother (brother) / Is there still a part of you that wants to live? / Solitary sister (sister) / Is there still a part of you that wants to give?*" [Copyright: *George Michael / Seal*] …Miss Gravely „revanchiert" sich bei Wiles mit einer Einladung zu „blueberry muffins" (und „Holunderbeeren-Wein") [IVY GRAVELY: *„Vielleicht darf ich Sie nachher zu Blaubeer-Maultaschen einladen, wenn Sie das hier erledigt haben? Ich habe sie selbst gemacht.* […]*"*], was sie aber auch dadurch begründet, dass sie schließlich irgendwie „Neighbours" wären und die Sache überhaupt „längst überfällig" sei.

Der Captain ist begeistert und willigt ein, am „frühen Nachmittag" bei ihr „aufzuschlagen" [CAPTAIN WILES: *„Ich bin frisch rasiert und hungrig wie ein Löwe"*].

Mit dem Hinweis, dass sie „ihn erwarte", steigt sie über die Leiche und verabschiedet sich von Captain Wiles, der dann seinerseits wieder dazu ansetzt, „Harry's" Beine hochzuheben, um ihn von dort, wo er jetzt liegt, fortzuschaffen [*Anmerkung*: „Ein weniger bekanntes Hitchcock-Werk der 1950er-Jahre": STIMME VON ALFRED HITCHCOCK: *„Meine Damen und Herren, hier spricht Alfred Hitchcock. Der Film, den Sie heute sehen werden, ist von allen meinen früheren Filmen grundverschieden. Der Unterschied liegt in der Tatsache, dass es sich bei diesem Film um eine wahre Begebenheit handelt. Ich habe nichts beschönigt, nichts hinzugefügt. Und doch werden Sie meiner Meinung sein, dass das Leben oft mit dem menschlichen Schicksal ein seltsameres Spiel treibt, als es ein Dichter erfinden kann"* (aus: *Der falsche Mann*; Alfred Hitchcock wendet sich vor der Titelsequenz seines Films an das Publikum, wobei der Regisseur sich selbst mit einer Totalen eingefangen hat und als eine Art „gesichtslose Gestalt, die auf einer nächtlichen Straße in einem Lichtbalken steht" inszeniert hat) – Hitchcock war der Meinung, dass das düstere Schwarzweißwerk „*The Wrong Man*" (OT) aus dem Jahr 1956 „eigentlich kein Film für ihn" war und dass der Film, in dem Henry Fonda und Vera Miles die Hauptrollen spielen, eher „zu den schlechten Hitchcocks" gehört, obwohl relativ klar scheint, warum sich „Hitch" für diese Geschichte, in der plötzlich das Chaos in das Leben eines unverdächtigen „Durchschnittsbürgers" eintritt, interessiert hat, denn sie spiegelt exakt das Weltbild des Regisseurs wider, zu dem bekanntlich auch

„die Angst vor der Polizei" gehörte – „*Ein unschuldiger Mann hat von der Polizei nichts zu befürchten*" („Lt. Bowers" Harold Stone zu „Manny Balestrero" Henry Fonda auf dem Polizeirevier); zur Story: New York 1953; Christopher Emmanuel „Manny" Balestrero (Fonda) ist Jazz-Musiker im „Stork Club"; seine Frau Rose (Miles) und er stecken in finanziellen Schwierigkeiten, und das nicht zum ersten Mal; in „*big trouble*" gerät der Musiker, der zweifacher Vater und „ein braver Bürger" ist, als er eines Tages verhaftet wird, da er von mehreren Zeugen fälschlicherweise sowie überaus *leichtfertig* beschuldigt wird, Überfälle begangen zu haben (Fonda, auf dem Polizeirevier: „*Weswegen halten Sie mich hier fest?! Wer behauptet, dass ich ein Verbrecher bin oder wie einer aussehe?! Von welchem Überfall sprechen Sie?! Hab ich nicht das Recht, es zu wissen?!*"); alle Indizien sprechen gegen ihn, er landet hinter Gittern, doch gelingt es seiner Frau, das Geld für die Kaution aufzubringen; in der Folge, bevor es dann zum Prozess kommt, in dem sich „Manny" Balestrero einem „überaus entschlossenen Staatsanwalt" gegenübersieht, suchen die beiden gemeinsam nach Zeugen, die ein Alibi bestätigen können, aber von den „*three men*", mit denen er zur Tatzeit Karten gespielt hat, sind zwei nicht mehr am Leben und der dritte, ein Boxer, ist unauffindbar; Mrs. Balestrero erleidet, auch, weil sie sich selbst plötzlich die Schuld an der Lage ihres Mannes gibt, einen Nervenzusammenbruch (Psychiater „Dr. Bannay" Werner Klemperer zu Henry Fonda:

„Ihre Nerven haben den Druck der Ereignisse, die auf sie ein-strömten, nicht ausgehalten"), die Familie scheint zerstört, und nicht einmal der Umstand, dass der wahre Täter, der „Manny" Balestrero tatsächlich ähnlich sieht, letztendlich gefasst und ihr Mann somit von jeglichem Verdacht freigesprochen wird, kann sie zunächst aus ihrer „Wahnwelt" zurückholen; der Film endet aber mit dem Hinweis, dass sich Rose Balestrero nach 2 Jahren *„mental hospital"* erholt hat und die Familie dann nach Miami gezogen ist…; die französischen Hitchcock-Exegeten/-Experten Claude Chabrol & Éric Rohmer bescheinigten diesem *Ein-tra-gischer-Fall-von-Personenverwechslung-*„Dokudrama" Hitch-cocks „kafkaeske" Qualitäten und sahen sich zumindest an Franz Kafka's Erzählung *„Das Urteil"* erinnert (Vera Miles zu Fonda: *„Siehst du denn nicht, dass alles zwecklos ist? Sie haben sich alle gegen dich verschworen. Ganz gleich, was du unter-nimmst, ob du unschuldig bist oder der größte Verbrecher, ver-urteilt wirst du doch!"*), aber der Eindruck wird auch dadurch verstärkt, dass Fonda, nachdem die Kriminalpolizei plötzlich vor seinem Haus aufgetaucht ist, in eine „gnadenlose Polizei- & Justiz-Maschinerie" gerät, aus der es kein Entrinnen mehr zu ge-ben scheint; *„Ich glaube vor allem, dass Ihr Stil, der auf dem Gebiet der Fiktion absolute Perfektion erreicht hat, ganz einfach im Widerspruch steht zum reinen Dokumentarfilm. Diesen Wi-derspruch spürt man den ganzen Film hindurch"* (TRUFFAUT zu HITCHCOCK) – auch wenn es in diesem Zitat nicht den An-schein hat, Truffaut mochte *„The Wrong Man"* und bedauerte

sogar, dass Hitchcock sich sozusagen weigerte, das Werk in den Interviews zu „verteidigen", weil der „Meister der Suspense" im Grunde nur diejenigen seiner Filme mochte, die an der Kinokasse erfolgreich waren; Truffaut betonte im *Der-falsche-Mann*-Zusammenhang eben wiederholt die „dokumentarische Ausrichtung" oder sprach von Szenen, die ihn an eine „Reportage" erinnern würden, was er natürlich mit der „*Nouvelle Vague / French New Wave*", welche der Franzose bekanntlich „miterfunden" hat, in Verbindung brachte, ein Umstand, der Hitchcock zu der Frage veranlasste, ob er ihn plötzlich zu einem „*Arthouse*-Regisseur nach europäischem Vorbild" umfunktionieren wolle – „*Hören Sie mal, Sie wollen wohl, dass ich Filme für die **Filmkunsttheater** mache?*" (HITCHCOCK zu TRUFFAUT)].

Der Captain muss sein Vorhaben aber kurz darauf schon wieder sein lassen, denn „suddenly" tauchen Arnie Rogers & seine Mutter Jennifer auf, was Wiles dazu zwingt, sich hinter einem Baum zu verstecken.

„Here he is, Mommy, here he is!" – Arnie zeigt seiner Mutter die Leiche und Jennifer Rogers scheint den Mann zu kennen [JENNIFER ROGERS: „*Nein, das darf doch nicht wahr sein...**Harry**. Harry, ist denn sowas möglich, nicht zu fassen*"; // *Anmerkung*: Zur Besetzung von Shirley MacLaine kam es mehr oder weniger durch einen Zufall, denn der Hitchcock-Mitarbeiter Herbert Coleman, der als „Mitproduzent" von *Immer Ärger mit Harry* gilt, sah MacLaine in dem Musical „*The Pyjama Game*" (1957 verfilmt mit Doris Day) in New York und war von der Hauptdarstellerin so beeindruckt, dass er sie „Backstage" besuchte und sich ihr als „Hitchcock- & Paramount-Repräsentant" vorstellte; was er zunächst aber *nicht* wusste, war, dass es sich bei der Schauspielerin nicht um die eigentliche Hauptdarstellerin Carol Haney handelte, die an diesem Tag erkrankt war, sondern eben um die „Zweitbesetzung" MacLaine; als die „wahre Identität" der damals erst 20-jährigen Schauspielerin geklärt war, wurde MacLaine zu Probeaufnahmen ins New Yorker Büro eingeladen, wo sie am nächsten Tag allerdings, wegen eines „fehlenden Regenschutzes bei starkem Regenwetter", völlig durchnässt auftauchte und, glaubt man Herbert Coleman, von Alma Hitchcock erst einmal „vernünftig eingekleidet" wurde; bei den Dreharbeiten zu „*The Trouble…*" kam es aber dann sogar zu einigen Streitigkeiten zwischen Hitchcock & MacLaine, was durchaus nicht „untypisch" für die „*argumentative actress*" war; so ist der Konflikt mit ihrer „Filmtochter" Debra Winger am Set von *Zeit der Zärtlichkeit* (1983) nahezu „*legendary*", allerdings war Co-Star Jack Nicholson stets bemüht, in Interviews die „*intensity*" dieses Konflikts zwischen MacLaine & Winger abzuschwächen bzw. runterzuspielen].

Jennifer fragt ihren Sohn dann, ob er sich an den Mann erinnern könne, und Arnie scheint tatsächlich, im Gegensatz eben zu seiner Mutter, die Erinnerung zu fehlen. Schließlich behauptet sie, dass dieser „Harry" sich in einem „deep sleep", einem „deep and wonderful sleep", befinde, allerdings, so fügt sie an, könnte er „selbst schuld" an seinem Zustand sein. Als Arnie fragt, ob er wieder aufwacht, gibt sie sich wenig „begeistert" von dieser Vorstellung [JENNIFER ROGERS: *Das wollen wir nicht hoffen*"].

Jennifer meint dann noch, dass er den Mann einfach vergessen solle, stellt ihrem Sohn „eine Limonade" in Aussicht und geht mit ihm… „*It's a beautiful day / Don't let it get away*" [Copyright: *U2*] …zurück nach Hause [*Anmerkung*: „Noch eine berühmte Leiche der Filmgeschichte": „TIFFANY CASE" JILL ST. JOHN: „*Ist er tot?*" / „JAMES BOND *007*" SEAN CONNERY: „*Na, das will ich doch hoffen*" (aus: *Diamantenfieber*; Dialog zwischen der „Diamantenschmugglerin" Jill St. John und „*007*" Sean Connery, nachdem Connery den „*diamond smuggler*" „Peter Franks" Joe Robinson im Rahmen eines „*intense fight in an elevator*" getötet hat) – nun, ein angeblich „konfuser" oder „sinnloser" „Diamanten-Schmuggler"-Plot hin oder her, „*Diamonds Are Forever*" (OT) aus dem Jahr 1971 (Regie: Guy Hamilton), der grundsätzlich natürlich mit „*the return of*" Sean Connery zur Bond-Serie punkten konnte, hat gewisse „*moments*", und einer dieser „Momente" ist der für Joe Robinson tödlich ausgehende Kampf zwischen ihm und Connery in dem Amsterdamer Fahrstuhl, wobei es Connery dank einer ausgewechselten Brieftasche dann gegenüber Jill St. John so aussehen lässt, als habe er grade „James Bond" getötet (Jill St. John: „*Na sowas, Sie haben ja James Bond umgebracht!*" / Sean Connery: „*Was, der war das? Sehen Sie mal an, man lebt also doch zweimal*" / Jill St. John: „*Sie können nicht James Bond kaltmachen*

und hier Däumchen drehen und warten, bis die Polizei kommt.
[…]"); ein anderer „gewisser Moment" von *Diamantenfieber* ist
sicherlich der nur wenige Szenen davor stattfindende „äußerst
spannende erste Auftritt" von „Tiffany Case", deren reichlich
transparentes „*a nice little nothing*"-Outfit Connery zu dem berühmten „*Ein hübsches, kleines Nichts, das Sie da beinahe an-
haben.* Gefällt mir"-Sager animiert; „*Kurios, dass jeder, der
diese Diamanten anrührt, gleich ins Gras beißt*" (der Blofeld-
Auftragsmörder „Mr. Wint" zu seinem Partner „Mr. Kidd") –
die Story: *007* soll einen Diamanten-Schmuggler-Ring infiltrieren, der einige „Ausfälle" zu beklagen hat, denn von Südafrika
bis Holland, von Nevada bis Kalifornien werden einzelne Mit-
glieder dieses Schmuggler-Rings, allesamt gleichsam „*links in
the smuggling chain*", getötet; Bond und die „attraktive
Schmugglerin" Tiffany Case (Connery im Nevada-Teil des
Films zu Jill St. John: „*Reg dich nicht auf, Schatz. Ich stehe über
den Dingen*") finden heraus, dass Ernst Stavro Blofeld (Charles
Gray) hinter allem steckt, der sich noch dazu als (Howard-Hug-
hes-artiger) mysteriöser & zurückgezogen lebender Milliardär
Willard Whyte ausgibt; Blofeld benutzt die Diamanten für einen
Satelliten, den er schließlich ins Orbit befördert und der gleichzeitig eine mächtige Laser-Waffe darstellt, mit der er die Welt
erpressen will; mit der Hilfe von CIA-Mann Felix Leiter befreit
Bond den echten Willard Whyte und hält letztendlich Blofeld
auf, der am Ende von einer Ölplattform im Pazifischen Ozean in
der Nähe der Küste von Baja California, Mexiko aus operiert;

die Diamanten jedoch verbleiben im Orbit (Jill St. John zu Connery im Rahmen der „Koda" des Films, auf einem Kreuzfahrtschiff und in den Nachthimmel blickend: *James, wie in drei Teufels Namen kriegen wir die Diamanten wieder **runter**?*"); die Leiche von „Peter Franks" hat grundsätzlich keine unwichtige Plot-Funktion in *„Diamonds Are Forever"*, denn nicht nur, dass Bond gegenüber „Miss Case" in Amsterdam vorgibt, „Peter Franks" zu sein, der gerade „James Bond" ermordet hat, *„the corpse"* ist dem „Schmuggler-Duo" Connery/Jill St. John dann „von Nutzen", als es gilt, die Diamanten in die Vereinigten Staaten zu transportieren (Connery zu Jill St. John: *„Den Weitertransport überlassen wir am besten dem toten Mr. Bond"*); auf dem Los Angeles International Airport trifft *„007"*, in Abwesenheit von „Tiffany Case", auf seinen US-Kollegen „Felix Leiter" (Norman Burton), der den Sarg mit der Leiche begutachtet und sich wundert, wie gut die *„diamonds"* versteckt sind (Norman Burton: *„Ich geb's auf. Klar, dass die Diamanten in der Leiche sind, aber wo?"* / Connery: *„Im Magen-Darm-Trakt, Dr. Leiter"*); grundsätzlich hat der berühmte Film-Architekt Ken Adam in dem 71er-Bond-Film exquisite Bauten samt *„amazing interior fittings"* abgeliefert, aber vor allem das *„Slumber Funeral Home"*, zu dem die Leiche von „Peter Franks" nach der Ankunft am LAX transportiert wird (aus dem Dialog im Leichenwagen zwischen Connery und zwei Angestellten der „Slumber Inc.": „Angestellter 1" Marc Lawrence: *„Der Kaputte, oh Verzeihung, der Verblichene da hinten. Ist das Ihr Bruder, Mr. Franks?"* /

Connery: „*Ja, das war er*" / „Angestellter 2" Sid Haig: „*Ich habe auch einen Bruder*" / Connery: „*Ja, wie klein doch die Welt ist*"), ist ein beeindruckendes „Konglomerat" aus Farben & Licht (der „Slumber Inc."-Chef „Morton Slumber" David Bauer zu Connery, der dann bereits die Peter-Franks-Urne in der Hand hält: „*Wir haben für Ihren Bruder in unserem Garten der Erinnerung ein hübsches Plätzchen ausgesucht. Eine friedliche Nische mit chartreuse-farbenen Vorhängen und einem Engelhauch-Goldrahmen. Nicht zu verfehlen* [...]"); hervorzuheben wäre auch noch der „sensuelle/sinnliche" Score von John Barry sowie, natürlich, der großartige Titelsong von Shirley Bassey – „*Diamonds are forever, forever, forever*"].

Der Captain... „She won't care what I do with him" ...ist sich nach diesem „Auftritt von Jennifer Rogers" sicher, dass es ihr egal ist, was mit „Harry" passiert, doch der „alte Seefahrer" kommt gar nicht zu einem erneuten Versuch, die Leiche wegzuschaffen, denn „a man with a book in his hands" taucht dort auf dem Hügel auf [Kommentar von CAPTAIN WILES: „*Die Leute laufen hier rum, als ob es etwas umsonst gäbe* [...]"], der aber im Gehen so dermaßen mit dem Lesen seines Buches beschäftigt ist, dass er über die Leiche stolpert. Als er seine Brille hektisch wieder „eingesammelt" und „korrekt im Gesicht platziert" hat, setzt er den „Lesevorgang" faktisch ohne Unterbrechung und ohne die Leiche auch nur zu beachten fort und verschwindet wieder.

Kurz darauf hat die nächste Person den Hügel erklommen, offenbar ein Landstreicher [Kommentar von CAPTAIN WILES: *„Bleib ich eben hier sitzen, bis der Rest der Menschheit vorbeischaut, um ihm die letzte Ehre zu erweisen. Früher oder später wird dann ja wohl auch der Sheriff dabei sein"*]. Der „tramp" tritt ein paar Mal „prüfend" gegen die Leiche, stiehlt „Harry" anschließend dessen „polished shoes", verlässt den Ort des Geschehens wieder und hinterlässt nun einen „schuhlosen" und zweifärbige Socken tragenden „Harry Worp".

Ein *Zeitsprung*. Der Maler Sam Marlowe spaziert durch die „sonnendurchflutete, malerische Landschaft" in Richtung „Zentrum" der „small village" Highwater, während sowohl Ivy Gravely als auch Jennifer Rogers auf den jeweiligen Veranden ihrer Häuser stehen und „in die Ferne" blicken. Captain Wiles hingegen ist vom Warten müde geworden und mittlerweile im Wald unter dem Baum eingeschlafen.

Der „painter" Marlowe, der ein Bild mit sich herumträgt, steuert auf den kleinen „Stand mit Ramsch" zu, der Mrs. Wiggs [*Mildred Dunnock*] gehört und sich ganz in der Nähe ihres Ladens „Wiggs Emporium" befindet. Marlowe bemerkt, dass „Wiggy", wie er sie nennt, kein einziges seiner Bilder verkauft hat, die sie dort „ausgestellt" hat [SAM MARLOWE: *„Alle meine Bilder stehen noch am selben Platz"*]. „Wiggy" rechtfertigt das damit, dass durch „Highwater" nur wenige Autos durchfahren, bittet ihn dann aber darum, ihr sein „neuestes Werk" zu zeigen [SAM MARLOWE – betont pathetisch, scherzhaft: *„Wozu soll*

ich's Ihnen zeigen? Sie wissen's ja doch nicht zu würdigen.
[...]"].

Dann... „Even Cowgirls Get the Blues" ...„melden" sich
ein paar *Kühe* im Hintergrund, und Marlowe dreht sich um und
blickt zu der Kuhherde, die sich, eingezäunt, auf einer Grasflä-
che in der Nähe des Stands befindet.

Das bringt den „artist" dazu nachzufragen, ob Mrs. Wiggs
glaube, dass er und sie „auf der 5th Avenue in New York" mehr
Bilder loswerden würden, wo sich „Hunderte, Tausende, Millionen von Menschen" tummeln... *„In New York freedom looks*
like / Too many choices" [Copyright: *U2*].

„Wiggy" meint, dass es dort dann eigentlich „besser mit dem
Bilderverkauf" laufen müsste, aber Marlowe äußert plötzlich
Bedenken, dass... *„In New York you can forget / Forget how to*
sit still" [Copyright: *U2*] ...die Leute dort in Manhattan „hekti-
sche, verrückte `Little People` ohne Sinn für Kunst" sein könnten.

Der „painter" spricht dann die Tatsache an, dass sich der
Sohn von Mrs. Wiggs, nämlich Deputy Sheriff Calvin Wiggs
[gespielt von *Royal Dano*, der später nicht nur in insgesamt drei
Episoden von *Alfred Hitchcock Presents* und dem Nachfolgefor-
mat *The Alfred Hitchcock Hour* zu sehen war, sondern im Laufe
seiner Karriere beispielsweise auch unter der Regie von Wim
Wenders in *Hammett* (1982) oder unter der Regie von David
Lynch in der bahnbrechenden TV-Serie *Twins Peaks* aka *Das*

Geheimnis von Twin Peaks (1990/91; u. a. mit: Kyle MacLachlan) agierte], wieder mal mit seinem „Oldtimer"-Wagen in der Garage zu beschäftigen scheint, aber „Calvin's" Mutter bringt das Gespräch dann auf „Sam's" neues Bild, das ihr, obwohl sie es, als sie dieses Urteil abgibt, verkehrt herum hält, zu gefallen scheint [Reaktion von SAM MARLOWE, nachdem er das Bild „richtig herum gedreht" hat: *„Da war ich in einer etwas deprimierten Stimmung"*].

„Wiggy" merkt ehrlicherweise an, dass sie seine Arbeit „nicht immer ganz verstehe", sie aber dennoch „wunderbar" finde, und das gelte im Übrigen auch für „Mrs. Rogers".

Nachdem „the artist" wissen wollte, ob er da „die richtige Frau" vor Augen hat [SAM MARLOWE: *„Ist das nicht die hübsche Frau mit dem kleinen Jungen, die hier neu ist?"*], erklärt Mrs. Wiggs ihm, dass sie seinen Namen Mrs. Rogers gegenüber mal erwähnt habe, nämlich, als die beiden über „strange people" geredet hätten, über „Leute, die eine ganz eigene Art haben". Nicht sicher, ob er das als „Kompliment" auffassen soll, fragt er nach, was „Mrs. Rogers" über ihn gesagt hat [Antwort von MRS. WIGGS: *„Gar nichts"*].

Er übergibt ihr schließlich seine Einkaufsliste und Mrs. Wiggs geht in ihren Laden, während Marlowe ein paar Worte mit „Wiggy's" Sohn, dem Deputy Sheriff, wechselt, der gerade seinen Oldtimer startklar gemacht hat. Calvin Wiggs fragt ihn, ob er „vorhin" auch die Schüsse gehört habe.

„No" – Marlowe verneint das und der Deputy Sheriff betont, dass „in der Gegend nicht geschossen werden dürfe, da *er* höchstpersönlich es verboten habe". Dem „painter" scheint das nicht zu gefallen und er fragt den Gesetzeshüter, was dieser gegen die Jagd, gegen „people doing a little shooting now and then", habe [DEPUTY SHERIFF WIGGS: *„Gewehre und Kugeln sind gefährlich. Die können tödlich sein"*; // *Anmerkung*: Exkurs: „Truffaut-Filme" Teil 1: „CHICO SAROYAN" ALBERT RÉMY: *„Was machst du eigentlich in so einem Laden? Du verplemperst doch hier nur dein Leben. […] Ich find's einfach zum Heulen. Sitzt hinter so einem Klimperkasten, anstatt hinter einem richtigen Konzertflügel vor ausverkauftem Saal, wo das Publikum dir zujubelt. Ich möchte wirklich wissen, was du hier verloren hast"* / „CHARLIE KOHLER vormals EDUARD SAROYAN" CHARLES AZNAVOUR: *„An zwei Stellen zugleich kann ich nicht spielen"* / CHICO SAROYAN: *„Ein Witz ist das! Ein so berühmter Künstler wie du wirft die Perlen hier vor die Säue! Als ob die was von Musik verstehen"* / CHARLIE KOHLER vormals EDUARD SAROYAN: *„Tu mir den Gefallen und halt den Mund"* (aus: *Schießen Sie auf den Pianisten*; ein Gespräch unter den „Gebrüdern Saroyan" in der Pariser „Vorortspelunke", in der der ehemalige „Star-Pianist" Aznavour nun *„almost every evening"* spielt und in die sich sein „kritischer Bruder" Rémy gerade vor zwei Gangstern geflüchtet hat) – Alfred Hitchcock, dem es wichtig war, dass seine Filme Geld einspielen (Hitchcock einst zu einem Journalisten: *„Geht der Film, fühlt man sich* *gut, geht er nicht, fühlt man sich elend*"), sind solche Gedanken-gänge sicherlich „exotisch" vorgekommen, aber François Truffaut war seinerzeit etwas „irritiert" vom Erfolg seines Debütfilms *Sie küssten und sie schlugen ihn* (1959), den man zu den zentralen Werken der Nouvelle Vague rechnen muss; Truffaut beschloss daraufhin, einen Krimi des US-Autors David Goodis mit dem Titel „*Down There*" zu verfilmen, und wollte aus der Vorlage einen „Film für *echte* Film-Fans" machen (Truffaut: „*Ich war frei wie der Wind. Ich erlegte mir einen Zwang auf, um nicht verrückt zu werden. Ich versetzte mich in die Lage eines Filmemachers, der den Auftrag bekommt, einen amerikanischen Krimi auf Frankreich zu übertragen*"), auch auf die Gefahr hin, die *Sie-küssten-und-sie-schlugen-ihn*-Fans zu „verwirren" oder gar zu „vergraulen"; „*Komm, gibt dich hin dem Gefühl / Das aus der Mode kam / Dein Herz an meinem Herz / Beim hämmernden Klavier*" (aus dem von Aznavour *auf Deutsch* gesungenen Song „*Tanz Wange an Wange mit mir*" aus dem Jahr 1977) – einen Besetzungscoup bei „*Tirez sur le pianiste*" (OT; 1960) hat Truffaut sicherlich mit Charles Aznavour gelandet, denn der berühmte Chansonnier, Komponist & Schauspieler (z. B.: 1970: „*The Adventurers*" (OT) von Lewis Gilbert; 1982: *Die Fantome des Hutmachers* von Claude Chabrol) hatte genau das, was dem Regisseur für die Figur des Pianisten vorschwebte: Er wirkte verletzlich, ohne ein „Opfer" zu sein, und seine „Schwäche" erlaubte es dem Publikum, sich mit ihm zu identifizieren; Aznavour in *Schießen Sie auf den Pianisten* (Ausgangspunkte der Story: Der einst talentierte Konzertpianist Eduard Saroyan nennt sich nun Charlie Kohler und spielt in einer Bar; eines Abends taucht sein älterer Bruder Chico dort auf, der von zwei Gangstern verfolgt wird, und der *„pianiste"* wird zusammen mit der Kellnerin Léna, in die er verliebt ist, in einen reichlich obskuren Kriminalfall hineingezogen...) hat etwas von einer „poetischen Figur", etwas von einem „kränklichen Träumer", auf jeden Fall aber ist er ein *Antiheld*; als „wahres Thema" des „Kriminalfilms" hat Truffaut aber stets die „Schüchternheit" betrachtet, und wie man diese sozusagen überwindet, wenn man ein „Künstlerleben" führt (Voiceover von Aznavour, während er und „Léna" Marie Dubois „schweigend" spazieren gehen: „[...] *Du müsstest irgendwas sagen, ganz egal, was, sonst glaubt sie noch, du bist schüchtern.* [...] *Sie ist auch nicht gerade gesprächig, mehr eine von der stillen Art. Nicht hochnäsig, aber auf Distanz bedacht. Wenn man sie zum Lachen bringen will, muss einem schon ein **guter** Witz einfallen"*); das Werk, das sicherlich auch eine Hommage an den „Film Noir" / an die „Schwarze Serie" darstellt und rein visuell ein wenig wie „ein Märchen, das absichtlich wie ein B-Movie gefilmt wurde" (Kamera: Raoul Coutard, der für Godard *Außer Atem* gedreht hatte) daherkommt, arbeitet mit zahlreichen Rückblenden, diversen „Gedankensprüngen" und Tonartwechseln, und wie so oft bei Truffaut finden sich alle möglichen Genres darin vermischt, so wie Komödie, Drama, Krimi, Liebesfilm oder Melodram; erwähnenswert abseits von Aznavour & seiner „*love interest*" Marie Dubois sind aber auch noch die beiden fast „Godard- bzw. Tarantino-artig" über alles Mögliche „quatschenden/philosophierenden" Gangster „Momo & Ernest" (Claude Mansard & Daniel Boulanger) sowie die, auch wenn sowas im Grunde immer „klischeehaft" ist und ich mir da z. B. den diesbezüglich *nicht* klischeehaften Thriller *Klute* (1971) von Alan J. Pakula mit Donald Sutherland & Jane Fonda lobe, „gutherzige `*prostituée*`" „Clarisse" (Michèle Mercier), die offenbar ganz gerne ins Kino geht (Mercier zu ihrem Nachbarn & gleichzeitigen „Kunden" Aznavour: „*Heute Nachmittag bin ich im Kino gewesen. Der Film hieß `Minen in Alaska`*. *Die Hauptrolle hat John Wayne gespielt. Der Inhalt war, die Amerikaner wollten dort ihre Ruhe haben*" / Aznavour: „*Sieh' mal an, den Amerikanern geht's genau wie mir*"; *gemeint ist sicherlich die Westernkomödie „North to Alaska* [OT; dt. Verleihtitel: *Land der tausend Abenteuer*] aus dem Jahr 1960 von Henry Hathaway mit John Wayne & Stewart Granger); abgesehen von dem Misserfolg an der Kinokasse gilt *Schießen Sie auf den Pianisten* heutzutage unter Truffaut-Fans als „sehr freier, experimenteller & überaus Nouvelle-Vague-artiger Film" und als „poetisches Manifest", das seinen unbestrittenen Platz im Gesamtwerk des Franzosen hat; „*by the way*": So wie Hitchcock's „*The Trouble with Harry*" einst in einem Pariser Kino nahe der Champs-Élysées außerordentlich gut gelaufen ist, so avancierte „*Tirez sur le pianiste*" zu einem Kultfilm in den

USA und wurde monatelang in einem Kino in New York gespielt].

„Bullets and guns are dangerous. They kill things" – nachdem Calvin Wiggs & Sam Marlowe… „*When the only justice a man can see / Is the barrel…of a loaded gun*" [Copyright: *Jon Bon Jovi*] …ihre „Standpunkte bezüglich `arms`" ausgetauscht haben, fährt der Deputy Sheriff mit dem Oldtimer davon und Marlowe geht in den „store" von Wigg's „mother". Außerdem kommt eine schwarze Limousine die Straße entlanggefahren und bleibt vor dem Stand mit den Marlowe-Bildern und einigen „Ramsch-Artikeln" stehen. Ein Fahrer öffnet schließlich einem „old man" die Tür, der daraufhin ausschließlich die Bilder zu begutachten scheint.

„Inside the Store". Im Laden gesellt sich zu Marlowe und Mrs. Wiggs, die die Punkte auf der Einkaufsliste des Malers „abarbeitet", Miss Gravely, welche sich zunächst nach dem Sheriff erkundigt. Als Mrs. Wiggs nachfragt, was sie von ihrem Sohn wolle, lenkt „Ivy" sofort das Gespräch auf die Bilder von Sam Marlowe, die sich auch im Innern von „Wiggs Emporium" befinden [IVY GRAVELY: „*Diese bezaubernden Bilder. Ich habe gehört, die sind von Ihnen*"].

„Why don't you sell them and make a lot of money?" – Gravely möchte vom „artist" wissen, warum er die Bilder nicht zu Geld macht [Antwort von SAM MARLOWE: „*Daran hab' ich noch nie gedacht. Das sollt' ich mir direkt mal überlegen*"], und spricht dann davon, dass er wohl etwas „encouragement", etwas

„Aufmunterung", brauche [Kommentar von MRS. WIGGS: „[…] *Ich weiß nur, dass kein Mensch die Bilder haben will*"].

„The painter" bedankt sich, nach der Aussage von „Wiggy", „in an ironic way" bei Miss Gravely für die versuchte „Aufmunterung". Als sein „Einkaufssack" fertig ist, soll er 2.05$ dafür zahlen [SAM MARLOWE: „*So viel?*"] und sucht in seinen Hosentaschen nach Geld [MRS. WIGGS: „*Ich weiß, Mr. Marlowe, sobald wir ein paar von Ihren Bildern verkauft haben*"].

In der Folge aber lenkt Ivy Gravely die Aufmerksamkeit auf sich, indem sie eine große Kaffeetasse aus dem Laden in Händen hält und Marlowe bittet, diese „auszuprobieren", und zwar in der Hinsicht, ob die „Fingergröße" passt.

„Sam" kann die Tasse problemlos halten, hat aber ein dickes Fragezeichen, was den Zweck der „Fingerübung" anbelangt, und Ivy Gravely gibt schließlich zu, dass die Tasse „für einen Mann" sei, der sie „heute Nachmittag mit einem Besuch beehrt" [Kommentar von SAM MARLOWE: „*Ist nicht wahr?*" / IVY GRAVELY: „*Doch, zu Kaffee und Blaubeer-Maultaschen*"].

Nachdem Marlowe gemeint hat, dass Miss Gravely es angesichts ihres Alters „faustdick hinter den Ohren habe", setzt sich „Ivy" gegen „die Unterstellung" zur Wehr [IVY GRAVELY: „*So alt bin ich nicht*"], während Mrs. Wiggs aus dem Fenster blickt und glaubt, dass es sich bei dem „old man", der immer noch bei dem Stand draußen steht und mit seiner Brille „irgendwas begutachtet", um einen „kurzsichtigen Apfelwein-Kunden" handle.

„Ivy" und „Sam" führen die „Diskussion ums Alter" weiter [IVY GRAVELY: *„Für wie alt halten Sie mich denn, junger Mann?"* / SAM MARLOWE: *„Hm...50. Für wie alt würden Sie sich denn halten?"* / IVY GRAVELY: *„Tja, also, 42.* [...]*"*].

Plötzlich scheint „the artist" davon völlig eingenommen zu sein, dass Miss Gravely's „Date" funktioniert, und er spricht davon, dass sie dem Mann „ihre `Persönlichkeit`, ihr `Innenleben` und ihre `verborgenen Qualitäten`" offenbaren, ihn sozusagen mit „the true Miss Gravely" konfrontieren müsse [SAM MARLOWE – „enthusiasmiert": *„Die wahre Miss Gravely, sensibel und jung geblieben. Und was die Liebe betrifft, absolut zeitlos..."*].

Zu diesem Zweck will er „Ivy" nun „umstylen", ihr einen „new hair cut" sowie mittels „Powder", „Lipstick", „Rouge" & „Perfume" ein... *„I don't care where we go / I don't care what we do / I don't care pretty baby / Just take me with u"* [Copyright: *Prince & The Revolution*] ...„nice romantic feeling" verpassen [Nachsatz von SAM MARLOWE: *„Dann können Sie nochmal zehn Jahre abziehen"*; // *Anmerkung*: Hitchcock nimmt hier in *Immer Ärger mit Harry*, durch den „Umstyling-Experten" John Forsythe und durch die aus seiner Sicht „zu stylende Frau" Mildred Natwick, auf „sanfte" und ironische Weise jene „militante Umstyling-Orgie" vorweg, die Jimmy Stewart 1958 dann mit Kim Novak in *Vertigo – Aus dem Reich der Toten* vollzieht].

Um das Styling-Projekt endgültig zu beginnen und um eine Schere zu holen, läuft Marlowe raus zu dem Stand, wo der „old man" immer noch dabei ist, die Bilder zu begutachten. Der alte Mann möchte „Sam" etwas fragen, doch dieser ist nur an der „scissor" interessiert, die dort herumliegt, und läuft damit umgehend zurück in den Laden, wo Mrs. Wiggs beginnt, Miss Gravely die Haare zu schneiden. „The potential customer" meint schließlich draußen zu seinem Fahrer, dass er „genug gesehen habe", und will Highwater wieder verlassen [OLD MAN: *„Ernest, wir fahren"*].

Nach einem *Zeitsprung* sieht man Sam Marlowe mit einem Skizzenblock dann auf jenem Hügel spazieren gehen, auf dem sich der „dead body" von „Harry" befindet [*Anmerkung*: „Berühmte `dead bodies` der Filmgeschichte": „JAMES BOND *007*" SEAN CONNERY: *„Hallo, Penny"* / „MISS MONEYPENNY" LOIS MAXWELL: *„Es ist besser, du gehst gleich rein. Du verspätest dich sogar, wenn du von deiner eigenen Beerdigung kommst"* / JAMES BOND *007*: *„Wir Leichen haben eben wenig Gefühl für die Zeit"* (aus: *Man lebt nur zweimal*; Dialog zwischen dem „soeben nach einer Seebestattung wieder `auferstandenen` *007*" Sean Connery und der „Sekretärin des Chefs" Lois Maxwell) – „Lasst uns den Film dieses Mal doch mit Bond's **Tod** beginnen!", mag der Gedanke der Bond-Macher seinerzeit gewesen sein, als man „*You Only Live Twice*" (OT; 1967; Regie: Lewis Gilbert) auf den Weg brachte, der zweifellos aufgrund der visuellen Opulenz zu den „*most watchable*" Bond-Movies gehört, auch wenn Sean Connery's Perfomance darin einen gewissen „Überdruss" zum Ausdruck bringt bzw. etwas „*lacklustre*" erscheint; „*It won't be the nicotine that kills you*", sagt „Blofeld" Donald Pleasence zu Connery im Film, aber getötet wird Bond bekanntlich auch zu Beginn des Films nicht, als er in einer „*sexually intimate situation*" mit der Chinesin „Ling" (Tsai Chin) scheinbar in Hongkong erschossen wird (Dialog am Tatort zwischen zwei britischen „Hongkong-Cops": Cop 1: „*Ein schöner Tod, so mitten im Dienst, ich beneide ihn*" / Cop 2: „*Das hat er sich immer gewünscht*"); nachdem Bond auch das „*fake-burial at sea*" (Royal-Navy-Offizier, während der Sarg mit „*007*" ins Meer befördert wird: „*Und wir hoffen auf die Auferstehung des Leibes, wenn das Meer seine Toten freigibt*") hinter sich gebracht hat und von Tauchern auf ein britisches U-Boot gebracht wurde, erläutert MI6-Chef „M" Bernard Lee „Bond" Sean Connery nochmals die „Vorteile seines Todes" in Bezug auf die bevorstehende Mission (Lee: „*Hatten Sie einen schweren Tod?*" / Connery: „*Nein, sehr angenehm*" / Lee: „*Bond, jetzt, wo Sie tot sind, werden sich Ihre lieben Freunde kaum noch für Sie interessieren. Tote vergisst man schnell, und damit haben Sie Bewegungsfreiheit.* […]"); zu den Grundzügen der *Man-lebt-nur-zweimal*-Story: Nachdem sowohl ein US-Raumschiff als auch ein Sowjet-Raumschiff im All attackiert und von einem fremden „*spaceship*" gleichsam „geschluckt" und entführt wurden, beschuldigen sich die beiden Großmächte gegenseitig; der britische Geheimdienst vermutet allerdings, dass diese „Attacken im All" von Japan aus „orchestriert" wurden; zu diesem Zweck entsendet „M" den von seinen „*enemies*" nach dem „*fake death*" eben für tot gehaltenen „*007*" nach Tokyo, wo Bond mit dem „*Japanese Secret Service*", der von „Tiger Tanaka" (Tetsuro Tamba) geführt wird, zusammenarbeitet, wobei Bond „an der Front" von zwei weiblichen „*agents*" unterstützt wird, von Aki (Akiko Wakabayashi) und Kissy (Mie Hama) – „*I think I will enjoy very much serving under you*" (Wakabayashi zu Connery); nachdem „*007*" sogar „zum Japaner" geworden ist, um unbemerkt der geheimen Basis von SPECTRE, jener Organisation, die hinter den „Raumschiff-Entführungen" steckt, näher zu kommen, trifft er in dem „ausgehöhlten" Vulkan, den SPECTRE als Startrampe für das eigene „*spaceship*" benutzt, auf seinen Erzfeind Ernst Stavro Blofeld (Pleasence: „[…] *Angeblich sollen Sie in Hongkong ermordet worden sein*" / Connery: „*Ja, das ist mein zweites Leben*" / Pleasence: „*Sie leben auch nur zweimal*"), der es zusammen mit seinen chinesischen Verbündeten darauf anlegt, die beiden Supermächte in einen „*war*" zu treiben (Pleasence zu Connery: „*Sie sehen, ich bin gerade dabei, einen kleinen Weltkrieg zu inszenieren*"); letztendlich durchkreuzen Bond und Tiger Tanaka's Ninja-Armee Blofeld's Pläne und bewahren die Welt vor einer Katastrophe...; „*Oh, the things I do for England*", sagt Connery, als er seinen „dienstlichen Pflichten" mit „SPECTRE Nummer 11" „Helga Brandt" Karin Dor in der „*undressing Helga*"-Szene nachkommt, und das „böse Bond-Girl" Dor gehört, wie ich in meiner Arbeit zu *Rebecca* im Zusammenhang mit Hitchcock's Agentenfilm *Topaz* bereits erwähnt habe, zu den „*good things*" in *Man lebt nur zweimal*, zu denen man, neben den spektakulären Sets von Ken Adam, beispielsweise auch die „Little Nellie/Gyrocopter"-Sequenz zählen muss oder, worauf ich ebenfalls schon im Rahmen des besagten *Topaz*-Exkurses hingewiesen habe, den wunderbaren John-Barry-„*written*" Titelsong von Nancy Sinatra, der nicht nur über eine „einnehmende" Melodie verfügt, sondern auch über ansprechende „JB-Lyrics": „*And love is a stranger who'll beckon you on* / *Don't think of the danger or the stranger is gone*" (Copyright: *Nancy Sinatra*)].

Marlowe setzt sich auf einen Baum-Stamm und beginnt seiner „Kunst" nachzugehen und mit „oil pastel" zu malen, doch dann fallen ihm *in seinem Bild* die *Füße* auf, die sich auch ins Bild „eingeschlichen" haben, und er schaut genauer in die Richtung seines „Motivs". „Harry's" zweifärbige Socken stechen ihm ins Auge und er begibt sich zu dem „body on the forest floor" [SAM MARLOWE: „*Hey, würden Sie freundlicherweise aus meinem Bild gehen!*"].

Als die „Aufforderung", sein Bild zu verlassen, nichts nützt, checkt er die Vitalfunktionen des Mannes und stellt „den Tod fest". Kurz überlegt Marlowe, den „hillside" wieder zu verlassen, doch er hockt sich, letztendlich, neben die Leiche und beginnt „a new drawing".

Während das passiert, wacht der Captain von seinem Nickerchen unter dem Baum auf und sieht den „artist", der neben der Leiche seiner Arbeit nachgeht [CAPTAIN WILES: „*Als Nächstes wird das Ganze wahrscheinlich noch vom Fernsehen übertragen*"].

Anscheinend gesellt er sich, mit seinem Jagd-Gewehr, zu Marlowe, der nachfragt, ob das „*seine* Leiche" sei... „This your body, little man?" [Antwort von CAPTAIN WILES: „*Bitte keine Verdächtigungen. Das war ein Unfall. Ein ganz normaler alltäglicher Unfall.* [...] *Das hätte Ihnen genauso passieren können*"].

Der „painter at work", Marlowe malt „Harry's face", schlägt dem „alten Seefahrer" dann vor, die Geschichte auf diese Weise „hinzubiegen", also: sie als „hunting accident" darzustellen.

Nach einem *Zeitsprung* ist „Harry's" Gesicht bereits durch die Verwendung diverser „Ölkreide-Farben" relativ bunt geworden und Marlowe hat sich nun geistig in des Captain's „Trouble with Harry" eingearbeitet und „Sammy", so wie ihn der Captain nennt, spricht von Dingen wie der „eisernen Faust des Schicksals", die da zugeschlagen habe, und davon, dass den Captain eben „ein leerer Kühlschrank" zur Jagd getrieben habe, wo dann statt einem Kaninchen halt ein Fremder „durch die Büsche gebrochen sei", ein „Waldspaziergänger".

Der Captain betont daraufhin, dass er sich im Grunde nicht um den... „*Some say a man ain't happy unless a man truly dies*

/ Oh why?" [Copyright: *Prince*] ...„Vorfall an sich" Sorgen mache, sondern „um sich selbst", um „sein weiteres Leben", denn schließlich müsse er gegenüber der Polizei seine „innocence" beweisen, was ihn zu der Conclusio führt, dass „Harry", damit die Sache erledigt sei, begraben werden müsse.

„Die anderen", und damit meint Wiles „Miss Gravely", „die Frau mit dem Jungen", den „Bücherwurm", bei dem es sich um den... *„U know the one, Dr. Everything'll be alright / Instead of asking him how much of your time is left / Ask him how much of your mind baby* [...]" [Copyright: *Prince & The Revolution*] ...Arzt Dr. Greenbow handelt, sowie den „Landstreicher", würden, so ist sich der Captain sicher, „schon alle den Mund halten", denn das Interesse an der Leiche sei bis jetzt nicht sonderlich groß gewesen [CAPTAIN WILES: *„Keiner von denen hat sich für ihn interessiert. Sie waren der Erste, der sich mit ihm befasst hat"*].

Marlowe interessiert sich vor allem für „die Frau mit dem Jungen" und erkundigt sich nach ihrer Reaktion, und der Captain spricht davon, dass sie „keinen sonderlich `traurigen` Eindruck" gemacht habe, aber auf jeden Fall „pretty as a rainbow" gewesen sei [Nachsatz von CAPTAIN WILES: *„Ich wollte, ich wär' zwei Jahre jünger"*].

Der Captain mahnt Marlowe, angesichts der Tatsache, dass das „Harry-Porträt" anscheinend fertig ist, zur Eile und will den „dead man" umgehend eingraben, ihn gleich in der Nähe „verbuddeln". Dem Maler gefällt der Vorschlag nicht, da, wie er meint, die Behörden eben wissen wollen, wenn jemand stirbt.

Marlowe warnt Wiles, angesichts seines Verhaltens, vor einem „Mordprozess" und gibt zu, dass er langsam ihm gegenüber auch „misstrauisch" wird [Reaktion von CAPTAIN WILES: *„Na bitte, da haben wir's. Wenn Sie als Künstler schon das Schlimmste annehmen, was soll dann erst die Polizei denken?"*].

„Hang `Em High"…da sich der Captain schon als „hangman", also: am Galgenstrick hängend, sieht, macht ihm der „stets hilfsbereite `artist`" den Vorschlag, die Frau mit dem „four or five years old boy", die er eindeutig als „Mrs. Rogers" identifiziert, zu fragen, wie gut sie den Mann kannte und ob sie vorhabe, seinen Tod der Polizei zu melden.

„What good will that do?" – der Captain möchte wissen, was dieser „Modus Operandi" bringen soll, und Marlowe meint, dass er ihm verlässlich helfen werde, den... *„What's the matter with your life* [...] / *What's the matter with your world"* [Copyright: *Prince & The Revolution*] ...Toten unter die Erde zu bringen, sollte Mrs. Rogers diesen nur flüchtig gekannt und kein Interesse daran haben, zur Polizei zu gehen [*Anmerkung*: „PHILIP MARLOWE" HUMPHREY BOGART: *„Guten Morgen"* / „VIVIAN STERNWOOD RUTLEDGE" LAUREN BACALL: *„Sie sind schon wach? Ich habe gedacht, Sie würden im Bett arbeiten. Wie Marcel Proust"* / PHILIP MARLOWE: *„Wer is' n' das?"* / VIVIAN STERNWOOD RUTLEDGE: *„Es ist ein französischer Schriftsteller"* / PHILIP MARLOWE: *„Kommen Sie in mein Bou-*

doir" (aus: *Tote schlafen fest*; Dialog zwischen dem „Privatsch-nüffler" Bogart und der „Tochter seines Auftraggebers" Bacall vor dem Büro von „Private Detective Philip Marlowe") – Howard Hawks' „sehr freie" & durchaus ansprechende Ernest-Hemingway-Verfilmung mit *Casablanca*-Anleihen *Haben und Nichthaben* (1944; OT: *„To Have and Have Not"*) bildete den Startschuss für „Bogart & Bacall", 1946 folgte mit Hawks' „*The Big Sleep*" (OT) die sicherlich unterhaltsamste *„Bogie and Bacall"*-Zusammenarbeit, während Delmer Daves' Film-Noir-artiger und sehr „Suspense-reicher" *Die schwarze Natter* (1947; OT: *„Dark Passage"*) weniger bekannt sein dürfte; der vierte und letzte gemeinsame Film des berühmten Ehepaares, nämlich John Huston's düsterer *„Ein gewaltiges Unwetter schneidet die Insel Key Largo vor der Küste Floridas von der Außenwelt ab"*-Film *Gangster in Key Largo* (1948; OT: *„Key Largo"*), in dem sich der „Ex-Offizier" Bogart mit dem „Gangster" Edward G. Robinson ein dramatisches Duell liefert, ist dann, rein objektiv betrachtet, wahrscheinlich der beste Film des Duos, wobei natürlich der brillante Edward G. Robinson „eine ganze Menge an Aufmerksamkeit" in dem Werk auf sich konzentriert; nun, Howard Hawks' Klassiker der „Schwarzen Serie" *Tote schlafen fest* (Drehbuch: William Faulkner, Leigh Brackett, Jules Furthman), der auf einer 1939 veröffentlichten Vorlage von Raymond Chandler beruht, ist *mein persönlicher Favorit* innerhalb dieses „Quartetts"; zu den Ausgangspunkten des Plots von „*The Big*

Sleep", der als „verschlungen" gilt: Der zynische und abgehalf-
terte Privatdetektiv Philip Marlowe soll für den alten General
Sternwood (Charles Woldron), der zwei Töchter hat, Miss Carmen Sternwood (Martha Vickers) und Mrs. Vivian Sternwood
Rutledge (Bogart zu Charles Woldron über die „Töchter"
Vickers & Bacall: *„Beide hübsch und beide recht wild"*), einen
unspektakulären Erpressungsfall untersuchen, in den die *„younger daughter"* Carmen involviert ist, die bei dem Buchhändler
A. G. Geiger (Theodore von Eltz) Schulden hat; Sternwood's
„older daughter" Vivian hingegen bringt gegenüber Marlowe
zum Ausdruck (aus den Bacall/Bogie-Dialogen im Haus von
„General Sternwood": Bacall: *„Sie sind Privatdetektiv? Ich
wusste gar nicht, dass es welche gibt, außer im Kriminalroman.
Schmutzige, kleine Männer, die in Hotels herumschnüffeln. Sehr
attraktiv sehen Sie auch nicht aus"* / Bogart: *„Ich bin eben ein
bisschen klein geraten. Das nächste Mal werd' ich auf Stelzen
kommen, eine weiße Krawatte tragen und n' Tennisschläger unterm Arm"* / Bacall: *„Ich bezweifle, ob das viel helfen würde"*),
dass der wahre Hintergrund für den Auftrag ihres Vaters jener
sein könnte, seinen *„a month ago"* verschwundenen Protegé
Sean Regan aufzuspüren; nachdem er Geiger's seltsamen Buch-
Shop einen Besuch abgestattet hat, in dem es um alles andere als
um Bücher zu gehen scheint, folgt er ihm zu seinem Haus, wo
Marlowe einen Schuss hört; daraufhin findet er *„inside the
house"* den *„dead body"* von Geiger sowie eine unter Drogen
gesetzte Carmen Sternwood, von der offenbar, wie sich wenig

später herausstellt, im Geiger-Haus ein „pikantes Foto" gemacht wurde; das Foto ist aber verschwunden und nachdem Marlowe Carmen zurück nach Hause in die *„Sternwood mansion"* gebracht hat und zum Tatort zurückgekehrt ist, ist auch die Leiche von Geiger *„vanished and gone"*; doch die Leiche des *„book sellers"* bleibt nicht die letzte, der sich der *„Private Eye"* gegenübersieht…; nun, Humphrey Bogart war, wie der „Bogart-kritische" Federico Fellini das einmal angemerkt hat, in seinen Filmen „fast immer zornig" und auch in *Tote schlafen fest* „gräbt" in „Bogie" eben ein gewisser *„cynicism"* & *„anger"*, aber Howard Hawks' Regie garantiert, wie schon in *Haben und Nichthaben*, einen gewissen „leichten" und „spielerischen" Grundton, den es in den John-Huston-Arbeiten mit Bogart, in *Die Spur des Falken* / OT: *„The Maltese Falcon"* (1941) und *Key Largo*, nicht gibt; der Film lebt aber sicherlich nicht nur von dem „Flirt" und der *„tension"* zwischen Bogart & Bacall (Dialog, nachdem Bogart die verwirrte „Carmen" vom Tatort im Geiger-Haus „zurückgebracht" und sie im Sternwood-Haus in „Vivian's" Bett gelegt hat: Bacall: *„Sie gehen zu weit, Mr. Marlowe"* / Bogart: *„So dürfen Sie nicht mit einem Mann reden, der grade aus Ihrem Schlafzimmer rausgeht. Gute Nacht, Mrs. Rutledge"*), sondern auch von den *„conversations"* zwischen Bogart und den anderen durchaus zahlreichen Howard-Hawks-Film-typischen *„Hawksian Women"* (*„tough-talking women"*), und so führt „Philip Marlowe" beispielsweise eine Unterhaltung mit einer blonden Angestellten einer *„library"*, die er aufsucht, bevor er dann wenig später in „A. G. Geiger's Buch-Shop" geht („Bibliothekarin" Carole Douglas: *Sie sehen nicht aus wie ein Mann, der sich für Erstausgaben interessiert*" / Bogart: *Ich sammle außerdem Blondinen in Flaschen*"), oder mit einer toughen Taxifahrerin, die einen irgendwie an Quentin Tarantino's *female cap driver*" „Esmeralda Villalobos" aus *Pulp Fiction* erinnert („Taxi Driver" Joy Barlow: *Wenn Sie mich wieder einmal brauchen sollten, rufen Sie diese Nummer an*" / Bogart: *Tag und Nacht?*" / Taxifahrerin: *Nachts ist es besser, tagsüber arbeite ich*"); wie ich in meiner Analyse von *Im Schatten des Zweifels* erwähnt habe, hat Alfred Hitchcock im Zusammenhang mit „*plot holes*" ja von „*icebox scenes*" gesprochen, und der berühmte „*convoluted plot*" von *Tote schlafen fest* verfügt über ein „*huge plot hole*", denn einer der „*murders*" im Film wird am Ende *nicht* geklärt (oder erklärt) und man weiß nicht wirklich, wer „Owen Taylor" (Dan Wallace), den Chauffeur der Sternwoods, ermordet hat].

Captain Wiles bringt seine Freude darüber zum Ausdruck, dass „Sammy" so „motiviert" ist und sozusagen bei ihm „anheuern" möchte und ihm mit der Leiche helfen.

Marlowe stellt… „What time is it?" …die Frage nach der Zeit, und nachdem die beiden draufgekommen sind, dass es „about noon" sein muss, will der Captain „klar Schiff machen", denn schließlich, so erzählt er dem „artist", sei er mit Miss Gravely verabredet.

*„**Was sind Sie**? Das darf doch nicht wahr sein!"* [SAM MAR-
LOWE] – der Maler ist zumindest „surprised", dass es sich bei
Miss Gravely's Date um den Captain handelt, woraufhin dieser
betont, dass er wohl „durchaus eine schlechtere Wahl treffen
hätte können als die Gravely".

Marlowe stimmt… „Couldn't do any better" …dem Captain
diesbezüglich zu, aber als „Sammy" dann von einer „affair" zu
sprechen beginnt [SAM MARLOWE: *„Allerhand. Das entwickelt
sich zu einer handfesten Affäre"*], schwächt der „alte Seefahrer"
ab und betont, dass von einer „Affäre" da noch keinerlei Rede
sein könne, denn er sei lediglich zu „blueberry muffins" und
„coffee" eingeladen, mit einer gewissen „Wahrscheinlichkeit",
dass Miss Gravely ihm auch einen „Holunderbeerenwein" an-
bietet.

Als „the artist" den Umstand anspricht, dass es sich bei
„Ivy" um eine „old maid" handle [SAM MARLOWE: *„Sind Sie
sich im Klaren, dass Sie der **erste** Mann sind, der seinen Fuß
über ihre Schwelle setzt?"*], entgegnet ihm Wiles, dass es „nie
zu spät sei" und dass sich Miss Gravely „fabelhaft gehalten"
habe und eben eine, wie er meint, „well preserved woman" sei…
*„I was a sailor, I was lost at sea / I was under the waves / Before
love rescued me"* [Copyright: U2 & B. B. King].

Nachdem er Marlowe geraten hat, sich lieber seinem „Was
sagt Mrs. Rogers zu alledem?"-Projekt zu widmen, meint der
„painter", dass sie beide vorher zumindest noch den „dead body"
verstecken sollten [Reaktion von CAPTAIN WILES: *„Heiliger*

Neptun! Durch so eine kleine Vergesslichkeit kann man leicht an den Galgen kommen. Na los!"].

Die gemeinsame Anstrengung, die Leiche von dort weg zu transportieren und sie zu verstecken, währt aber nicht lange, denn der „bookworm" Dr. Greenbow taucht wieder „on the hillside" auf. Marlowe & der Captain verstecken sich hinter einem Baum [*Anmerkung*: Beinahe alle Szenen, in denen John Forsythe, Edmund Gwenn & Co „im Wald von Highwater in Vermont" „nahe" bei der Leiche stehen und sich miteinander unterhalten, wurden nicht „on Location" gedreht, da das schlechte Herbstwetter Hitchcock bei den *Immer-Ärger-mit-Harry*-Außendreharbeiten oftmals einen Strich durch die Rechnung gemacht hatte; allerdings ließ „Hitch" seinerzeit *echte Blätter* in den Wäldern rund um den Drehort einsammeln und diese anschließend nach Los Angeles fliegen, wo sie im Studio dann tatsächlich auf die dortigen „*fake trees*" getackert wurden].

„The Doctor" liest immer noch in dem Buch und scheint dabei seine Umgebung nicht zu beachten. Bald stolpert er ein zweites Mal über die Leiche, aber diesmal entschuldigt sich Dr. Greenbow bei dem „body on the forest floor" [DR. GREENBOW: „*Oh, ich bitte vielmals um Vergebung*"], bevor er mit seinem Buch „weitermarschiert" [Kommentar von CAPTAIN WILES: „*Ich hoffe nur, dass ich mich nicht mal von Dr. Greenbow operieren lassen muss*"].

Daraufhin wendet sich das Duo Marlowe & Wiles abermals der Leiche zu, um sie zu verstecken [*Anmerkung*: „Berühmte

`Begräbnisse` innerhalb der Filmgeschichte": „MADEMOI-SELLE LAPORTE" MARYSE GUY MITSOUKO: „`JB`, *das sind ja die gleichen Initialen wie Ihre*" / „JAMES BOND *007*" SEAN CONNERY: „*Ich möchte aber nicht mit ihm tauschen*" / MADEMOISELLE LAPORTE: „*Wenigstens ist Ihnen erspart geblieben, ihn selbst ins Jenseits zu befördern.* […] *Sie scheinen aber enttäuscht zu sein, ihn nicht selbst beseitigt zu haben*" / JAMES BOND *007*: „*Bin ich auch. Jacques Bouvar hat zwei meiner Kollegen ermordet*" (aus: *Feuerball*; Dialog innerhalb der Vortitel-Sequenz zwischen „Bond's `French liaison`" & `MI6-`ally`" Maryse Guy Mitsouko & „*007*" Sean Connery auf dem Begräbnis des „`French assassin`" & SPECTRE Nr. 6" „Jacques Bouvar", wobei vor dem Sarg, der in ein Tuch mit den Initialen „JB" gehüllt ist, „eine trauernde Witwe mit Schleier" steht) – „*So he strikes like Thunderball*", singt Tom Jones dann bei der „*gorgeous*" Maurice-Binder-„*designed*" Titel-Sequenz von *Feuerball* (1965; Regie: Terence Young), aber bevor Jones mit seinem durchaus „coolen" Titelsong loslegt, wird man noch mit einem „Nachspiel" zu dem ominösen „*funeral*" konfrontiert; Connery wartet nämlich in der Villa der „trauernden Witwe" auf deren Rückkehr, und als sie den Raum betritt, steht „*007*" auf und spricht der immer noch den „Trauerschleier" tragenden Frau zunächst sein „Beileid" aus (Connery: „*Madame, ich bin gekommen, um Ihnen mein Beileid auszusprechen*"), bevor er der „*dressed-in-black-widow*" plötzlich einen „*punch*" versetzt und diese als den „vorhin zu Grabe getragenen Jacques Bouvar" outet (Connery zu Bob Simmons: *„Mein lieber Colonel Bouvar. Sie sollten keine Pfennigabsätze tragen bei Ihren Plattfüßen"*); der anschließende Kampf „Bond" vs. „Jacques Bouvar" endet nicht nur mit dem Tod „Bouvars", sondern mit einer meiner Lieblingsszenen von *Feuerball*, denn Connery nimmt, bevor er vor „Bouvar's *henchmen*" flüchtet und mit dem *„Bell Textron Jet Pack"* davon und zu seinem Aston Martin DB5 unten auf der Straße fliegt, noch ein paar *Blumen* aus einer herumstehenden Vase und wirft sie auf die Leiche des SPECTRE-Mannes; *„It's your Spectre against mine"* (Connery zu „Largo" Adolfo Celi in einem Casino) – zum *„fascinating"* and *„exciting"* Plot von *Feuerball*, der mit „gestohlenen Identitäten", gestohlenen Atomsprengköpfen und „NATO-*extortion*" operiert: „PHANTOM" (SPECTRE) ist zurück und Blofeld's Organisation plant, zwei Atombomben zu stehlen; aus diesem Grund wird ein NATO-Pilot namens Derval (Paul Stassino) durch ein „zurechtoperierten Duplikat" ersetzt; für die *„stolen atomic bombs"* verlangt SPECTRE ein Lösegeld von 100 Millionen Pfund; während sich Bond von seinen Verletzungen (aus der Vortitel-Sequenz) in einem Sanatorium erholt („Physiotherapeutin Patricia Fearing" Molly Peters zu Connery, der auf der Massagebank liegt: *„Verdächtiger blauer Fleck. Gefallen?"* / Connery: *„Von `ner lustigen Witwe. Mit einem Feuerhaken"* / Molly Peters: *„Oh, das überrascht mich aber sehr. Sie sind doch der ideale Witwentröster"* / Connery: *„An sich ja. Aber **der** konnte mich überhaupt* *nicht leiden*"), ist er nicht nur Zimmernachbar des „Derval-Dup-likats" und bekommt es mit dem SPECTRE-Mann Graf Lippe (Guy Doleman) zu tun, sondern entdeckt dort auch die Leiche des echten Derval; *007* wird von „M" dann nach Nassau entsendet, wo Derval's Schwester Domino (Claudine Auger) lebt, die er verführt und schließlich im Laufe des Geschehens mit dem Tod ihres Bruders konfrontiert; nachdem er mit SPECTRE's Nr.

2 Emilio Largo, dessen Geliebte Domino ist, Bekanntschaft gemacht und die SPECTRE-Killerin Fiona Volpe (Luciana Paluzzi) getötet hat, findet er mit der Hilfe seines CIA-Kollegen Felix Leiter (Rik Van Nutter) die Bomben und bekämpft dann mit einer Armee aus „US-Militär-Tauchern" erfolgreich Largo's Männer in einem (epischen) Unterwasser-Fight; während Bond und Largo auf der „Disco Volante", Largo's Boot, dann in einem Mann-gegen-Mann-Kampf verwickelt sind, tötet Domino Largo mit einer Harpune...; „*But he thinks that the fight is worth it all / So he strikes like Thunderball*" (Copyright: *Tom Jones*) – obwohl einige der Unterwasser- & „*frogmen*"-Szenen in *Feuerball* entschieden *zu lang* geraten sind, ist und bleibt das Werk *einer der besten Bond-Filme*, und auch Connery, der den gesamten Film über „etwas Gefährliches & Tödliches" ausstrahlt, gibt darin zweifellos „*one of his best 007-performances*", was im Übrigen auch Connery selbst so gesehen hat; zwei Szenen sind in diesem „*dangerous and deadly*"-Zusammenhang noch besonders hervorzuheben, und die erste Szene ist jene, in der sich

Bond mit einem Streifschuss am Bein, während in Nassau Karnevalsfeierlichkeiten im Gang sind, vor seinen Verfolgern in einen Nachtclub namens „*Club Kiss Kiss*" rettet, wo er von dem (wirklich großartigen) „bösen Bond-Girl" „Fiona Volpe" dann zum Tanzen aufgefordert wird; die Kugel, die aus dem Hinterhalt für *007* bestimmt ist, trifft aber, „*while Connery and Luciana Paluzzi dance*", „Fiona", und er setzt die Tote dann zu einem Paar an einen Tisch und meint: „*Darf ich auch meine Freundin hierhersetzen? Sie belästigt Sie nicht, sie ist nämlich tot*"; die zweite Szene neben der „*She's just dead*"-Szene ist die „`*I think he got the point`-scene*", in der Bond „Vargas" (Philip Locke), einen von „Largo's" Männern, „harpuniert", denn als Connery & Claudine Auger am Strand sitzen, taucht Locke dort auf und beobachtet die beiden „in mörderischer Absicht", woraufhin Connery sich plötzlich zur Seite dreht und ihm „ansatzlos" eine Harpune in den Oberkörper jagt und den Satz „*Einer weniger von den Strolchen*" sagt; „*Oh, by the way*": Im Bereich des Agentenfilms kann, abseits der Bond-Serie, *visuell* eigentlich nur Guy Ritchie's brillantes *Codename* U.N.C.L.E. / OT: „*The Man from* U.N.C.L.E." aus dem Jahr 2015 mit *Feuerball* mithalten].

Als Captain Wiles dann „on his way home" ist, trifft er auf eine State-Police-Streife, die vor „Wiggs Emporium" parkt. Er „versteckt" daraufhin so gut es geht sein Gewehr, indem er es eng an die rechte Körperseite drückt, wo die Polizisten es nicht sehen können. Dadurch gelingt es ihm, wie ein „nice old man" an den „law enforcement officials", denen er kurz zuwinkt, vorbeizumarschieren.

„*Could U be / The most beautiful girl in the world?* / *It's plain 2 see / U're the reason that God made a girl / When the day turns into the last day of all time / I can say, I hope U are in these arms of mine*" [Copyright: *Prince*] …während der Captain sich auf sein Date mit Miss Gravely vorbereitet, taucht Sam Marlowe bei Mrs. Rogers auf, die ihn auf der Veranda ihres Hauses begrüßt [JENNIFER ROGERS – im Original: „*Good afternoon*"], und der Maler gerät regelrecht „ins Schwärmen" [SAM MARLOWE – im Original: „*You're beautiful, wonderful. You're the most wonderful, beautiful thing I've ever seen. I'd like to paint you*"].

Nachdem sie Marlowe gefragt hat, „ob er sonst noch irgendwelche Wünsche habe, außer sie zu malen", konkretisiert er seine Vorstellung und spricht davon, ein „Aktbild" von ihr anfertigen zu wollen, aber Mrs. Rogers fragt nach, ob das „jetzt auf der Stelle" sein müsse, da sie eigentlich grade ihrem Sohn Arnie eine Limonade machen wollte.

Der „painter" muss in der Folge gegenüber Mrs. Rogers eingestehen, dass er angesichts seiner „nude-painting"-Fantasien vergessen hat, was er sie eigentlich fragen wollte [Reaktion von JENNIFER ROGERS: „*Dann kann es nicht so wichtig gewesen sein*"].

Mrs. Rogers lädt Marlowe dazu ein, sich zu setzen, damit sie auch ihn mit einer Limonade versorgen kann... „Be my man / And I'll be your girl" [Copyright: Mary J. Blige].

Schließlich taucht der kleine Arnie auf und hat einen „dead rabbit" in der Hand, den er wohl im Wald gefunden hat und der wahrscheinlich eines der „victims" von Captain Wiles' Jagd-Versuchen ist. „Sam" holt daraufhin einen lebenden „green frog", den er ebenfalls „irgendwo aufgelesen hat", aus einer Papiertüte und zeigt ihn Mrs. Rogers' Sohn, was dazu führt, dass die beiden „tauschen", und Marlowe erhält den toten Hasen, während Arnie den Frosch erhält.

Während „Arnie's mother" im Haus die besagte „Limo" macht, setzen sich Marlowe und „Mrs. Rogers' son" auf eine „Sitzgelegenheit" auf der Veranda und unterhalten sich [Ausschnitt: ARNIE ROGERS: „Wie kommt es eigentlich, dass Sie mich noch nie besucht haben?" / SAM MARLOWE: „Ich ahnte nicht, dass du so eine hübsche Mutter hast"].

Wenig später kommt Mrs. Rogers mit einer Karaffe voll mit Limonade zurück, welche auch sofort konsumiert wird. Marlowe gibt Arnie, gleichsam auf dessen Verlangen hin, den toten Hasen zurück [Kommentar von ARNIE ROGERS: „Man kann nie wissen, wozu man ein totes Kaninchen brauchen kann. Einen Frosch hat's mir schon eingebracht"], und der „little boy" spaziert dann damit davon, während seine Mutter ihm nachruft, dass er zum Essen wieder zurück sein soll.

Da Marlowe dezidiert danach fragt, teilt ihm „Mrs. Rogers" ihren Vornamen mit [JENNIFER ROGERS: *Jennifer. Jennifer Rogers*"], den der Maler als „very nice" bezeichnet. Schließlich… „Um…who's the man up on the path?"…erkundigt sich „Sam" nach der Identität des „Mannes oben auf dem Hügel", und die Antwort ist eine „Überraschung" für Marlowe [JENNIFER ROGERS: *Ach, den meinen Sie. Das ist mein Ehemann*"; // *Anmerkung*: Exkurs: „Truffaut-Filme" Teil 2: „PIERRE LACHENAY" JEAN DESAILLY: *„Also begann Balzac nachzudenken und stellte fest, dass er einen Roman im Monat schreiben könnte. Nicht so kleine Romane wie heutzutage, sondern dicke Bände mit 30 Kapiteln. Das bedeutet ein Kapitel pro Tag. Da er wusste, dass die Verleger schlecht zahlen, in Raten, und das nur alle 12 bis 18 Monate, entschloss er sich, selber Verleger zu werden, und kaufte zu diesem Zweck eine Druckerei. Unglücklicherweise aber gingen die Geschäfte schlecht. […] Er verlor alles, selbst das Geld, das er sich von Madame de Berny geliehen hatte*" / „NICOLE" FRANÇOISE DORLÉAC: *„Madame de Berny, war das seine Geliebte?*" / PIERRE LACHENAY: *„Aber natürlich. Und wissen Sie, wie er Sie ein paar Jahre vorher kennengelernt hat? Das war in Tours. Madame de Balzac suchte eine geeignete Frau für ihren Sohn Honoré. Sie lud Madame de Berny und ihre zwei heiratsfähigen Töchter ein. Honoré, das heißt Balzac, war da und beide Töchter wurden ihm vorgestellt. Er war aber völlig desinteressiert an ihnen. Dafür verliebte er sich unsterblich **in die Frau Mama**"* / NICOLE –

lacht: „*Das find ich fabelhaft*" (aus: *Die süße Haut*; der „Balzac-Experte und Autor des Buches `Balzac und das Geld`" Jean Desailly „bequatscht" die junge „Stewardess" Françoise Dorléac in einer Kneipe in Lissabon) – zwischen zwei seiner absoluten Klassiker, nämlich *Jules und Jim* (1962) mit Jeanne Moreau & Oskar Werner und *Fahrenheit 451* (1966) mit Oskar Werner & Julie Christie, entstand François Truffaut's Liebesfilm „*La Peau deuce*" (OT); eigentlich wollte der Franzose nach „*Jule et Jim*" (OT) gleich die Ray-Bradbury-Verfilmung *Fahrenheit 451* nachfolgen lassen, aber wegen Finanzierungsproblemen arbeitete Truffaut ab August 1962 in Los Angeles zusammen mit Alfred Hitchcock an einem Buch, das man als „Welterfolg" bezeichnen kann, nämlich an „*Mr. Hitchcock, wie haben Sie das gemacht?*"; *Die süße Haut*, der mir persönlich in den 90er-Jahren ganz gut gefallen hat, heute sehe ich das allerdings etwas differenzierter, ist also eine Art „Lückenbüßer" zwischen den beiden „Truffaut-Filmen mit dem Österreicher Oskar Werner", und das Werk basiert quasi auf einer Situation/einem „Bild", das Truffaut gesehen hat: „*Der Film entstand anhand eines Bildes, das ich mal sah, von einem Pärchen in einem Taxi. […] Sie fahren zum Essen heim. Sie sind nicht verheiratet, und falls doch, hat jeder eigene Kinder. Ein sehr leidenschaftlicher Kuss mitten in der Großstadt. Der Film entstand einfach so, aus einem Bild und einem Ton heraus. Ich glaube, beim Kuss das Reiben der Zähne zu hören*" (Copyright: Truffaut); „*Le mari, la femme et la maîtresse*" – nun, Truffaut bastelte aus diesem „Bild" eine

„Gatte, Gattin, junge Geliebte"-Geschichte um eine, wenn man so will, „geheime, problematische Liebe", die zu 20% autobiografisch und zu 40% reine Erfindung war, wobei Truffaut die restlichen 40% aus Zeitungen sowie „aus dem Leben seiner Umgebung" entnommen haben soll – zur Story: Der Autor, Intellektuelle und „Literaturexperte" Pierre Lachenay, ein verheirateter Mittvierziger, der gemeinsam mit seiner attraktiven Frau Branca (Nelly Benedetti) auch eine kleine Tochter namens Sabine (Sabine Haudepin) hat, lernt auf einem Flug nach Lissabon, wo er sein Buch „*Balzac et l'argent*" vorstellt, die „*young and beautiful*" Stewardess Nicole kennen; die beiden werden ein Liebespaar, nur lässt sich die Affäre in Paris dann nicht so „managen" wie erwartet (Dialog vor „Nicole's" Pariser Wohnung: Desailly: „*Ich muss nächste Woche einen Vortrag in Reims halten. Du fährst mit mir, und anstatt gleich zurückzukommen, bleiben wir auf dem Land. Zusammen, wo immer du willst. Das wird wunderbar. Nur in Paris ist es unmöglich für uns*" / Dorléac: „*Ja, du hast recht. Auf Wiedersehen. Denk an mich.* […]"); als Nicole Pierre nach Reims begleitet, wo er in einem Kino eine Einführung zu einem Film über den „*French*" Literaturnobelpreisträger André Gide hält, werden die „romantischen Gefühle" der beiden auf eine harte Probe gestellt, denn der Umstand, dass Nicole eben nur „*la maîtresse*" ist, erfordert auch dort ein Versteckspiel; bald darauf kommt aber auch Lachenay's „*wife*" hinter den Betrug und lädt schon mal das Gewehr, das in der gemeinsamen Wohnung aufbewahrt wird…; grundsätzlich wird die männliche

Hauptfigur, der Intellektuelle „Pierre", in *Die süße Haut* als „schwach", „feige" und als „Spielball der Ereignisse" gezeigt, während die weibliche Hauptfigur, also: „Nicole", durchaus als „modern" charakterisiert wird; Truffaut selbst fand seinen Film, der in Cannes in die Auswahl kam, aber zum kommerziellen Desaster geriet, „unattraktiv", „trocken" und „nicht sentimental genug"; darüber hinaus hielt der Regisseur „Pierre Lachenay" für jemanden, mit dem man sich als Zuschauer nicht „identifizieren" kann oder will, und in der Tat ist der „Literaturexperte", den Jean Desailly (z. B.: 1972: *Der Chef* von Jean-Pierre Melville; 1981: *Der Profi* mit Jean-Paul Belmondo) da spielt, das Hauptproblem von *„La Peau deuce"*, denn er ist ganz einfach unsympathisch; Françoise Dorléac (z. B.: 1966: *Wenn Katelbach kommt…* von Roman Polanski) jedoch, die die ältere Schwester von Catherine Deneuve ist und 1967 im Alter von nur 25 Jahren durch einen Autounfall verstarb, ist hier in einer ihrer schönsten Rollen zu sehen, und ihr Porträt der „lebenslustigen" Stewardess, die an jemanden gerät, der mit Konsequenz immer „die schlechteste Lösung" wählt, hat etwas Berührendes und rettet den Film ein wenig, bei dessen Schnitt man eindeutig den Einfluss Hitchcocks spürt].

„Is your lemon sweet enough?" – „Jennifer" lenkt das Gespräch sofort auf die Limonade, aber Marlowe möchte wissen, ob „Harry" Arnie's Vater war, was Rogers verneint [JENNIFER ROGERS: *„Arnie's Vater ist tot"*].

„*All you can do is close your eyes / `Cause you've lost your life / In this theater of pain / Love and hate's the same / To the black widow*" [Copyright: *Mötley Crüe*] …„Sam" scheint kurz darüber nachzudenken, ob „Jennifer" was mit dem „death" der beiden „men" zu tun haben könnte [SAM MARLOWE: „*Genau wie Harry?*"], aber Rogers meint, dass „Arnie's father" „zu gut für diese Welt" gewesen sei, fast „horribly good".

Dann wechselt der „painter" wieder das Thema, lässt „the trouble with Harry" kurz hinter sich und gibt sich abermals… „*I can't disguise the pounding of my heart / It beats so strong*" [Copyright: *Prince & The Revolution*] …„geblendet" von Jennifer's Schönheit [SAM MARLOWE: „*Also, Ihr Mund ist sehr schön.* […]"], was bei der Angesprochenen wiederum dazu führt, dass sie ihn fragt, ob er noch ein Glas mit Limonade haben möchte.

Was die „Limo" betrifft, vertröstet Marlowe Mrs. Rogers auf später, denn er möchte, wie er sagt, zunächst „mehr aus ihrem Leben erfahren" sowie einen Vorschlag von ihr hören, wie man diesen „Ärger mit dem `dead body` von Harry" lösen könnte [*Anmerkung*: „`Dead Bodies`, mit denen alles begonnen hat": „JAMES BOND *007*" SEAN CONNERY: „*Also, was gibt's in der Firma?*" / „MISS MONEYPENNY" LOIS MAXWELL: „*Strangways. Und es sieht ernst aus. Wir haben den Äther zwischen London und Jamaika ganz schön knistern lassen*" / „JAMES BOND *007*": „*Ich hab's gern, wenn's knistert*" (aus: *Dr. No* von 1962, inszeniert von Terence Young; die allererste ist gleichzeitig auch eine der besten „James & Moneypenny-Szenen": *„The secretary"* Lois Maxwell unterrichtet, in den Räumlichkeiten von „Universal Exports", den *„00-agent"* über *„the trouble with MI6-agent John Strangways"*, der verschwunden ist, aber, wie der Zuschauer weiß, zu Beginn in Jamaika von drei *„assassins"*, den, wenn man so will, *„Three Blind Mice"*, erschossen wurde) – der „Exekution" von „Strangways" in Jamaika geht die „Premiere" der „Signatur-haften" *„Bond shoots into the gunbarrel"*-Sequenz voraus sowie ein „Vorspann", der gleich drei wichtige Teile der „Bond-Formel" präsentiert: „Gefahr", „Sex" & „exotische Locations"; und nur wenig später sagt Sean Connery, mit einer *unnachahmlichen* Mischung aus „Understatement & Elan", in einem Londoner Club, und das mit einer Zigarette im Mund, zum *„first Bond girl"* „Sylvia Trench" (Eunice Gayson) die wohl bekannteste *„movie line"* überhaupt, nämlich *„Bond, James Bond"*; zu den Eckpfeilern der Story: Nach dem Verschwinden von John Strangways (Tim Moxon) wird *007* von „M" nach Jamaika entsendet (Bernard Lee zu Sean Connery: *„Ich will wissen, was mit Strangways passiert ist"*), wo Bond herausfindet, dass hinter dem langsam *„international trouble"* verursachenden „Toppling" („vom Kurs abbringen") von US-Raketen, die aus Cape Canaveral starten, der SPECTRE-Agent Dr. No (Joseph Wiseman) steckt; *007* stattet schließlich der Insel Crab Key einen Besuch ab, die sich in Dr. No's Privatbesitz befindet; dort trifft er die *„attractive and athletic"* „Muscheltaucherin" Honey Ryder (Ursula Andress, nachdem sie mit

ihrem berühmten weißen Bikini dem „Meer entstiegen ist",
singt: „*Underneath the mango tree / Come watch for the moon /
Mango tree, me honey and me / make boolooloop* [...]" -- Connery, stimmt ein: „*Underneath the mango tree / Me honey and
me*" -- Andress, bevor sie ihr Messer zieht: „*Wer singt da?!*");
zusammen mit Ryder, die sich außerdem als „*powerful and vulnerable*" zugleich entpuppt (Connery, nachdem sie ihm von einem „sexuellen Missbrauch durch ihren `Vermieter`" erzählt
hat, der nach dem wahrscheinlich von Dr. No verursachten Tod
ihres Vaters stattgefunden hat: „*Und wie ist es Ihnen dann weiter
ergangen?*" / Andress: „*Ich habe ihm dann eine Giftspinne unter
das Mosquito-Netz getan. Eine Schwarze Witwe. Die sind am
gefährlichsten. Er brauchte eine ganze Woche, bis er
starb...Können Sie mich verstehen?*" / Connery: „*Jedenfalls
würde ich keine Gewohnheit draus machen*" / Andress: „*...Sind
Sie verheiratet, Mr. Bond?*"), gerät Bond in die Gefangenschaft
von Dr. No, bevor er diesen tötet und dessen Hauptquartier auf
der Insel in die Luft fliegt...; nun, „*memorable scenes*" mit Leichen & Begräbnis-Bezug in diesem Film, der, so viel ist sicher,
für immer die Art, wie Filme betrachtet werden, verändert hat,
gibt es einige; zunächst fährt Connery schon mal mit dem toten
„*driver*", einem Dr. No-Mann, der ihn vom Flughafen in Jamaika abgeholt hat und dann nach einem Kampf mit ihm eine
Zyanid-Kapsel geschluckt hat, vor der britischen Botschaft vor
und meint zu einem „*guard*" dort, mit Bezug auf den „*dead
man*" auf dem Rücksitz: „*Sergeant, passen Sie auf, dass er sich

nicht verdrückt"; als *007* mit einem Wagen „*on his way*" zu „Miss Taro" (Zena Marshall) ist, einer Botschaftssekretärin, die ebenfalls zu Dr. No's Umfeld gehört und Bond zu sich nach Hause eingeladen hat, kommt es zu einer Autoverfolgungsjagd mit „Dr. No-*henchmen*", die damit endet, dass der Wagen der Männer einen Abhang runterrast und explodiert, und Connery sagt im Original zu einem Jamaikaner, einem Arbeiter mit Schutzhelm auf dem Kopf, der vor Ort ist und fragt, wie das passiert sei, Folgendes: „*I think they were on their way to a funeral*" (dt. Synchro: „*Na, die hatten's eilig, zu ihrem eigenen Begräbnis zu kommen*"); „*It's a Smith & Wesson and you've had your six*" (Copyright: *Sean Connery*) – ein echtes Highlight und im Übrigen *eine meiner absoluten Lieblingsszenen innerhalb der gesamten Filmreihe* ist auch die „Professor-Dent-Szene" im Haus von „Miss Taro", denn Connery wartet auf den Dr. No-Mann und Verräter „Dent" (Anthony Dawson), der ebenfalls den Tod „John Strangways" mitzuverantworten hat, und als dieser auftaucht, lässt er den Professor seine Smith & Wesson leerschießen und meint dann, bevor er ihn selbst mit seiner Walther PPK erschießt: „*Sie haben 'ne 6-schüssige Smith-Wesson und die sechs Dinger sind in der Matratze*"; der unbestrittene musikalische Höhepunkt des ersten James-Bond-Films sind aber *nicht*, obwohl diese überaus „*charming*" sind, die Gesangseinlagen von Andress & Connery am Strand von Crab Key, sondern ist *natürlich* die „*introduction*" von Monty Norman's legendärem & ikonischem „*James Bond Theme*"].

„Jennifer" meint daraufhin, dass er am besten ihrem Beispiel folgen solle und „Harry" vergessen [JENNIFER ROGERS: „[…] *Machen Sie bloß kein Aufhebens um ihn. Er war nicht grad eine leuchtende Perle der Menschheit. Deshalb haben wir uns auch selten gesehen*"].

„The Artist" will nun wissen, warum sie „Harry" dann überhaupt geheiratet hat, woraufhin „Jennifer" ihm gesteht, dass sie „schon oft versucht habe, sich mit jemandem über Harry auszusprechen", allerdings habe sie keiner verstanden [Nachsatz von JENNIFER ROGERS: „[…] *Am allerwenigsten Harry*"].

Nachdem sie auch ihrer Hoffnung Ausdruck verliehen hat, dass er, „Sam", sie verstehen könnte, da er ein „artistic mind" besitze, also: eine „künstlerische Sichtweise" auf die Dinge, verspricht Marlowe, sich beim „Verstehen" Mühe zu geben und bittet sie, ihm alles zu erzählen… „Let it all out".

Schließlich beginnt sie… „It was a long time ago, and I was in love" …den Weg zu erläutern, der sie zu „Harry" geführt hat.

„Jennifer" berichtet, dass sie zunächst in „a guy called Robert" verliebt gewesen sei und diesen heiraten wollte, aber ihre Eltern seien dagegen gewesen. Sie habe diesen „Robert" dann doch geheiratet, aber: „Robert got killed!"… „*Some say man ain't happy truly `til a man truly dies / Oh why, oh why? / Sign o'the times / …Time, Time*" [Copyright: *Prince*].

Nach dem Tod ihres Mannes sei sie „heartbroken" for „six weeks" gewesen, bevor klar gewesen wäre, dass „Arnie on the way" sei. Daraufhin trat „Harry, The Handsome Hero" oder, wie er von ihr „alternativ" genannt wird, „Harry, The Saint" bzw. „Harry, The Good" auf den Plan. „Sam, der Maler" möchte in diesem Zusammenhang den Nachnamen von „Harry" wissen und er erfährt von Mrs. Rogers, dass der Tote im Wald „Harry *Worp*" geheißen hat.

„The Artist" erkundigt sich in der Folge bei „Jennifer" danach, ob dieser „Harry Worp" in sie verliebt gewesen sei, was, wie sie meint, aber „nicht das Problem gewesen" wäre [JENNIFER ROGERS: „*Wenn er sich bloß in mich verliebt hätte, wär's nicht weiter schlimm gewesen.* […]"]. „The Problem was…" – das wahre Problem sei gewesen, dass „Harry" sie heiraten wollte, da „the late Robert" sein Bruder gewesen wäre und er geglaubt habe, dies sei irgendwie seine „Pflicht". Damit „Arnie" sozusagen eine Art Vater hat, war sie bereit, auf dieses „Angebot" einzugehen.

„*Und Sie dachten, er wäre in Sie verliebt?*" [SAM MARLOWE] – dass da „no love" von Seiten „Harrys" im Spiel gewesen sei, habe „Jennifer", wie sie sagt, gleich in der „2. Hochzeitsnacht" erkennen müssen, denn da wäre die „furchtbare Wahrheit" ans Licht gekommen, „the truth about Harry Worp" [*Anmerkung*: Hitchcock gab sich gegenüber Truffaut in gewisser Weise „stolz" darüber, Shirley MacLaine & John Forsythe in seinem Film besetzt zu haben: „*`The Trouble with Harry` war Shirley MacLaine's erster Film. Sie war ausgezeichnet, und sie hat es ja hinterher zu was gebracht. Der Junge, John Forsythe,* *wurde ein sehr populärer Fernsehstar, und er hat in einer meiner Sechzig-Minuten-Sendungen gespielt"* (HITCHCOCK zu TRUFFAUT); die *„The Alfred Hitchcock Hour"*-Folge, von der „Hitch" da spricht, war die tatsächlich auch von ihm persönlich inszenierte Episode *„Der letzte Zeuge"* / OT: *„I Saw the Whole Thing"* aus dem Jahr 1962; darin spielt Forsythe einen *„mystery writer"*, aber das Werk ist vor allem deshalb interessant, weil Hitchcock hier einen an Akira Kurosawa's *Rashomon* (1950) erinnernden „multiperspektivischen Ansatz" gewählt hat, soll heißen: Ein Vorkommnis, in diesem Fall ein *„hit-and-run-accident"*, wird aus der Sichtweise von fünf Zeugen „aufgearbeitet", wobei nicht klar ist, ob nicht gleich alle Zeugen mit ihrer Wahrnehmung irgendwie „falsch" liegen; *„Der letzte Zeuge"* ist gleichzeitig auch der letzte Fernsehfilm, bei dem „Hitch" auf dem Regiestuhl Platz genommen hat; zu einem *richtig großen Fernsehstar* wurde John Forsythe (1918 – 2010) bekanntlich erst nach Hitchcock's Tod, denn von 1981 – 1989 spielte er den „Ölmagnaten" „Blake Carrington" in der TV-Serie *Der Denver-Clan* / OT: *„Dynasty"*, die gemeinsam mit der Serie *Dallas* wohl zu den populärsten TV-Serien der 80er-Jahre gehörte, und das gilt vor allem auch für Europa und den deutschsprachigen Raum; ich persönlich habe damals, zumindest ab Mitte der 1980er-Jahre, kaum eine *Denver-Clan*-Episode verpasst, nicht zuletzt wegen „Alexis" Joan Collins].

„What happened?" – Marlowe möchte dann natürlich wissen, was in der „zweiten Nacht nach der Hochzeit" passiert ist, und Mrs. Rogers berichtet, dass sie in der besagten Nacht... „Dig if u will the picture"...„ein gewagtes Nachthemd" getragen habe, ihr „best nightie" [JENNIFER ROGERS: *Können Sie sich das vorstellen?*" / SAM MARLOWE: *Absolut*"].

Da sie gedacht habe, dass „Harry" sie liebe, habe sie sich, obwohl sie selbst „nicht grade leidenschaftliche Gefühle" für ihn hegte, sozusagen „in Stimmung" gebracht... „Must have been hard work".

„Jennifer" stimmt „Sam" dann auch zu, dass das „hard work" gewesen sei, und sie hätte mit ihrem „dünnen Nachthemd" in dieser „Vollmondnacht" am Fenster stehend irgendwie „gefröstelt" [Nachsatz von JENNIFER ROGERS: *Ich weiß gar nicht, warum ich Ihnen das alles erzähle, einem vollkommen Fremden...*"].

Nachdem der „Perfect Stranger" Marlowe das erneute Angebot von „Jennifer", ihm noch eine Limonade zu bringen, abermals ausgeschlagen hat, will der „artist" von ihr erfahren, „wann Harry dann eigentlich das Zimmer betreten habe", woraufhin sie ihm mitteilt, dass „Harry" in jener „frosty full moon night" gar nicht aufgetaucht sei und erst am nächsten Morgen angerufen hätte. Dann allerdings habe er ihr den Grund für sein Nichterscheinen mitgeteilt, der darin gelegen sei, dass sein Horoskop, „Worp" war „Stier", ihm nichts Gutes prophezeit hätte [JENNIFER ROGERS: *Also, da stand: `Fangen Sie an diesem Abend nichts Neues an. Es wird nie was draus*`"].

Daraufhin, so Mrs. Rogers, habe sie ihn verlassen und sei zu ihrer Mutter gefahren [Original-Nachsatz von JENNIFER RO-GERS: „*The end*"].

Sam Marlowe spricht, nach diesem „Jennifer-Rogers-Report", von einem „ergreifenden Schicksal" [Reaktion von JENNIFER ROGERS: „*Ich wusste, dass Sie mich verstehen würden. Das hat bisher keiner gekonnt*"], während „Jennifer" dann nochmals betont, dass man sich auf „Harry" einfach nicht verlassen habe können [JENNIFER ROGERS: „[…] *Stellen Sie sich vor, ich hätte irgendwann mal was von ihm verlangt, dass er Geschirr spült, zum Beispiel, und sein Horoskop würde ihm abraten*"].

Als Arnie dann auf die Welt gekommen sei, sei sie sofort weggezogen und habe ihren Namen geändert. „Heute Morgen" jedoch, so Mrs. Rogers weiter, sei „Harry" plötzlich vor ihrer Tür gestanden, wollte „Ehemann" spielen und habe davon gesprochen, dass er „Sehnsucht" verspüre und sich „einsam" fühle... „[...] *Cuz' in this life things r much harder than in the afterworld / In this life you're on your own*" [Copyright: *Prince & The Revolution*].

Sie selbst habe aber, wie sie Marlowe deutlich macht, „nichts Gutes für ihn gefühlt" und ihm… „*And I swear that I don't have a gun / No, I don't have a gun*" [Copyright: *Nirvana*] …lediglich einen Schlag mit einer Flasche Milch versetzt. Und dieser „Schlag mit der Milchflasche" hätte, so „Jennifer", dazu geführt, dass „Harry" in Richtung Wald gerannt sei und etwas vom „Sterben" gemurmelt hätte, oder, besser gesagt, davon, sterben zu wollen angesichts der Tatsache, dass sein „wife" offenbar nicht vorhabe, mit ihm zu kommen [Kommentar von SAM MARLOWE: „*Als habe er es gewusst*"; // *Anmerkung*: Exkurs: „Truffaut-Filme" Teil 3: „KOMMISSAR SANTELLI" PHILIPPE MORIER-GENOUD: „*Sagen Sie mal, war die Jagd gut heute Morgen?*" / „JULIEN VERCEL" JEAN-LOUIS TRINTIGNANT: „*Nein, es ist eine Pleite gewesen. Ich weiß nicht, warum ich überhaupt noch zur Jagd gehe, es interessiert mich immer weniger*" / KOMMISSAR SANTELLI: „*Ihnen ist nichts Ungewöhnliches aufgefallen?*" / JULIEN VERCEL: „*Nein. Einmal habe ich zwei Schüsse gehört, die ich irgendwie merkwürdig fand. Der zweite Schuss fünf Sekunden nach dem ersten, als hätte jemand eine verletzte Ente erledigen wollen. Aber da gab's gar keine Enten*" / KOMMISSAR SANTELLI: „*Da gab's keine Enten, aber da gab's einen Jäger, und dessen Gesicht war dermaßen zerfetzt, dass wir ihn erst mithilfe seines Jagdscheins identifizieren konnten*" / JULIEN VERCEL: „*Massoulier, ist er tot?*" / KOMMISSAR SANTELLI: „*Woher wissen Sie, dass es sich um Massoulier handelt? Von mir haben Sie diesen Namen nicht gehört*" / JULIEN VERCEL: „*Ich hab' seinen Wagen erkannt, als ich nach Hause ging. Aber der war doch ausgesprochen geschickt. Massoulier, der geht doch schon zehn Jahre auf die Jagd*" (aus: *Auf Liebe und Tod*; der „ermittelnde Kommissar" Morier-Genoud erzählt dem „Immobilienmakler" & „Hauptverdächtigen" Trintignant von dem Mord an dem Kinobesitzer

„Jacques Massoulier", dem „bei der Enten-Jagd" direkt ins Gesicht geschossen wurde) – gut, ich war immer schon ein großer Truffaut-Fan und *Auf Liebe und Tod* war auch, soweit ich mich erinnern kann, der erste Film, den ich von dem Franzosen gesehen habe, wobei mir das Werk damals in erster Linie als „Liebeserklärung an Fanny Ardant" erschienen ist; *„Vivement dimanche!"* (OT; 1983), der 21. Film des Regisseurs, basiert auf dem Roman *„The Long Saturday Night"* (1962) des US-*„Crime Novel"*-Autors Charles Williams; *„Wir sind in Frankreich und Gott sei Dank lassen sich in diesem Land Verbrechen aus Leidenschaft mit größtem Erfolg verteidigen"* (Copyright: der Anwalt „Clément" Philippe Laudenbach zu Fanny Ardant über die Chancen von Trintignant vor Gericht) – zum Grundgerüst der Story: Es stellt sich die Frage, ob der Immobilienmakler Vercel den *„homme d'affaires"* Massoulier bei der Enten-Jagd erschossen hat; jedenfalls legen sämtliche Indizien diesen Schluss nahe, und noch dazu war Massoulier offenbar der Geliebte von Vercel's Ehefrau Marie-Christine (Caroline Sihol); als auch noch die gerade aus Nizza zurückgekehrte Marie-Christine ermordet aufgefunden wird, ist Vercel's Sekretärin Barbara (Ardant) die einzige Person, die von seiner Unschuld überzeugt ist (Dialog im Büro von Trintignant: Ardant: „[...] *Dass Sie abhauen, ist schon idiotisch genug, aber wenn Sie jetzt vorhaben, nach Nizza zu fahren, um Ihre Frau umzubringen, dann werd' ich Sie ganz bestimmt davon abhalten"* / Trintignant: *„Sie verstehen überhaupt nichts. Ich hab' nicht die geringste Absicht, meine Frau* *zu töten. Sie ist bereits tot"* / Ardant: *„Was?!"* / Trintignant: *„Ja, sie ist aus Nizza zurück und heute Abend bei uns zu Hause ermordet worden. Aber ich hab' sie nicht getötet. Glauben Sie mir?"* / Ardant: *„Na ja, leicht zu glauben ist es nicht, aber…"*), woraufhin Barbara's „verdeckte Ermittlungen" sie unter anderem nach Nizza und auch ins Rotlichtmilieu führen…; grundsätzlich wollte Truffaut nach der „tragischen Liebesgeschichte mit tödlichem Ausgang" *Die Frau nebenan* (1981) mit Fanny Ardant & Gérard Depardieu einen „leichten" Film drehen; die „Schwarze Serie", die *„Série Noire"*, diente, wie auch bei den Truffaut-Filmen *Schießen Sie auf den Pianisten!*, *Die Braut trug schwarz* (1968), *Das Geheimnis der falschen Braut* (1969) & *Ein schönes Mädchen wie ich* (1972), als Vorbild für *Auf Liebe und Tod* – *„Die Idee kam mir bei `Die Frau nebenan`. Es gibt dort eine Nachtszene mit Fanny Ardant im Regenmantel. Jemand sagte: `Das hat was von einem Série-Noire-Krimi`. Und es stimmte, sie sah aus wie eine Heldin aus einem dieser Krimis"* (F. Truffaut); der Entschluss, den Film in Schwarzweiß zu drehen (Kamera: Néstor Almendros), ergab zunächst Schwierigkeiten bei der Produktion, da ab 1980 in Frankreich das Fernsehen zum wichtigsten Finanzier für das Kino wurde und Truffaut's Geldgeber dieses ästhetische Mittel ablehnten; der Erfolg von *Die letzte Metro* (1980) mit Catherine Deneuve & Gérard Depardieu ermöglichte Truffaut aber, sich durchzusetzen und das Werk in „*Noire et blanc*" zu drehen und es ein wenig wie ein „B-Movie" aussehen zu lassen; *„Ich wollte damit mich und* *meine alten Filme kritisieren. `Die Braut trug schwarz`, wo es zu viel Sonne und Licht gab.* Dadurch ging die Atmosphäre der Romanvorlage verloren", meinte Truffaut und er ließ sein Werk von `83 dann tatsächlich zu drei Viertel nachts und im Regen spielen; die Geschichte von „*Vivement dimanche!*" sah der Regisseur, was für François Truffaut „ganz normal" war, als eine an, die gleichsam „von Anfang bis Ende von einer Frau vorangetrieben wurde" („*Ich denke seit jeher, Geschichten müssen um Frauen aufgebaut werden, denn Frauen treiben die Handlung viel besser voran als Männer. Wenn ich ein Drehbuch schreibe, passiert das folgendermaßen: Die Frau hat alles in der Hand. So sehe ich die Dinge nun mal*" – Truffaut); die *Auf-Liebe-und-Tod*-Story ist im Grunde „simpel" und verfügt über zahlreiche Wendungen und „Unwahrscheinlichkeiten", die dem Werk, das ein „ordentlicher Kassenerfolg" wurde, aber „Rhythmus & Stil" verleihen; der „S/W-Krimi", der auch etwas von einem „unterhaltsamen Samstagabend-Krimi" an sich hat und der einzige Truffaut-Film mit dem von dem Regisseur hoch geschätzten Jean-Louis Trintignant (einige Highlights: 1966: *Ein Mann und eine Frau* von Claude Lelouch / 1968: *Leichen pflastern seinen Weg* mit Klaus Kinski / 1973: *Das wilde Schaf* mit Romy Schneider / 1994: *Drei Farben: Rot* von Krzysztof Kieślowski) ist, nimmt sich nicht allzu ernst und es gibt darin weder Gangster noch „verführerische Detektive" oder dergleichen; *Auf Liebe und Tod* war leider „*le dernier film de Truffaut*", der letzte

Truffaut-Film, denn der Regisseur verstarb bekanntlich im Oktober 1984 in einem Vorort von Paris; *natürlich* ist in einem „Truffaut-Krimi" auch der Einfluss des „Meisters der Suspense" Alfred Hitchcock stets spürbar, aber in „*Vivement dimanche!*" gibt es eine wunderbare Hommage an ein weiteres Truffaut-Vorbild, nämlich *Stanley Kubrick*, denn Fanny Ardant erkundig sich am Telefon bei einer Angestellten des „Eden-Kinos", die bei Trintignant immer wieder „Telefonterror" macht und ihm unterstellt, ihren Chef „Massoulier" ermordet zu haben, nach dem Kubrick-Film „*Paths of Glory*" (OT; 1957), der dort im Kino gespielt wird: „BARBARA" FANNY ARDANT – ins Telefon: „*Hallo? Nein, pardon, Madame, ich wollte nur gern wissen, Sie zeigen heute `Wege zum Ruhm`. Ist das eine Liebesgeschichte?*" / STIMME DER KINOANGESTELLTEN: „*Es ist ein Kriegsfilm. Er spielt 1918. Franzosen gegen Deutsche*" / BARBARA: „*Aha, das heißt, Kanonen, Soldaten. Da gibt's keine Frau drin?*" / STIMME DER KINOANGESTELLTEN: „*Doch, die Soldaten tragen immer das Foto einer Frau bei sich*" / BARBARA: „*Ah ja, also geht's auch um Liebe?*" / STIMME DER KINOANGESTELLTEN: „*Liebe, Schlägereien, Chansons, Gefühle und tutti quanti*" (aus: *Auf Liebe und Tod*)].

„*Come as you are / As you were / As I want you to be*" [Copyright: *Nirvana*] …Captain Wiles hat sich mittlerweile in einen Anzug geworfen und ist auf dem Weg zu Miss Gravely. Als er bei ihrem Haus angekommen ist, taucht sie bei der Veranda auf und… „She wore a blue ribbon" …trägt ein blaues Band im frisch geschnittenen Haar.

Zunächst spricht „Ivy" von einer „surprise" [IVY GRA-VELY: *„Oh, Captain Wiles, was für eine Überraschung"*], was den „old seafarer" etwas „verunsichert" [CAPTAIN WILES: *„Aber, aber, Sie haben mich doch eingeladen, Miss Gravely. Jedenfalls hab' ich's so aufgefasst"*], bevor Miss Gravely für „Klarheit" sorgt [IVY GRAVELY: *„Da haben Sie natürlich recht, aber trotzdem ist es irgendwie eine Überraschung"*] und ihn „hereinbittet" und Wiles meint, dass sie es sich wenigstens anmerken lasse, dass man willkommen sei… *„Like coming home / And you don't know where you've been / Like black coffee / Like nicotine / I need your love (I need your love)"* [Copyright: *U2*].

Währenddessen spaziert Arnie mit seinem „dead rabbit" in der Gegend herum und an einer „Baumreihe" vorbei.

„The Captain" & „Ivy" haben an einem Tisch auf der Veranda Platz genommen und Wiles trinkt aus einem Gläschen „Holunderbeerenwein" und isst einen „blueberry muffin", den er als „very good" bezeichnet, woraufhin Miss Gravely ihm ihr diesbezügliches „Geheimnis" mitteilt und das „Plätzchen", wo „Harry" liegt, als besonders gute „Fundstelle" hervorhebt [IVY GRAVELY: *„Es kommt vor allem auf die Blaubeeren an, das ist das ganze Geheimnis. Ich habe die Blaubeeren an der Stelle gepflückt, wo Ihnen dieses `Missverständnis` passiert ist"*].

84

Wiles denkt anscheinend kurz an die Leiche, widmet sich dann aber der „Männertasse", die sie am Vormittag im Laden von Mrs. Wiggs gekauft hat, und bezeichnet nun diese als „hübsch". Gravely behauptet daraufhin, dass die Tasse ein „Familienerbstück" sei und dass ihr Vater immer daraus getrunken habe [Nachsatz von IVY GRAVELY: „*Bis zu seinem Tod*"].

Der „Seefahrer in Ruhestand" stellt schließlich die „Theorie" auf, dass Miss Gravely's Vater sicherlich einen „sanften Tod" gehabt habe und „ganz friedlich eingeschlafen" sei, was aber absolut nicht der Fall gewesen ist [IVY GRAVELY: „*Er wurde zerstückelt von einer Dreschmaschine*"].

Nach ihrer „He was caught by a treshing machine"-Klarstellung verleiht sie ihrer Hoffnung Ausdruck, dass sie ihm nicht „den Appetit verdorben" habe, was der Captain aber verneint, da ihm, wie er sagt, weder die „rough sides of life", die „rauen Seiten des Lebens", fremd seien noch… „I'm a man who faced death many times" …der Tod [CAPTAIN WILES: „*Ich bin ein Mann, der dem Tod schon oft ins Auge geblickt hat*"; // *Anmerkung*: „Eine filmische `*Resurrection*`": „JAMES BOND 007" SEAN CONNERY: „*Mit allem Respekt, Sir. Ich bin während der letzten zwei Wochen nur einmal umgebracht worden*" / „M" EDWARD FOX: „*Zweimal. Sie haben die Tellermine an der Schwarzmeerküste vergessen*" / JAMES BOND 007: „*Korrektur, Sir. Ich verlor beide Beine, aber ich war nicht tot*" / „M": „*Sie wären außer Gefecht gewesen*" / JAMES BOND 007: „*Es ist doch immer was anderes, wenn man sowas nur simuliert. Bei einem tatsächlichen Einsatz, wenn das eigene Leben auf dem Spiel steht, dann kommt ja immer noch der Adrenalinstoß dazu"* / „M": *„Und Ihr Adrenalin ist effektiv genug? Das ist der Unterschied zwischen einer Doppelnull und einer Leiche"* (aus: *Sag niemals nie*; der gealterte und scheinbar „alternde" „007" Sean Connery wird von „M" Edward Fox, im Rahmen einer „Nachbesprechung" der „Simulation" einer Geiselbefreiung, die „tödlich" für Bond geendet hat, daran erinnert, dass seine Reaktionsfähigkeit nicht mehr so ist wie früher) – im Jahr 1983, 12 Jahre nach *Diamantenfieber*, feierte der damals *„late-middle-aged"* „Ur-Bond" Sean Connery eine von Bond-Fans lang ersehnte „filmische Auferstehung" als James Bond *007* in einem Remake von *Feuerball*, das bekanntlich aus rechtlichen Gründen außerhalb der offiziellen *Eon*-Bond-Serie, in der damals sozusagen immer noch Roger Moore am Werk war, entstanden ist; die Basic-Story um zwei *„nuclear warheads"*, die von SPECTRE gestohlen werden, kennt man ja bereits aus dem „great Bond film" *„Thunderball"* von `65; *Sag niemals nie* (Regie: Irvin Kershner), dieses „schwarze Schaf" unter den „Bond-Movies", versucht einerseits, sich den Mythos um Connery's „zeitlosen Sex-Appeal" zu Nutze zu machen, der aber, um ehrlich zu sein, einige Jahre später, in seinen wirklichen „Altersrollen", weit größer ist als hier, und andererseits wird die „007"-Figur als „alterndes Relikt" eingeführt, das zu Beginn von „M" gleich einen „Kuraufenthalt" aufgebrummt bekommt (ein Doktor zu Connery in der *„health facility"*: *„An Ihrem Körper sind genug Narben für ein* *ganzes Regiment*"), bei dem die „*well known story*" um den von SPECTRE rekrutierten Piloten „Jack Petachi", der die Atom-Sprengköpfe der Blofeld-Organisation in die Hände spielt, ihren Lauf nimmt; „*Never Say Never Again*" (OT) ist nicht unbedingt ein Bond-Film, der „für helle Begeisterung" sorgt, aber der Film verfügt über eines definitiv, nämlich über eine „*outstanding cast*", die neben Connery, der hin und wieder etwas „lustlos" wirkt, mit Klaus Maria Brandauer über einen „*great villain*" verfügt (Basinger: „*Und was ist, wenn ich dich verlassen sollte?*" / Brandauer: „*Dann schneid` ich dir die Kehle durch*"), welcher in gewisser Weise sogar dem „Largo" von Ian Fleming's literarischer Vorlage gerecht wird; aber auch Max von Sydow als „Blofeld" ist irgendwie „*creepy*" (Max von Sydow bei einer Versammlung von SPECTRE-Agenten: „*Denn, bei allem, was den Tod betrifft, ist* SPECTRE *streng unparteiisch*") und Bernie Casey als erster farbiger „Felix Leiter" ist zumindest „bemerkenswert"; über Kim Basinger's Leistung als „Domino Petachi" herrschen gewiss geteilte Meinungen, aber ich persönlich bin, wie ich schon mehrfach angedeutet habe, bei Kim Basinger „selten gänzlich objektiv" (und finde selbst an „80s-Nonsense" wie *Meine Stiefmutter ist ein Alien* mit Basinger & Dan Aykroyd irgendwie Gefallen) und denke, dass sie in *Sag niemals nie* auch bei dieser von den Drehbuchautoren äußerst „schwach ausgearbeiteten & etwas `leeren`" Figur der „Domino" ihr Bestes gibt und dieser in gewisser Weise, Basinger-typisch, eine gewisse

„Wärme & Emotionalität" verleiht, wobei vor allem die „Massage-Szene" mit dem „falschen Masseur" Sean Connery durchaus amüsant ist, der sich im Frankreich-Teil des Films in einen Wellness-Bereich schleicht und dann beginnt, „Domino" Kim Basinger zu massieren (Basinger: *Ihrer Sprache nach sind Sie kein Franzose"* / Connery: *„Richtig, ich kann aber auch charmant sein"*) und ihr ein paar Infos bezüglich „Largo" zu entlocken, bis dann irgendwann die „richtige Masseuse" auftaucht und sich bei der Basinger für ihr Zuspätkommen entschuldigt; aber auch einige Dialoge zwischen Basinger und Brandauer sind es „wert, sie zu zitieren" (Basinger: *„You're crazy!"* / Brandauer, nachdenklich: *„Yah. Maybe. I'm crazy"*); *„We've got time to kill"* („Fatima Blush" Barbara Carrera zu Sean Connery vor einer *„sex scene"* am Bord eines Schiffes, das die beiden zu einer „Tauchdestination" auf den Bahamas bringt) – statt mit einer Killerin *„called"* „Fiona Volpe", wie in *Feuerball*, hat man es in *Sag niemals nie* mit der von Barbara Carrera (z. B.: 1983: *McQuade, der Wolf* mit Chuck Norris & David Carradine) gespielten „Fatima Blush" zu tun, und obwohl man sich nicht sicher ist, ob es sich bei diese Figur, durch die starke Überzeichnung ihrer *„Evil-Bond-Girl"*-üblichen *„fixation"* auf *„Sex & Death"*, ausschließlich um eine Art „Parodie" handelt, so zählt „Fatima's" *„sense for fashion"* irgendwie zu den besseren Aspekten des Werks, das im Grunde auch ein wenig unter einem „billigen" und, was die Kameraarbeit betrifft, „verschwommenen" Look leidet; ein echtes Highlight ist auch die Szene, in der

„Fatima Blush" stirbt, denn nach einem (ganz passablen) *Motorcycle Chase* in Südfrankreich stellt sie Bond in einem verlassenen Gebäude und will von dem vor ihr auf dem Boden sitzenden Connery hören, dass sie „die beste Liebhaberin war, die er jemals gehabt hat" (Carrera: *„Ich bin die Beste"* / Connery: „[…] *Ja, ja, du hast recht. Und in meinen Memoiren solltest du auch als Nummer 1 erscheinen. Das hab' ich vor"*), woraufhin er das auch umgehend „in zwei, drei Sätzen schriftlich niederlegen" soll, aber Bond benutzt seine Union-Jack-Füllfeder, die er von „Q" (Alec McCowen) erhalten hat, und „feuert" damit auf „Blush", was dazu führt, dass die *„insane woman"* explodiert; eine wirkliche „Sünde" bei *„Never Say Never Again"* sind die „Bond-Film-unwürdigen" *„titles"* sowie der nicht gerade gelungene Score von Michel Legrand].

Dann…taucht Arnie samt „totem Hasen" bei der Veranda auf, und „Ivy" möchte wissen, was er da mit sich herumträgt [ARNIE ROGERS: *„Ich habe ein Kaninchen gefunden"*]. Da ihm, wie er meint, der „Rabbit" aber nicht gehöre, sondern dem Captain, will er ihn zurückgeben.

„You must have killed it today" – „Ivy" beglückwünscht den Captain dazu, dass die Jagd offenbar nicht umsonst gewesen ist [Nachsatz von IVY GRAVELY: *„Das wird einen schönen Braten geben"*], und der Captain stellt seine… „A rabbit! I finally killed a rabbit!"… „Skills, die Jagd betreffend" nicht mehr in Frage.

Der „little boy" betont, dass er den Hasen „da, wo die Blaubeermaultaschen wachsen" gefunden habe, also in der „area", in der „Harry" liegt. Als eine Art Belohnung will ihm Miss Gravely dann „one muffin for one rabbit" geben, aber Arnie ist der Meinung, dass das ein „Two-Muffin-Rabbit" sei und schlägt für sich noch eine zweite „Maultasche" heraus.

Nachdem Arnie Rogers wieder verschwunden ist, bringt der Captain seine „Sympathie" für … „*Solitary sister (sister) / Is there still a part of you that wants to give?*" [Copyright: *George Michael / Seal*] …„Ivy" zum Ausdruck und bezeichnet diese als „nice woman", und sie bezeichnet ihn ebenfalls… „*Solitary brother (brother) / Is there still a part of you that wants to live?*" [Copyright: *George Michael / Seal*] …als „awfully nice". Aber beide sind sich schnell darüber im Klaren, dass sie zum eigentlichen Thema zurückkehren sollten… „Let's get back to our little problem. Harry".

Miss Gravely bringt die Frage auf, was nur aus „Harry" werden soll, aber „Albert" beruhigt sie und meint, dass sie sich keinerlei Gedanken zu machen brauche, denn der „Trouble" mit ihm soll, so verspricht der „old mariner" der „old maid", „noch vor Einbruch der Dunkelheit" gelöst sein… „He'll be comfortably underground before nightfall".

Die Aussicht, dass „Harry" bald „in der Erde" liegen wird, führt „Ivy" zu dem Einwand, dass das „Schaufeln" nun mal „anstrengend" sei und es „einfachere Wege" gäbe, die Leiche ein für alle Mal loszuwerden [IVY GRAVELY: „*Wär's nicht einfacher, wenn Sie ihn mal kurz vom Bootssteg rein ins Wasser gleiten lassen?*"].

Der Captain sieht das anders [CAPTAIN WILES: „*Der würde aus lauter Bosheit wieder auftauchen*"] und betrachtet die „Erdbestattungsvariante" als „todsicher" [CAPTAIN WILES: „[…] *Aber wer einen halben Meter unter der Erde ist, taucht niemals wieder auf*"].

Außerdem, so der „retired seafarer", werden im Winter wieder „Eisblöcke aus dem `frozen water` geschnitten", was ebenfalls für einen „Überraschungsfund" sorgen könne [CAPTAIN WILES: „*Was würde es denn für einen Eindruck machen, wenn man in einem Eisblock plötzlich unseren Harry…*"].

Miss Gravely … „Never mind, Captain. You're right" …muss „Albert" Recht geben und hält die „Six Feed Under"-Variante für „Harry" schließlich auch für die beste Lösung.

Später spazieren Sam Marlowe und Captain Wiles wieder den Hügel hoch und sind mit ihren Schaufeln, die sie bei sich haben, bereit, „Undertaker" zu spielen.

Nachdem sie sich vergewissert haben, dass… „*Give me a Leonard Cohen afterworld / So I can sigh eternally*" [Copyright: *Nirvana*] …„Harry" noch dort liegt, wo sie ihn versteckt haben, nämlich hinter einem dicken Baumstamm, wollen die beiden zur Tat schreiten [*Anmerkung*: „BENNIE" WARREN OATES: „*Wenn er noch lebt, bring ich Ihnen Garcia. Darauf können Sie sich verlassen*" / „SAPPENSLY" ROBERT WEBBER: „*Dass er noch lebt, ist gar nicht das, worauf es ankommt*" / BENNIE: „*Na ja, dann sagen wir eben tot oder lebendig, wenn Ihnen das besser*

gefällt" / „JOHNNY QUILL" GIG YOUNG: *„Tot, nur tot"* / BEN-
NIE: *Was möchten Sie drauf hören?"* / JOHNNY QUILL*: „`Gu-
antanamera`" (aus: *Bring mir den Kopf von Alfredo Garcia*; Di-
alog in einer heruntergekommenen Bar in Mexiko-City zwischen zwei „Handlangern" von „El Jefe", der sich den *„head"*
von Alfredo Garcia wünscht, und dem ursprünglich aus den
USA stammenden *„Piano Player"* Warren Oates, welcher in
Wahrheit schon eine Vorstellung davon hat, wo „Alfredo Garcia" sein könnte; *„Johnny"-Darsteller Gig Young behauptet
wenig später, als er die Bar verlässt und Warren Oates ihn fragt,
wie er heißt, dass sein Name „Fred C. Dobbs" sei, was aber lediglich eine Hommage an Humphrey Bogart ist, dessen Character diesen *„name"* in John Huston's Mexiko-Abenteuerfilm *Der
Schatz der Sierra Madre* von 1948 trägt) – während die *„protagonists"* in Hitchcock's *Immer Ärger mit Harry* sich noch mit
einer „vollständigen" Leiche herumschlagen, hat Warren Oates
1974 in Sam Peckinpah's bizarrem Kult-Werk „*Bring Me the
Head of Alfredo Garcia*" (OT) nur mehr einen *Kopf* als „Beifahrer" in seinem Wagen, denn der Titel des Films ist nicht nur „me-
taphorisch" zu verstehen; Peckinpah, ein legendärer Action-Re-
gisseur mit eindeutiger „Handschrift", mit *„trademark"*-Ele-
menten wie Slow-Motion-Schießereien, stand für kontroversiellen Stoff wie *The Wild Bunch – Sie kannten kein Gesetz* (1969),
Wer Gewalt sät (1971) mit Dustin Hoffman & Susan George
oder *Getaway* (1972) mit Steve McQueen & Ali MacGraw, aber

Bring mir den Kopf von Alfredo Garcia stellt sicherlich das persönlichste Werk des Meisters dar, allein schon aus dem Grund, weil er bei diesem „nihilistischen Trip", der nach der Enttäuschung mit dem Western *Pat Garrett jagt Billy the Kid* (1973) entstand und ihm zu einer Mischung aus Roadmovie, Neo-Western & Action-Thriller geriet, „totale künstlerische Freiheit" hatte; „*Alfredo, wir fahren nach Hause*" (Warren Oates am Ende zum Kopf von Alfredo Garcia) – zur Story: „El Jefe" (Emilio Fernández) ist „*angry*", denn seine Tochter Teresa (Janine Maldonado) ist von einem Mann namens Alfredo Garcia geschwängert worden, und nun soll dieser dafür mit seinem Leben bezahlen („El Jefe" zu seinen Männern: „*Por favor, eine Million für den, der mir den Kopf von Alfredo Garcia bringt. Bringt mir den Kopf von Alfredo Garcia! Bringt ihn mir!*"); neben etlichen Gangstern ruft das auch, angestachelt durch zwei skrupellose „*henchmen*" von „El Jefe", den Bar-Pianisten Bennie auf den Plan, der die schäbige Welt aus Alkohol und Prostitution, in die er abgeglitten ist, hinter sich lassen möchte; von seiner Freundin, der Sängerin Elita (Isela Vega – damals in Mexiko eine Berühmtheit), die vor Kurzem etwas mit dem „*gigolo*" Garcia gehabt hat, obwohl sie eben eigentlich sein „*girlfriend*" ist, erfährt er, dass Alfredo bereits tot ist, denn er ist bei einem „*car-crash*" ums Leben gekommen und wurde inzwischen in seinem Heimatort begraben; wissend um diese Tatsache will Bennie nun so tun, als würde er nach Garcia suchen, und 10.000$ von den „El

Jefe"-Handlangern kassieren, die aber einen „physischen Beweis" für Garcia's Tod verlangen (Oates: *„Was für einen physischen Beweis?"* / Gig Young: „[…] *Wir würden uns mit seinem Kopf zufriedengeben"* / Oates: „[…] *Geht in Ordnung"*); nachdem er sich eine Machete besorgt hat, macht er sich in seinem Wagen gemeinsam mit Elita auf den Weg zu Alfredo's Leiche, wobei Elita zunehmend „Einwände moralisch-religiöser Natur" gegen Bennie's Plan hegt (Isela Vega: *„Du willst sein Grab schänden, du bist wahnsinnig!"* / Oates: *„Kannst du mich nicht verschonen mit dem Quatsch?! Was ist heilig an einem Loch, das man in den Boden gräbt? Oder an einem Mann, der drin liegt? Oder an dir? Oder an mir?"*); als Bennie dann am Grab von Alfredo Garcia steht, fangen seine Probleme aber erst an…; Warren Oates, der bereits Teil von Peckinpah's „todessehnsüchtigem" *„The Wild Bunch"*-Schauspielensemble rund um William Holden war, ist hier sicherlich in seiner besten Rolle zu sehen und seine Dialoge mit seinem von Fliegen umkreisten, in einen Beutel gesteckten *„front-seat passenger"*, dem *„Head of Alfredo Garcia"*, die ja in Wahrheit Monologe sind, verleihen dem Film eine zusätzliche „Morbidität" (Beispiele: Oates in Richtung Kopf: *„Entschuldige, Alfredo, entschuldige!"* // *„Wir kriegen schon raus, was da läuft, wir beide"*), wobei das *„Al, let's go"* (dt. Synchro: *„Alfredo, weiter geht's"*), das Oates da einmal sagt, eine Art Peckinpah'sche Selbsthommage darstellt, denn *„Let's go"* sagt auch William Holden am Ende zu seinem *„Wild Bunch"*, als dieser im *„blaze of glory"* untergeht; endete der

Western *Pat Garrett jagt Billy the Kid* noch mit Aufnahmen von Särgen, so steht am Ende von „*Bring mir…*" die Aufnahme eines Maschinenpistolenlaufs, der zu schießen aufhört, was aber nicht weiter „verwunderlich" ist, viel „ungewöhnlicher" ist da die „Love-Story" zwischen „Elita", einer Frauenfigur, die relativ „vielschichtig" für Peckinpah-Verhältnisse daherkommt, und „Bennie", wobei diese Liebesgeschichte so etwas wie die einzige „Normalität" innerhalb des „Wahnsinns" ist, aber natürlich kreisen über den „Reiseplänen" (Oates zu Isela Vega: *Ich war überhaupt noch nicht an einem Ort, wo ich gern wieder mal hinmöchte*") und „Heiratsplänen" der beiden von Anfang an „die Geier" – „*Let the devil take tomorrow, Lord tonight I need a friend / Yesterday is dead and gone and tomorrow's out of sight / And it's sad to be alone / Help me make it through the night*" (Copyright: *Kris Kristofferson*, der einen Auftritt als „Biker" in dem Film hat); eine „interessante" *Duschszene* hat der Film übrigens auch zu bieten, denn im letzten Abschnitt des Werks, bevor er sich zum Grundstück von „El Jefe" aufmacht, stellt Warren Oates den „Kopf von Alfredo" unter die Dusche und steckt ein paar Stücke Eis in den Sack, der den „*head*" natürlich die meiste Zeit über verhüllt – das Gesicht von „Alfredo Garcia" ist im Film nur in einem Medaillon, das der Tochter des Großgrundbesitzers gehört, präsent; „*Where did your heart go? / Did you put it on a train? / Did you leave it in the rain / Or down in Mexico?*" (Copyright: *Wham! / Was (Not Was)*) – Sam Peckinpah war *tatsächlich* ein großer Mexiko-Fan, und als 1972 die

95

Wiederwahl des Republikaners Richard Nixon drohte, wollte der Regisseur auch tatsächlich nach Mexiko auswandern, wobei Peckinpah dann trotz der *„re-election"* von Nixon quasi „seinem Heimatland treu geblieben" ist].

„In the pines, in the pines / Where the sun don't ever shine / I would shiver the whole night through" [Copyright: *Nirvana / Leadbelly*] ...der Captain meint, dass sich „Harry" da, wo er liegt, anscheinend „sehr wohl fühlt", wobei Marlowe ihn daran erinnert, dass sie, „the sooner the better", eine geeignete Stelle für seine „letzte Ruhestätte" finden sollten [Reaktion von CAP-TAIN WILES: *„Sammy, wenn das stimmt, was Sie mir von Mrs. Rogers und ihrem Mann erzählt haben, bin ich einverstanden"*].

„Let's find a place where the earth is soft" – bei der Suche nach dem idealen „final resting place" für „Harry" werden aber von dem Duo gewisse Überlegungen bezüglich der „Ausrichtung der Leiche" angestellt...„facing west" [CAPTAIN WILES: *„Mit dem Gesicht nach Westen, damit er die untergehende Sonne sehen kann"* / SAM MARLOWE: *„Wo es im Winter nicht zu frostig ist"* / CAPTAIN WILES: *„Und kühl im Sommer. [...]"*].

Marlowe spricht, im Zusammenhang mit der „facing west, not too frosty, cool in summer"-Diskussion, schließlich noch von einem „Gefallen", dem sie „Harry" schuldig wären, bevor der „painter" der Meinung ist, den besagten „fine place" direkt neben dem großen Baum gefunden zu haben, in dessen Nähe der „dead body" ohnehin liegt.

Noch „before" der erste „Spatenstich" getan ist, gibt sich der Captain aber bereits erschöpft und betont, dass er überhaupt kein Talent zum Grab-Schaufeln habe, was aber Marlowe lediglich zu der Bemerkung animiert, dass er sich das hätte „früher überlegen sollen", nämlich... *„And he likes to shoot his gun / But he knows not what it means"* [Copyright: *Nirvana*] ...bevor er von seinem Jagdgewehr Gebrauch gemacht hat.

Plötzlich werden die beiden „Schaufler" von einem „motorenartigen Geräusch" gestört, das die zwei Männer dem „Deputy Sheriff Calvin Wiggs" zuordnen [der aber, genauso wie das Vehikel, nicht im Bild zu sehen ist (*Anm.*)].

Als das Geräusch wieder verschwunden ist, meint Marlowe, dass sich „Albert" schon mal, für den Fall, dass sie von Wiggs erwischt werden, „die beste Geschichte, die der Deputy Sheriff jemals zu hören bekommen hat" ausdenken solle. Dann beginnen sie zu graben und...nach einem *Zeitsprung*...ist das Loch fertig ausgehoben, wobei der Captain endgültig „dead beat" scheint, erledigt, und er will, dass auch der „artist" eine Pause macht und „die Schaufel niederlegt"... „Lay down your shovel, Sam" [*Anmerkung*: Großer Exkurs: „Truffaut-Filme Teil 4 – einer der besten Truffauts": VOICEOVER (im *Original* von François Truffaut *„himself"* gesprochen): *„Am selben Abend schrieb er in sein Tagebuch, dass Ann genauso alt sei wie er und dass sie ein empfindsames und entschiedenes Wesen habe. Ann Brown war die Tochter einer Jugendfreundin von Claude's Mut-*

ter. Sie besuchte oft den jungen Franzosen. Beide tauschten Bücher aus und nahmen ihre Gespräche immer dort wieder auf, wo sie sie abgebrochen hatten. Ann's Neigung gehörte der Bildhauerei. Nach kurzem Zögern begeisterte sie sich für Auguste Rodin. Eines Tages eröffnete Ann Claude, dass sie eine Schwester habe, Muriel, zwei Jahre jünger als sie. […] `Ich möchte Sie gerne mit Muriel reden hören`, *sagte Ann"* (aus: *Zwei Mädchen aus Wales und die Liebe zum Kontinent*; ein zu Beginn des Films im Rahmen der Kennenlernszenen zwischen „Claude Roc" Jean-Pierre Léaud und „Ann Brown" Kika Markham gesprochenes „Voiceover des Erzählers"; „Claude" & „Ann" befinden sich dabei in einer Art Säulenvorhalle, in der diverse Kunstwerke/Skulpturen stehen) – obwohl ich *„Les deux Anglaises et le Continent"* (OT) aus dem Jahr 1971 das letzte Mal gesehen habe, als ich so 16, 17 oder 18 Jahre alt gewesen bin, hätte ich den Film stets genannt, wenn es um die Kategorie „beste Truffaut-Filme" gegangen wäre, und tatsächlich, nachdem ich unlängst Truffaut's zweite und rund 10 Jahre nach *Jules und Jim* entstandene *Henri-Pierre Roché*-Verfilmung gleichsam „das erste Mal seit einer `long, long time`" wieder „betrachtet" habe, ist mein persönlicher Eindruck im Jahr 2024 kein sonderlich anderer als jener in den 1990s; Truffaut bewunderte den Autor Roché (1879 – 1959), der im hohen Alter noch zwei bedeutende Romane schrieb, wobei sich die Geschichten von *„Les deux Anglaises et le Continent"* (1956) & *„Jules et Jim"* (1953) insofern unterscheiden, dass in *„Jules et Jim"* eine Frau zwei Freunde liebt, und das gleichzeitig, nicht den einen oder den anderen, und in „*Les deux Anglaises…*" zwei Schwestern 20 Jahre lang „*in love*" mit demselben Mann sind – und dieser Mann ist definitiv sozusagen der Autor Roché selbst; „*Die beiden Engländerinnen und der Kontinent*", so wie der deutsche Titel des Romans lautet, ist ein Werk, das grundsätzlich in Tagebuchform und aus drei Perspektiven geschrieben wurde, nämlich den Perspektiven der Schwestern „Ann" & „Muriel" und eben der Perspektive von „Claude", und diese Tagebucheintragungen sowie diverse Briefwechsel enthüllen gleichsam „die Intimität der Gefühle füreinander" („*Sie empfinden sehr starke Gefühle. Das gegenseitige Hinterfragen dieser Gefühle macht sie krank*" – F. Truffaut); auch in Truffaut's Film ist diese Tagebuch- & Briefroman-Struktur noch erkennbar und es gibt darin zahlreiche „Texte", die direkt in die Kamera gesprochen werden; „*Ich fühle mich von beiden Schwestern akzeptiert. Sie nennen mich den Kontinent. Aber weil das nicht gut klingt, begrüßen sie mich jeden Morgen mit `Guten Tag, Frankreich`*" (Voiceover von Jean-Pierre Léaud) – zu den Grundzügen der Story: Der Kunstexperte & „Mietshäuser-Erbe" Claude Roc, der bei seiner Mutter lebt, lernt um 1900 die junge Waliserin Ann Brown in Paris kennen (aus dem ersten Kennenlerndialog zwischen Markham & Léaud: „Ann": „*Ich finde Paris ist…ich mag die Leute in Paris*" / „Claude": „*Und die Leute in England?*" / „Ann": „*Die sind…nicht so lebhaft wie hier, verschlossener. Aber sie sind logisch und fantasievoll auf ihre Art*" / „Claude": „*Sind Sie nicht von französischen Angewohnheiten* *schockiert?"* / „Ann": *„Schockiert, nein, aber überrascht. Ich, glaube, dass die Franzosen mehr lügen als wir, aber wenn man erst einmal den Prozentsatz kennt, stört einem das überhaupt nicht mehr"*); es entsteht eine Freundschaft und Claude verbringt seine Ferien schließlich in Wales bei der Familie Brown, wobei die kunstgeneigte Ann von Anfang an die Absicht hegt, Claude mit ihrer puritanischen, religiös orientierten Schwester Muriel zu verkuppeln; die drei verbringen also viel Zeit miteinander und der *„French Visitor"* weiß, die beiden „wissbegierigen" Schwestern zu unterhalten (Voiceover des Erzählers: *„Ann und Muriel waren überrascht zu erfahren, dass Selbstmord in Frankreich kein Delikt war. Claude versicherte ihnen, dass sonst auch alle Franzosen im Gefängnis wären, da früher oder später jeder einmal versuche, sich umzubringen"*); allerdings verliebt sich Claude tatsächlich in Muriel und er macht ihr einen aus ihrer Sicht „übereilten" und „nicht sehr glaubwürdigen" Heiratsantrag (Voiceover, während Léaud einen Brief an „Muriel Brown" Stacey Tendeter verfasst: *„*[…] *Ich muss daran denken, meinen Lebensunterhalt zu verdienen. Die Bücher, die ich schreiben wollte, treten von selbst zurück, da wir von ihnen keine unmittelbaren Einkünfte haben würden. Mr. Flint sucht für sein Schifffahrtsunternehmen einen Franzosen, der in der Lage ist, seine französische Korrespondenz zu führen. Ich werde mich darum bewerben. Ihr Land soll auch das meine sein. Ich will Sie, ich liebe Sie und ich will, dass Sie meine Frau werden"*), den sie auch ablehnt; um weitere „Verwicklungen" oder um einen

„Skandal" zu vermeiden, werden die beiden auf Wunsch von Mrs. Brown (Sylvia Marriott), der Mutter von Muriel, für ein Jahr getrennt, was aber bei „*both of them*" zu Schmerz führt (aus einem Voiceover von Stacey Tendeter, während sie in einer Kirche sitzt: „[…] *Aber wenn mich Claude in einem Jahr noch liebt, werd' ich ihm sagen, ich gehöre ihm.* `Machen Sie mit mir, was Sie wollen`*. Wenn Claude ein Pirat wäre und mich mit Gewalt entführte, ich hätte nichts dagegen*"); wieder in Paris wird Claude zum Kunstsammler, macht die Bekanntschaft zahlreicher Frauen und trifft dort nach einiger Zeit abermals auf Ann, die sich nun als Bildhauerin versucht, woraufhin Claude nun mit Muriel's Schwester eine Beziehung beginnt (Voiceover des Erzählers: „*Kein Mann hatte Ann berührt. Ihm würde sie sich hingeben. Er würde der Erste sein, aber nicht hier, nicht in diesem Atelier, nicht in Paris. Claude versprach, mit ihr wegzufahren. Er mietete eine kleine Hütte auf einer winzigen Insel inmitten eines Schweizer Sees. Er schlug ihr vor, eine Woche dort zu verbringen. Sie würden es versuchen, sie würden sich einander nähern. Noch waren sie mehr entschlossen als verliebt*"), die so ganz andere Ansichten zur „Liebe" & zur „körperlichen Liebe" hat als Muriel („Ann", an einem Klavier sitzend: „*Claude, weißt du, ich bin zu glücklich. Ich muss außer dir noch jemanden lieben. Ich lass auch dir jede Freiheit, die du willst. Liebe mich, so sehr du nur kannst*"), welche aber zunächst von der Beziehung zwischen Ann & Claude nichts weiß…; die „*amour contrarié*", die verhinderte Liebe, ist eines der Hauptthemen von Truffaut, wobei man sagen muss, dass hier alle drei Figuren, sowohl die „zwei Mädchen aus Wales" als auch „der Kontinent", irgendwie „über die Jahre" als „erfolgreiche Verhinderer" agieren; *„Die Zeit verging, Claude war nicht der Schriftsteller geworden, den seine Mutter sich erhofft hatte"* (Copyright: Voiceover des Erzählers) – *Zwei Mädchen aus Wales und die Liebe zum Kontinent* hat sicherlich, wie das eben andere Truffaut-Filme haben, keinerlei Anleihen bei Alfred Hitchcock, aber es gibt darin immerhin auch eine „dominante Mutterfigur", denn Marie Mansart gibt „Claude's Mutter" „Claire Roc", die nicht nur „Claude" für ihr „Werk" hält („Claire" zu „Claude": *„Als dein Vater starb, habe ich die Sorge für dich übernommen. Ich habe dich mein Denkmal genannt. Ich habe dich aufgebaut, Stein für Stein"*), sondern der auch „Affären" oder „lockere Bekanntschaften" ihres Sohnes lieber sind als ernsthafte *„projets de mariage"*; während in *Jules und Jim*, wenn man so will, „das Leben gefeiert wird", dominiert in *„Les deux Anglaises et le Continent"*, wie bereits erwähnt, *„la douleur"*, „der Schmerz" – *„Was habe ich nur? Ich sehe heute alt aus"* (Jean-Pierre Léaud in der Schlussszene des Films, sich in einem Taxifenster betrachtend, wobei das gleichzeitig auch ein „Resümee" der „20 Jahre andauernden schwierigen Beziehung" zu „Ann" & „Muriel" darstellt, die er beide mittlerweile aus den Augen verloren hat); *allerdings*, und das empfinde ich persönlich so, ist der Film *nicht* so „ernst", wie er immer beschrieben wird, denn die besagten „Emotionen" werden fast „lehrbuchartig" *„dargesprochen"*, und das hat sogar eine gewisse angenehme *leise* Komik, wobei auch die „literari-sche" Sprache der drei Hauptfiguren durchaus „künstlich" und gleichzeitig in gewisser Weise überraschend „unpathetisch" & „leicht" wirkt; „*Zwei Mädchen aus Wales…*", der auch der erste Film war, in dem Jean-Pierre Léaud von Truffaut außerhalb der „Antoine Doinel"-Reihe „dirigiert" wurde, geriet dem Regisseur 1971 leider zu einem Misserfolg, was auch der Tatsache zuge-rechnet wurde, dass sich Frankreich damals in „*une révolution sexuelle*" befand und Truffaut eben mit seinem Film, an dem er gleichsam „mit Leib und Seele" gearbeitet hatte, *scheinbar* „in die Vergangenheit" blickte].

In Anbetracht der ausgehobenen Grube läuft es dem Cap-tain, was er zum Ausdruck bringt, „kalt über den Rücken", wäh-rend „Sam" sehen möchte, „wie Harry sich darin macht". Sie holen... „*I have become comfortably numb*" [Copyright: *Pink Floyd*] ...die Leiche und legen sie in das Grab [Kommentar von CAPTAIN WILES: „*Also dann. Ruhe in Frieden*"].

Nach einem erneuten *Zeitsprung* ist „the hole in the ground" wieder mit Erde ausgefüllt und Sam fragt Wiles, ob er noch „a few words" sprechen möchte [CAPTAIN WILES: „*Das sollte ich wohl tun. Harry Worp, lass dich bloß nicht nochmal in dieser Gegend sehen*"]. Doch die „Zeremonie" wird unterbrochen, da das „Deputy Sheriff Wiggs" zugeordnete „motorenähnliche Ge-räusch" wieder auftaucht. Sam bemerkt, dass er das Gefühl nicht mehr loswerde, dass „Calvin" irgendetwas suche.

Der [weiterhin „unsichtbar" gebliebene] Deputy Sheriff unterbricht die beiden nicht bei ihrem Tun und Marlowe empfiehlt dem Captain, das nächste Mal „bei Kaninchen zu bleiben", da diese nicht zwingend eine Beerdigung brauchen würden. Wiles erzählt „Sam" davon, dass er „heute" tatsächlich eines geschossen habe, woraufhin sich „the artist" diesbezüglich wissend gibt und ihm mitteilt, dass er „heute Nachmittag" mit „Jennifer" zusammen gewesen und Arnie mit dem „rabbit" dahergekommen sei... „Who Framed Roger Rabbit".

Das verleitet „Wiles" zu der Bemerkung, dass „Jennifer" sicherlich „a very nice widow" abgeben werde [SAM MARLOWE – leicht ungehalten: *„Reden wir über Jennifer, wenn wir mit Harry fertig sind"*].

„There's no reason to get upset" – der „old mariner" betont, dass es, angesichts seiner „empfindlichen" Reaktion, in der Tat unnötig sei, über „Sammy's affair" zu sprechen, denn schließlich habe er mittlerweile auch eine „eigene Affäre".

Das führt den „Artist known as Sam Marlowe" zu der Frage, ob er da von Miss Gravely spreche, der er mit einem neuen Make-up und einer neuen „hairdo" quasi ein „neues Gesicht" verpasst habe [Nachsatz von SAM MARLOWE: *„Eine bemerkenswerte Rückkehr der Weiblichkeit"*]. Er erzählt ihm weiters von der gekauften Kaffeetasse, die die Gravely dem Captain dann als „Familienerbstück" präsentiert hat.

„*Well, I'm bold, bold as love / Hear me talking, girl / I'm bold as love / Just ask the axis*" [Copyright: *Jimi Hendrix*] …Wiles ist sich nicht sicher, ob er vielleicht doch momentan alles nur „durch eine rosarote Brille" betrachtet [Ergänzung von SAM MARLOWE: „*Oder, ob Sie vielleicht verliebt sind*"].

Der Captain muss Marlowe… „There's nothing like finding yourself in love" …Recht geben und spricht im „Love"-Zusammenhang von „zest", einem Zustand, der einem „Enthusiasmus" und „Schwung" verleiht [CAPTAIN WILES: „*Durch sie bekommt unsere Arbeit erst den nötigen Schwung*"; in der Originalfassung sagt Edmund Gwenn: „*No, it adds zest to your work*"].

Dann klopft er mit dem flachen Teil der Schaufel… „enough zest for today" …auf das Grab von „Harry", als wolle er die Erde „festigen" und die „Bestattung" abschließen [*Anmerkung*: „Begräbnisse & ein Neuanfang": PAUL McCARTNEY – „singing": „*When you were young and your heart / Was an open book / You used to say live and let live / (You know you did) / (You know you did) / (You know you did) / But if this ever changin' world / In which we live in / Makes you give in and cry / Say live and let die / Live and let die*" (aus: *Leben und sterben lassen*; Auszüge aus dem „*great, great title song*" von *Paul McCartney and Wings* zum überaus erfolgreichen Bond-Film-Debüt von Roger Moore; der erste „Rock `n` Roll-Song" der *007*-Geschichte wurde zu einem Top-Ten-Hit in den britischen Charts und landete sogar auf Platz 2 der US-Charts) – „*Live and Let Die*" (OT; Regie: Guy Hamilton) aus 1973, in dem nach Sean Connery's

„*Never Again James Bond*"-„Dienstquittierungs-Entscheid" Roger Moore mit seinem „*light-hearted Bond-approach*" zum Zug kam, bietet in der überraschenderweise gänzlich „*007-freien*" Vortitel-Sequenz gleich drei „*murder mystery*"-Szenen auf, in denen drei MI6-Agenten „exekutiert" werden, wobei der Mord an dem Agenten „Hamilton" (Robert Dix) im Rahmen eines Begräbnisses wohl am „extravagantesten" daherkommt, denn der „MI6-Exponent" steht in New Orleans, Louisiana an einer Straßenecke, während sich eine „Trauergruppe" samt Band, die eine Art Trauermarsch („*Just a Closer Walk with Thee*") spielt, nähert; der Agent wird erstochen und von dem Sarg, den die „Trauergruppe" mit sich trägt, „aufgesammelt" und mitgenommen, und dann spiel die Band plötzlich das beschwingte „*New Second Line*" und die ganze „Prozession" bekommt etwas „Fröhliches, Ausgelassenes"; später im Film wiederholt sich der Vorgang noch einmal bei dem CIA-Mann „Strutter" (Lon Satton); „*Beste Grüße an Baron Samedi! Und zwar möglichst zwischen die Augen!*" („Quarrel Jr." Roy Stewart, der Sohn des an der Seite von Sean Connery in *Dr. No* getöteten „Quarrel Sr.", zu „James Bond" Roger Moore, der vorhat, auf San Monique ein Voodoo-Ritual zu „crashen", um „Solitaire" Jane Seymour zu retten) – zur Story von Moore's Doppelnull-Einstand: Nach dem Mord an den drei MI6-Agenten, die Dr. Kananga (Yaphet Kotto), dem Premier-Minister des Inselstaates San Monique, auf den Fersen waren, entsendet „M" (Bernard Lee) *007* zunächst nach New York, wo Kananga vor der UNO spricht, aber Bond bekommt es dort vor allem mit der von Harlem aus operierenden Gang des Drogenhändlers „Mr. Big" zu tun; auf San Monique verführt Bond dann Solitaire (Jane Seymour), die gleichsam Kananga's „*Virgin Tarot Reader*" ist, und flüchtet mit ihr vor Kananga's „*henchmen*"; es stellt sich heraus, dass „Mr. Big" und Kananga ein und dieselbe Person sind, wobei Kananga auf San Monique Mohnfelder anbaut, um als „Mr. Big" in den USA dann Heroin im großen Stil zu „distribuieren"; die Bewohner seiner Insel bzw. im Umfeld der Mohnfelder hält Kananga mithilfe des Voodoo-Priesters Baron Samedi (Geoffrey Holder) unter Kontrolle; letztendlich zerstört Bond am Ende die Mohnfelder und tötet Kananga, während der mysteriöse Baron Samedi aber offenbar überlebt...; nun, „*Live and Let Die*" ist sicherlich auf den „Blaxploitation-Zug" der frühen 70er-Jahre (mit Werken wie *Shaft* mit Richard Roundtree oder *Coffy – die Raubkatze* mit Pam Grier) aufgesprungen, was ihm heutzutage aber einen etwas fragwürdigen „`Gute Weiße` vs. `Böse Schwarze`"-Effekt verleiht und ihm bereits damals, 1973, gewisse „Rassismus-Vorwürfe" eingebracht hat; „Kananga & Mr. Big"-Darsteller Yaphet Kotto zählt, „*this is for sure*", nicht zu den ganz großen „*main villains*" der Bond-Geschichte, aber die Szene, in der er als „Mr. Big" verkleidet in Harlem den an einen Stuhl gefesselten Roger Moore befragt, der sich ihm „*with his full name*" vorstellen möchte, ist ein Highlight (Moore: „*Mein Name ist…*" / Kotto: „*Namen sind etwas für Grabsteine, Baby*"); „*Names is for tombstones, Baby*" – „Kananga's" eigenes Ende hingegen, sein

„*death-by-inflation*", als ihm Bond eine für die Haifischjagd gedachte Pressluft-Patrone in den Mund steckt, die ihn dazu bringt, sich „aufzublasen" und schließlich zu explodieren (Kommentar von Moore: „*Er war schon immer ein ziemlich aufgeblasener Kerl*"), erschien Kotto selbst als „fragwürdig", genauso wie im Übrigen auch die „Farbigen-Darstellung" im gesamten Film; großartig und „*scary*" ist aber der „*mysterious Voodoo priest*" „Baron Samedi", und Geoffrey Holder hat „die Leinwand" stets „fest im Griff", wenn er im Film auftaucht, und die von ihm persönlich choreografierten, Holder war auch Tänzer, Voodoo-Zeremonien sind „*terrific & effective*"; unvergesslich bleiben vor allem zwei „Baron Samedi"-Momente, wobei der erste jener ist, als Holder im Rahmen der Voodoo-Zeremonie, bei der Jane Seymour mit einer Giftschlange getötet werden soll, aus einem Grab „emporfährt" und von Moore mehrmals vergeblich „angeschossen" wird, da es sich zunächst nur um eine Baron-Samedi-Attrappe handelt; der zweite Moment ist der „*last shot*" des Films, als Holder plötzlich ganz vorne auf der Spitze des Zugs sitzt, in dem sich Roger Moore & Jane Seymour befinden, und laut auflacht; der Tarot-Aspekt, genauer: die Benutzung von Tarot-Karten, ist zumindest ein „*interesting element*" von *Leben und sterben lassen*, und insbesondere die Szene, als „Solitaire" Jane Seymour aus ihren Karten Bond's „Kommen per Flugzeug" vorhersagt, gehört zu den „kunstvolleren Sequenzen" innerhalb des Moore-Debüts, denn man sieht nur die Karten, Seymour's Hände und darüber geblendet die Passagiermaschine, mit der

„007" sich nähert (zugehöriges Voiceover Jane Seymour: „*Ein Mann kommt an. Er reist sehr schnell. Er weiß, was er will. Er kommt über das Wasser. Er reist mit anderen. Er ist unser Feind. Er bringt Gewalt und Zerstörung*"); die beiden „*New Orleans funeral scenes*" sind, wie bereits angedeutet, sehr originelle Aspekte dieses ersten von insgesamt sieben James-Bond-Filmen mit Roger Moore, aber den wahren Louisiana-Höhepunkt bildet *natürlich* der berühmte „*Speedboat Chase*" durch die „*Irish Bayou Area*"; „*charming*" ist durchaus auch der Teil von *Leben und sterben lassen*, der in *007*'s „Apartment" spielt und in dem Moore, nachdem er von Bernard Lee seinen Auftrag erhalten hat und Lee sowie auch „Miss Moneypenny" Lois Maxwell wieder verschwunden sind, mit der „magnetischen Uhr" aus der „Q-Abteilung" den sich am Rücken befindlichen Reißverschluss des Kleides der italienischen Agentin „Miss Caruso" (Madeline Smith) öffnet, welche sich während des „M"-Besuchs in Bond's Wohnung versteckt hat (Original-Dialog während dieser „*007 uses his watch to unzip her*"-Szene: Smith: „*Such a delicate touch*" / Moore: „*Sheer magnetism, darling*"); was in „*Live and Let Die*" auf jeden Fall schmerzlich vermisst wird, ist ein John-Barry-Score, denn die Filmmusik stammt von *Beatles*-Wegbegleiter George Martin; aber der für die damalige Zeit „hippe" sowie Oscar-nominierte Titelsong, welcher mit dem Titel und in den Lyrics in gewisser Weise Bond's „berufliches Schaffen" reflektiert und von dem es bekanntlich eine 1991 veröffentlichte *geniale* Cover-Version der US-Rock-Band *Guns N' Roses* gibt, entschädigt einen dafür – *„What does it matter to ya / When ya got a job to do ya got to do it well / You got to give the other fella hell"* (Copyright: *Guns N' Roses / Paul McCartney and Wings*)].

Marlowe & der Captain ruhen sich von ihrer „Harry, Rest in Peace"-Anstrengung aus und der „passionierte Jäger" Wiles möchte von dem „artist" wissen, was Mrs. Rogers eigentlich zu seiner „Schießkunst" gesagt hat. Nachdem „Sam" angedeutet hat, dass „Jennifer" durchaus der Meinung sei, dass ihr seine „shooting skills" „Freiheit" gebracht hätten, „rekonstruiert" der Captain das Ganze noch einmal und… „Three Bullets and three Targets" …hält fest, dass er insgesamt drei Kugeln verschossen hat, nämliche eine für das Schild „Schießen verboten", eine für die „Bierdose" und eine für „Harry".

„How about the rabbit?" – Marlowe's Zwischenfrage führt beim Captain zu der Erkenntnis, dass „da was nicht stimmen kann", denn wenn das Kaninchen das „zertifizierte" „Opfer Nummer 3" ist, kann „Harry" gar nicht durch eine seiner Kugeln gestorben sein.

Wiles schnappt sich daraufhin seine Schaufel, geht zum Grab und will umgehend zur Exhumierung von… *„I'm so tired I can't sleep"* [Copyright: *Nirvana*] …„Harry Worp" schreiten [CAPTAIN WILES: *„Oh, Sammy, was haben Sie mir bloß wieder einreden wollen? Sie haben versucht, mich zum **Mörder** zu stempeln"*].

„Even if you didn't kill him, why go digging him up now that he's so beautifully planted?" – der Bitte des Captains an Marlowe, ihm bei Ausgraben zu helfen, kommt dieser nicht sofort nach, denn der Maler will, dass „Harry" „six feet under" bleibt, und das vor allem deshalb, weil er „Jennifer" nicht enttäuschen möchte, der er, wie er meint, sein Versprechen gegeben habe, „the trouble with Harry" zu lösen… *„I think I'm dumb / Or maybe I'm just happy"* [Copyright: *Nirvana*].

Außerdem, so „Sam", habe sich der Captain ohnehin „schuldig gemacht", denn die ganze Aktion sei irgendwie „schwer zu erklären" [SAM MARLOWE: „[…] *Es dürfte Ihnen schwerfallen, zu erklären, warum Sie Leichen vergraben, die Sie nicht getötet haben*"].

Der Captain spricht von „*Gewissheit*", die er bezüglich der Todesursache haben möchte, und Marlowe schließlich von einem „*Gewissen*", welches sich offenbar bei Wiles jetzt melde, aber der „alte Seefahrer" betont, dass er sich im Grunde immer noch „unschuldig" fühle, jedoch… „I'll get the shakes whenever I see a policeman" …von einer Phobie geplagt werde, nämlich von der „fear of the police".

Der „artist" ist überzeugt und schließt sich ihm an, und der „retired seafarer" zeigt sich dankbar [CAPTAIN WILES: „*Vielen Dank, Sammy. Wenn wir zu zweit graben, haben wir das Wrack im Handumdrehen wieder draußen*"; // *Anmerkung*: „The Trouble with Bernie": „RICHARD PARKER" JONATHAN SILVERMAN: „*Jetzt weiß ich's, er meditiert*" / „LARRY WILSON"

ANDREW McCARTHY: „*Nein, Blödsinn, der ist ja wie tot, Mann! Komm schon, wir bewegen ihn!*" / RICHARD PARKER: „*Gute Idee*" / LARRY WILSON: „*Jetzt bringen wir seinen Kreislauf in Schwung*" (aus: *Immer Ärger mit Bernie*; die beiden „Gäste im Haus ihres Chefs Bernie Lomax" Silverman & McCarthy haben ihren Boss gerade „etwas teilnahmslos" in einem Schreibtischsessel sitzend vorgefunden, allerdings „meditiert" er nicht, sondern ist längst tot) – Ted Kotcheff, dem Regisseur der natürlich bewusst an Hitchcock's *Immer Ärger mit Harry* erinnernden kultigen und „rabenschwarzen" Slapstick-Komödie „*Weekend at Bernie's*" (OT; 1989), die Ende der 80er-Jahre ein „ziemlich populärer Film" bzw. auch ein „großer Videotheken-Hit" gewesen ist, muss man bekanntlich hoch anrechnen, dass er den bis zum heutigen Tag einzig „seriöseren" *Rambo*-Film gedreht hat, denn „*First Blood*" (OT; 1982), der erste Teil der *Rambo*-Serie, ist ein Klassiker / ein kleines Meisterwerk des Action-Kinos und das Duell zwischen „John Rambo" Sylvester Stallone und „Sheriff Will Teasle" Brian Dennehy muss man als „sehenswert & mitunter mitreißend" bezeichnen, genauso wie die „*conversations*" zwischen Stallone und seinem „ehemaligen Vorgesetzten im Vietnamkrieg Colonel Sam Trautman" Richard Crenna – wobei ich ohnehin irgendwie ein *Fan* von Crenna (1926 – 2003) bin, der beispielsweise auch 1966 an der Seite von Steve McQueen in dem Kriegsfilm *Kanonenboot am Yangtse-Kiang* oder 1972 an der Seite von Alain

Delon & Catherine Deneuve in Jean-Pierre Melville's Kriminalfilm *Der Chef* zu sehen war; außerdem erwähnenswert in der Filmographie von Kotcheff ist sicherlich die Screwball-Comedy-artige Komödie *Eine Frau steht ihren Mann* / OT: „*Switching Channels*" (1987) mit Kathleen Turner, Burt Reynolds & Christopher Reeve, die quasi eine in die „TV-Landschaft" verlegte Variante des Theaterstücks „*The Front Page*" von Ben Hecht & Charles McArthur darstellt, welches schon Regie-Größen wie Howard Hawks (1940: *Sein Mädchen für besondere Fälle*) oder Billy Wilder (1974: *Extrablatt*) zu gelungenen Filmen animiert hat; „*Switching Channels*" ist für „*Kathleen-Turner*-Komplettisten" „*like me*" sicherlich unverzichtbar, aber die aktuell verfügbare DVD-Fassung von *Eine Frau steht ihren Mann*, die ich besitze, ist leider „*very bad quality*" und wirkt eher so, als hätte da jemand eine alte Videokassette auf einen DVD-Rohling „überspielt" oder dergleichen; aber, „*never mind*": Kotcheff's amüsantes *Immer Ärger mit Bernie* gebärdet sich noch viel „hemmungs- und rücksichtsloser" im Umgang mit der Leiche als „Hitch's" „*The Trouble with Harry*" – zur Story: Die beiden Kumpel Richard & Larry arbeiten für eine New Yorker Versicherungsgesellschaft und decken einen Betrug auf, denn mehrere Schecks wurde auf ein und dieselbe Lebensversicherungspolizze ausgestellt, sodass jemand insgesamt „4x gestorben" sein muss; als sie ihren Chef Bernie Lomax (großartig und dann als Leiche „noch besser": Terry Kiser) mit dem „2-Millionen-Dollar-Irrtum" konfrontieren, lädt sie dieser in sein

Strandhaus in Hampton Island ein, wo er die beiden von dem Mafiakiller Paulie (Don Calfa), der in Diensten von Mafiaboss Vito (Louis Giambalvo) steht, ermorden lassen möchte, wobei er den Betrug, für den er selbst verantwortlich ist, den beiden Freunden in die Schuhe schieben und ihr Ableben wie einen Selbstmord aussehen lassen will; das Problem ist nur, dass Bernie eine heimliche Affäre mit Vito's Freundin Tina (Catherine Parks) hat und der Mafiaboss ihn aus diesem Grund durch Paulie im besagten Strandhaus mit der Hilfe einer Drogenüberdosis ins Jenseits befördern lässt; Richard & Larry werden, als sie im luxuriösen Haus von Lomax ankommen („Richard" Jonathan Silverman, in Anbetracht eines Roy-Lichtenstein-Bildes an der Wand: *Großer Gott, das ist ein Lichtenstein! [...] Das Bild da, es ist ein Original!*"), also nur mehr mit Bernie's Leiche konfrontiert (McCarthy: *Was ist?*" / Silverman: *Larry, Lomax ist tot*" / McCarthy: *Wie kann es nur sein, dass sowas immer mir passiert? Was ist denn das für ein Gastgeber, der einen fürs Wochenende einlädt und einfach stirbt?*"); schnell tauchen auch Partygäste in Bernie's Haus auf, die sich aber, im Rahmen der „oberflächlichen Partykonversation", nicht daran zu stören scheinen, dass Bernie, der von Larry & Richard inklusive einer Sonnenbrille zunächst „sitzend" auf der Couch platziert wurde, ihnen nie antwortet (Silverman zu McCarthy: *Es scheint gar keiner zu merken, dass er tot ist*"); in der Folge werden, um eben den Eindruck aufrecht zu erhalten, dass er noch lebt, mit Bernie's Leiche alle möglichen Dinge getan oder „durchexerziert", wobei der „*dead body*" bei dem Treiben schon mal von der Veranda runter auf den Sandstrand stürzt oder sein Toupet verliert, welches dann halt wieder umgehend „angetackert" wird, oder von einem Speedboat, das Larry fährt, wie ein „Wasserskifahrer" mit einem Seil „hinterhergeschleift" wird; das größte Problem für Richard & Larry ist aber der Mafiakiller Paulie, der nach Hampton Island zurückkehrt, da er „Grund hat, anzunehmen", beim ersten Mal bei Bernie versagt zu haben…; „*Ein Mädchen am Strand, heißer Sand, Mondlicht. Hast du nie `Verdammt in alle Ewigkeit` gesehen, Rich?*" (McCarthy zu Silverman, in Anlehnung an eine berühmte Strand- & Liebesszene mit Burt Lancaster & Deborah Kerr aus Fred Zinnemann's „*From Here to Eternity*" von 1953, angesichts der Tatsache, dass „Gwen" Catherine Mary Stewart sich gerade „*on the beach*" befindet und spazieren geht) – durchaus „*funny*" ist auch jene Szene in *Immer Ärger mit Bernie*, in der Jonathan Silverman mit seiner „*love interest*" „Gwen", die er im Büro kennengelernt hat und die zufällig auch ein Partygast von „Bernie" ist, dann „am Strand rummacht" und „Bernie", der zuvor von Larry von der Veranda runter auf den Strand befördert wurde, sozusagen von der inzwischen aufgekommenen Flut angespült wird und plötzlich neben dem Liebespaar auftaucht, das sich gerade, wie Lancaster & Kerr in *Verdammt in alle Ewigkeit*, „liegend küsst" (Reaktion von Silverman, als er den angespülten „Bernie" sieht: „*Oh, mein Gott! Warum passiert nur ausgerechnet mir das?!*" / Catherine Mary Stewart, die „Bernie" *nicht* wahrnimmt: „*Nein, Richard,*

115

das passiert uns beiden. Es ist schön. Wunderschön"); Ted Kotcheff's „filmische Leichenschändung", die mit Andrew McCarthy im Übrigen einen Schauspieler aufbietet, der in den 80ern, dank Werken wie *St. Elmo's Fire – Die Leidenschaft brennt tief* (1985) von Joel Schumacher oder *Pretty in Pink* (1986) mit Molly Ringwald, durchaus so etwas wie ein veritabler Star war, enthält sogar, wenn man so will, eine Hommage an „Arnie Rogers" aus dem Hitchcock-Movie, denn im Laufe des Films wird der tote „Bernie" von einem *„bratty child"* (Jason Woliner) am Strand im Sand eingegraben, und dieses „görenhafte Kind" taucht dann später auch im Lomax-Haus auf und richtet eine Spielzeugpistole auf Silverman und McCarthy; ein *echtes* „Problem" bei *„Weekend at Bernie's"* ist allerdings der offizielle „End Title Song" *„Hot and Cold"*, der aber auch schon im Rahmen des Vorspanns zu hören ist, was irgendwie *„strange"* ist, denn das von Jermaine Stewart interpretierte Lied wurde immerhin von Ex-*The-Police*-Gitarrist Andy Summers geschrieben].

Nach einem *Zeitsprung* ist das Grab wieder freigeschaufelt und der Captain, der reinblickt, merkt an, dass er „von hier aus nichts erkennen könne", was ihn in der Folge zu dem Plan führt, in das Loch zu steigen [CAPTAIN WILES: *„Ich geh mal lieber auf Tauchstation und seh…"*].

„Let me do the honors" – Marlowe möchte ihm aber die Anstrengung abnehmen, legt sich auf den Boden und stellt fest, dass… *„You have turned me into this / Just wish that I was bullet* *proof*" [Copyright: *Radiohead*] …es sich bei „Harry's" Verletzung um gar keine „bullet wound" handelt [SAM MARLOWE: *„Das ist überhaupt keine Schusswunde.* […] *Sowas bezeichnet man wohl als einen Schlag mit einem stumpfen Gegenstand*"].

„The Artist" ist sich nun sicher, dass er und Wiles in einen „Mordfall" verwickelt sind… „I think, Captain Wiles, we've been tangled up in a murder".

Das wirft bei Wiles ein paar Fragen auf [CAPTAIN WILES: *„Mord? Wenn es Mord ist, wer ist es?*"], aber von der „Captain-Theorie", dass… *„I've been locked inside your heart-shaped box* […]" [Copyright: *Nirvana*] …Jennifer Rogers etwas mit der Sache zu tun haben könnte [CAPTAIN WILES: *„Abgesehen von Jennifer Rogers, wem war er sonst noch im Weg?*"], will „Sam" nicht unbedingt etwas hören und bezeichnet Wiles' „Verdächtigung" als „lächerlich". Schließlich, so Marlowe, habe der Captain davon gesprochen, dass „Jennifer" „überrascht" bei dem Anblick der Leiche gewesen sei, was den Captain wiederum dazu animiert, „Sam" an die Milchflasche zu erinnern, die dank Mrs. Rogers auf „Harry's" Kopf gelandet ist.

Im Zusammenhang mit der „bottle of milk" fällt dem „pensionierten Seemann" dann ein „Vorfall aus seinem Berufsleben" ein, bei dem eine „brick wall" eine Rolle gespielt hat [CAPTAIN WILES: *„Vor Madagaskar hatten wir einen Matrosen an Bord, der mit dem Schädel an eine Backsteinmauer gelaufen ist. Nach zwei Tagen war er tot*"], wobei sich Marlowe daraufhin ernsthaft fragt, „seit wann es auf Schiffen Backsteinmauern" gibt.

Nachdem Wiles eingestehen muss, dass sie sich das seinerzeit „on the ship" „ebenfalls gefragt hätten" und somit leise „doubts" an der damaligen „Untersuchung des Vorfalls" anmeldet, meint „Sam", dass es doch im Grunde „egal" sei, wer's gewesen ist, und es besser wäre, „Harry" in der „sanften Waldluft" ruhen zu lassen. Außerdem betont er nochmals, dass er... „Couldn't have been Jennifer. No" ...Mrs. Roger für „unschuldig" halte.

Dann wirft Marlowe die Frage in den Raum, was denn sei, wenn Wiles' „Miss Gravely" die Täterin gewesen wäre.

Der Captain lacht laut auf und bringt zum Ausdruck, dass „Künstler keine Ahnung von feinen Damen" hätten [CAPTAIN WILES: „*Miss Gravely ist eine echte Lady* [...]"] und „Ivy's" „What seems to be the trouble, Captain?" mit Sicherheit keine belanglose Floskel gewesen sei, sondern ernst gemeint.

Marlowe hält fest... „*But those were all just guesses / Wouldn't help you if they could*" [Copyright: *Nirvana / Meat Puppets*] ...dass Theorien, wer „Harry" ermordet haben könnte, im Grunde niemandem etwas bringen, und er bittet „Albert" darum, ihm dabei zu helfen, ihn wieder einzugraben [SAM MARLOWE: „*Sehen wir zu, dass wir ihn loswerden*"].

Die beiden schnappen sich ihre Schaufeln „and start to burry him again" [*Anmerkung*: Exkurs: „Ein Film, der *Alfred Hitchcock* sicherlich gefallen hat bzw. hätte": „CAPTAIN BAKER" NORMAN FELL (zu Steve McQueen): „*Wo ist Ross?*" / „CAP-

TAIN SAM BENNET" SIMON OAKLAND: „*Sagen Sie's, ich ver-lang es!*" / „LIEUTENANT FRANK BULLITT" STEVE McQUEEN: „*Er ist tot*" / CAP. SAM BENNET: „*Tot?*" / LT. FRANK BULLITT: „*Er ist gestern Nacht gestorben*" / CAP. SAM BENNET: „*Nach dem Abtransport?*" / LT. FRANK BULLITT: „*Vorher. Ich hab' ihn unter falschem Namen rausgebracht*" / CAP. BAKER: „*Sie sind wohl nicht ganz bei Trost, einfach einen toten Mann aus dem Krankenhaus rauszuschmuggeln! Und jetzt wurden zwei Männer umgebracht, die vielleicht gar nichts damit zu tun hatten*" / LT. FRANK BULLITT: „*Der Mann, hinter dem ich her war, hat Ross getötet.* […] *Er hat versucht, mich mit 'ner Flinte umzulegen, mit 'ner Winchester*" (aus: *Bullitt*; Gespräch im Büro von „Cap. Bennet", in Rahmen dessen sich „Lt. Bullitt" Steve McQueen für das „Rausschmuggeln" der Leiche eines Kronzeugen aus einem Krankenhaus sowie für die „Autoverfolgungsjagd durch San Francisco", bei der zwei Verfolger ums Leben gekommen sind, rechtfertigen muss) – es gibt wohl wenige Filme, die so dermaßen „*filmisch*" sind wie Peter Yates' Meisterwerk *Bullitt* aus dem Jahr 1968, und auch Hitchcock hat oder hätte seine Freude mit dem Film gehabt, denn dieser lässt wahrlich „die Bilder sprechen", hat wenig Dialog, geredet wird nur das Allernötigste, und insofern ist dieser großartige Thriller/Polizeifilm eine Art „Stummfilm im Hitchcock'schen Sinne"; McQueen, der „*King of Cool*" und einer meiner Lieblings-Movie-Stars innerhalb der Filmgeschichte, „schweigt sich darin durch die Gegend", bewegt sich mit seinem „federnden/schwingenden" „*Trademark*"-Gang über die „asphaltierten Oberflächen" der Stadt San Francisco, die vielleicht nur noch in „Hitch's" *Vertigo – Aus dem Reich der Toten* so schön eingefangen ist wie hier, und fährt vor allem ganz viel Auto, sodass man sein Gesicht ständig in irgendeinem Rückspiegel sieht, wobei bekanntlich die epische Autoverfolgungsjagd, bei der der passionierte „*driver / racer*" McQueen selbst hinterm Steuer gesessen hat, zu einer der besten & legendärsten der Filmgeschichte gehört („*Natürlich ist unser großes Problem bei einer so gefährlichen Verfolgung auf den Straßen, dass sich nichts ablöst, wie etwa Räder, Achsen, Stoßdämpfer. Denn die Dinge, die wir mit Autos auf den Straßen machten, werden wohl sehr lange nicht mehr gemacht werden. Wir hatten Bill Hickman, der wahrscheinlich der beste Stuntfahrer der Welt ist, und ich bin wohl der schlechteste*" – Steve McQueen über die Entstehung der „*car chase*"-Szene); zur Story: Lt. Frank Bullitt von der Mordkommission San Francisco wird von dem „karrieregeilen" Staatsanwalt mit „Polit- und sonstigen Ambitionen" Walter Chalmers (Robert Vaughn, der schon McQueen's Co-Star in *Die glorreichen Sieben* war) dazu auserkoren, für „*40 Hrs.*" den Kronzeugen Johnny Ross (Pat Renella) zu beschützen, der vor einem Untersuchungsausschuss des Senats aussagen soll, um das sogenannte „Syndikat" (im Original: „The Organisation") in Chicago, das er um 2 Millionen Dollar erleichtert hat, zu zerschlagen; Ross wird aber im Hotel Daniels, wo er untergebracht wurde, von zwei Killern aufgesucht, angeschossen und schwer verletzt, wobei auch ein junger Polizist eine schwere Schussverletzung am Bein abbekommt; Bullitt, der zum Tatzeitpunkt bereits zu Hause im Bett war, eilt ins Krankenhaus, in dem Ross dann von einem der Killer endgültig ermordet wird; um die Mörder zu fassen, lässt Bullitt die Leiche heimlich rausschaffen, was mit dem Wissen eines jungen Arztes namens Dr. Willard geschieht (Dialog zwischen Steve McQueen & George Stanford Brown im Krankenhaus: McQueen: *„Doktor, ich brauche Ihre Hilfe"* / George Stanford Brown: *„Wozu?"* / McQueen: *„Ich möchte, dass das unter uns bleibt. Wenn Chalmers erfährt, dass Ross tot ist, schließt er wahrscheinlich den Fall ab, und ich will die Burschen schnappen"* / George Stanford Brown: *„Ich verstehe"* / McQueen: *„Aber riskieren Sie nicht Kopf und Kragen?"* / George Stanford Brown: *„Ja, schon gut. Sein Krankenbericht könnte ja verschwunden sein"* / McQueen: *„Sie haben ihn abgelegt, aber er ist weg. Ich übernehme die Verantwortung"* / George Stanford Brown: *„Ist gut"*); Chalmers glaubt zunächst, bevor er die Wahrheit und vom Tod Ross' erfährt, dass Bullitt sich Ross „geschnappt" hat, um seine eigene Karriere zu fördern, und verlangt „die Herausgabe" des Zeugen; nachdem die zwei Killer bei dem *„car chase"* mit Bullitt umgekommen sind, finden Bullitt und sein Partner Sergeant Delgetti (Don Gordon) heraus, dass der erschossene Johnny Ross ein „falscher Johnny Ross" (gespielt von Felice Orlandi) war und in Wahrheit Albert Renick geheißen hat (McQueen zu Robert Vaughn: *„Sie haben* *uns den falschen Mann bewachen lassen, Mr.* Chalmers"); der richtige Johnny Ross, der außerdem Renick's Ehefrau Dorothy in einem kleinen Hotel in San Mateo umgebracht hat, will sich mit einer Passagiermaschine nach Rom absetzen; auf dem Flughafen kommt es bei Dunkelheit dann zum Showdown zwischen Bullitt und dem echten Johnny Ross...; neben Robert Vaughn (z. B.: 1964 – 1968: *Solo für O.N.C.E.L.*), der den als „rücksichtlosen Karrieristen" gezeigten „Chalmers" perfekt spielt (Dialog zwischen Vaughn & McQueen am Flughafen, direkt vor dem Showdown: Vaughn: *„Das Syndikat, ein paar Morde, das könnte für uns beide von Nutzen sein"* / McQueen: *„Hören Sie, Chalmers, damit das endlich klar ist, ich kann Sie nicht ausstehen"* / Vaughn: *„Oh, kommen Sie, seien Sie bloß nicht so naiv, Lieutenant, wir beide wissen doch, wie man Karriere macht. Integrität ist etwas, was man der Öffentlichkeit verkauft"* / McQueen: *„Sie können verkaufen, was Sie wollen, aber nicht hier und nicht heute"* / Vaughn: *„Frank, wir müssen alle Kompromisse machen"* / McQueen: *„Bullshit"*), glänzt auch Jacqueline Bisset als „Bullitt's" *„girlfriend"* „Cathy", die Architektin ist; Bisset, die in den 70s dann beispielsweise auch in dem Katastrophenfilm-Klassiker *Airport* (1970) sowie in dem großartigen Truffaut-Film *Die amerikanische Nacht* (1973) zu sehen war, wurde für die Rolle ausgewählt, weil sie sozusagen eine gewisse „Aufrichtigkeit" ausstrahlt (*„Wir wählten Jaqueline Bisset für den Film aus, weil ich dachte, dass sie sehr aufrichtig wirkt. Wenn man ein Mädchen als Gegenpol zu Steve McQueen* *sucht, muss man sehr vorsichtig sein, denn er sieht nicht wie ein Mann aus, der ein Mädchen haben würde, das irgendwie das Gefühl von Unehrlichkeit vermittelt*" – Peter Yates), und die Dialoge zwischen McQueen und ihr zählen, in einem Film, der insgesamt eben über wenige Dialoge verfügt, zu den „Gesprächshöhepunkten" von *Bullitt* (Gespräch zwischen Bisset & McQueen, nachdem McQueen eine Art „Sonntagsausflug" mit ihr gemacht hat, bei dem er die Leiche der Ehefrau von „Albert Renick" im „Thunderbolt Hotel" in San Mateo entdeckt hat: Bisset: „*Ich dachte, ich kenne dich. Aber jetzt bin ich nicht mehr so sicher. Gibt es noch irgendetwas, was dich berührt, was dir wirklich nahe geht? Oder bist du bereits so abgebrüht, dass dich nichts mehr erschüttert? Du lebst in einem Sumpf, Frank. Tag für Tag*" / McQueen: „*Das ist nun mal so, wir können nicht davor weglaufen*" / Bisset: „[…] *Für dich ist die Gewalt ein Teil deines Lebens. Gewalt, Verbrechen und Tod. Wie kannst du ein Teil davon sein, wenn dein Gefühl sich mehr und mehr abstumpft? Deine Welt ist so weit entfernt von der, die **ich** kenne. Was haben **wir** für eine Zukunft?*" / McQueen: „*Unsere Zukunft beginnt*"); nun, *Authentizität* war vor allem auch dem Schauspieler McQueen das Wichtigste bei *Bullitt*, und so wurden sämtliche Szenen „on Location" gedreht, in einem echten Krankenhaus, in einer echten Leichenhalle, mit echten Ärzten & Krankenschwestern, was dem Werk selbstredend einen hohen Grad an Realismus verpasst hat, und so eine „realistische, seriöse" Autoverfolgungsjagd wie in *Bullitt* gibt es erst wieder zu Beginn von George Miller's erstem *Mad-Max*-Film von 1979, als Mel Gibson & Co da durch die Gegend „brettern"; der Regisseur von *Bullitt* hat mal über McQueen Folgendes gemeint: *„Steve verkörpert die Charaktere auf so intensive Weise, dass die Darstellung der Gefühle original ist. Er arbeitet wie verrückt daran, einen Weg zu finden, der richtig für ihn ist, an den er glauben kann"* (Copyright: *Peter Yates*); und ja, Remakes von „Steve-McQueen-Filmen" zu machen ist in der Tat problematisch, denn wenn Alec Baldwin zu Kim Basinger in Roger Donaldson's 94er-Remake von Sam Peckinpah's 70s-Klassiker *Getaway* so etwas sagt wie beispielsweise *„Wie geht's dir, Baby?"*, dann ist das wahrlich *nicht* dasselbe, als wenn das McQueen zu Ali MacGraw sagt; genauso wenig wäre das bei einem *Bullitt*-Remake der Fall, wenn ein neuer „Frank Bullitt" einer neuen „Cathy", die ihm zuvor ihre *„What will happen to us in time?"*-Frage gestellt hat, die Antwort „Time starts now" gibt].

„Change of Location". Etwas Zeit ist vergangen und der Captain und Miss Gravely legen mit einem kleinen Ruderboot an einem Steg an, der sich in der Nähe von Wiles' Haus befindet. Als sie in das Haus eingetreten sind, begrüßt der Captain seine Begleiterin „on Board" [CAPTAIN WILES: *„Willkommen an Bord, Miss Gravely, willkommen an Bord. Hier hat ein alter Seebär seinen letzten Ankerplatz gefunden.* […]"].

Als „Albert" sieht, dass er da noch „Men's Underwear" auf einer Wäscheleine hat hängen lassen, nimmt er diese eilig ab, wobei die Gravely dabei offensichtlich kurz mit „cinema inside her mind", mit „Kopfkino", zu kämpfen hat.

Schließlich… *„Come sail your ships around me / And burn your bridges down"* [Copyright: *Nick Cave and the Bad Seeds*] …spricht der Captain davon, dass es doch „merkwürdig" sei, dass sie so schnell „friends" geworden wären [CAPTAIN WILES: *„Ich wusste ja, dass Sie in Wirklichkeit nicht so spröde und unnahbar sind. […]"*].

„Ivy" jedoch scheint ein schlechtes Gewissen zu haben und will ihn über den wahren Grund aufklären, warum sie ihn „heute Nachmittag" zu „coffee and blueberry muffins" eingeladen hat. In diesem Zusammenhang spricht sie auch von einem… *„If you live through this with me / I swear that I would die for you"* [Copyright: *Hole*] …„Geständnis", aber der Captain meint, dass „confessions" nicht nötig seien, denn sie wäre bei der Situation mit der Leiche „mehr als diskret" gewesen, sodass er im Grunde nur seinen Hut vor ihr ziehen könne.

Aber Miss Gravely stellt klar, dass diese Einladung aus… [CAPTAIN WILES: *„Sympathie..."*] …„Dankbarkeit" geschehen sei [IVY GRAVELY: *„Ich bin Ihnen dankbar, dass Sie* **meine** *Leiche unter die Erde gebracht haben"*].

Your body? – der Captain ist natürlich überrascht über diese „Neuigkeit", aber die Gravely wird daraufhin „konkreter" [IVY GRAVELY: *„Sie denken,* **Sie** *haben den Mann umgebracht. Dabei hab'* **ich** *ihm aus lauter Verzweiflung meinen Wanderschuh* *an den Kopf geworfen... und... [...] ihm einen Schlag mit meinem Spazierstock versetzt"*].

Auf die Frage hin, warum sie das getan habe, spricht „Ivy" von „Belästigung", denn „Harry" sei aus dem Gebüsch gestürzt und hätte ihr „mit einem wilden Ausdruck in seinen Augen" erklärt, dass sie beide... *„Married / Buried / Yeah, yeah, yeah, yeah"* [Copyright: *Nirvana*] ...„verheiratet" wären, was völlig absurd gewesen sei, denn sie habe den Mann noch nie im Leben gesehen [Nachsatz von IVY GRAVELY: *„Und wenn ich ihn gesehen hätte, hätte ich ihn nicht geheiratet"*].

Wiles spricht von einer möglichen „Verwechslung", aber die „old maid" setzt ihren „Gravely-Report" fort und spricht davon, dass er sie „mit eindeutiger Absicht ins Gebüsch gezogen habe"... „No, he very definitely pulled me into the bushes".

Dann, so „Ivy", hätte er sie mit gewissen Ausdrücken „beleidigt" und „horrible, masculine sounds" von sich gegeben, aber im Rahmen des „Fights" hätte sie dann halt ihren Spazierstock sowie den Wanderschuh gegen ihn eingesetzt.

„You killed him" [CAPTAIN WILES; im Original] – der Captain „fasst zusammen" und Miss Gravely betont, dass sie sich ihrer „ungeheuren Kräfte" gar nicht bewusst gewesen sei, angesichts ihres „state of annoyance" [*Anmerkung:* „To fight a Monster": „ANDREA ANDERS" MAUD ADAMS: *„Ich hasse Scaramanga. Er ist ein Ungeheuer"* / „JAMES BOND 007" ROGER MOORE: *„Dann verlassen Sie ihn"* / ANDREA ANDERS: *„Einem*

Scaramanga entkommt man nicht. Er würde mich überall wiederfinden" / JAMES BOND 007: *„Sie brauchen einen guten Anwalt"* / ANDREA ANDERS: *„Ich brauche 007! Was glauben Sie, wer die Kugel mit Ihrer Nummer drauf damals nach London geschickt hat? Das war ich. Und es war gar nicht leicht, seine Fingerabdrücke auf den Zettel zu bekommen"* / JAMES BOND 007: *„Sie müssen mir verzeihen, wenn ich da nicht ganz mitkomme"* / ANDREA ANDERS: *„Töten Sie ihn! Sie sind der einzige Mann auf der Welt, der das fertigbringt. […] Ich will Scaramanga's Tod. Mir ist kein Preis zu hoch, ich bezahle ihn. Sie können auch mich haben, wenn Sie wollen. Es wäre nicht einmal ein Opfer. […] Ich habe davon geträumt, dass du mich befreist"* / JAMES BOND 007: *„**Ich** habe geträumt von einem Solex Agitator. Schon mal davon gehört?"* / ANDREA ANDERS: *„Vielleicht kannst du den auch haben"* (aus: *Der Mann mit dem goldenen Colt*; Unterhaltung zwischen „James Bond" Roger Moore & der *„kept woman"* eines „berühmten `killer-for-hire`" Maud Adams in Bond's Hotelzimmer in Bangkok) – gut, viele Bond-Fans mögen *„The Man with the Golden Gun"* (OT; 1974; Regie: Guy Hamilton), Roger Moore's zweiten Auftritt als britischer Agent „007", überhaupt nicht, und der Film verfügt sicherlich über viel „infantilen Humor", aber dennoch hat das Werk, wie im Grunde ja jeder einzelne Film aus der Bond-Reihe, gewisse Qualitäten, auch wenn diese, wie ich in *„Ein Quantum Bond 2 – Die Roger Moore- und Pierce Brosnan-Jahre der Filmserie"* ausgeführt habe, „unter einem ganzen Haufen an `Fragwürdigkeiten`" begraben sind, und zu diesen „Qualitäten" zählen nicht nur die „*great locations*" wie Macau, Hongkong, Phuket, sondern dazu zählen auch die „*participation*" von Christopher Lee, der einen „*strong main-villain*" abgibt, sowie jene von Maud Adams, deren „*tragic death*", sie sitzt letztendlich mit einer Scaramanga-Kugel im Herzen tot neben Bond bei einem gut besuchten Kickbox-Event, dem „Spektakel" für ein paar Momente fast „Tiefe" verleiht; Roger Moore selbst strahlt darin, im Gegensatz zu späteren Bond-Movies mit ihm, wo das „Augenzwinkernde" vorherrscht, immerhin eine „kühle Grausamkeit" aus, die der *007*-Rolle wohl mehr als „angemessen" erscheint; „*Ja, ich kenne das Thema. Kohle- und Öl-Vorräte sind bereits verbraucht, Uran wäre zu gefährlich, geothermische und Gezeiten-Kraftwerke sind zu kostspielig. Das weiß ich doch längst alles!*" („M" Bernard Lee) – zur Story: Die Welt wird von einer Energiekrise heimgesucht; James Bond's Mission, den „Energie-Experten" Gibson, den Erfinder des sogenannten „*Solex Agitator*" (ein hochwirksamer Solargenerator, mit dem man eben Sonnenstrahlen in elektrische Energie umwandeln kann), aufzuspüren, wird dadurch unterbrochen, dass der MI6 eine Nachricht samt einer goldenen Patrone, in die „*007*" eingraviert ist (Moore zu Bernard Lee: „*Charmanter Scherzartikel. Da steht sogar meine Nummer drauf*"), erhalten hat; diese „*golden bullet*" ist das Markenzeichen von Francisco Scaramanga (Christopher Lee), dem „*Man with the Golden Gun*", der bereits Bond's Kollegen „*002*" Bill

Fairbanks auf dem Gewissen hat (Ausschnitt aus einem der besten James-Bond- & Miss-Moneypenny-Dialoge der Ära Moore, der dann zu einer Bond-Reise nach Beirut führt: Moore: *„Fairbanks?"* / Lois Maxwell: *„Alaska?"* / Moore: *„Nein, Bill Fairbanks, 002"* / Lois Maxwell: *„Ach, der arme Bill. Er war der beste Mann, den ich je getroffen habe"* / Moore: *„ `Der Mann mit dem goldenen Colt` sagt das auch"* / Lois Maxwell: *„Offiziell wurde nie bestätigt, dass er es war"* / Moore: *„Wo war 002, als es passierte?"* / Lois Maxwell: *„Beirut `69, bei einer Tänzerin namens Saida"*); natürlich stellt sich aber in diesem Zusammenhang die Frage nach dem Auftraggeber, da Scaramanga die stolze Summe von einer Million Dollar pro *„murder for hire"* erhält (Originaldialog: Moore: *„Who would pay a million dollars to have **me** killed?"* / Bernard Lee: *„Jealous husbands, outraged chefs, humiliated tailors. The list is endless"*); Bond konzentriert seine Anstrengungen dann darauf, Scaramanga zu finden, und als dieser in Hongkong Gibson ermordet, in einer Situation, in der er problemlos auch Bond hätte töten können (Bernard Lee zu Roger Moore: *„Ich wünschte fast, Scaramanga's Auftrag hätte Ihnen gegolten"*), und den Solex stiehlt, verbinden sich die beiden Bond'schen Missionen (*„finding"* Gibson & Scaramanga) zu einer einzigen; als Auftraggeber Scaramangas für den Mord an dem „Energie-Experten" stellt sich schließlich der Bangkoker Geschäftsmann & Multimillionär Hai Fat (Richard Loo) heraus (Richard Loo zu Christopher Lee, der „Hai Fat's" Leben dann ein paar Szenen später höchstpersönlich „verkürzt":

„Wenn die Zeit reif ist, wird man mich hier in meinem Mausoleum zur Ruhe betten. Nach einem erfüllten, glücklichen, langen Leben. Und ich denke nicht daran, mir mein Leben von einem Mr. Bond verkürzen zu lassen"); *007* macht aber noch eine andere Bekanntschaft, nämlich jene von Andrea Anders (Moore zu Maud Adams: *„Haben Sie immer eine Waffe dabei, wenn Sie duschen?"*), die die Geliebte von Scaramanga ist, sich aber außerdem als die Person erweist, die die „goldene Patrone" zum MI6 geschickt hat, damit Bond Scaramanga tötet und sie sozusagen „aus dessen Fängen befreit"; Anderson wird aber, da sie für Bond den Solex stehlen soll, von Scaramanga ermordet und dieser kidnappt zusammen mit seinem kleinwüchsigen Diener „Nick Nack" (in einer Art „Cato-Inspektor Clouseau-Beziehung" zu Christopher Lee: Hervé Villechaize) die stets *„clumsy"* agierende Agentin Mary Goodnight (Britt Ekland), Bond's Assistentin; auf der Privatinsel von Scaramanga im chinesischen Meer, wo der *„Contract Killer"* auch eine riesige Solaranlage mit „Waffenpotenzial" betreibt, die er an den Höchstbieter verkaufen will, und wo auch Mary Goodnight hin verschleppt wurde, kommt es schließlich zum Showdown zwischen *007* und Scaramanga (Christopher Lee: *„Sehen Sie, Mr. Bond, wie jeder große Künstler will ich ein unübertreffliches Meisterwerk schaffen, wenigstens einmal im Leben. Der Tod von 007. Mann gegen Mann, Auge um Auge. […] Ein Kampf zwischen Titanen. Mein goldener Colt gegen Ihre Walther PPK. Chance 50:50 für jeden"* / Moore: *„Sechs Patronen gegen Ihre eine"* / Christopher

130

Lee: „*Eine genügt mir*")…; im Konnex mit der Figur der „Mary Goodnight" wird zumeist lediglich deren „Tollpatschigkeit" betont, aber es gibt durchaus, neben dem populären „*I was trained to expect the unexpected, but they never prepared me for anything like you in a nightie!*"-Sager von Roger Moore in Richtung Britt Ekland, „zitierwürdige Dialoge" zwischen den beiden, so zum Beispiel bei einem gemeinsamen Dinner von „*007*" & „Mary Goodnight", das vor der besagten „`nightie-scene`" im Hotelzimmer" stattfindet (Moore: „*In unserem Beruf darf man nicht auf zukünftige Augenblicke zählen. Wer weiß, wo du und ich nächstes Jahr um diese Zeit sein werden*" / Ekland: „*Höchstwahrscheinlich an entgegengesetzten Enden dieser Welt*" / Moore: „*Das ist zu weit auseinander*"); auch auf die Gefahr hin, mich zu wiederholen: Der „*lovely*" John-Barry-Score, den Barry angeblich selbst aber nicht mochte, zählt auch hier, bei *Der Mann mit dem goldenen Colt*, zu den „besten Dingen", wobei ich persönlich außerdem den meist „schwer kritisierten" und ebenfalls von Barry mitkomponierten Titelsong von *Lulu* nie als „*so* unglaublich schlecht" empfunden habe, wie das manchmal dargestellt wird – „*One golden shot means another poor victim / Has come to a glittering end / If you want to get rid of someone / The man with the golden gun*" (Copyright: *Lulu*)].

Der Captain stellt, nach Miss Gravely's mörderischer „Wander-Geschichte", gegenüber „Ivy" die „These" auf, dass Mrs.

Rogers, was „Harry" angelangt, mit ihrer Milchflasche gleichsam die „Vorarbeit" geleistet habe und sie ihm im Waldgebiet dann lediglich „den Rest verpasst habe".

Auf die Frage hin, was Mrs. Rogers eigentlich mit „Harry" zu tun habe, weiht sie der Captain über den einstigen „Beziehungsstatus" der beiden ein [CAPTAIN WILES: *„Sie war wirklich mal seine Frau"*], was bei Miss Gravely... „Poor Woman" ...,„Mitleidsbekundungen" auslöst [IVY GRAVELY: *„Bedauernswerte Person. Ich hatte ihr eigentlich mehr Geschmack zugetraut"*].

Weiters „gesteht" Miss Gravely Captain Wiles, dass ihr der Umstand, dass er sich für den „Harry-Mörder" hielt, wie gerufen gekommen sei, was Wiles aber nicht empört, sondern als „nur menschlich" bezeichnet.

Als sie dann darüber spricht, dass sie sich in der Folge ihm gegenüber „verpflichtet" gefühlt habe, meint der Captain, dass sie das Ganze einfach vergessen solle... „Let's forget it".

Gravely sieht das anders und will nicht, dass er quasi „ihr Verbrechen auf seinem Gewissen trage" [IVY GRAVELY: „[...] *Sie sollten nicht von nun an mit dem Gedanken durchs Leben gehen, dass Sie einen Mann getötet und beerdigt haben. [...]*"].

Nachdem ihr der Captain mitgeteilt hat, dass ihm... „It's a pleasure" ...die Sache, angesichts ihrer Beteiligung, so oder so ein Vergnügen sei, meint Miss Gravely, dass „Harry" eben definitiv „nicht ganz richtig im Kopf gewesen sei" und es ihr gutes Recht gewesen wäre, sich zu verteidigen... *„Ain't it fun when*

you know that you gonna die young / It's such fun / Good fun,
such fun, such fun, ah" [Copyright: *Guns N' Roses / Dead Boys*].

Aus diesem Grund, so „Ivy", wolle sie jetzt zur Polizei gehen, wobei sie glaube, dass auch Deputy Sheriff Wiggs „kein
großes Aufheben um die ganze Sache" machen werde [IVY
GRAVELY: „*Vielleicht kommt es nicht mal in die Zeitung*"].

„The old Captain" widerspricht ihr, was die Zeitung anbelangt, und betont, dass „murder and passion" genau jene Dinge
wären, nach denen die „newspapers" verrückt seien. Schließlich
empfiehlt ihr Wiles, es ihm sowie „Jennifer & Sam" nachzutun
und den „dead man" in Frieden ruhen zu lassen.

„After all, *I* killed him" – Miss Gravley meint, dass *sie* be-
stimmen wolle, was jetzt geschehe, da „Harry" eben ihr „body"
sei. Letztendlich verlassen dann eine entschlossene Miss Gravely und ein skeptischer Captain Wiles das „Haus am See", um
mit „einem Spaten" „Harry" wieder auszugraben, wobei dem
Captain sogar eine „Belohnung" dafür winkt [IVY GRAVELY:
„[…] *Wenn wir Harry ausgegraben haben, lad' ich Sie zu mir*
nach Hause ein und dann mache ich Ihnen eine schöne, heiße
Schokolade"; // *Anmerkung*: Exkurs: „Truffaut-Filme Teil 5:
`Don't you know that you're toxic?`` - ein *beinahe* gelungener
Truffaut-Film": „MATHILDE BAUCHARD" FANNY ARDANT:
„*Wir müssen uns aussprechen, Bernard. Es muss sein. Hör zu,*
ich verlange nicht von dir, Schuldgefühle mit dir rumzuschlep-
pen, aber ich, ich darf dich daran erinnern, dass du mir ganz
schön zugesetzt hast. Du bist gegangen, du kamst zurück, du

konntest mich nicht mehr ertragen. 8 Tage später konntest du nicht mehr leben ohne mich. Und dann hab' ich die Kraft gefunden, dich zu verlassen, denn sonst wär' ich verrückt geworden. Da wir beide drüber hinweggekommen sind, könnten wir doch Freunde werden, glaubst du nicht?" / „BERNARD COUDRAY" GÉRARD DEPARDIEU: „*Doch. Ja, du hast recht. Du hast recht. Im Grunde bin ich über das, was ich dir angetan habe, genauso böse, wie über das, was du mir angetan hast. Jedenfalls bin ich froh, ich bin froh, dass es dir gut geht"* (aus: *Die Frau nebenan*; Dialog zwischen dem ehemaligen Liebespaar „Mathilde & Bernard" auf dem „*Parking Lot*" eines Einkaufszentrums) – in Hitchcock's *Immer Ärger mit Harry* steuert, trotz all dem „Trouble", alles auf die Bildung zweier neuer Paare zu, „MISS GRAVELY & CAPTAIN WILES" sowie „JENNIFER ROGERS & SAM MARLOWE", „*Time starts now*", wie Steve McQueen sagen würde; Hitchcock's Interviewpartner François Truffaut jedoch hat 1981 in seinem ersten Film mit Fanny Ardant *einen etwas anderen* Ansatz zum Thema „Liebe" gewählt und sein Film „*La femme d'à côté*" (OT) geht heutzutage, wie übrigens auch ein Werk wie *9½ Wochen* (1986; Regie: Adrian Lyne) mit Mickey Rourke & Kim Basinger, als waschechtes Porträt einer „*toxic love affair*" durch, um einen „neumodischen" und zuweilen etwas überstrapazierten Ausdruck zu benutzen – „*With a taste of your lips, I'm on a ride / You're toxic, I'm slippin' under / With a taste of a poison paradise*" (Copyright: *Britney Spears*);

134

„Wenn man verliebt ist, steht die Welt still. 20 Jahre später lächelt man über das eigene heftige Empfinden", meinte Truffaut, und der Franzose wollte schon lange Zeit einen Film über ein „ehemaliges Liebespaar" drehen, das sich Jahre später zufällig wieder begegnet und das sozusagen eine Leidenschaft neu erlebt; als eine Art Entwurf fertig war, fehlte dem Regisseur aber der „Auslöser", den Film wirklich in Angriff zu nehmen; dann jedoch sah er die Schauspielerin Fanny Ardant in dem TV-Fünfteiler *Die Damen von der Küste* (1979) und bot ihr umgehend eine Rolle in einem seiner Filme an (*„Sie hat mich sofort an die Brontës erinnert. Diese Frau vereint alle drei Schwestern in sich"* – F. Truffaut über F. Ardant); vor *Die Frau nebenan* drehte Truffaut noch *Die letzte Metro*, einen seiner größten Erfolge, der ihm insgesamt 10 Césars einbrachte; bei der César-Verleihung stellte Truffaut dann Gérard Depardieu, *damals* bekanntlich noch so etwas wie ein „französisches Nationalmonument" und nicht „russischer Staatsbürger" oder im Fokus der „#MeToo"-Bewegung, seine neue Freundin/Lebenspartnerin Fanny Ardant vor, und dieses Treffen wirkte als „kreativer Auslöser" und er hatte sein Liebespaar für *Die Frau nebenan* gefunden; *„allé vite"* – bei den Dreharbeiten, bei denen, trotz des ernsten Themas, absolute Harmonie herrschte, war aber Eile angesagt, denn Depardieu musste nach Mexiko, um dort unter der Regie von Francis Veber und gemeinsam mit Pierre Richard die Komödie *Der Hornochse und sein Zugpferd* (1981; aka *Ein Tollpatsch kommt selten allein*) zu drehen; *„Du und ich. Das ist immer alles oder*

nichts" (Depardieu zu Fanny Ardant) – zur Story von „*La femme d'à côté*": Mathilde und Bernard, die sich 8 Jahre zuvor getrennt haben, werden durch Zufall Nachbarn in einem Dorf in der Nähe von Grenoble; in der Zwischenzeit haben sie ihr Leben neu geordnet und sind beide verheiratet, der Schiffsingenieur Bernard mit Arlette (Michèle Baumgartner) und Mathilde mit Philippe (Henri Garcin); weder Mathilde noch Bernard erzählen ihren Ehepartnern zunächst, dass sie sich von früher kennen, und schon bald wird klar, dass die Gefühle füreinander immer noch lebendig sind, was zu einer erneuten intensiven Liebesaffäre (inklusive geheimer Treffen in einem Hotel usw.) zwischen den beiden führt (weiterer Ausschnitt aus dem „Parkplatz-Dialog" zwischen Ardant & Depardieu, nachdem die beiden die Absicht bekundet haben, von nun an „Freunde" zu sein: „Mathilde": „*Ich wollte dich noch um etwas bitten. Sprich ab und zu mal meinen Namen aus. Früher konnte ich im Voraus sagen, wann du wieder feindselig wurdest, weil du, du konntest den ganzen Tag verbringen, ohne mich Mathilde zu nennen. Daran wirst du dich wohl kaum noch erinnern*" / „Bernard": „*...Mathilde*"); da Mathilde und Bernard aber im Grunde einen „zerstörerischen Einfluss" aufeinander haben, zeichnet sich sehr bald schon eine „*catastrophe*" ab...; sowohl Depardieu als auch Ardant spielen die „Unruhe" und „Eifersucht", die sich angesichts der bald nicht mehr so geheimen Affäre entwickelt, einfach großartig, wobei auch die größtenteils von „bürgerlicher Vernunft" und einer gewissen

„Einsicht" getragenen Reaktionen der beiden Ehepartner bemerkenswert dargestellt sind (z. B.: „Arlette" zu „Bernard", nachdem sie von der Affäre erfahren hat, in einer eher „analytischen" als „emotionalen" Art: *Ich bin eifersüchtig, ich kann nicht anders. Ich bin eifersüchtig auf sie, auf dich. Vor allem bin ich darauf eifersüchtig, dass du leidest*"); ein Highlight ist auch jene Szene, in der „Mathilde" & „Bernard" versuchen, sich mit alten Wählscheibentelefonen anzurufen, aber nicht durchkommen, da sie eben beide *gleichzeitig* auf die Idee gekommen sind, das zu tun, und sich somit quasi gegenseitig „blockieren"; „*I'm addicted to you / Don't you know that you're toxic?*", singt Britney Spears in ihrem „2nd-best Song" „*Toxic*" von 2003, und Fanny Ardant sagt einmal zu Depardieu in einer Szene, in der das „toxische Duo `Mathilde & Bernard`" wieder einmal versucht, seine Beziehung auf einen „Freundschaftsstatus" zu reduzieren, die Sätze: „*Weißt du, was du mal gesagt hast, vor acht Jahren? Oh Gott, war ich unglücklich, als du das gesagt hast. Die Liebesgeschichten müssen einen Anfang, eine Mitte und ein Ende haben*"; aber genau dieses „Ende" ist ein Problem bei *Die Frau nebenan*, denn Truffaut hat beim Thema „Liebe" vielleicht stets die richtigen Worte in seinen Filmen gefunden, aber hier *nicht* das richtige Ende, das, durch den „plötzlichen Waffengebrauch", völlig „unmotiviert" und wie ein Fremdkörper, wie „ein eigener kleiner Krimi innerhalb des Films", daherkommt; eine „*keep them separated*"-Botschaft wie am Ende von „*9½ Weeks*" (OT), wo die Basinger das Apartment von Mickey

Rourke verlässt, um „nicht mehr zurückzukommen", obwohl Rourke sich das dann wünscht („John" Mickey Rourke, zu sich selbst, als „Elizabeth" Kim Basinger eben schon draußen *„on the streets of New York"* ist: *„Würdest du bitte zurückkommen, bevor ich bis 50 gezählt habe. Eins...")*, hätte da auch gereicht oder wäre dramaturgisch viel „glaubwürdiger" gewesen].

Nach einem *Zeitsprung* ist bereits wieder ein Erdhaufen aufgeschüttet, denn Miss Gravely arbeitet sich im Wald „mit dem Spaten und mit Entschlossenheit" zu... *„Hey, you caught me in a coma / And I don't think I wanna / Ever come back to this...world again"* [Copyright: *Guns N' Roses*] ...„Harry" vor, während der Captain das Graben längst „aufgegeben" hat, sich „ausruht" und seine Pfeife raucht.

„One baby to another says `I'm lucky to have met you` / I *don't care what you think unless it is about me"* [Copyright: *Nirvana*] ...währenddessen ist Sam Marlowe bei Jennifer Rogers zu Gast und „Mrs. Rogers" hat Kaffee gemacht und schenkt dem „artist" eine Tasse ein. „Sam" spricht in der Folge davon, dass ihm ihr Haus gefällt, welches, so wie sich herausstellt, von der „life insurance" ihres „first husband" Robert bezahlt worden ist.

„Jennifer" setzt sich auf die Couch und... „It's funny but I feel awful comfortable with you, Sam" ...betont, dass sie sich wohl bei ihm fühle, ein Kompliment, das Marlowe zurückgibt [SAM MARLOWE: *„Es ist ein schönes Gefühl, wenn man sich bei einem wohlfühlt, der sich bei einem auch wohlfühlt"*].

Allerdings… „There's Trouble in Paradise" …fällt „Mrs. Rogers" „*eine* Sache" ein, bei der sie sich nicht wohlfühlt, woraufhin Marlowe sie bittet, ihm diese mitzuteilen, damit „er sie aus der Welt schaffen könne".

„*It's Harry, what about Harry?*" [JENNIFER ROGERS; im Original] – bei dieser „einen Sache" handelt es sich natürlich um „the body", aber „Sam" spricht davon, dass… „He's with eternity, the ages" … die Sache „erledigt" und „Harry" längst im Jenseits und „ancient history" sei [SAM MARLOWE: „[…] *Sie können sich auf mich verlassen. Harry gehört der Vergangenheit an*"].

Dann klopft es an der Tür und…eine etwas erledigte Miss Gravely, die noch Spuren von Erde im Gesicht hat, sowie Captain Wiles treten ein.

„I killed Harry Worp with the leather heel of my hiking shoe" – nachdem auch Rogers & Marlowe von „Ivy" informiert worden sind, dass *sie* wohl „Harry" auf dem Gewissen hat, meint sie auch noch, dass es nun besser sei, die Polizei zu informieren, ein Umstand, der vor allem beim „artist" zu Widerspruch führt, der dann davon spricht, dass „Harry" eben „dead and buried" sei und nicht mehr „raufgeholt" werden solle.

Als sie von dem „dead and buried body" sprechen, geht auf einmal, wie von „Geisterhand", eine Tür im Rogers-Haus auf, als würde dort… „*Sit and drink Pennyroyal Tea / I'm anemic royalty*" [Copyright: *Nirvana*] … „Harry" noch „sein Unwesen treiben".

Nachdem der kurze „Spuk" vorbei ist, spielt Gravely den „murder" an „Harry Worp" wieder runter und meint, dass der ganze „A Lady and a Maniac"-Aspekt bei der Polizei und „in der öffentlichen Wahrnehmung" für sie sprechen würde [IVY GRAVELY: „[…] *Aber ich glaube kaum, dass man eine Dame und einen Triebtäter zusammenbringt*"].

Marlowe sieht das „completely different" und hat den Eindruck, dass sie sich des Umstandes, dass es hier um „Mord" gehe, nicht ganz bewusst sei [SAM MARLOWE: „*Na, Sie werden sich wundern. Sie sind sich wohl nicht im Klaren darüber, was Mord bedeutet, Miss Gravely?* [...]"; // *Anmerkung*: „The Trouble with Jo(?)"`: „ANTOINE BRISEBARD" LOUIS DE FUNÈS: „*Aber, aber nicht doch! Wachen Sie auf! Monsieur Jo! He! He! He! Das kann nicht wahr sein! Oh, oh, das kann nicht wahr sein! Er ist hin!*" (aus: *Hasch mich – ich bin der Mörder*; der „Bühnenautor" de Funès hat gerade, so glaubt er jedenfalls, mit der Leiche des Erpressers „Monsieur Jo" zu kämpfen, der zuvor durch eine Kugel aus seiner Pistole umgekommen ist) – neben dem „genial witzigen" „Restaurantkritiker-Epos" *Brust oder Keule* (1976; Regie: Claude Zidi) oder dem „Gendarmen-Klamauk" *Der Gendarm von St. Tropez* (1964; Regie: Jean Girault) zählt *Hasch mich – ich bin der Mörder* / OT: „*Jo*" aus dem Jahr 1971 (Regie: Jean Girault; aka *Camouflage* oder *Louis mit dem Leichentick*), der nach einem Bühnenstück („*The Gazebo*") des Australiers Alec Coppel entstanden ist, zu meinen Lieblingsfilmen mit dem legendären französischen Komiker, „Hochge-schwindigkeits-Redner" & „Star-Choleriker" Louis de Funès (1914 – 1983), der es in dem Werk mit einer ähnlich „hartnäcki-gen Leiche" zu tun bekommt, wie es jene von „Harry Worp" bei Hitchcock ist; *„Heute Abend, wenn ich nach Hause komme, hast du bestimmt deine erste Leiche fabriziert"* (Claude Gensac im Scherz zu dem „Schriftsteller" de Funès) – zur Story: Antoine Brisebard ist Bühnenautor und seine Frau Sylvie (Gensac) The-aterschauspielerin (sein kritischer Anwalt „Adrien Colar" Guy Tréjan zu de Funès: „[…] *Du bist ein erfolgreicher Lustspielau-tor, verheiratet mit der erfolgreichen Heldin deiner erfolgrei-chen Komödien, aber auf dem Gebiet des Kriminalstücks…"*); Antoine arbeitet gerade an einem neuen Stück, einem für ihn „untypischen" Kriminalstück, und bei einer Probe des Stücks in seinem Haus und mit seinem Freund & Anwalt Colar kommt auch eine Schusswaffe mit Platzpatronen zum Einsatz, da das Stück eine Szene vorsieht, in der ein Mann niedergeschossen wird (Dialog zwischen de Funés und der Haushälterin „Mat-hilde" Christiane Muller, nachdem diese geschockt „Zeugin" der vermeintlich „bleihaltigen" Probe geworden ist: „Mathilde": *„Warum haben Sie mir nicht vorher gesagt, dass alles nur Spaß ist?"* / „Antoine Brisebard": *„Wer spricht denn von Spaß? Ich hab' Ihnen doch gesagt, dass es sich um meine Arbeit handelt"* / „Mathilde": *„Ah, jedenfalls war es nicht wirklich wahr?"* / „Antoine Brisebard": *„Natürlich nicht"* / „Mathilde": *„Aber ich*

wäre fast vor Schreck gestorben. Das war wirklich wahr" / „Antoine Brisebard": *„Für mich war das der beste Beweis, dass die
Szene so realistisch, so lebensecht wirkt, wie ich es erhofft hatte.
Ich bin sehr zufrieden, Mathilde"*); was noch niemand weiß, ist,
dass diese Probe Antoine in gewisser Weise als Vorbereitung zu
einem echten Mord dient, denn der Autor wird von Jo, einem
skrupellosen Gangster, erpresst; als der besagte Gangster eines
Abends auftaucht (aus einem Dialog zwischen Claude Gensac &
Louis de Funés, bevor „Antoine" auf „Jo" wartet: „Sylvie Brisebard": *„Kommst du noch mit ins Theater?"* / „Antoine Brisebard": *„Oh, heute geht's beim besten Willen nicht. Bist du mir
böse?"* / „Sylvie Brisebard": *„Nein, mein Schatz. Die Inspiration
eines Schriftstellers soll man respektieren. Jetzt muss ich mich
aber beeilen, sonst komm ich noch zu spät"*), stirbt dieser durch
eine Kugel aus Antoine's Waffe, was aber letztendlich mehr ein
Unfall ist als Absicht, denn Antoine schafft es nicht, abzudrü-
cken, und wirft die Waffe auf den Boden, wo sich ein tödlicher
Schuss löst; das Problem ist nun, die Leiche zu verstecken, und
da sowohl das Hausmädchen Mathilde, die von einem Kinobe-
such zurück ist, als auch ein britisches Ehepaar, das das Haus
der Brisebard's kaufen möchte, auftauchen, landet sie zunächst
unter dem Sofa und bald darauf in einem Loch unter dem Fundament des Pavillons, den Antoine von seiner Frau zum Ge-
burtstag geschenkt bekommen hat (Claude Gensac bei der Ein-
weihung des Pavillons: *„Auf das Fundament des Pavillons! Auf
die Liebe, unser aller Fundament!"*); bei der Einweihungsfeier

taucht aber plötzlich die Kriminalpolizei auf und Inspektor Ducros (Bernard Blier), der einige Fragen an den Hausherren hat, da dessen Name sich auf einer Erpresserliste von Jo gefunden hat, wird ständig auch damit konfrontiert, dass Brisebard offenbar gerade ein neues Kriminalstück probt und „erst unlängst jemanden erschossen hat" (Dialog Blier - Muller - de Funés: „Inspektor Ducros": *„Was finden Sie so komisch an der Polizei?"* / „Mathilde": *„Das ist jetzt genau so komisch wie neulich Abend"* / „Inspektor Ducros": *„Was war denn neulich Abend so komisch?"* / „Antoine Brisebard": *„Nichts war neulich Abend komisch. Das Mädchen war im Kino, und das ist alles"* / „Inspektor Ducros": *„Was haben Sie gesehen?"* / „Mathilde": *„James Bond. Aber bei dem hab' ich weniger Angst als bei Monsieur, wenn er jemand mit seinem Revolver umlegt"*); vom Inspektor erfährt Antoine aber schließlich, dass Jo tot aufgefunden wurde, aber bei sich zuhause, was bedeutet, dass der Autor den Tod eines völlig Fremden verursacht hat…; *Hasch mich – ich bin der Mörder*, in dem sich auch *Tanz-der-Vampire*-Legende Ferdy Mayne als britischer Möchtegern-Haus-Käufer tummelt, ist wirklich aberwitzig und temporeich; ein besonderes Highlight ist jener Teil, gleich unmittelbar nach dem „Mord", als sich plötzlich zahlreiche Leute im Haus einfinden, in dem de Funés die Leiche in der Eile unter einer Couch versteckt, wobei der Hut des Erschossenen, den er ebenfalls unter die Couch schiebt, stets durch eine „unruhige" Hand oder einen „unruhigen" Fuß der Leiche wieder „rausbefördert" und sichtbar gemacht wird; aber auch die wirklich „hässliche Plastik", die de Funés anfertigt (de Funés: *„Das ist meine Großmutter. Meine Großmutter mütterlicherseits"*) und in die er die Leiche „eingearbeitet" hat, da der Pavillon sehr bald „Risse" bekommen hat, ist *„very funny"*; irgendwie gelungen ist auch der sehr „farbenfrohe" Vorspann, in dem der Originaltitel des Films, *„Jo"*, ständig vor wechselnden Hintergrundfarben durchs Bild „driftet"; *„Warum bin gerade ich der einzige Mann auf der Welt, dessen Frau einen Pavillon kauft?"*, fragt sich Louis de Funés einmal angesichts des exzentrischen Geburtstagsgeschenks von „Madame Brisebard" etwas „verzweifelt", aber dennoch harmonieren Claude Gensac & der Komiker in *„Hasch mich…"* wie immer großartig miteinander, wobei der Film von `71 tatsächlich eben nur einer von zahlreichen gemeinsamen Filmauftritten des Duos ist, in denen die „damenhafte" Gensac zumeist die Ehefrau der französischen Comedy- & Leinwand-Legende spielte und einen wunderbaren „Gegenpart" zu dem „hektisch-cholerischen" de Funés abgab].

Nachdem „Sam" das „mangelnde Problembewusstsein" von „Ivy", was einen „Mord" anbelangt, thematisiert hat, führt er ihr noch vor Augen, dass sie demnächst mit Sicherheit „Endlos-Verhöre" durch „Detectives" erwarten. Genauso sei aber auch „das Ende ihrer Privatsphäre" angebrochen, und zwar durch „photographers and newspapermen", die sich ihren „Ärger mit Harry" sicherlich nicht entgehen lassen.

Miss Gravely betont, dass sie, trotz allem, fest entschlossen sei, die Sache durchzuziehen [Kommentar von CAPTAIN WILES: „*Das kann man wohl sagen*"], nur wäre sie eben gekommen, um Mrs. Rogers, die „most closely connected with the Harry-business" sei, über ihre Pläne zu informieren.

„You're free as a bird" – „Jennifer" meint, dass Miss Gravely tun solle, was sie für richtig halte, denn sie selbst habe zu dem Thema „Harry" nichts mehr zu sagen, doch dann findet der „artist" einen Einwand… „I think we've forgotten something" …und sieht auch Mrs. Rogers Privatsphäre durch ein „Miss Gravely-Geständnis" gefährdet [SAM MARLOWE zu JENNIFER ROGERS: „[…] *Haben Sie schon mal dran gedacht, dass, wenn die Sache rauskommt, alle Einzelheiten Ihrer Ehe an die Öffentlichkeit gezerrt werden?*"].

„*You know you're right / You know you're right / You know you're right*" [Copyright: *Nirvana*] …sowohl „Jennifer" als auch „Ivy" müssen eingestehen, dass an Marlowe's Einwand etwas dran ist. Daraufhin will Marlowe den nunmehrigen „aktuellen Liegeplatz" von „Harry" wissen, der, wie ihm der Captain mitteilt, immer noch „by the big oak tree" sei [CAPTAIN WILES: „*An seinem Stammplatz hinter der großen Eiche*"].

Als Marlowe bekundet, seine Schaufel holen zu wollen, macht sich das Quartett wieder zum Aufbruch bereit [JENNIFER ROGERS: „*Also, gehen wir alle zusammen.* […]"], aber der Captain beklagt sich noch, bevor er und seine drei „accomplices" das

Rogers-House verlassen, über die „insgesamt dritte Beerdigung an einem einzigen Tag".

Nachdem das Haus leer ist, geht abermals, „as if by a ghostly hand", jene Tür auf, die sich schon zuvor einmal „wie von selbst geöffnet hat"... *„Hello / I am the ghost of Troubled Joe / Hung by his pretty white neck / Some eighteen months ago / I travelled to a mystical time zone / But I missed my bed / So I soon came home"* [Copyright: *The Smiths*].

Nach einem *Zeitsprung* bricht langsam... *„With the lights out, it's less dangerous"* [Copyright: *Nirvana*] ...die Abenddämmerung herein und „Sam", „Jennifer", „Ivy" und der „Captain" stehen wieder vor dem „Grab bei der großen Eiche", in das sie die Leiche von „Harry" offenbar wieder befördert haben [*Anmerkung*: „Eine weitere berühmte Leiche innerhalb der Filmgeschichte": „ANYA AMASOVA aka AGENTIN XXX" BARBARA BACH (zeigt JAMES BOND *007* ein Foto): *„Erkennst du ihn?"* / „JAMES BOND *007*" ROGER MOORE: *„Nein, wer ist das?"* / ANYA AMASOVA aka AGENTIN XXX: *„Der Mann, den ich geliebt habe. Er war vor drei Wochen in Berngarten. Hast du ihn getötet?"* / JAMES BOND *007*: *„Wenn jemand in einem Wahnsinnstempo auf Skiern hinter einem her ist, um einem eine Kugel in den Rücken zu jagen, dann kann man sich wohl kaum das Gesicht merken. In unserem Geschäft werden Menschen getötet. Wir beide wissen das, und er auch. Es ging nur um eins, er oder ich. Die Antwort auf deine Frage lautet ja. Ich hab' ihn getötet"* / ANYA AMASOVA aka AGENTIN XXX: *„Hör zu, wenn dieses*

146

Unternehmen beendet ist, werde ich **dich** *töten"* (aus: *Der Spion, der mich liebt*; „Triple X" Barbara Bach kündigt gegenüber „Double-O-Seven" Roger Moore an, dass sie den Tod ihres Lovers, des KGB-Agenten „Sergei Barsov" Michael Billington, rächen wird; die Szene, in der Bach dahinterkommt, dass Moore im Rahmen einer Verfolgungsjagd auf Skiern „[…] *in der Nähe von Berngarten in den österreichischen Alpen* […]", so wie das im Film einmal KGB-Chef „General Gogol" Walter Gotell zu Bach sagt, „Agent Barsov" getötet hat, gehört zu den intensivsten und besten des gesamten Bond-Films, nicht zuletzt wegen der Tatsache, weil einem der Connery-Nachfolger Roger Moore darin tatsächlich einmal als „Schauspieler" erscheint) – na ja, *„Nobody does it better / Makes me feel sad for the rest"*, ob das für Roger Moore als „James Bond" zutrifft, muss jeder selbst entscheiden, aber *„The Spy Who Loved Me"* (OT; Regie: Lewis Gilbert) aus dem Jahr 1977 wird von der überwiegenden Mehrheit der *007*-Fans zumindest als „bester Bond-Film mit Roger Moore" betrachtet, vor allem auch deshalb, weil er im Grunde über keine wirklichen *„embarrassing moments"*, über keinerlei wirkliche „peinliche Momente", verfügt; *„James, ich brauche dich"* / *„England auch"* (Ski-Hütten-Dialog in Österreich zwischen dem *„Log Cabin Girl"* Sue Vanner und Roger Moore in der Vortitel-Sequenz, die mit einem wirklich *legendären* „Ski-Sprung-Fallschirm-Stunt" endet) – zum Plot: Ein britisches und ein sowjetisches U-Boot verschwinden, woraufhin der britische Geheimdienst sowie der KGB herausfinden, dass jemand ein U-

Boot-Ortungssystem entwickelt hat; sowohl *007* als auch die KGB-Agentin XXX werden nach Kairo entsendet, wo die Pläne für das *„submarine tracking system"*, die sich auf einem Mikrofilm befinden, auf dem Schwarzmarkt an den Höchstbieter verkauft werden sollen; sowohl James Bond als auch Anya Amasova versuchen, den Mikrofilm in ihre Hände zu bekommen, aber der in Diensten des Wissenschaftlers und Schiffstycoons Karl Stromberg (Curd Jürgens) stehende riesenhafte Killer „Jaws"/„Beißer" (wirklich furchterregend & absolut einzigartig: Richard Kiel) tötet jeden, der mit dem Mikrofilm in Berührung kommt (Jürgens zu Kiel: *„Jede Person, die mit dem Mikrofilm auch nur entfernt in Berührung kommt, ist zu eliminieren"*); auf Wunsch von „M" und General Gogol wird aus *007* & Triple X in der Folge ein Team, das letztendlich auch gemeinsam gegen den größenwahnsinnigen Stromberg vorgeht, der den Plan hat, einen Dritten Weltkrieg zu entfachen, indem er aus zwei U-Booten Nuklearraketen auf New York und Moskau abfeuert; nachdem ein US-U-Boot, auf dem sich auch das Agenten-Duo befunden hat, von Stromberg's Supertanker „Liparus" „aus dem Meer gefischt" wurde, entsteht ein Kampf zwischen Stromberg-Handlangern und „U-Boot-Leuten" auf dem besagten Tanker, welcher dazu führt, dass der WWIII-auslösende Nuklearschlag verhindert wird; danach befreit Bond noch Anya Amasova aus Stromberg's Hauptquartier, wo sie hin verschleppt wurde, bevor dieses von US-Militärs zerstört wird...; nun, *Der Spion, der mich liebte* ist ein wirklich *„exciting"*, *„thrilling"*, *„scary"* und nicht zuletzt „*sexy*" Bond-Movie, aber glücklicherweise keine „Bond-Komödie" wie schließlich *Moonraker – Streng geheim* aus dem Jahr 1979; der Film besticht durch die wirklich prächtigen ägyptischen Locations (inklusive Pyramiden) sowie einer „*great cast*", wobei Curd Jürgens, zweifellos ein großer Schauspieler, wenn man es genau nimmt, aber ein „*villain*" ist, den man überhaupt nicht „im Kopf" behält, wenn er nicht gerade „im Bild" ist, soll heißen: in einer Szene vorkommt; der von ihm gespielte „*main villain*" „Karl Stromberg" fällt letztendlich vor allem dadurch auf, dass er gerne Leute umbringt, während sie sich auf seinem schwimmenden & „tauchfähigen" „Kraken-artigen" Hauptquartier „Atlantis" befinden oder dieses gerade verlassen haben (Jürgens, nachdem er einen Helikopter, der zuvor mit zwei von ihm offenbar bestochenen Wissenschaftlern die „Atlantis" verlassen hat, über dem Meer per Knopfdruck in die Luft gejagt hat: „*Benachrichtigung der nächsten Angehörigen über das tragische Unglück und den Tod von Professor Markovitz und Dr. Beckmann. Die Beisetzung fand auf See statt*"); eine tolle Szene ist auch jene in Kairo, in der Moore den kahlköpfigen Stromberg-Handlanger & Beißer-Sidekick „Sandor" nach einem Kampf vom Dach befördert (Kommentar von Moore: „*Ein hoffnungsloser Fall*"), wobei eine Kugel aus „Sandor's" Pistole zuvor noch in einer Wohnung das „Kurzzeit-Bond-Girl" „Felicca" (Olga Bisera) tödlich getroffen hat, die in ein „*Kissing*" mit *007* geraten ist (aus dem zugehörigen Dialog: Bisera: „*Sie sind etwas misstrauisch, Mr. Bond*" / Moore: „*Lieber etwas misstrauisch als etwas tot*"); der „Kern" des Films bildet aber sicherlich die „*relationship*" zwischen Moore & Bach, zwischen den zwei Spionen „*007*" & „*XXX*", die von tatsächlicher „*equality*" sowie auch von „Misstrauen" & „*passion*" getragen ist; „*Then when this mission is over, I will kill you*" (Copyright: *Barbara Bach*) – den abschließenden Höhepunkt bildet hier natürlich jene Szene, die in einer schwimmenden Stromberg-Rettungskapsel spielt, nachdem die „Mission" dann wirklich vorbei ist, und „Triple X" ihr „Versprechen" einlösen will, Bond wegen des Vorfalls in Österreich mit Sergei Barsov zu töten, aber Moore's „Überredungskünste" sind „*in the end*" stärker und sozusagen mit „*A Last Request*" verbunden (Bach, die Moore's Waffe auf ihn richtet: „*Unsere Zusammenarbeit ist beendet, Commander*" / Moore: „*In meinem Land pflegt man dem Verurteilten gewöhnlich einen letzten Wunsch zu gewähren*" / Bach: „*...Gewährt*" / Moore: „*Lass uns die nassen Sachen ausziehen*"); schade bei *Der Spion, der mich liebte* ist, dass „Moneypenny" Lois Maxwell darin wirklich nur „*barely seen*" ist (Dialog aus der Vortitel-Sequenz: „M" Bernard Lee: „*Moneypenny, wo ist 007?*" / Lois Maxwell: „*Er hält unsere Stellung in Österreich, Sir*"); ein echter musikalischer „Hammer" hingegen ist der berühmte und „die zentrale Romanze thematisierende" Titelsong „*Nobody Does It Better*" von Carly Simon (z. B.: 1972: der Nr. 1-Hit „*You're so Vain*" / 1988: „*Let the River Run*" – Oscar- & Grammy-prämierter Soundtrack-Beitrag zu dem Film *Die Waffen der Frauen*), der es sogar auf Platz 2 der US-Charts sowie auf Platz 7 der britischen Charts schaffte; wirklich „*a real magnificent title song*", welcher auch eine der besten Titel-Sequenzen der Bond-Geschichte, die „tanzende Silhouetten" & „*007 himself*" aufbietet, untermalt – „*I wasn't lookin' / But somehow you found me / I tried to hide from your love light / But like heaven above me / The spy who loved me / Is keepin' all my secrets safe tonight*" (Copyright: *Carly Simon*)].

Während Ivy Gravely das Grab mit ein paar Blättern bedeckt, merkt der Captain an, dass es eigentlich am allerbesten wäre, „Harry" in Zement „einzuarbeiten", aber Gravely spricht davon, im nächsten Frühjahr ein paar „blueberry bushes" auf dem Grab pflanzen zu wollen.

Wiles fragt die Gavely, warum sie denn nicht gleich „Vergissmeinnicht" [im Original ist von „*lilacs*" (Flieder) die Rede (*Anm.*)] pflanze, aber Marlowe beendet die „Grabpflanzen-Diskussion", indem er meint, dass sich „die Natur schon darum kümmern werde" [*Anmerkung*: Truffaut hat einmal in einem Gespräch mit Hitchcock über einen der frühen Filme des „Suspense-Meisters" *ganz allgemein* festgehalten, dass nach Hollywood zugewanderte europäische Regisseure dem Hollywood-Kino etwas gegeben haben, was nicht von US-Regisseuren kommen hätte können, nämlich „einen kritischen Blick auf Amerika", der die Arbeiten interessant mache (TRUFFAUT: „[…] *Es sind Details, die man bei Howard Hawks oder Leo McCarey vergeblich suchen würde, die man aber häufig findet bei Lubitsch, Billy Wilder und Fritz Lang und auch in Ihren Filmen, kritische Anmerkungen zum amerikanischen Leben. Und dann bringen die Einwanderer natürlich ihre Folklore mit*"); Hitchcock hat Truffaut zugestimmt und ihm ist in diesem Zusammenhang gleich sein *Immer Ärger mit Harry* in den Sinn gekommen, bei dem der britische Humor durchschlägt: "*Das stimmt vor allem für den Bereich des Humors.* `The Trouble with Harry` *zum Beispiel ist ein rein britisches Genre, der makabre Humor. Ich habe diesen Film gedreht, um zu beweisen, dass auch ein amerikanisches Publikum englischen Humor goutieren kann, und das hat dann auch gar nicht so schlecht geklappt, da, wo der Film das Publikum erreicht hat*" (HITCHCOCK zu TRUFFAUT)].

"How about a little service?" – auch der Vorschlag des Captains, "eine kleine Feier" abzuhalten, stößt auf wenig Gegenliebe [Kommentar von SAM MARLOWE: "*Ich weiß nicht, was ich sagen soll*"] und "Jennifer" meint, dass… "It's too late to say prayers" …jedwedes "Gerede" überflüssig sei und dass eben "getan wurde, was getan werden musste" [JENNIFER ROGER's "*last words*" am Grab von "Harry": "*Auf Wiedersehen, Harry, ich vergebe dir*"].

Auf dem Weg zurück nach Hause wird das Quartett, Marlowe und der Captain tragen Schaufeln, mit Hupgeräuschen aus dem noch etwas entfernten "Zentrum" der "small town" konfrontiert, die zunächst nicht zuordbar sind.

"You look beautiful glistening in the moonlight" – "Sam" versteigt sich kurz in eine seiner üblichen… "*Well, it's a marvelous night for a moondance / With the stars up above in your* eyes / A fantabulous night to make romance / `Neath the cover of October skies" [Copyright: *Van Morrison*] …"Ich möchte Jennifer malen-Fantasien" [SAM MARLOWE: *"So möchte ich Sie gerne malen, Jennifer. Es ist ein hübscher Anblick, wenn Sie im Mondlicht stehen"*], aber der "Lärm aus dem Dorf" zieht die Aufmerksamkeit wieder auf sich und Miss Gravely spricht schon vom "Call of the Phantom Stagecoach" [IVY GRAVELY: *"Ich weiß, was das ist. Es ist das Hornsignal der Gespenster-Kutsche, die vor 200 Jahren jede Nacht hier durchfuhr. […]"*].

Der Captain hält die "phantom coach"-Theorie von "Ivy" für "fragwürdig", während Marlowe nun in einem "Man müsste ein Straßenräuber in so einer Nacht sein"-Szenario "hängen geblieben" ist.

Kurz nach der "highwayman-fantasy" des "Künstlers" meldet Jennifer Rogers, dass da jemand "angerannt" kommt, und Miss Gravely glaubt, dass es sich dabei möglicherweise um… "Who's Gonna Ride Your Wild Horses" …"Pferde" handeln könnte.

Dann jedoch ruft eine Frauenstimme laut "Sam Marlowe!", und es stellt sich heraus, dass es sich dabei um…Mrs. Wiggs aka "Wiggy" handelt, die dem "artist", völlig außer Atem, aufgeregt mitteilt, dass "ein Millionär, der seine Bilder kaufen möchte" aufgetaucht sei [MRS. WIGGS – im Original: *"He's a millionaire.* **He wants to buy your pictures, Mr. Marlowe!**"; // *Anmerkung*: Exkurs: "Eine Art Hommage an Alfred Hitchcock von

Claude Chabrol": „CHRISTOPHER BELLING" ANTHONY PER-KINS: „*Wenn wir erst auf unserer Yacht sind, nur wir zwei allein, mit einer griechischen Crew, das sind die besten Seeleute*" / „CHRISTINE BELLING" YVONNE FURNEAUX: „*Aber mit einem französischen Koch*" / CHRISTOPHER BELLING: „*OK, wann? Wann? Wann? Wann können wir endlich weg?*" / CHRISTINE BELLING: „*Das dauert noch ein Weilchen*" / CHRISTOPHER BELLING: „[…] *Das hör' ich von dir schon seit Monaten*" / CHRISTINE BELLING: „*Der Verkauf muss erst abgeschlossen sein*" / CHRISTOPHER BELLING: „*Bis es so weit ist, sind wir alt und grau*" / CHRISTINE BELLING: „*Das ist doch albern, Schatz. Außerdem, ganz übel hast du's hier ja auch nicht*" / CHRISTOPHER BELLING: „*Hier stinkt es nach Champagner*" / CHRISTINE BELLING: „*Viele Männer würden liebend gern mit dir tauschen*" / CHRISTOPHER BELLING „*Ich wüsste nicht, warum*" (aus: *Champagner-Mörder*; das „Ehepaar Belling" Anthony Perkins & Yvonne Furneaux bespricht im Bett das „Champagner-Problem", das ihren Plänen im Weg steht) – zu dem großen französischen Filmemacher und „Hitchcock-Fan" *Claude Chabrol* (1930 – 2010) hatte ich persönlich nie so eine „Fan-Beziehung" wie zu François Truffaut, dessen Filme mich ungleich mehr „berühren", aber in den 1990s hat mich definitiv Chabrol's Verfilmung von Gustave Flaubert's *Madame Bovary* (1991) mit einer groß aufspielenden Isabelle Huppert begeistert sowie vor allem das geniale Eifersuchtsdrama *Die Hölle* / OT: „*L'Enfer*" (1994) mit Emmanuelle Béart, das ich damals gut vier oder fünf Mal im Kino gesehen habe; das Werk *Champagner-Mörder* (internationaler Titel: „*The Champagne Murders*" / französischer Titel: „*Le scandale*") von 1967 wird allgemein als „Hitchcock-Hommage" betrachtet, und dieser Eindruck wird natürlich dadurch verstärkt, dass Hitchcock's „Held" aus *Psycho*, nämlich Anthony Perkins, eine der Hauptrollen spielt, und Chabrol macht sich selbstverständlich den Umstand zunutze, dass Perkins im Grunde immer, wie das eben auch bei James-Bond-Darstellern im Zusammenhang mit dem Agenten-Part der Fall ist, mit seiner „ikonischen" „Norman-Bates-Psychopathen"-Rolle assoziiert wird; „*Ja, jetzt bin ich Mr. Belling. Der Champagnerkönig.* […] *Das ist der albernste Titel, der noch weniger ist als überhaupt nichts*" (Anthony Perkins zu Maurice Ronet während ihres gemeinsamen Hamburg-Aufenthalts) – zur Story: Der Playboy Paul Wagner (Maurice Ronet) ist der Namensgeber für eine erfolgreiche Champagner-Marke; eines Abend werden er und Christopher Belling, der Ehemann seiner Cousine Christine, die die Geschäfte der Champagner-Firma leitet, in einem Pariser Park überfallen, nachdem sie eine Prostituierte in ihrem Auto dorthin mitgeschleppt haben; Christopher wird niedergeschlagen, Paul kriegt eine Kopfverletzung ab und verliert das Bewusstsein, die Prostituierte wird schließlich erdrosselt aufgefunden; Wagner wird daraufhin in einer psychiatrischen Klinik wegen Depressionen behandelt und gilt fortan als „eigenartig, verrückt & durcheinander"; Christine Belling hat schon lange ein Auge auf seine Firmenanteile geworfen und versucht alles, um von ihm die Namensrechte zu erhalten (Dialog zwischen Ronet & Furneaux: „Paul": „*Du kämpfst bis aufs Messer, hm?*" / „Christine": „*Das, worum ich kämpfe, hat wenigstens Sinn. Du kämpfst offenbar nur, um dir das Leben schwer zu machen. Das stimmt schon. Was verdienst du denn schon als Bevollmächtigter des Verbandes der Champagnerkellereien?*" / „Paul": „*Keine astronomischen Summen, aber es langt, um sorglos in der Welt herum zu reisen.* […]"); nach einer Party auf dem Anwesen der Bellings, auf der sich potenzielle Investoren befinden und auf der aber auch Christopher Belling mit seinem (etwas an Hitchcock's „Onkel Charlie" erinnernden) Vorleben als „Tröster älterer wohlhabender Damen" und mit seinem „*old name*" „Jackie" konfrontiert wird („Old Madame": „*Jackie! Jackie! Was für ein Zufall!*" / Perkins: „*Tut mir leid, Madame. Sie müssen mich verwechseln*" / „Old Madame": „*Na, das ist typisch Jackie. Und was war in Cannes? In Genua? Und auf Korfu? Und wie war's in Athen? 1962 auf meiner Yacht. Wie kann er so undankbar sein?*" / Perkins: „*Madame, mein, mein Name ist Christopher. Eins stimmt jedenfalls, ich liebe Griechenland. Es wirkt auf manche Leute jedoch sehr fatal, indem es ihnen etwas vorgaukelt*" / „Old Madame": […] *Er war so poetisch und dafür hatte ich allerdings eine Schwäche*"), reisen er und Paul nach Hamburg, wobei Christopher von seiner Frau Christine den „Auftrag" erhält, Paul dort wegen der Namensrechte-Übergabe ins Gewissen zu reden (Furneaux zu Perkins:

„*Weißt du, du könntest mal zur Abwechslung etwas sehr Nützliches tun*"); in Hamburg findet man dann aber eine weitere ermordete Prostituierte namens „Paula" und Paul Wagner gerät unter Verdacht, wobei er aufgrund eines „Blackouts"/Gedächtnisverlustes nicht weiß, ob er der Täter ist; Christine Belling erhält nach dem „Hamburg-Trip" der zwei Männer anonym einen Zeitungsartikel zu dem Mord und wittert ihre Chance, Wagner endlich die Namensrechte im Tausch gegen ein Alibi abzuknöpfen (Furneaux zu Maurice Ronet mit Bezug auf seinen „kürzlichen Aufenthalt in der Psychiatrie": „*Paul, das Mädchen wurde gestern an der Alster gefunden. Ein Unbekannter hatte sie mit einem Strumpf erdrosselt. Dieser Unbekannte hat offenbar die Nacht mit ihr verbracht.* [...] *Weißt du, wenn ich die Polizei wäre, würde es mich sehr interessieren, zu wissen, dass Fräulein Paulas letzter Kunde kürzlich siebzehn Schockbehandlungen hatte, aufgrund eines Vorfalls, bei dem ein Mädchen erdrosselt wurde*")...; obwohl im Grunde „Paul Wagner" die Hauptfigur ist, überschattet Anthony Perkins mit seiner „Norman-Bates-artigen Präsenz" klarerweise den gesamten Film und lediglich die wunderbare Stéphane Audran (z. B.: 1972: *Der diskrete Charme der Bourgeoisie* von Luis Buñuel / 1973: *Blutige Hochzeit* von Claude Chabrol), die damals noch die Ehefrau von Claude Chabrol war und eben auch mit von der Partie ist, kann mit Perkins mithalten, wenn es darum geht, die gesamte „Aufmerksamkeit der Kamera" auf sich zu ziehen, während Yvonne Furneaux (z. B.: 1960: *Das süße Leben* von Federico Fellini / 1965: *Ekel* von

Roman Polanski) und Maurice Ronet (z. B.: 1958: *Fahrstuhl zum Schafott* / 1963: *Das Irrlicht* – beide von Louis Malle) in ihren Rollen irgendwie „unglaubwürdig" sind; „*Schätzchen, mach' doch daraus nicht gleich einen Kriminalreißer*", sagt Perkins einmal zu Furneaux, aber auch der allgemeine Suspense-Faktor von „*Le scandale*" hält sich irgendwie in Grenzen und macht Alfred Hitchcock sicherlich keine Ehre, wenngleich die „sozial-satirischen Seiten" des Werks, der Überdruss des Aufsteigers „`Christopher`, *formerly known as* `Jackie`" an den „wohlhabenden Kreisen", in die der ehemalige „Cocktailmixer" da geraten ist (Perkins zu „Jacqueline", der Sekretärin seiner Frau: „[…] *Die Party ist genauso lustig wie `ne öffentliche Hinrichtung, nicht wahr?*" / „Jacqueline": „*Wo möchten Sie denn lieber sein?*" / Perkins: „*Tja, wo möchte ich lieber sein? Vielleicht würde ich gerne auf die sieben Hügeln Roms kraxeln oder kleine Schweinereien essen in Salt Lake City oder nach Fischen tauchen im Schatten der Pyramiden. Das wär' mir alles lieber als dies*"), durchaus gelungen scheinen; // wie ich in meinem Buch „*Six Movies To Be Murdered By – Das Kino des Alfred Hitchcock*" schon einmal näher ausgeführt habe, ist ein *wirklich guter* Anthony-Perkins-Film mit „Hitchcock-Anleihen & -Hommagen" gewiss Ken Russell's in der Tat „leicht skandalöses" *China Blue bei Tag und Nacht* / OT: „*Crimes of Passion*" aus dem Jahr 1984, ein alter 80s- & *Kathleen-Turner*-Favorite meinerseits, in dem es die „Modedesignerin Joanna *Crane*" Kathleen Turner aufgrund ihrer Zweitexistenz als „Prostituierte

China Blue" mit dem von Perkins „eindeutig in Angedenken an Norman Bates" gespielten psychopathischen „Reverend Shayne" zu tun bekommt, der vorgibt, gleichsam „ihre Seele retten zu wollen", obwohl er sie eigentlich von Anfang an nur „killen" möchte – „*Der Reverend wird dich heute Nacht erretten, endgültig*" (Anthony Perkins zu Kathleen Turner im Finale von *China Blue bei Tag und Nacht*); „*By the Way*": Turner war im Jahr 1984 aber bekanntlich auch noch in einem ungleich populäreren Film als diesen „Ken-Russell-Schocker" zu sehen, nämlich in dem Abenteuerfilm-Klassiker *Auf der Jagd nach dem grünen Diamanten* / OT: „*Romancing the Stone*" von Robert Zemeckis mit Michael Douglas, den ich durchaus ebenso zu meinen „80s-Favorites" zähle].

„He says you're a genius" – Mrs. Wiggs teilt Marlowe mit, dass der besagte Millionär der Meinung sei, dass er ein „Genie" wäre [Reaktion von SAM MARLOWE: „[…] *Aber das ist doch noch kein Grund, meine ganzen Bilder zu kaufen*"].

Die Inhaberin von „Wiggs Emporium" ermahnt ihn… „Don't turn down a good chance, Mr. Marlowe!" …die Chance, die sich ihm da biete, nicht zu verpassen. Der „artist" stimmt ihr zu und das nunmehrige Quintett macht sich auf den Weg in Richtung „Stadtkern", wobei dem Captain die Frage auf der Zunge liegt, „was der Millionär eigentlich für die Bilder zahlen will" [Antwort von MRS. WIGGS: „*Ich hab' sieben Dollar für das eine verlangt, das aussieht wie Farbkleckse im Gewittersturm*"].

Nachdem „Wiggy" auch noch davon gesprochen hat, dass der Millionär Marlowe's Bilder im Grunde für „unbezahlbar" halte, kommt es zu einer „Kunst-Diskussion" zwischen dem Captain und Sam Marlowe, da der Captain sich durch „Sam's Bilder" eher an seine eigene „Kindergarten-Zeit" erinnert fühlt [die *discussion about art* zw. Edmund Gwenn & John Forsythe: CAPTAIN WILES: *„Unbezahlbar? Solche Bilder habe ich doch schon im Kindergarten gemacht"* / SAM MARLOWE: *„Captain, Sie müssen wissen, dass das Bild* (also: *„Farbkleckse im Gewittersturm"*) *ein Symbol für den Beginn der Welt ist"* / CAPTAIN WILES: *„Na, sag ich doch. Im Kindergarten hat die Welt für mich auch angefangen"*].

„He's the one / Who likes all our pretty songs / And he likes to sing along" [Copyright: *Nirvana*] …in „Wiggs Emporium" sieht sich Marlowe dann seinem „Fan", dem Millionär, gegenüber, der die Bilder tatsächlich für „works of genius" hält und sämtliche kaufen möchte.

„The Painter" jedoch gibt sich erneut „capricious" und deutet plötzlich an, sie doch nicht verkaufen zu wollen, was zu „leicht empörten" Reaktionen bei Captain Wiles und Mrs. Wiggs führt [CAPTAIN WILES: *„Sammy, seien Sie doch vernünftig! Ziehen Sie ihm ordentlich was aus der Nase!"* / MRS. WIGGS: *„Was soll denn das, Mr. Marlowe?! Das ist eine einmalige Chance!"*].

Der Millionär, der offenbar auch einen „Kunstkritiker" bei sich hat, der die Bilder [quasi im Hintergrund des Geschehens] begutachtet, meint in der Folge, dass Marlowe einfach einen Preis nennen solle, denn er dann auch zu zahlen bereit wäre.

„Sam" fragt schließlich… „*In a passionate kiss / From my mouth to yours / I like you*" [Copyright: *Nirvana*] … „Jennifer", was er denn verlangen soll, aber diese spielt den Ball zu ihm zurück und meint, dass das „seine Sache allein" sei… „Sam, it's up to you".

Da alles „up to Sam Marlowe" scheint, erkundigt er sich bei „Mrs. Rogers", was sie denn „auf der ganzen Welt am liebsten habe" [Antwort von JENNIFER ROGERS: „*Erdbeeren mag ich am liebsten*"], und nach ihrer „strawberry"-Ansage verlangt Marlowe von dem „millionaire", dass „pünktlich zu jedem Monatsersten zwei frische Körbe Erdbeeren vor Jennifer's Tür stehen", wobei „Sam" als „Draufgabe" für „Arnie", gemäß der Interessenlage des „little boy", auch noch ein „chemical set" fordert.

Aber das ist nur der Anfang der „Wunschliste", denn Mrs. Wiggs soll eine „verchromte Registrierkasse" bekommen, Mrs. Gravely „eine Truhe für die Aussteuer" [Nachsatz von IVY GRAVELY: „[…] *Mit allem, was eine Frau haben müsste, und ich nicht habe*"] und der etwas „greedy" agierende Captain wünscht sich „eine ordentliche Flinte mit möglichst viel Munition", „ein paar Cordhosen", „ein Jagd-Hemd" sowie „eine Mütze für die Jagd", und das alles „in der Farbe Braun".

„*Ja, das wäre dann alles, die Bilder gehören Ihnen*" [SAM MARLOWE] – der „painter" teilt dem Millionär mit, dass die

„paintings" nun in seinen Besitz übergegangen seien, aber „Jennifer" meint, dass Marlowe sich unbedingt *selbst* auch etwas wünschen müsse.

Daraufhin flüstert „Sam" dem Millionär seinen Wunsch ins Ohr, was für die anderen [sowie für das Publikum] aber „inaudible" bleibt [Reaktion des MILLIONÄRS: *„Oh, ich denke schon, mein Lieber. Das wird sich irgendwie arrangieren lassen"*].

Marlowe kündigt dann für „next month" ein paar neue Bilder an und der Millionär spricht davon, dass er in ihm „einen ständigen Abnehmer" habe, selbst wenn er den „price" deutlich erhöhen sollte [*Anmerkung*: „Famous Corpses within Film History": „JAMES BOND *007*" ROGER MOORE: *„Spiel's nochmal, Sam"* (aus: *Moonraker – Streng geheim*; *„Play it again, Sam"* – an *Casablanca* mit Bogart & Bergman erinnernder Kommentar von „*007*" Roger Moore, nachdem er den von Toshiro Suga gespielten „Chang", den japanischen *„henchman and bodyguard"* des Unternehmers & Milliardärs „Hugo Drax", nach einem „Fight im Glasmuseum" in Venedig aus einem Glockenturm befördert hat und dieser tot auf/in einem Klavier zum Liegen gekommen ist, das einem gerade spielenden Orchester „zugehörig" war) – *„I think he's attempting re-entry, sir"*, sagt „Q" Desmond Llewelyn am Ende des Films, als „James Bond" Roger Moore & „Dr. Holly Goodhead" Lois Chiles gleichsam als *„lovers"* wieder mit einem „Raumpendler" „in die Erdumlaufbahn" eintreten, nachdem sie ein paar von „Hugo Drax" mit Giftgas ausgestatteten „Todesgloben" zerstört und die Welt gerettet haben, und ja, nach „*Moonraker*" (OT) von 1979 (Regie: Lewis Gilbert), der definitiv ein „Bond-Film `gone out of control`" war und zeitweise wie ein „Cartoon" mit „Cartoon-artigem Humor" daherkommt, konnte die Bond-Serie nur mehr „auf die Erde" zurückkehren, was dann ja auch glücklicherweise mit *In tödlicher Mission* (1981) geschehen ist; „*Nimm mich noch einmal mit um die Welt, James!*" (Lois Chiles zu Roger Moore in der Schluss-Szene eines Films, der Locations in insgesamt „*seven countries of the world*" hat) – zu den Grundzügen der Story: Der „Moonraker", ein „Raumpendler" von „Drax Industries", wird in der Luft „gekidnappt", während er „auf dem Rücken" einer Boeing 747 transportiert wird; Bond erhält von „M" den Auftrag, einen Blick auf den ominösen US-Industriellen & Milliardär Hugo Drax (Michael Lonsdale) zu werfen, und reist zunächst nach Kalifornien zu dessen „Space-Shuttle-Fabriken", wo er Drax, der sofort einige Anschläge auf Bond's Leben arrangieren lässt (Lonsdale im Original zu „Chang" Toshiro Suga: „*Look after Mr. Bond. See that some harm comes to him*"), auch persönlich trifft (Lonsdale zu Moore beim „5-Uhr-Tee" in Drax's Villa: „*Darf ich Sie vielleicht zu einem Gurkensandwich überreden?*"); danach führt Bond der Weg nach Venedig zu Drax's Glasfabrik und anschließend nach Rio de Janeiro, wo Drax eine „Tochtergesellschaft" betreibt; an allen Orten trifft er auf Dr. Holly Goodhead, eine „Astrophysikerin", die aber in Diensten der CIA steht (aus einem Dialog in Rio zwischen „*007*" & „Dr. Goodhead": Moore: „*Haben wir uns nicht irgendwo schon mal gese-hen?*" / Chiles: „*Das Gesicht kommt mir bekannt vor.* *Und auch die Masche*" / Moore: „*Unsere Beziehung ist etwas unterkühlt seit Venedig*"); mit der Hilfe des „Beißers"/von „Jaws", der den von Bond in Venedig getöteten Bodyguard Chang ersetzt hat, werden Bond und Holly Goodhead in Drax's Hauptquartier im Amazonas-Gebiet gefangengenommen, aber die beiden schaffen es, einer „*execution*" zu entkommen und Drax gleichsam „*into space*" zu dessen Raumstation zu folgen, wo sie, mit der Hilfe der NASA und mit deren „Weltraumsoldaten mit Laserpisto-len", die Pläne des Milliardärs durchkreuzen, menschliches Le-ben auf der Erde zu zerstören, um dann gleichsam vom All aus eine „Re-Population" mit von ihm „ausgewählten Individuen" durchzuführen...; „*Mr. Bond, you defy all my attempts to plan an amusing death for you*" (Michael Lonsdale zu Roger Moore) – auch wenn Lonsdale als „eher schwacher Bond-Bösewicht" gilt, so gibt es doch einige erwähnenswerte Momente zwischen ihm und Roger Moore, der, was das rein „Optische" anbelangt, in *Moonraker* als *007* noch ein letztes Mal sozusagen „*in his prime*" zu erleben ist; eine witzige Szene ist die „*hunting scene*", in der Drax, welcher in gewisser Weise als „US-Neo-Nazi mit Herrenrasse-Fantasien" charakterisiert ist, bei der Fasanenjagd ist und Bond, der abreisen möchte, dazu einlädt, auch einen Fa-san zu schießen (Lonsdale: „*Schade, dass Sie uns verlassen. Das ist so ein hübscher Sport*" / Moore: „*Außer man ist ein Fasan*" / Lonsdale: „*Ach, kommen Sie, Mr. Bond. Nehmen Sie ein Gewehr und versuchen Sie Ihr Glück*"); nachdem Moore jedoch die Flinte abgefeuert hat, freut sich Lonsdale, dass er „danebengeschossen" hat, aber dann fällt plötzlich „Drax's `Sniper`", der heimlich auf *007* gezielt hat, tot von einem „*big tree*" hinunter auf den Boden (Kommentar von Moore: „*Wie Sie schon sagten, so ein hübscher Sport*"); ein weiterer „Leckerbissen" zwischen Moore & Lonsdale ist die „*Take a giant step for mankind*"-Szene, in der Moore Lonsdale auf der Raumstation „durch die Tür hinaus ins All" befördert und, in Anlehnung an den „*Moon-Walker*" Neil Armstrong, meint: „*Es ist nur ein kleiner Schritt für Sie, aber ein großer Schritt für die Menschheit*"; in den „Cartoon-Touch" sowie in den in verschiedenste Richtungen „ausartenden Plot", dem man dem Werk vielleicht vorwerfen kann, haben sich aber auch zwei überaus „atmosphärische" Szenen „geschlichen", die gar nicht so recht zur sonstigen „*silly*" Grundtonalität von *Moonraker – Streng geheim* passen; zum einen wäre da „Corinne Dufour's Flucht vor Drax's `Killer Dogs`in die Wälder", die für das von Corinne Cléry gespielte „Neben-Bond-Girl" (Cléry zu Moore auf „Drax's" Anwesen: „*Sie bilden sich viel ein, Mr. Bond*") tödlich endet, denn die Szene hat eine „Tragik", „Dramatik" & „Suspense", die einen zumindest „überrascht", und zum anderen wäre da jene wirklich gespenstische/unheimliche Szene in Rio de Janeiro, die während des Karneval-Umzugs spielt und in der „Jaws" Richard Kiel als überdimensionaler „Killer-Clown" verkleidet ist und versucht, Bond's

MI6-Kontaktperson „Manuela" (Emily Bolton) in einer Seiten-
straße „totzubeißen", während sich Moore gerade eine Drax-La-
gerhalle von innen ansieht; gelungen ist sicherlich auch die Vortitel-Sequenz dieses letzten Bond-Films der 70er-Jahre, in der
sich Moore und Richard Kiel einen spektakulären „*parachute
fight*" in der Luft liefern (anschließende „Miss Moneypenny &
`James`"-Szene: Lois Maxwell: „*James! Warum kommen Sie so
spät?*" / Moore: „*Ich bin aus einem Flugzeug gefallen. Ohne
Fallschirm*"); ein echter „Geheimtipp" ist übrigens der von John
Barry (Musik) & Hal David (Text) verfasste Titelsong „*Moonraker*", der von „*007*-Titelsong-Legende" Shirley Bassey interpretiert wird und welcher, ganz im Gegensatz zu dem Film, kein
(Chart-)Erfolg war, aber durch „*great lyrics*" und „einnehmen-
den Gesang" punktet – „*Just like the Moonraker goes in search
for his dream of gold / I search for love, for someone to have
and hold / I've seen your face in a thousand dreams / Felt your
touch and it always seems / You love me / You love me*" (Copyright: *Shirley Bassey*)].

Nachdem der Millionär (samt Kunstkritiker) wieder verschwunden ist, erhält Marlowe ein Lob von „Jennifer" [JENNI-
FER ROGERS: „*Es war toll, wie Sie das gemacht haben, Sam*"],
über das er sich freut, da ihm, wie er meint, ihr Urteil wichtig
sei.

Auf die Frage hin, warum das wichtig für ihn sei, wird der
Maler, „as always", „überschwänglich" und… „*Tell me something, girl / Are you happy in this modern world? / Or do you*

need more? / Is there somethin' else you're searchin` for?" [Co-pyright: *Lady Gaga & Bradley Cooper*] …spricht davon, sie heiraten zu wollen… „Because I love you, I want to marry you".

„*Ooh, Sie wollen mich heiraten?*" [JENNIFER ROGERS] – Rogers ist etwas „surprised" und meint auf eine „Wieso denn nicht"-Frage von Marlowe hin, dass sie ja schließlich erst „seit heute ihre Freiheit wiederhabe".

„Easy come, easy go" – „Sam" versucht, „seine Angebetete" wegen des „freedom"-Aspekts zu beruhigen [SAM MARLOWE: „*Keine Sorge, Sie behalten Ihre Freiheit bei mir*"], aber „Mrs. Rogers" ist „a bit sceptical" bezüglich solcher „Versprechen" [JENNIFER ROGERS: „*Dann sind Sie der einzige Mann, mit dem das geht*"], woraufhin Marlowe davon redet, den Wunsch nach „freedom" zu respektieren, weil er selbst auch eine Menge „freedom" brauche [Nachsatz von SAM MARLOWE: „*Wir sind dann vielleicht das einzige freie Ehepaar auf der ganzen Welt*"].

Der Captain & Miss Gravely sind sichtlich „gerührt" von dem, was da gerade zwischen Marlowe & Rogers vorgeht, und „Ivy" wirft kurz einen „yearning look" in Richtung Captain Wiles, als ob sie ihre eigene Zukunft auch gerade „deutlich vor sich sehen würde".

Aber dennoch betont „Jennifer" nochmals die „Plötzlichkeit" dieses Vorhabens [Nachsatz von JENNIFER ROGERS: „*Meine Mutter hat gesagt, ich solle so etwas gut überlegen*"].

Nachdem „Sam" ihre Einstellung als „only fair" bezeichnet und ihr gleichsam eine „Bedenkzeit" zugestanden hat, taucht…Deputy Sheriff Wiggs im Laden seiner Mutter auf, die ihn darüber informiert, dass ein Millionär Marlowe's Bilder „gekauft" habe… „*Look, if you had one shot or one opportunity / To seize everything you ever wanted in one moment / Would you capture it or just let it slip?*" [Copyright: *Eminem*].

Aber als Calvin Wiggs davon erfährt, wie das „business" *wirklich* abgelaufen ist, kommt die wahre Einstellung des Deputy zum Ausdruck [DEPUTY SHERIFF WIGGS: „*Ich hab' immer gewusst, dass dieser Plunder nichts wert ist*"; // *Anmerkung*: Exkurs: „Truffaut-Filme Teil 6: Liebe & Kunst in `troubled times`": „MARION STEINER" CATHERINE DENEUVE: „*Es war das Gesprächsthema in der letzten Metro*. Die Proben zu `Die tote Königin` an der Comédie Française sollen abgebrochen werden.* […] *Daxiat hat vor, bald die ganze Wahrheit über die Juden zu enthüllen, die sich noch an der Comédie Française halten, und nach Aussage von Daxiat** ist Jean Yonnel rumänischer Jude*" / „LUCAS STEINER" HEINZ BENNENT: „*Ich weiß nicht, ob Yonnel Jude ist oder Halbjude oder Vierteljude. Ich weiß nur, dass es falsch von ihm war zu bleiben. Er muss fliehen, fliehen, ans Ende der Welt, weg von den Irren. Das sind Irre, verstehst du? Es sind Irre! Aber nicht nur in Deutschland, sondern auch hier. Daxiat und die anderen. Irre!*" (aus: *Die letzte Metro*; Gespräch zwischen den „Eheleuten & Theatermachern" Catherine Deneuve & Heinz Bennent in ihrem Theater im von Nazis besetzten Paris; *da ab 11 Uhr nachts „Ausgangssperre" gilt, ist es für die Pariser wichtig, unbedingt „die letzte Metro" zu bekommen; **„Daxiat", gespielt von Jean-Louis Richard, ist ein mächtiger Kritiker, der sich mit den Nazis gutgestellt und Einfluss auf die Zensurbehörde hat) – nun zu dem schon mehrfach erwähnten Truffaut'schen Kassenerfolg „*Le Dernier Métro*" (OT), der es 1980 allein in Paris auf über eine Million Kino-Zuschauer brachte und der Truffaut einen wahren „César-Reigen" inklusive einen César für die „Beste Regie" einbrachte; Truffaut wollte sich schon lange mit „*Le théâtre sous l'Occupation*" beschäftigen, mit dem Theater während der Besatzungszeit, als Frankreich quasi „zweigeteilt" war, in eine von Nazis besetzte & verwaltete Zone und in eine „freie, selbstverwaltete" Zone; grundsätzlich war das eine Periode, an die sich François Truffaut selbst sehr gut erinnern konnte, denn schließlich handelte es sich dabei um die Zeit seiner eigenen Kindheit; „*Ich war schon mal hier, aber im Zuschauerraum. Ich habe Madame Steiner gesehen, im ʼKirschgartenʼ von Tschechow*" (Gérard Depardieu im Theater Montmartre) – zu den Grundzügen der Story: Paris 1942; die Zeit der Verhaftungen, Denunziationen und Restriktionen ist auch eine Zeit, in der die Theater und Kinos überfüllt sind, nicht zuletzt deshalb, weil diese beheizt sind und dort ein „warmer Platz" zu finden ist; der Schauspieler Bernard Granger (Depardieu) wird Teil des Ensembles des von Marion Steiner geführten Theaters Montmartre, das gerade das norwegische Stück „Die Verschwundene" einübt; Madame Steiner's Ehemann, der eigentliche Direktor des Theaters, der auch als Regisseur fungierte, soll sich aufgrund seiner jüdischen Herkunft

nach Südamerika abgesetzt haben („Hausmeister Raymond"
Maurice Risch zu Depardieu über seinen ehemaligen Chef: „[…]
Der ist grade noch entwischt. Das war was. Eines Tages wollten
sie ihn holen, gegen Mittag"); in Wahrheit hält sich Steiner vor
der Gestapo aber im Keller des Theaters versteckt, wo er von
seiner Frau Marion mit dem Nötigsten versorgt wird (Bennent
zu Deneuve: „*In meinem Keller weiß ich alles, was im Theater*
vor sich geht"); als sich eine *tatsächliche* Flucht, wie eigentlich
geplant, nicht umsetzen lässt, stürzt das Lucas Steiner zunächst
in Verzweiflung (Dialog zwischen den „Eheleuten" Steiner, der
damit endet, dass die Deneuve Bennent mit einem Holzscheit
k.o. schlägt, um ihn vor einer Dummheit zu bewahren: Bennent:
„*Wie viele Jahre hat ein Mensch zu leben? Ich kann nicht mehr,*
Marion, ich, ich kann nicht mehr!" / Deneuve: „*Hör auf, Lucas!*
Lucas!" / Bennent: „*Ich geh weg!*" / Deneuve: „*Wohin gehst*
du?" / Bennent: „*Ich gehe aus! Ich, ich geh weg! […] Ins Rat-*
haus, ins Kommissariat, ich werde es ihnen erklären, ich, ich
werde mich ausweisen! […] Ich bringe alles wieder in Ord-
nung!" / Deneuve: „*Bis du vollkommen verrückt geworden?!*
Was machst du denn?! Du gehst hier nicht raus! Was willst du
denn?! Willst du ins Konzentrationslager kommen!?" / Bennent:
„*Lass mich vorbei! Lass mich vorbei!*" / Deneuve: „*Nein, du*
gehst hier nicht raus! Das lass ich nicht zu! Eher erschlag ich
dich!"); dann aber findet er gleichsam neuen Mut darin, das norwegische Stück, das gerade geprobt wird, heimlich vom Keller
aus „mitzuinszenieren" (Bennent zu Deneuve: „*Ich inszeniere*

das Stück, und niemand wird es je erfahren"), indem er Marion täglich seine „Anweisungen/Anmerkungen", was die Inszenierung betrifft, mitteilt; gleichzeitig entwickelt sich auch eine gewisse „Sympathie" zwischen Madame Steiner und dem Schauspieler Bernard Granger, der sich letztendlich als Mitglied der Résistance entpuppt (Depardieu, der instinktiv ahnt, dass „Madame Steiner" ein Geheimnis hat, zu einem Freund von ihm: *„Stimmt, sie ist schön. Aber sie ist nicht echt, diese Frau. Sie hat irgendetwas Unechtes"* // Deneuve über Depardieu zu Bennent: *„Weißt du, er hat was von Jean Gabin in `La Bête Humaine`. Kräftige Ausstrahlung, gleichzeitig aber auch sehr sanft"*)…; Truffaut wollte ausdrücklich keinen „politischen Film" drehen, sondern stellte quasi die Figuren & die Gefühle in den Vordergrund; *„Wiedersehen, Madame Steiner. Wiedersehen, Marion"* (Deneuve zu sich selbst, nachdem sich ein paar Leute im Theater von ihr verabschiedet haben) – die Rolle der „Madame Steiner" hat Truffaut extra für Catherine Deneuve geschrieben, mit der er ja bereits in *Das Geheimnis der falschen Braut* (1969; Co-Starring: Jean-Paul Belmondo) zusammengearbeitet hatte, welcher seinerzeit leider ein Misserfolg wurde, und die Deneuve spielt „Marion", die ihre Gedanken aufgrund des „Doppellebens" für sich behalten muss und deren Inneres aus diesem Grund ebenso wichtig ist wie ihr Leben nach außen, mit einem, wie das mal ein Truffaut-Exeget so treffend ausgedrückt hat, „dynamisch-femininen Realismus"; ein Highlight sind auch jene Szenen, in denen Depardieu und Deneuve sozusagen „auf der Bühne / während der Vorstellung" in ihren Theaterrollen als „Hauslehrer Carl" & als „schöne Hausherrin Héléna" zu sehen sind (Bühnendialog „während der Premiere" zwischen Depardieu & Deneuve, bevor der Schluss-Vorhang zu dem Stück „Die Verschwundene" fällt: Depardieu: *„Und jetzt?"* / Deneuve: *„Jetzt beginne ich zu lieben, Carl. Das tut mir weh. Tut die Liebe denn weh?"* / Depardieu: *„Ja, Liebe tut weh. Wie die großen Raubvögel zieht sie Kreise über uns. So verharrt sie und bedroht uns. Aber diese Bedrohung kann auch den Beginn neuen Glücks bedeuten. Du bist schön, Héléna. Es schmerzt, dich anzusehen, so schön bist du"* / Deneuve: *„Gestern sagten Sie, es wäre eine Freude"* / Depardieu: *„Es ist Freude...und Schmerz zugleich"*), wobei sich die Deneuve bei den Proben da weniger „gefühlvoll / zugänglich" präsentiert (Deneuve zu Depardieu: *„Hören Sie, Bernard. Ich weiß, dass er*[der „Hauslehrer Carl"] *an der Stelle diese Geste machen soll, aber es wäre mir lieber, wenn Sie mein Gesicht während der Probe an dieser Stelle nicht berühren. Machen Sie's, wenn wir richtig spielen"*); Truffaut hat seinen Film vor allem nachts spielen lassen, an „geheimen Orten", wenn man so will, weil er die Zeit der Besatzung mit all der Abgeschiedenheit, Frustration, Ungewissheit, durch *Dunkelheit* vergegenwärtigen wollte, aber in diese Dunkelheit innerhalb von *Die letzte Metro* mischen sich auch ab und an „helle Szenen", die mit klassischen französischen Chansons untermalt sind].

„*Mama, take this badge from me / I can't use it anymore /*
It's getting dark, too dark to see / Feels like I'm knockin' on
heaven's door / Kn-kn-knockin' on heaven's door" [Copyright:
Guns N' Roses / Bob Dylan] ...allerdings ist Deputy Wiggs mit
etwas anderem beschäftigt, denn in seinen Händen hält er zwei
Schuhe, nämlich jene, die „Harry Worp" gehört haben und die
ihm der Landstreicher „gestohlen" hat... „Said, he found `em on
a dead man". Dort, wo der „tramp" behauptet habe, sei aber gar
keine Leiche gelegen, meint Wiggs außerdem.

Kurz darauf wählt „Calvin" die „state police number" und
ruft vom Laden aus also die „Staatspolizei" an, woraufhin das
Quartett um Marlowe schleunigst und etwas beunruhigt „Wiggs
Emporium" verlässt.

Der Deputy entwickelt dann doch noch „einen Sinn für
Kunst", denn er entdeckt „Sam's" „unverkäufliches" Porträt von
„Harry", welches der „painter", so wie Wiggs von seiner Mutter
erfährt, „am Vormittag im Wald" gemalt hat. Und dieses Portrait
erweckt in der Tat das Interesse von Calvin Wiggs, denn es entspricht exakt der Beschreibung des Landstreichers, was den
„dead body in the woods" anbelangt.

Während Wiggs mit der „state police" telefoniert und seine
„Landstreichergeschichte" zum Besten gibt, sind Jennifer Rogers, Sam Marlowe, Captain Wiles & Miss Gravely wieder bei
Jennifer's Haus angelangt. Die beiden Frauen betreten „the
house", während der Captain und Marlowe mit ihren Schaufeln
vor der Eingangstür stehen bleiben. Wiles, der beunruhigt wirkt,

will von Marlowe wissen, was er denn von „Calvin Wigg's Auftritt" hält, also: von den Schuhen & der „Staatspolizei".

„The Artist" versucht ihn zu beruhigen und glaubt, dass der Deputy Sheriff sie nicht „in Verdacht" habe, aber der Captain merkt an, dass er „die Art, wie Wiggs ihn gemustert hat" als unangenehm empfunden habe [CAPTAIN WILES: *„Aber die modernen Polizeimethoden sind heute ganz psychologisch, Sammy. Ganz psychologisch. Die kennen jede Menge Tricks, nehmen einen in die Zange und machen einen mürbe, bis man dankbar ist, dass sie einen endlich aufknüpfen"*; // *Anmerkung*: „Nicht ganz so moderne Polizeimethoden / `Friendship & Love in the Wild, Wild West`": „COLORADO RYAN" RICKY NELSON: *„Hören Sie die Musik? Er lässt das Lied spielen"* / „SHERIFF JOHN T. CHANCE" JOHN WAYNE: *„Was soll das?"* / COLORADO RYAN: *„Es heißt `El Deguello`. Das Todeslied. Die Mexikaner spielten es, als unsere Jungs bei Alamo eingeschlossen hatten*. Sie spielten es, bis alles vorüber war. Verstehen Sie, was er damit sagen will?"* / SHERIFF JOHN T. CHANCE: *„Keine Gnade. Kein Mitleid mit den Verlierern"* / COLORADO RYAN: *„Sie werden das noch oft hören"* (aus: *Rio Bravo*; *gemäß der deutschen Synchro; „der junge Meisterschütze" Ricky Nelson erklärt dem „Sheriff" John Wayne, seinem „Hilfssheriff" Dean Martin und dem „Gehilfen" Walter Brennan, was der Bösewicht „Nathan Burdette" da im Saloon für ein Lied spielen lässt, welches gerade in der gesamten „*small Texas town*" Rio Bravo zu hören ist; der Sheriff hat den Bruder des „wohlhabenden Rangers Burdette", nämlich den Mörder „Joe Burdette", bei sich im „*Sheriff's office*" in einer Gefängniszelle sitzen) – Howard Hawks' legendärer und überaus erfolgreicher Western *Rio Bravo* (1959) gehört nicht nur zu den besten Western der Filmgeschichte, sondern ganz generell zu den allerbesten US-Filmen überhaupt; *Rio Bravo* ist „ein typischer Hawks", der über zwei Stunden lang „*light-hearted*", aber mitreißend bleibt, und diese „Leichtigkeit" grenzt das Werk auch von dem, wenn man's genau nimmt, „*depressing stuff*" ab, den John Ford stets mit dem „Duke" John Wayne gedreht hat (z. B.: 1950: *Rio Grande* / 1956: *Der Schwarze Falke*); „*Oh John, Sie sind unverbesserlich. Wie kann man nur so schwer von Begriff sein? Manchmal glaube ich, Sie zu verstehen. Und dann wieder…*" (Angie Dickinson zu John Wayne) – zu den Ausgangspunkten der Story dieses Klassikers, der auch als „filmische Meditation über Freundschaft & Liebe im Wilden Westen" durchgeht: Der Herumtreiber Joe Burdette (Claude Akins) erschießt in einem Saloon, nachdem er den „Trinker aka `*Borrachón*`" „Dude" (Dean Martin) vor allen Gästen erniedrigt hat und dadurch mit Sheriff Chance aneinandergeraten ist, einen Mann, der sich ebenfalls ins Geschehen einmischen wollte (Wayne im Gespräch mit dem mit ihm befreundeten Ranger „Pat Wheeler" Ward Bond, dem Boss von „Colorado Ryan", über die Tat: Ward Bond: „*Warum haben Sie ihn eingesperrt?*" / Wayne: „*Wir waren grad dabei, sein Opfer zu beerdigen, als Sie ankamen*" / Ward Bond: „*Mord?*" / Wayne: „*Es gibt kein anderes Wort dafür*"); Burdette wird festgenommen und in eine Zelle im Büro des Sheriffs gesteckt, allerdings dauert es noch einige Tage, bis „Verstärkung" bzw. „der Marshal" in Rio Bravo eintreffen soll; Nathan Burdette, der Bruder von Joe, schickt daraufhin eine Horde schießwütiger & im Vorhinein mit 50$-Goldstücken entlohnte Cowboys in die Stadt, die Joe befreien wollen (Wayne zu „Nathan Burdette" John Russell, als dieser seinen inhaftierten Bruder besucht: *Und wenn er fünfzig Morde begangen hätte, würden Sie doch versuchen, ihn vorm Galgen zu retten*"); Unterstützung gegen die skrupellosen „*gunmen*" hat Sheriff Chance, bevor sich auch noch der äußerst intelligente „*young marksman*" „Colorado" dazugesellt (Wayne über „Colorado" Ricky Nelson: *„Ja, er ist nicht so wie die anderen jungen Burschen, die mit einem Revolver herumrennen*"), zunächst nur durch den „schweren Alkoholiker" „Dude", der einst ein guter Schütze und „Hilfssheriff" war, aber nun nach einer „missglückten Liebesaffäre" eben mit seiner Alkoholsucht zu kämpfen hat (Wayne zu Angie Dickinson über Dean Martin: *„Seit zwei Jahren, da säuft er ohne Pause*"), sowie von dem „hinkenden" und oftmals als „Krüppel" bezeichneten alten „Stumpy" („Pat Wheeler", der schließlich auch noch von Burdette-Leuten erschossen wird, zu Wayne: *„Ein alter Invalide und ein Säufer. Mehr haben Sie nicht?*")…; Hawks hat die „Freundschaft" zwischen John Wayne, Dean Martin, Walter Brennan & Ricky Nelson, die ein zentraler Teil des Films ist, mit „denkwürdigen, fast rührenden" Momenten bedacht, und dazu zählt sicherlich auch „das gemeinsame Singen plus Gitarrenbegleitung durch Ricky Nelson" der vier Männer im „*Sheriff's office*", aber speziell die „*Let's take a turn around the town*"-Szenen mit Wayne und Martin (der im Laufe der Handlung sozusagen dank Wayne wieder sein „Selbstbewusstsein", das ihm als Säufer abhandengekommen ist, zurückerlangt), ihre gemeinsamen abendlichen Kontroll-Spaziergänge durch die Stadt, sind wunderbar und gleichsam „Filmgeschichte"; „*Unser Sheriff hat sich verliebt*" (Dean Martin zu Walter Brennan) – man kann aber nicht über *Rio Bravo* schreiben, ohne die „*love story*" zwischen Wayne und „Feathers / Miss Francis" *Angie Dickinson* zu erwähnen; „*Even Better Than The Real Thing*" heißt ein bekannter Song von *U2*, und diese „toughen" & mutigen „*Hawksian Women*" erscheinen in der Tat etwas „unrealistischer" und „künstlicher" und sozusagen „etwas mehr als `Projektionsfläche` konzipiert" als die „toughen" & mutigen „*Hitchcock Women*", die, was die Wesenszüge anbelangt, vielleicht auch *annähernd* „eine Entsprechung in der Realität" haben, aber Dickinson's „Feathers", quasi „*the girl on the coach*", das wegen John Wayne nicht mehr aus der Stadt wegkommt (Dickinson zu Wayne, nachdem sie die Postkutsche raus aus Rio Bravo absichtlich verpasst hat: „*Ich bringe Sie immer wieder in Rage, nicht wahr, John? Zwingen Sie mich nicht zu sagen, warum ich geblieben bin.* […]"), ist ohne Zweifel eine der gelungensten „Hawks-Frauen" überhaupt; „*So, you're going to have to talk.*

You're going to have to say you want me", meint Angie Dickinson einmal am Schluss in ihrem Hotelzimmer, nachdem die „Burdette"-Bande besiegt ist, im Original zu John Wayne, und der Film ist tatsächlich voll von „*great*" & „*very amusing scenes*" zwischen dem „äußerst `polaren`/gegensätzlichen Duo" Wayne & Dickinson, in denen „Feathers" versucht, zu dem „brummigen" und, aus ihrer „offenherzigen" Sichtweise heraus betrachtet, eben „schweigsamen" Sheriff gleichsam „vorzudringen" (Wayne: „*Was geht Sie das überhaupt an, was ich denke?*" / Dickinson: „*Ich weiß auch nicht, warum Sie immer gleich wütend werden, wenn ich Sie was frage*" / Wayne: „*Ich werde ja gar nicht wütend.* […] *Sie können einen wirklich zur Verzweiflung treiben*"), wobei natürlich die finale Szene des Werks, bei dem „Feathers" versucht, bei „Sheriff John T. Chance" eine „*reaction*" hervorzurufen, indem sie androht, in einem betont „sexy Outfit" hinunter in den Saloon zu gehen, was den Dialog betrifft (Drehbuch: Leigh Brackett & Jules Furthman), besonders gelungen scheint, da hier die „Androhung einer Verhaftung" mit einer „Liebeserklärung" gleichgesetzt wird (Wayne: „*Wenn du dich unten in diesem Aufzug sehen lässt, verhafte ich dich!*" / Dickinson: „*Du verhaftest…Oh John, ich habe so darauf gewartet, dass du das sagen würdest. Ich dachte, du würdest niemals... Du hast eine komische Art, einem Sachen zu sagen.* […] *Ach, ich dachte schon, du würdest es mir nie sagen*" / Wayne: „*Was denn?*" / Dickinson: „*Dass du mich liebst*" / Wayne: „*Ich sagte, dass ich dich verhafte*" / Dickinson: „*Das ist* *genau **dasselbe**, das weißt du doch. Du willst es nur nicht aussprechen. Ach, wir sind so verschieden, ich werde mich daran gewöhnen müssen.* Mir…*mir liegt das Herz auf der Zunge"* / Wayne: *„Das scheint mir auch so"* / Dickinson: *„Du musst dich dran gewöhnen oder selber reden oder überhaupt nichts mehr sagen"*); wie schon mehrfach von mir in den letzten Jahren erwähnt, war Angie Dickinson dann 1980 auch in Brian De Palma's Psycho-Thriller *Dressed to Kill* (mit Nancy Allen & Michael Caine) zu sehen, in dem sie, *„Marion Crane in Hitchcock's `Psycho*`"-like, das Opfer eines grausamen Mordes mit einem Rasiermesser in einem Fahrstuhl wird].

„Sammy" spricht davon, dass Wiggs sich lediglich „wichtigmache" [Nachsatz von SAM MARLOWE: „[…] *Die Polizei wird ihm sagen, er soll die Schuhe behalten, wenn sie ihm passen*"].

Anschließend betreten die „two men" das Haus, wo… „I've decided, Sam" …Jennifer Rogers Marlowe ihre „Entscheidung" bezüglich des „Heiratsantrags von vorhin" mitteilen möchte, wobei sich beim „painter" erste „Gedächtnislücken" auftun [SAM MARLOWE: *„Wozu denn entscheiden?"*].

„Jennifer" sagt… *„Tell me something, boy / Aren't you tired tryin' to fill that void? / Or do you need more? / Ain't it hard keepin' it so hardcore?"* [Copyright: *Lady Gaga & Bradley Cooper*] …„Ja" zu seinem Antrag [Nachsatz von JENNIFER ROGERS: „[…] *Falls Sie nicht vergessen haben, dass Sie mich gefragt haben*"] und schickt die „Begründung" hinterher, dass sie ihn ganz „sympathisch" finde und er außerdem „a good father for Arnie" zu sein scheine [JENNIFER ROGERS: „[…] *Und über die anderen Gründe möchte ich nicht sprechen*"].

Der Captain [Kommentar von CAPTAIN WILES: „*Wenn man verheiratet ist, kommt man bequemer über den Winter…*"] mahnt die beiden zur Eile, da sie sich alle zusammen schleunigst „eine gute Story" ausdenken sollten, und zwar für „Calvin Wiggs & die Staatspolizei".

„*Memoria, memoria*" [Copyright: *Nirvana*] …Marlowe kommt langsam wieder die „Erinnerung" [SAM MARLOWE: „*Ob du's glaubst oder nicht, ich hätte es beinahe wieder vergessen*"] und die beiden geben sich einen Kuss, wobei „Jennifer" „Sam" dabei um Rücksicht bezüglich ihres „niedrigen Siedepunkts" bittet [JENNIFER ROGERS: „*Nur ganz leicht, Sam, ich habe einen niedrigen Siedepunkt*"; // *Anmerkung*: Im Original spricht Shirley MacLaine von „*very short fuse*", also davon, dass ihr „ganz leicht die Sicherungen durchbrennen"].

Anschließend flüstert er ihr, „auf ihre Nachfrage hin", noch ins Ohr, was er sich von dem Millionär gewünscht hat [Kommentar von JENNIFER ROGERS, nach dem für die Zuschauer abermals *unhörbaren* Flüstern: „*Das ist aber sehr praktisch*"].

Letztendlich erhalten Marlowe & Rogers „congratulations" von Wiles & Gravely… „You're a lucky man, Sammy" …sowie eine Art „Entschuldigung" vom Captain bezüglich seiner „Launen" beim Ein- und Ausgraben [CAPTAIN WILES: „[…] *Wenn ich bei dieser dauernden Ein- und Ausgraberei von Harry etwas*

*mürrisch war, dann tut's mir leid. **Ich sehe ein, es war die Sache
wert"**].

Dann… „*I'm so happy `cause today I found my friends*" [Co-
pyright: *Nirvana*] …fällt Sam Marlowe, inmitten der Glück-
wünsch-Bekundungen durch das Duo Wiles & Gravely, plötzlich wieder ein, dass, „wedding plans" hin oder her, es da immer
noch „a trouble with Harry" gibt [SAM MARLOWE: „[…]
Harry. Wir sind mit ihm noch nicht fertig"].

„He's been buried three times" – „Jennifer" betont, dass er
immerhin schon dreimal begraben wurde, aber Marlowe hält
dem entgegen, dass man beweisen müsse, dass „Harry" tot sei,
um überhaupt heiraten zu können.

Captain Wiles bittet den Maler daraufhin, nicht von ihm zu
verlangen, den „dead man" schon wieder „aufwecken" zu müssen. „Mrs. Rogers" hingegen denkt vor allem an „Ivy" und deren
Ruf, denn… „Mord ist Mord" …auch bei den „speziellen Umständen", die zum „murder" an „Harry" geführt hätten, bliebe,
so „Jennifer", „immer etwas hängen" [Nachsatz von JENNIFER
ROGERS in Richtung IVY GRAVELY: „[…] *Und ich fürchte, es
wäre alles andere als erfreulich für Sie*"].

Der „alte Seefahrer" will… „*And in the end / We are just /
Dust N' Bones*" [Copyright: *Guns N' Roses*] …„die Zeit" alle
Arbeit bezüglich „Harry Worp" übernehmen lassen [CAPTAIN
WILES: „*Wir brauchen doch nur sieben Jahre zu warten, bis er
für tot erklärt wird*"], aber Marlowe meint, dass er, wenn er so

lange warten müsste, um „Jennifer" zu heiraten, dann selbst schon ein „old man & artist" wäre.

Letztendlich besteht Miss Gravely darauf, dass der „sex fiend and maniac" wieder ausgegraben wird, da sie noch immer der Meinung ist, dass der besagte „Eine `wenig attraktive Dame` trifft im Wald auf einen `Lustmolch` und Verrückten"-Aspekt absolut für sie spreche [IVY GRAVELY: „[…] *Wenn die mich sehen, wissen die, dass nur ein Verrückter über mich herfallen konnte*"], wobei der Captain mit ihrer „Selbsteinschätzung" nicht einverstanden ist und ihr zu verstehen gibt, dass *er* sie… „*I'm so horny, that's okay / My will is good*" [Copyright: *Nirvana*] …durchaus attraktiv findet.

Das Quartett verlässt dann „Jennifer's" Haus und macht sich samt Schaufeln abermals in Richtung Wald und dem „hillside" auf.

Nach einem *Zeitsprung* sind „Sam" & der Captain wieder beim eifrigen Graben, während die „two women" auf dem mächtigen Baumstamm sitzen, der neben dem „big old oak tree" auf dem Boden liegt.

„Mrs. Rogers" schlägt vor, nun „die Story" zu ändern und der Polizei zu erklären, dass „Harry" sie besucht hätte und dann plötzlich aufgestanden sei und weggerannt [JENNIFER ROGERS: „[…] *Ich hätte mich zwar gewundert, aber ich wüsste von nichts*"].

„No, no, no" – „Ivy" gibt zu bedenken, dass bei dieser Vorgehensweise der Verdacht auf jemand anderen fallen könnte, der womöglich nicht „so eine gute Entschuldigung parat habe".

Sam Marlowe… „What do you mean `somebody else`? " …fragt nach, wen sie da vor Augen habe, und die Gravely wird deutlich [IVY GRAVELY: *„Ich wüsste wenigstens zwei Personen hier, die einen guten Grund gehabt haben könnten, Harry umzubringen"*] und nennt „Jennifer" & „Sam" als die „main suspects", da „Mrs. Rogers" diesen „Harry Worp" unbedingt loswerden wollte und Marlowe auch „einen guten Grund" für die Tat gehabt hätte [JENNIFER ROGERS: *„Sie meint **mich**"*].

Der „painter" gibt zu bedenken, dass er sich ja erst in „Jennifer" verliebt habe, als er „Harry" begraben hätte, aber Miss Gravely macht ihm deutlich, wie „unglaubwürdig" das gegenüber der „state police" klingen würde [IVY GRAVELY: *„Versuchen Sie das mal der Polizei zu erklären"*].

„In the end" plädiert die „widow" dafür, so gut es gehe, „the truth about Harry" zu erzählen [JENNIFER ROGERS: ***„Vielleicht sollten wir doch bei der Wahrheit bleiben, soweit noch vorhanden"***; // *Anmerkung*: Exkurs: „Read Truffaut's Book of published Conversations with Alfred Hitchcock" oder „`*Husband Problems*` in einem Kriminalfilm neueren Datums": „FRANK CHAMBERS" JACK NICHOLSON: *„Was sind Sie eigentlich? Griechin oder sowas?"* / „CORA PAPADAKIS" JESSICA LANGE: *„Finden Sie wirklich, dass ich wie `ne Griechin aussehe?"* / FRANK CHAMBERS: *„Nein. […] Also, wie soll ich Sie* *eigentlich nennen?"* / CORA PAPADAKIS: *„Ich denke, Sie kön-nen ruhig Cora zu mir sagen"* (aus: *Wenn der Postmann zweimal klingelt*; der „für einen Restaurantbesitzer arbeitende" Jack Nicholson will von „Mrs. Papadakis" Jessica Lange, der „attrak-tiven jungen Frau seines Chefs", wissen, wie er sie in Zukunft nennen soll) – nun, ein *„husband problem"* haben auch Jack Nicholson & Jessica Lange in Bob Rafelson's 1981 in die Kinos gelangtem Remake des Klassikers *„The Postman Always Rings Twice"* (OT; 1946; Regie: Tay Garnett) mit Lana Turner & John Garfield; der Regisseur Rafelson war 1979 gerade *„out of work"*, weil er bei dem *Brubaker*-Gefängnisfilm-Projekt mit Robert Redford wegen „kreativer Differenzen" nach nur wenigen Ta-gen durch Stuart Rosenberg ersetzt worden war, als ihm MGM anbot, den berühmten und 1934 publizierten Roman von James M. Cain neu zu verfilmen, in dem es um *„two ordinary people"* geht, die *„some kind of sexual obsession"* entwickeln und schließlich einen Mord begehen; dem Drehbuchautor David Ma-met, damals vor allem ein gefeierter junger Theaterautor, soll Rafelson als „Tipp" mitgegeben haben, sich vor dem Verfassen des *Wenn-der-Postmann-zweimal-klingelt*-Skripts das „Truffaut-Buch mit den Hitchcock-Gesprächen" genau durchzu-lesen, also: *„Mr. Hitchcock, wie haben Sie das gemacht?"*, wo-bei man sich beim Endprodukt nicht ganz sicher ist, ob dieser „Crash-Kurs in Sachen Suspense" da „wirklich geholfen" hat; *„Es gibt immer einen Ausweg, Cora. Wenn wir zwei zusammen-*

halten" (Jack Nicholson zu Jessica Lange) – zu den Ausgangspunkten der Story: Amerika zur Zeit der großen Wirtschaftskrise in den 30er-Jahren; der vorbestrafte Herumtreiber Frank Chambers „strandet" auf seinem Weg nach L.A. in einem „Restaurant mit Tankstelle & kleiner Autowerkstatt", das an einer Landstraße liegt; der ursprünglich aus Griechenland stammende Restaurantbesitzer Nik Papadakis (John Colicos) bietet Chambers einen Job an, den er nach kurzem Zögern annimmt; bald schon „entdeckt" der nunmehrige „Tankwart & Mechaniker" Frank das verführerische „*young wife*" von Nik, nämlich Cora, die für die Gäste in dem Restaurant kocht; zwischen den beiden entsteht eine intensive Affäre sowie sehr bald der Plan, Nik im Rahmen eines „Unfalls" loszuwerden (Dialog zwischen Lange & Nicholson, als die „*passion*" zw. „Frank Chambers" & „Cora Papadakis" gleichsam „*obsessional*" geworden ist: Lange: „*Ich will dich haben, Frank. Wenn nur wir auf der Welt wären. Ja, wenn nur wir da wären*" / Nicholson: „*Wie soll ich das verstehen?*" / Lange: „*Ich hab's satt, dauernd zu überlegen, was falsch und richtig ist*" / Nicholson: „*Für sowas kann man aufgehängt werden, Cora*")…; für die Rolle der „Mrs. Papadakis", die ja schließlich damit verbunden war, in die „großen Fußstapfen" von Lana Turner zu treten, war zunächst Meryl Streep im Gespräch gewesen, die aber ablehnte, genauso wie Lindsay Crouse (z. B.: 1987: *Haus der Spiele*), welche dann aber David Mamet zu dem Projekt brachte, denn der war damals nämlich ihr „*husband*"; letztendlich erhielt das „*former fashion model*" Jessica

Lange den Part, die seinerzeit immerhin bereits Werke wie das spektakuläre *King-Kong*-Remake von 1976 oder Bob Fosse's extravagantes „*All That Jazz*" (OT; 1979; dt. Verleihtitel: *Hinter dem Rampenlicht*; mit Roy Scheider) in ihrer Filmographie hatte; der Theaterschauspieler sowie *Kampfstern-Galactica*-Star John Colicos, der Lange's Ehemann „Nik" spielt, hat sogar Regie-Legende Elia Kazan „ausgestochen", den Rafelson für die Rolle ursprünglich kurz in Erwägung gezogen hatte; um die Stimmung der „*Depression Era*" wiederaufleben zu lassen, entschieden sich Rafelson und sein berühmter Kameramann Sven Nykvist, welcher damals natürlich vor allem als „Ingmar Bergman's Kameramann" galt, den Film in „Erdtönen" zu halten, die aber, wie Nykvist gemeint hat, die „*possibility of romance*" beinhalten oder zumindest nicht ausschließen; „*Es war nicht einfach nur so 'ne Bettgeschichte. Ich bin enttäuscht, weil ich glaubte, es wär` was zwischen uns*" (Jack Nicholson zu Jessica Lange) – für Nicholson waren, wie er einmal in einem Interview erklärt hat, vor allem die „*extreme sexual elements*" und „*sexual realities*" in „*The Postman Always Rings Twice*" interessant und „verlockend"; populär wurde der Film dann im Endeffekt gerade wegen dieser „*lovemaking scenes*" zwischen Lange & Nicholson, wobei speziell die „*famous sex-scene in the `Twin-Oaks-Restaurant`-kitchen*" einige Gemüter „erregte", die für ein US-Mainstream-Produkt ziemlich „explizit" geraten ist und in der Jessica Lange von Nicholson quasi auf einem riesigen „*cutting board*"/Schneidebrett „positioniert" wird – wie bei der Sexszene zwischen Donald Sutherland & Julie Christie in *Wenn die Gondeln Trauer tragen* kamen auch bei Nicholson & Lange „Echtheits-Gerüchte" auf, was im Grunde „*nonsense*" ist, wobei es aber durchaus der Plan von Nicholson und seinem Regisseur Rafelson war, diese Szenen in *Wenn der Postmann zweimal klingelt* „so realistisch wie möglich" zu gestalten; beim Dreh der eher wie ein „*battle of the sexes*" gestalteten „Küchen-Liebesszene" hatte Bob Rafelson auf jegliche „unnötige" Crew verzichtet und nur er selbst und Sven Nykvist bedienten zwei Kameras, wobei das Ganze auch so eingefangen und „stilisiert" ist, dass die „*nudity*" gleichsam „minimiert" wurde; wie auch immer: Der fertige Film hält nicht ganz das, was die „Hochkaräter" vor und hinter der Kamera versprechen, weil vor allem die „sexuelle Obsession" zwischen „Frank & Cora" nicht so recht rüberkommt, denn Nicholson kann bekanntlich „Verrückte" spielen wie in *Shining* (1980) oder den „Teufel" wie in *Die Hexen von Eastwick* (1989) oder den „Joker" wie in *Batman* (1989), er ist aber einfach *nicht* glaubwürdig als „*Opfer* einer obsessiven Liebe", da „Jack" nun einmal ein viel zu „extrovertierter" Typ für so etwas ist, ganz im Gegensatz etwa zu einem Jeremy Irons, der, wie man seit Louis Malle's *Verhängnis* (1992) & Adrian Lyne's *Lolita* (1997) weiß, „Obsessionen dieser Art" *perfekt* ausdrücken und verkörpern kann; ganz allgemein ist die „*chemistry*" zwischen Nicholson und Jessica Lange „*on the silverscreen*" nicht die beste, dieser Eindruck drängt sich jedenfalls mir persönlich auf, da „harmonierte" der Schauspieler in den 80s mit Shirley MacLaine in *Zeit der Zärtlichkeit* oder mit Kathleen Turner in John Huston's *Die Ehre der Prizzis* weit besser; Apropos „Huston": Anjelica Huston, die, wie ich schon mehrfach im Zusammenhang mit anderen Nicholson-Filmen erwähnt habe, mit dem Schauspieler lange liiert war, hat einen „reichlich absurden" Kurzauftritt in *„The Postman Always Rings Twice"*, nämlich als „Löwen-Bändigerin", der Nicholson bei einem „Kurzausflug" begegnet, den er macht, als „Cora" Jessica Lange mal ein paar Tage verreist ist; und die „Erotik-Szene" zwischen Nicholson & Huston, die aus dieser Begegnung „resultiert" und in der „Jack" in einem Zirkus-Wagen eine Art „ägyptische Kopfbedeckung" oder dergleichen trägt, ist erst recht „absurd"; // „Bob Rafelson & Suspense Teil 2": „CATHARINE PETERSEN" THERESA RUSSELL zu „ALEXANDRA BARNES" DEBRA WINGER: *„Ich hab` jeden meiner Männer geliebt. Tief im Innern. Ganz ehrlich. Anders könnte ich gar keine Beziehung eingehen"* (aus: *Die schwarze Witwe*; die „Serienmörderin" Russell behauptet während eines gemeinsamen Ausflugs auf Hawaii gegenüber der „Mitarbeiterin des Justizministeriums" Debra Winger, dass sie *„in Love"* mit jedem ihrer *„husbands"* war) – nun, Bob Rafelson wagte 1987, bevor er dann 1990 mit *Land der schwarzen Sonne* einen aus meiner Sicht etwas unterschätzten Abenteuerfilm vorlegte, einen erneuten Versuch im Thriller-Genre, und der Psycho-Thriller „*Black Widow*" (OT) geriet ihm sicherlich „vielschichtiger" und auch spannender als *Wenn der Postmann zweimal klingelt* und bietet sozusagen ein „Psycho-

Duell" zwischen Debra Winger, Shirley MacLaine's & Jack Nicholson's Co-Star aus *Zeit der Zärtlichkeit*, sowie der *„fabulous"* Theresa Russell, die Ende der 80er & Anfang der 90er in einigen bemerkenswerten Filmen, so z. B. in *Die Hure* (1991) von Ken Russell oder an der Seite von Jeremy Irons in *Kafka* (1991) von Steven Soderbergh, zu sehen war; *„Dieser ganze Modus Operandi, diese Serie von Verführung und Mord, dazu wäre `ne Frau überhaupt nicht fähig"* / *„So, meinen Sie? Wozu glauben Sie, dass `ne Frau nicht fähig ist? Zu verführen oder zu morden?"* (Debra Winger, die Theresa Russell in Verdacht hat, zieht die Aussage ihres Vorgesetzten „Bruce" Terry O'Quinn in Zweifel, dass *„a woman"* gar nicht zu den Morden an den diversen Millionären fähig gewesen wäre) – zu den Eckpfeilern der Story: Catharine Petersen spinnt gleichsam ein Netz um ihre reichen Ehemänner, tötet diese dann vorzugsweise mit Gift und beerbt sie; Alexandra Barnes, Analytikerin bei einer *„Special Task Force"* innerhalb des *„Justice Department"*, ist die Einzige, der dieses „plötzliche und unerwartete Millionärssterben" auffällt (Winger zu Terry O'Quinn: *„Du kannst sie nur kriegen, wenn du genauso denkst wie sie"*), und in der Folge reist sie ihrer Hauptverdächtigen hinterher nach Hawaii, wo Petersen ein neues Opfer (Sami Frey) im Visier hat (Dialog zw. Winger & Russell in Russell's Hotelzimmer auf Hawaii, nachdem sich Winger ein paar Fotos von Russell's *„next victim"* angesehen hat: Winger: *„Wer ist er?"* / Russell: *„Gefällt dir wohl, wie?"* /

Winger: „*Ach, wenn Männer so gut aussehen, endet's meist da-*
mit, dass man sie aushält" / Russell: „*Sein Name ist Paul Nuyt-*
ten, und er hat ein halbes Dutzend Hotels rund um die Welt" /
Winger: „*Hat er noch n' Bruder, n' Cousin, n' jungen Großva-*
ter?"); bald nachdem sich die „*two women*", an der Oberfläche,
so etwas wie „angefreundet" haben, beginnen sie sich zu belau-
ern und zu verfolgen, wobei Barnes sich gleichsam immer stärker im „*spider web*" der „*Black Widow*" verstrickt...; das Werk
hat einige hochkarätige Gast-Auftritte zu bieten, und neben David Mamet sind auch Diane Ladd, die Mutter von Laura Dern,
sowie Jack Nicholson's ehemaliger *Easy-Rider*-Regisseur & -
Mitstreiter Dennis Hopper zu sehen, wobei Hopper einen reichen Spielzeugfabrikanten gibt, der eben von der „*Black*
Widow" Russell ins Jenseits befördert und beerbt wird; die Kritik hat seinerzeit angemerkt, dass eine gewisse „erotische Spannung" zwischen Debra Winger & Theresa Russell im Film besteht, und dieser „Analyse" kann man irgendwie nicht wider-
sprechen (Winger zu Russell, vor einer „Lippen-Berührung" bei
einer Mund-zu-Mund-Beatmungs-Übung im Rahmen eines
Tauchkurses auf Hawaii, bei dem sich die beiden Kontrahentin-
nen dann sozusagen das erste Mal „*in the flesh*" begegnen: „*Das*
nehmen Sie hoffentlich nicht persönlich")].

„*And if you save yourself / You will make him happy*" [Co-
pyright: *Nirvana*] ...nach einem weiteren *Zeitsprung* ist „Harry"

wieder ausgegraben, er liegt neben dem Erdhaufen und „die roten Vorderenden" seiner Socken scheinen in der Nacht regelrecht zu „leuchten".

Marlowe meint, dass man sich noch „was Glaubhaftes einfallen lassen müsse", um der Polizei klarzumachen, warum man sie nicht gleich gerufen habe.

„Yes, then there's the condition he's in" – Captain Wiles stimmt dem „artist" zu, spricht aber gleichzeitig den „Zustand" an, in dem sich „Worp's body" mittlerweile befindet [*Anmerkung*: Hitchcock hat bei seiner „filmischen Leichenschändung" natürlich darauf verzichtet, zu diesem Zeitpunkt seines Films noch „Harry Worp's Gesicht" zu zeigen, denn der „*body*" hat, wie hier von Edmund Gwenn kurz thematisiert wird, bekanntlich schon „eine ganze Menge mitgemacht", „*he has been through a lot*" sozusagen; „Harry" wird von Hitchcock größtenteils hinter dem Erdhaufen „versteckt" und im Grunde sind nur „Worp's Füße mit den farbigen Socken" zu sehen].

Das bringt auch Jennifer Rogers zu der „Einsicht", dass „Harry" mittlerweile „etwas ramponiert" wirkt, und sie sieht die Notwendigkeit einer „Säuberung" gegeben [JENNIFER ROGERS: „*Es ist zwar unangenehm, aber wir müssen ihn erstmal säubern.* […]"], vor allem auch deshalb, weil man, so „Jennifer" weiter, „Miss Gravely's Geständnis" nicht unnötig komplizieren dürfe, da das „Ereignis" eben schon relativ lange zurückliege

[IVY GRAVELY: „*Die Verzögerung könnt' ich doch damit erklären, dass der Vorfall mich so erregt hat, dass ich einen Schock hatte und nicht wusste, was ich tun sollte*"].

Nachdem sich auch der Captain & Marlowe in die Diskussion eingebracht haben, meint „Jennifer", dass sie eigentlich keine Lust habe, die ganze Nacht mit „discussions" oder „debates" zu verbringen, und mahnt zur Eile... „Let's get Harry someplace and clean him up!".

Doch dann hört das Quartett plötzlich eine männliche Stimme [MALE VOICE – deutlich hörbar inmitten nicht so deutlich hörbarer Passagen: „[...] *wenn uns die Finsternis umgibt* [...]"], was Marlowe, Rogers, Wiles & Gravely dazu bringt, sich hinter den „auf dem Boden liegenden" Baumstamm zu flüchten [CAPTAIN WILES: „*Volldampf voraus!*"] und sich dort zu verstecken.

Kurz darauf taucht...Dr. Greenbow auf, der immer noch ein Buch bei sich trägt, momentan jedoch Sätze frei „vor sich hinspricht" [DR. GREENBOW – im Original: „*Love alters not with his brief hours and weeks, but bears it out even to the edge of doom.* [...]"].

Obwohl es zunächst danach aussieht, übersieht er die Leiche dieses Mal nicht, und Marlowe, der sich „von hinter dem Baumstamm erhoben hat", startet gleich einen „Erklärungsversuch" [SAM MARLOWE: „*Ich, äh, ich glaube, er hat sowas Ähnliches wie einen Unfall gehabt, Dr. Greenbow*"].

Der Doktor stimmt Marlowe zu und meint, dass das „ganz danach aussehe", und will wissen, wer die Leiche gefunden hat, was „Jennifer" dazu bringt, den „einstigen Beziehungsstatus" preiszugeben [JENNIFER ROGERS: *„Der war mal mein Mann, Doktor"*].

Nach einer „Beileidsbekundung" bezüglich des „Verlusts" [Kommentar von JENNIFER ROGERS: *„Ist schon gut, Doktor. Jaja, das Leben kann hart sein"*] kommt der Medikus zu der Frage, „wie das denn passiert sei", aber Marlowe spielt den Ball zurück und möchte, dass der „health professional" die Todesursache herausfindet [SAM MARLOWE: *„Können Sie seine Todesursache feststellen? Er fiel einfach so um"*].

Da Greenbow sich außer Stande sieht, bei den „vorherrschenden Lichtverhältnissen" und „ohne seine Tasche" eine... *„I'll need some information first / Just the basic facts / Can you show me where it hurts?"* [Copyright: *Pink Floyd*] ...anständige Diagnose zu stellen [DR. GREENBOW: *„Bei dieser Beleuchtung möchte ich keine Diagnose machen"*], einigt man sich darauf, dass „Harry" in Jennifer Rogers' Haus gebracht wird, wobei „Jennifer" mit dem „Going home for the last time"-Pathos, den der Doktor im Zusammenhang mit dem „dead man" aufkommen lässt, keinerlei Freude hat [JENNIFER ROGERS, nachdem der Mediziner den *„hillside"* verlassen hat, um seine Tasche zu holen: *„Das hätte ich mir lieber erspart"*].

Der Captain sieht die Zeit gekommen, sich… „*Oh well, whatever, never mind*" [Copyright: *Nirvana*] …„in das Unvermeidliche zu fügen", und er ruft seine „Komplizen" dazu auf, alles, inklusive „Harry", „zusammenzupacken" und aufzubrechen.

„*Our little group it's always been / And always will until the end*" [Copyright: *Nirvana*] …kurz darauf spazieren „Sam", „Jennifer", „Ivy" & der „Captain" samt der Leiche von „Harry" bei „gedämpften Lichtverhältnissen" zurück zu „Mrs. Rogers' Haus" [*Anmerkung*: „Andere berühmte Leichen innerhalb…": „JAMES BOND *007*" ROGER MOORE: „*Er war schon vorher sehr runtergekommen*" (aus: *In tödlicher Mission*; Kommentar von „*007*" Roger Moore, nachdem er den Auftragskiller „Emile Leopold Locque" Michael Gothard durch einen Tritt gegen dessen „über einem Abgrund hängenden" Wagen in die Tiefe befördert hat; „der Tod von Locque" gehört zu den besten „härteren Szenen" der Ära Moore und hätte auch mit Sean Connery oder mit Daniel Craig in der „*007*"-Rolle entstehen können) – ich persönlich bin ja eher ein Anhänger von Roger Moore's „James-Bond-Frühwerken", und hier vor allem von seinem Debüt *Leben und sterben lassen*, da ich, wie ich bereits im Zusammenhang mit *Der Mann mit dem goldenen Colt* angedeutet habe, seine den literarischen Vorlagen von Ian Fleming entsprechende „kühle Grausamkeit" als britischer Doppelnull-Agent durchaus schätze, aber „*For Your Eyes Only*" (OT; Regie: John Glen) aus dem Jahr 1981 wurde oftmals als „Moore's zweitbester Bond-

Film" nach *Der Spion, der mich liebte* betrachtet; nun, dieser „*Post-`Moonraker`-back-on-Mother-Earth-Bond-film*" ist „ziemlich gut", aber er hat einige „problematische" Elemente, und damit meine ich *nicht* den sprechenden Papagei „Max", denn der ist durchaus witzig, sondern eher „*unnecessary*" und „*silly*" „*elements*" wie beispielsweise die Szenen zwischen der „jungen Eiskunstläuferin" „Bibi Dahl" (Lynn-Holly Johnson) und Roger Moore, die defacto „*meaningless*" sind, oder die „Thatcher-Imitation" am Ende; darüber hinaus bin ich *kein* ausgewiesener „*fan*" des Cortina-Teils des Films und der ganzen (zugegebenermaßen exzellent fotografierten) „Verfolgungsjagden im Schnee", die einem da präsentiert werden, oder von dem dortigen „Fight in der Eishalle" zwischen Moore und einigen Eishockeyspielern, der damit endet, dass Moore den Eishockeyplayern auf einer „Eisbearbeitungsmaschine" aka „Zamboni" sozusagen den Rest gibt – da kam der „Comic-Approach" in einigen Szenen von *Moonraker – Streng geheim* noch eindeutig „eleganter" rüber; „*Für dich ganz allein…*" (Carole Bouquet zu Roger Moore) – zu den Grundzügen der Story: Das sogenannte ATAC („Automatic Targeting Attack Communicator"), ein codierter Sender auf ultraniedriger Sequenz, der U-Booten den Befehl zum Einsatz von Nuklearwaffen erteilt, ist von einem britischen Spionageschiff verschwunden; Bond erhält den Auftrag, das ATAC wiederzubeschaffen, und soll vor allem verhindern, dass dieses in russische Hände fällt, da KGB-Chef General Gogol (Walter Gotell) ebenfalls starkes Interesse daran hat; die britischen Meeresforscher Timothy & Iona Havelock, die nach dem Wrack des gesunkenen Spionageschiffs suchen, werden von dem kubanischen Auftragskiller Hector Gonzales vor den Augen ihrer Tochter Melina ermordet, die fortan auf Rache für die Ermordung ihrer Eltern sinnt; Bond und Melina Havelock, die in Madrid, in der Anwesenheit von Bond, Hector Gonzales mit einer Armbrust tötet („Gonzales" Stefan Kalipha zuvor noch zu Roger Moore, dessen „Walther PPK" er in der Hand hält, im Original: *„British Secret Service. Licensed to kill…or be killed"*), *„team up"* und geraten in der Folge in einen Konflikt zwischen den rivalisierenden griechischen Schmugglern Aris Kristatos (Julian Glover), dem nunmehrigen Besitzer des ATAC, und Milos Columbo (Topol); als sich *007* und General Gogol am Ende auf einer Bergfestung von Kristatos gegenüberstehen, zerstört Bond das ATAC, um zu verhindern, dass es in die Fänge des KGB gerät (Moore zu Gotell: *„Das ist echte `Entspannung`. Sie haben es nicht und ich hab's auch nicht"*); zu den *„good parts"* von *In tödlicher Mission*, der es versteht, speziell die griechischen Locations wie Korfu oder Meteora großartig in Szene zu setzen, zählt zweifellos die Tatsache, dass man „James Bond" Roger Moore, im Sinne einer Bond-Film-*„continuity"*, in der Vortitel-Sequenz, in der auch Ernst Stavro Blofeld ein kurzes Comeback gibt, das Grab seiner Ehefrau „Teresa/Tracy" besuchen lässt, die 1969 in *Im Geheimdienst Ihrer Majestät* bekanntlich von Diana Rigg verkörpert wurde (Grabstein-Inschrift mit Referenz auf den Louis-Armstrong-Klassiker: „[…] *We have all* *the time in the world*"); gelungen ist aber auch „Melina Havel-ock's Streben nach Rache", denn dieses „*quest for revenge*" ver-leiht dem ganzen Treiben eine gewisse Ernsthaftigkeit, die sich dann auch in den Dialogen abbildet (Moore: „*Ein chinesisches Sprichwort sagt: `Bevor du dich anschickst, zur Rache zu schrei-ten, schaufle lieber zwei Gräber`*" / Bouquet: „*Dass Sie mich verstehen, erwarte ich auch nicht. Sie sind Engländer. Ich bin halbe Griechin. Und griechische Frauen lieben Elektra. Am Mörder ihrer Lieben Rache zu nehmen ist ihre Pflicht*"); mit ei-ner der schönsten Szenen der Bond-Ära von Moore endet die „*short affair*" zwischen „*007*" und der „*Milos Columbo mistress*" „Countess Lisl von Schlaf", die von Pierce Brosnan's Ex-Frau Cassandra Harris gespielt wird; Harris hat nur „*limited screen time*", aber die berühmte „Chemie" zwischen ihr und Moore stimmt (Original-Dialog zw. Bond und der „Britin, die vorgibt, Österreicherin zu sein" in einem Wagen: „*I am the Countess Lisl von Schlaf*" / Moore: „*My name is Bond. I'm a writer. I'm preparing a novel about Greek smugglers*"); die „Gräfin" wirkt, im Gegensatz zu vielen „Bond-Girls/-Women", tatsächlich wie eine *echte* Person, und ihr „*death on the beach*", sie wird von „Locque" mit einem Strandbuggy niedergefahren, ist wirklich „*touching*" und „gehört eigentlich gar nicht in einen Bond-Film (der Vor-Daniel-Craig-Ära)", und der Moment, als Moore sich über die tote „*Countess*" beugt, ihren Puls fühlt und die Worte „*Vielen Dank, Gräfin*" (im Original: „*Goodbye, coun-tess*") sagt, „vermenschlicht" auch ihn für einen kurzen Moment, man spürt sozusagen „das Gefühl in ihm", als er sie verliert; als „*lovely*" muss man natürlich auch den Titelsong von Sheena Easton (z. B.: 1980: der US-Nr. 1-Hit „*9 to 5 (Morning Train)*" / 1987: „*U Got the Look*", ein Duett mit *Prince*, das auf dessen Doppel-Album „*Sign o' the Times*" von 1987 enthalten war) bezeichnen, den sie in der Titel-Sequenz performt, und „*Sheena Easton singing `For Your Eyes Only` during the title sequence*" lässt einen auch vergessen, dass der Bond-Film leider nicht von John Barry „musikuntermalt" wurde – „*The passions that collide in me, the wild abandoned side of me / Only for you, for your eyes only*" (Copyright: *Sheena Easton*)].

In „Jennifer's House". Der Captain ist, völlig erschöpft, im Schaukelstuhl eingeschlafen, während „Sam & Jennifer" beim Bügeln von „Worp's" Kleidungsstücken sind. Miss Gravely gesellt sich aus dem Badezimmer dazu und hängt noch „Harry's shirt" zum Trocknen auf. „While this is happening" nähert sich Deputy Sheriff Calvin Wiggs in seinem Wagen allmählich dem Rogers-Haus.

„*You're in a laundry room / You're in a laundry room* […]" [Copyright: *Nirvana*] …die Hausherrin prüft das Hemd und bezieht auch dieses in der Folge in ihre „Bügelaktivitäten" ein [JENNIFER ROGERS: „[…] *Ist es nicht eigenartig? Früher hab' ich nicht einen Handschlag für ihn getan und jetzt steh' ich da und bügle seine Sachen*"].

Dann erwacht der Captain im Schaukelstuhl…und die Schranktür öffnet sich, so wie das schon einmal der Fall war,

„wie durch Geisterhand", ein Vorgang, der Wiles zunächst zum Aufschreien bringt und… „Look!" …schließlich dazu, die anderen darauf hinzuweisen [Kommentar von IVY GRAVELY: *„Aber das ist doch kein Grund zur Aufregung, Captain. Die Schranktür ist aufgegangen"*].

Der alte Seefahrer gibt zu, dass er kurz gedachte habe, dass „Harry käme", woraufhin Marlowe meint, dass er ruhig noch „eine Runde" schlafen solle.

Miss Gravely fällt dann die Wunde ein, die sie „Harry" mit ihrem Wanderstock verpasst hat, und „Mrs. Rogers" verspricht ihr, ein „Pflaster" draufzukleben, damit die Polizei glaubt, „dass er die schon vorher hatte".

„Vehicle approaching"…Deputy Sheriff Wiggs trifft schließlich vor dem Haus ein [SAM MARLOWE – „alarmiert": *„Das ist Calvin Wiggs' Wagen!"*].

„Mama put my guns in the ground / I can't shoot them anymore / That cold black cloud is comin' down / Feels like I'm knockin' on heaven's door" [Copyright: *Guns N' Roses*] …Wiggs hat den Zeichenblock mit dem „Harry"-Porträt bei sich, den er im Laden seiner Mutter gefunden hat, läutet an der Tür und wird… „Just One Minute!" …schließlich von der Hausherrin empfangen, der er mitteilt, dass er „Sam" sprechen möchte.

Als er sich dann mehr oder weniger selbst reingelassen hat, trifft er im Haus auf eine „fröhliche Bridge-Runde", bestehend aus dem Captain & Miss Gravely, zu der sich umgehend auch Jennifer Rogers gesellt.

„The Painter", der nicht Teil dieser gleichsam „spontan ins Leben gerufenen Bridge-Runde" ist, fragt nach, ob's einen besonderen Grund für Wiggs' „visit" gebe, und der „law enforcement man" möchte „in the following" wissen, „wo er heute den ganzen Tag gewesen sei" [Antwort von SAM MARLOWE: *Malen, wie gewöhnlich*"].

Wiggs erwähnt die „Mansfield-Wiese", was „Sam" zu dem „Eingeständnis" führt, dass er dort „manchmal Skizzen anfertige".

Dann…konfrontiert ihn der Deputy-Sheriff mit der „Skizze von Harry Worp" [DEPUTY SHERIFF WIGGS: *Haben Sie da vielleicht **dieses** Bild gemalt?*"].

Das vermeintliche „Portrait of a Dead Man" führt zu einer Diskussion über Marlowe's „ausgefallene Kunst", seine „fancy art", die der Captain, wie er „in freundschaftlicher Verbundenheit zu Sammy" einwirft, für „unbezahlbar" hält, Calvin Wiggs aber höchstens für „ein paar Blaubeeren wert".

Nachdem die „Wertigkeit" von „Sam's art" „ziemlich gegensätzlich" eingeschätzt wurde, möchte der Gesetzeshüter wissen, wo er das gemalt hat und *wer* das ist… *„Just because you're paranoid, don't mean they're not after you*" [Copyright: *Nirvana*].

Marlowe legt los: Das sei nicht „gemalt", sondern eine Pastellzeichnung, deren Motiv „ihm `out of the blue` gekommen sei", also: seiner Fantasie entsprungen ist [Reaktion von DEPUTY SHERIFF WIGGS: *Was Sie nicht sagen...*"].

Wiggs erwähnt den Landstreicher, der die „shoes" gefunden hat, aber Miss Gravely meint, dass jemand, der „keiner Arbeit nachgeht und ständig betrunken ist", als einziger Zeuge unglaubwürdig sei. Der „tramp", welcher, so „Calvin", mittlerweile im Schulhaus eingesperrt sei, wäre „fast in Ohnmacht gefallen", als er die Skizze gesehen habe.

„Sam, I hate to say this, but I don't believe you" – als er nochmals keine Antwort auf seine Frage bekommen hat, wen Marlowe da gemalt hat, und „Sammy" als Lügner hinstellt, beginnt sich der Captain darüber zu empören, steht vom „Bridge-Tisch" auf und geht regelrecht „pissed-off" nach Hause.

Wiggs spricht in der Folge wiederum von „`fancy art`, von der er möglicherweise keine Ahnung habe" im Zusammenhang mit Marlowe's Kunst, besteht aber darauf, dass er sehr wohl wisse, „wie ein Toter aussehe".

„The Artist" erklärt ihm daraufhin, dass dies das Porträt eines „schlafenden Mannes, der dem Irdischen entrückt ist" sei, bevor... Marlowe Deputy Wiggs das Bild wegnimmt und plötzlich... „Paint a perfect picture: a line of fullness to the cheek...lip that bends with expression" ...ein paar Elemente hineinzeichnet und hinzufügt.

„Sam, was haben Sie da getan?" [DEPUTY SHERIFF WIGGS] – der Sheriff ist zunächst „etwas baff" über Marlowe's Vorgehen, wirft ihm dann aber „die Zerstörung eines gerichtlichen Beweisstücks" vor. Wiggs setzt schließlich dazu an, zu gehen, allerdings mit dem Versprechen, „nicht eher locker zu lassen, bis er weiß, *was* hier faul ist"… „something funny's going on around here" [*Anmerkung*: Exkurs: „Breaking the Law / Likeable People in the Country": „JANE BRAXTON" KATHLEEN LLOYD: „[…] *Wir sind hungrig auf Neuigkeiten, weil hier so wenig passiert. Sonst hör' ich nur immer was über Gras"* / „TOM LOGAN" JACK NICHOLSON: „*Was haben Sie gegen Gras?*" / JANE BRAXTON: „*Samuel Johnson hat gesagt: `Ein Grashalm ist ein Grashalm. Erzähl' mir jetzt was von einem Menschen'"* / TOM LOGAN: „*Das versteh' ich überhaupt nicht*" / JANE BRAXTON: „*Das bedeutet, dass Samuel Johnson* die Natur genauso langweilte, wie sie mich langweilt. Voriges Jahr war ein berühmter Maler hier. Er saß den ganzen Tag in der freien Natur und malte ungefähr zehn Quadratmeilen Leinwand voll. Nicht* **ein** *menschliches Gesicht. Ich wünschte, er wäre hier gewesen, als dieser Sandy** so dekorativ gegen die Berge an dieser Pappel hing. Seine rosa Zunge und sein weißes Gesicht hätten einen reizvollen Kontrast zum Grün von Montana gebildet. Das wär' ein farbenprächtiges Bild für einen Wandkalender geworden*" (aus: *Duell am Missouri*; die „`Wild-West-müde` & offenbar belesene Tochter des Montana-`Badlands`-Ranchers David Braxton" Kathleen Lloyd unterhält sich mit dem „Pferdedieb, der vorgibt, ein Farmer zu sein" Nicholson, während beide auf ihren „*horses*" sitzen; *bedeutender englischer Gelehrter (1709 – 1784); **„Sandy", ein Mitglied von „Tom Logan's" Bande, wurde zu Beginn des Films von „David Braxton" und

202

seinen Männern gehängt) – die „*only cinetamic pairing*" zwischen den Oscar-Gewinnern Marlon Brando & Jack Nicholson, „*The Missouri Breaks*" (OT) aus dem Jahr 1976, geriet zu einem „*realistic western*" mit „*a bit of humour*", der aber vor allem Nicholson zu verdanken ist, welcher den Anführer einer im Grunde „sympathischen, durchaus `liebenswerten`" Bande von „*horse thieves*" spielt, die ab und an auch Züge überfällt (Dialog während eines Zug-Überfalls zwischen einem „Angestellten, der ihm das Geld geben soll" & Nicholson: „Tom Logan": „[…] *Nelson, du machst das schon ganz gut, mach weiter so, und du kannst sagen, du hättest Jesse James gesehen und kannst ein Leben lang diese Geschichte erzählen*" / „Nelson": „…*Sie sind nicht Jesse James*"), wobei vor allem die „Jack als begeisterter Landwirt"-Szenen, in denen er sich, in Abwesenheit seiner Kumpanen, um seine Krautköpfe und um seine Tiere auf der Farm kümmert, amüsant sind, genauso „*amusing*" und ein wenig „schräg" wie der Trip des Rests der „Logan-Bande" rund um Harry Dean Stanton „hinauf" nach Kanada (Dialog im Original, als Stanton & Co wegreiten: Nicholson: „*Adios, buddies*" / Stanton: „*Send you a post card from Canada*"), wo sie, letztendlich vergeblich, versuchen, einer Gruppe überaus „sangesfreudiger" Mounties die Pferde zu stehlen; für den *Bonnie und Clyde*, *Alice's Restaurant* & *Little Big Man*-Regisseur Arthur Penn bedeutete das Werk, welches die großen „*Clash of the Titans*"-Erwartungen nicht erfüllte, beinahe das Ende seiner Regie-Karriere, denn es galt eben, obwohl ich das persönlich als großer *Duell-am-Missouri*-Fan überhaupt nicht nachvollziehen kann, insgesamt als „Enttäuschung", vor allem auch, was das Box-Office-Ergebnis betraf; *„Ich möchte nur Bücher besitzen, in denen es um Recht oder Unrecht geht. Wie sonst sollten wir unser Paradies bei den Sternen finden?"* („Robert E. Lee Clayton" Marlon Brando zu „David Braxton" John McLiam angesichts dessen umfangreicher Bibliothek) – zu den Eckpfeilern der Story: Der wohlhabende Rancher David Braxton (John McLiam) lässt einen jungen Pferdedieb hängen, was dazu führt, dass sich dessen *„former companions"* rund um Tom Logan, nach einem erfolgreichen *„train robbery"*, in Braxton's Nähe eine Ranch kaufen und sich als Farmer ausgeben, um fortan von dort aus „operieren" zu können und Braxton zu ruinieren; noch dazu zeigt Jane Braxton, die „freiheitsliebende" und gelangweilte Tochter des Ranchers, Interesse an Tom Logan (Lloyd zu Nicholson: *„Wollen wir nicht ein bisschen spazieren gehen und uns über den Wilden Westen unterhalten und wie zum Teufel man da rauskommt?"*); nachdem Braxton's Vorarbeiter erhängt aufgefunden wurde, und zwar erhängt an demselben Baum, an dem man den *„young horse thief"* Sandy aufgeknüpft hatte, wendet sich der Ranger nicht an einen Sheriff oder dergleichen, sondern engagiert einen sadistischen *„regulator"*, einen *„lethal killer"*, der die Outlaws aufspüren soll (Nicholson zu Brando, als ihn dieser auf der Ranch besucht und offenbar sofort in Verdacht hat, dass er kein „Landwirt" ist: *„Tja, da war mal ein Mann in Wyoming, der* *setzte sich einen Augenblick hin, um die Kletten von seiner Hose zu entfernen, und plötzlich zerplatzte sein Schädel in kleine Stücke, so groß wie mein Daumennagel. Damals hab' ich das erste Mal im Leben dieses Wort gehört, `Regulator`"*) und das Territorium von der „*gang*" befreien; da sich der eigentümliche Lee Clayton aber in der Tat als „*real psycho*" erweist, wird eine ganze Serie von Ereignissen, die in „*brutality and savagery*" enden, in Gang gesetzt…; „*Nein, erst einen Kuss. Erst einen Kuss. Du hast die Lippen von Salome und die Augen von Kleopatra*" (Brando zu seinem *Pferd*, das ihn sozusagen erst „küssen" muss, bevor es die Möhre zu fressen bekommt, die Brando bei sich hat) – wie gewöhnlich agierte Brando nicht nur vor der Kamera exzentrisch, sondern natürlich auch „*behind the camera*"; das größte Problem, neben der Tatsache, dass Brando plötzlich stark übergewichtig am Set ankam, was ja irgendwie auch in einigen Brando-Nicholson-Szenen innerhalb von *Duell am Missouri* thematisiert wird (Brando, der in einer Badewanne im Braxton-Haus sitzt und von Nicholson mit einer Waffe bedroht wird: „[…] *Ich muss meinen Lebensunterhalt verdienen, also machen Sie, dass Sie raus kommen! Mein Magen fängt nämlich gewaltig an zu knurren*" / Nicholson: „*Haben Sie Angst?*" / Brando: „*Ich zittere am ganzen Leib. Wenn ich Angst vor Ihnen hätte, würd' ich ein letztes Gebet sprechen, aber Sie haben mir noch nicht mal den Appetit verdorben*"), war, dass er während seiner „*scenes*" Stichwortkarten benötigte, um den Text nicht zu vergessen – „*Marlon's still the greatest actor in the world, so why does he*

205

need those goddam cue cards?" (Jack Nicholson seinerzeit zu einem Exponenten des *New York Time Magazine*); obwohl Nicholson und Marlon Brando damals bereits zwei Jahre lang "*neighbours in the hills*" am Mulholland Drive waren und somit "gemeinsam" von einem "sehr hohen Punkt" hinunter auf Los Angeles blickten, waren die beiden nicht unbedingt "*close*" miteinander, und so etwas wie Freunde wurden sie überhaupt erst Jahre nach *Duell am Missouri*; als der Film in die Kinos kam, hatte sich Brando sogar noch abwertend über Nicholson geäußert, und so meinte er in einem Interview, dass Nicholson nicht das Talent eines Robert De Niro hätte ("*I actually don't think he's that bright – not as good as Robert De Niro, for example*" – M. Brando), und in einem Gespräch mit dem *National Enquirer* verglich er "Jack", wenig schmeichelhaft, mit einem "Pianisten, der nur einen Finger habe", mit dem dieser auf einem "`piano that has only one note`" spiele"; // eine durchaus sehenswerte frühe, allerdings fast "vergessene" Zusammenarbeit zwischen Marlon Brando und dem Regisseur Arthur Penn ist übrigens das "*in the mid-60s*" angesiedelte Drama *Ein Mann wird gejagt* / OT: "*The Chase*" (1966), in dem Brando den Sheriff einer texanischen Kleinstadt spielt, deren rassistischen, von "*strong prejudices*" geleiteten Bewohner es auf den "entflohenen Sträfling" Robert Redford abgesehen haben, welcher in die Kleinstadt zurückgekehrt ist, um von seiner Frau (Jane Fonda) Geld und diverse Sachen für die weitere Flucht zu bekommen – Alfred Hitchcock's altes "Ein Mann wird gejagt"-Motiv, das der

„Suspense" & dem „puren Entertainment" verpflichtet war, erhält in Penn's Werk eine ungleich realistischere, ziemlich US- und gesellschaftskritische Note].

„*Good night, Calvin*" [JENNIFER ROGERS; im Original] – Wiggs wird, nach seiner Ansage, nicht locker zu lassen, „verabschiedet", aber als er dann tatsächlich ansetzt zu gehen, öffnet sich abermals die Schranktür „wie von selbst" und der… „*You hang me out to dry*" [Copyright: *Nirvana*] …Wäscheständer, den Miss Gravely zuvor benutzt hatte, fällt heraus.

Nach dem „Schreck" über diesen Vorfall bei allen Beteiligten taucht auch noch Arnie in der Badezimmertür auf und meldet „einen Eindringling" „in the bathtub" [ARNIE ROGERS: „*He, was macht denn **der** in unserer Badewanne?*"].

Während man hinter dem „little boy" „Harry's" Füße aus der Badewanne ragen sieht, nähert sich der Deputy Sheriff, der schon mehr bei der „exit door" war, wieder der Badezimmertür, aber nicht so weit, dass er einen Blick auf das „Harry Worp, the man on the pastel-drawing, lying naked and dead in the bathtub"-Szenario werfen kann.

„*Save, save your friends / Find, find your place / Speak, speak the truth*" [Copyright: *Nirvana*] …Marlowe erinnert sich des Frosches, den er Arnie geschenkt hat, und tut so, als ob „Jennifer's Son" ein „frog-problem" hat [SAM MARLOWE: „*Na, da gehören Frösche nun mal hin*" / Reaktion von ARNIE ROGERS: „*Ach so*"].

„Back to bed, Arnie! Back to bed!" – Arnie Rogers bekommt von seiner Mutter dann einen „Marsch zurück ins Bett!"-Befehl und sie schließt das Badezimmer wieder [*Anmerkung*: Die Weltpremiere von *Immer Ärger mit Harry*, der hier, an dieser Stelle des Films, seinen höchsten „Suspense"-Faktor erreicht und durchaus „Hitchcock-typisch" oder „die Erwartungen an einen Hitchcock-Film entsprechend" daherkommt, fand übrigens am 30. September 1955 statt, und zwar in dem Städtchen Barre in Vermont; Hitchcock und Shirley MacLaine nahmen vor Ort an einem Empfang mit Hummeressen teil, wobei Hitchcock selbst, wie sozusagen überliefert ist, keinen „*Lobster à la Vermont*" aß, da Schalentiere nicht unbedingt zu seinem sonstigen Speiseplan gehörten; bei diesem Empfang, bei dem auch der damalige Gouverneur von Vermont Joseph B. Johnson anwesend war, wurden außerdem, und darauf legte auch der Gouverneur bei seiner Ansprache wert, „Vermonter Apfelwein", „Pommes Frites aus Vermont", „Vermonter Brötchen", „Vermonter Apfelkuchen" sowie „Kaffe mit Milch aus Vermont" serviert].

Wiggs schenkt dem „Vorfall" keine weitere Beachtung und kündigt an, dass die „State Troopers" „tomorrow morning" eintreffen werden und sich mit Marlowe unterhalten wollen [Nachsatz von DEPUTY SHERIFF WIGGS: „*Hoffentlich fällt Ihnen was ein*" / Reaktion von SAM MARLOWE: „*Oh, sie finden mich in meinem Atelier*"].

Nachdem Arnie Rogers ein zweites Mal von seiner Mutter „zurück ins Badezimmer befördert worden ist" [JENNIFER ROGERS: „*Na, wirst du wohl verschwinden!*"], klopft es an der Tür und…Dr. Greenbow taucht, „in Begleitung" seiner Tasche, auf und will wissen, wo „er" ist [DR. GREENBOW – im Original: „*Where is he?*"; // *Anmerkung*: „Andere berühmte Leichen innerhalb…" & „Eine weitere filmische Auferstehung": „OCTAVIA CHARLOTTE SMYTHE aka OCTOPUSSY" MAUD ADAMS: „*Guten Abend. Ich hab' mich schon gefragt, wann Sie hierher kommen*" / „JAMES BOND 007" ROGER MOORE: „*Sie sind also die geheimnisvolle Octopussy*" / OCTAVIA CHARLOTTE SMYTHE aka OCTOPUSSY: „*Und Sie sind James Bond 007, mit der Lizenz zu töten. Habe ich heute Abend die Ehre, Ihr Opfer zu sein?*" / JAMES BOND 007: „*Nicht unbedingt. Das kommt ganz darauf an, was Sie mir über einen Juwelen-Schmuggel berichten, und warum einer unserer Agenten in Ost-Berlin umgelegt wurde*" (aus: *Octopussy*; „*007*" Roger Moore trifft auf einer Fluss-Insel in Indien die „Schmugglerin mit Schwäche für den Octopus-Kult & mit eigener Leibgarde" Maud Adams, wobei Moore die Frau eigentlich aus *Der Mann mit dem goldenen Colt* von 1974 „bekannt vorkommen" müsste, wo sie sozusagen „unter anderem Namen" verstorben ist) – sicherlich wirkt James-Bond-Darsteller Roger Moore (Jahrgang 1927) im Vorgängerfilm *In tödlicher Mission* noch „etwas frischer", aber *Octopussy* von 1983 (Regie: John Glen) verfügt, neben ein paar wirklich schlechten Comedy-Szenen mit „*silly jokes*", über die man hinwegsehen muss, über eine „*terrific cast*" sowie „*interes-ting characters*", und auch das Zusammenspiel zwischen Maud Adams, die acht Jahre zuvor in „*The Man with the Golden Gun*" bekanntlich noch „die vom ˋMann mit dem goldenen Coltˋ erschossene Andrea Anders" gespielt hatte, und Roger Moore ist noch besser geworden, man könnte sogar sagen, dass Adams bei ihrer „filmischen Wiederauferstehung innerhalb der Bond-Serie" in dem 83er-Bond-Film so etwas wie „*a very good match*" für ihn darstellt, ähnlich wie „*the wonderful* ˋCountess Lislˋ" in „*For Your Eyes Only*"; „*Sie übernehmen die Stelle von 009. Er wurde in Ost-Berlin tot aufgefunden. Mit diesem Ei in der Hand*" (der neue „M" Robert Brown, der den verstorbenen Bernard Lee ersetzte, zu Roger Moore) – zu den Grundzügen des Plots, der seinerzeit als „kompliziert" oder gar als „labyrinthisch" galt: Nachdem Bond (im Rahmen einer tollen & sehr „in sich geschlossenen", fast schon „kurzfilmartigen" Vortitel-Sequenz) in einem lateinamerikanischen Land eine Mission ausgeführt hat, die ihn am Ende mit einem „Micro-Jet" (den „Acrostar") erfolgreich vom Ort des Geschehens flüchten hat lassen (Moore zu einem Tankstellenbesitzer, vor dessen Tankstelle er mit dem Micro-Jet „ausgerollt" ist: „*Vollmachen, bitte!*"), untersucht *007* den Tod seines Kollegen *009* und folgt gleichsam der Spur eines gefälschten Fabergé-Eies; in der Folge deckt der Agent eine Art „*conspiracy*" zwischen dem „afghanischen Prinzen im indischen Exil" & Kunsthändler Kamal Khan (Louis Jordan zu Roger Moore im Original: „*You have a nasty habit of surviving*") sowie dem „abtrünnigen" & größenwahnsinnig gewordenen Sowjet-General Orlov (gnadenlos „*overacted*" von: Steven Berkoff) auf, die vorsieht, dass Khan, im Austausch für die russischen Kronjuwelen, den Zirkus von Octopussy dazu nützt, eine „*nuclear bomb*" in einer Air-Force-Basis in Westdeutschland hochgehen zu lassen (Berkoff: „*Sie sollten sich lieber ernsthafte Gedanken darüber machen, wie Sie lebend hier herauskommen*" / Moore: „*Ich mache mir viel ernsthaftere Gedanken über eine Atombomben-Explosion auf einem US-Stützpunkt. Sie können doch unmöglich einen Atomkrieg riskieren wollen. Was passiert, wenn die Amerikaner zurückschlagen?*"); *007* findet aber in Octopussy, deren Vater er im Rahmen einer Mission einst einen „Gesichts-wahrenden" Schritt und einen „ehrenvollen Tod" ermöglicht hat, eine Verbündete, mit deren Hilfe er am Ende die Bombe entschärft und anschließend Khan sowie dessen „riesenhaften" indischen Bodyguard Gobinda (in Angedenken an den „Beißer" oder an „Odd Job": Kabir Bedi) zur Strecke bringt (KGB-Chef „Gogol" Walter Gotell, der seinerseits für „General Orlov's" Ende gesorgt hat, im Büro von „M": „*Hiermit erkläre ich verbindlich, meine Regierung ist der Auffassung, dass dieser Vorfall niemals stattgefunden hat*"); wie gesagt, um hier nochmals auf das Duo Moore & Maud Adams zurückzukommen, „Octopussy" Maud Adams hat, wie einst Barbara Bach in *Der Spion, der mich liebte*, eine Art „*equality*"-Status neben Bond und die gemeinsamen Szenen, inklusive der Bond-Film-üblichen „*seduction-scene*" (Adams: „*Bei einem bezahlten Killer*

brauch ich mich nicht zu entschuldigen für das, was ich bin" /
Moore: *„Du hast recht, wir sind uns sehr ähnlich"* / Maud
Adams: *„Oh, James…"*), sind getragen von einer gewissen
„warmth", von einer *„glaubwürdigen* romantischen Connec-
tion", also von etwas, was man in der ein wenig „eisigen Verbindung" zwischen Moore & Carol Bouquet in *„For Your Eyes
Only"* vermisst hat; man kann demnach, um das hier noch ein-
mal klar festzuhalten, die gebürtige Schwedin Maud Adams
(Jahrgang 1945), retrospektiv betrachtet, problemlos als jene
„Bond-Woman" bezeichnen, die *am allerbesten* zu Roger Moore
gepasst hat; grundsätzlich muss man auch hervorheben, dass
jene Szenen, die in den luxuriösen Palästen von „Kamal Khan"
& „Octopussy" spielen, visuell äußerst ansprechend gestaltet
sind, vor allem auch der gegen Ende stattfindende akrobatische
„Break-In" von Maud Adams' „weiblicher Leibgarde" rund um
„Magda" Kristina Wayborn in „Khan's" sogenannten *„Monsoon
Palace"*, allerdings wurden die diversen „Straßen-Szenen" im
„India-Part" des Bond-Movies, die nicht ganz frei von Indien-
Klischees sind, leider nicht *„on location"*, sondern im Studio ge-
dreht, was den angestrebten *„exoticism"* ein wenig „herunter-
schraubt"; erwähnenswert im *„Villain"*-Zusammenhang sind mit
Sicherheit auch „Mischka" & „Grischka", jene „bösen, messer-
werfenden" Zwillinge, die Bond's Kollegen *„009"* auf dem Ge-
wissen haben (Moore im Original zu „Grischka" Anthony
Meyer, nachdem er ihn im Rahmen eines Kampfes mit einem
seiner Wurfmesser getötet hat: *„And that's for 009"*); dass der

Bond-Darsteller Moore in *Octopussy* nicht mehr ganz „jung" aussieht, habe ich schon angedeutet, aber auch das „*aging*" von „Miss Moneypenny" Lois Maxwell, die ja sozusagen „von Anfang an", also: von *Dr. No* an, mit dabei war, wird auf eine äußerst charmante Art & Weise im Rahmen einer ausnehmend gelungenen James- & Moneypenny-Szene thematisiert, denn Maxwell wurde „in M's Vorzimmer" eine „junge Kollegin", „Miss Penelope Smallbone", zur Seite gestellt, was „*007*" Roger Moore dazu veranlasst, seine „alte Verbundenheit" mit „Moneypenny" Lois Maxwell zum Ausdruck zu bringen (Moore: „*Was soll ich dazu sagen, Moneypenny? Ich finde, sie ist genauso attraktiv und charmant, wie…*" / Maxwell: „…*Wie ich es einmal war*" / Moore: „*Und noch sind*" / Maxwell: „*Sie sind wirklich ein Schmeichler, James*" / Moore: „*Nein, Moneypenny. Sie wissen, es gab nie jemanden und es wird auch nie jemanden geben außer Ihnen*" / Maxwell: „*Ein hübscher Spruch*"); neben der erfreulichen Tatsache, dass im 83er-Bond-Film nicht nur Maud Adams „*back*" ist, sondern auch der Komponist John Barry, muss man außerdem den von vielen als „mittelmäßig" eingestuften „Titel-(Sequenz-)Song" von Rita Coolidge (z. B.: 1973: „*Full Moon*", ein Album gemeinsam mit Kris Kristofferson / 1984: „*Love Came for Me*", eine Art „Love Theme" für den Film *Splash – Eine Jungfrau am Haken*) hervorheben, „*All Time High*", den ich persönlich, wie ich bereits in „*Ein Quantum Bond 2*" zum Ausdruck gebracht habe, „*really wonderful*" finde – „*Funny how it always goes with love, when you don't look, you find / But then we're two of a kind, we move as one / We're an all-time high*" (Copyright: *Rita Coolidge*)].

„Jennifer" tut so, als ob es um Arnie gehen würde [JENNIFER ROGERS: „*Er ist im Badezimmer und spielt mit seinem Frosch*"], was den Doktor, der glaubt, dass es um den „dead man" gehen würde, eher verwundert [DR. GREENBOW: „*Oh, äh*"]. „Sam" ergreift ebenfalls die Initiative und führt den „medicine man" ins Badezimmer. Der Deputy Sheriff hat aber nicht lange Zeit, sich über das Ganze zu wundern, denn „from outside" ertönen Hupgeräusche… „Someone must be foolin' around my car!".

Der „alarmierte" Wiggs eilt nach draußen, und als er das Haus verlassen hat, setzt sich Miss Gravely erleichtert auf die Couch.

„Outside the Rogers-House" stellt sich heraus, dass…der Captain gar nicht „nach Hause" gegangen ist, sondern offenbar irgendeinem „Projekt" bei Calvin Wiggs' „Luxuskarosse" nachgeht.

„It ain't your car!" – Wiggs ist empört über das Verhalten des „alten Seefahrers" [DEPUTY SHERIFF WIGGS: „*Lassen Sie gefälligst meine Hupe in Frieden!* […]"].

„The old Captain"… „We're looking for a car" …behauptet dann, dass das alles nur deswegen gewesen sei, weil er auf der Suche nach einem „new car" für sich und Miss Gravely wäre [CAPTAIN WILES: „*Was haben Sie sich denn so, Calvin? Miss*

Gravely und ich, wir wollten uns einen Wagen anschaffen, je-denfalls sind wir dauernd auf der Suche"].

Der „driver", der ja „nebenberuflich" in gewisser Weise „Autohändler" ist, gibt sich weiterhin ungehalten und meint, dass das Auto, das der Captain sogar als „Prachtstück" bezeich-net hat, gefälligst auch ein „Prachtstück" bleiben solle [Reaktion von CAPTAIN WILES: *„He, he, so spricht man aber nicht mit einem zukünftigen Kunden, mein Lieber!"*].

Nachdem er klargemacht hat, dass er den Captain sicherlich nicht als „potential customer" betrachtet [DEPUTY SHERIFF WIGGS: *„Sie werden doch nie im Leben mein Kunde. Sie können sich so einen Wagen doch gar nicht leisten"*], fährt Wiggs, im-mer noch leicht empört, mit seinem „car" davon.

„Inside the Rogers-House" stellt die Hausherrin dem „pain-ter"… „What'd the doctor say?" …die Frage, was der Doktor für eine „Diagnose" bezüglich „Harry" gestellt hat [Antwort von SAM MARLOWE: *„Er hatte so einen merkwürdigen Ausdruck in den Augen. Irgendetwas gefiel ihm nicht"*].

Dann…betritt der Captain das Haus wieder und Miss Gra-vely fragt ihn, ob er denn „seine Angst" überwunden habe, wo-raufhin er sich als „fearless" bezeichnet und als „kreuz und quer durch die Welt gesegelter Abenteurer, der viel schlimmeren Per-sonen als Calvin Wiggs begegnet sei" [CAPTAIN WILES: „[…] *Mir konnte nicht mal der Klabautermann einen Schrecken ein-jagen. Nach all den abenteuerlichen Jahren, in denen ich kreuz und quer durch die Welt gesegelt bin. Da bin ich an sehr viel unangenehmere Wesen geraten.* [...]".

Doch mitten in der „Angeberei" hat er das Gefühl, Miss Gravely... „*What is wrong with me? / What is wrong with me? / What is what I need?*" [Copyright: *Nirvana*] ...„reinen Wein" einschenken zu müssen und ihr zu gestehen, dass er... „only a tugboat captain" gewesen ist [CAPTAIN WILES: „*Miss Gravely, was würden Sie sagen, wenn Sie erfahren würden, dass ich immer nur Captain auf einem Schlepper war, auf dem East River, und dass ich nie mehr als eine Meile vom Ufer entfernt war*"].

Miss Gravely scheint das nichts auszumachen und sie gibt ihm zu verstehen, dass das... „*I wish I could eat your cancer when you turn black*" [Copyright: *Nirvana*] ...für sie „überhaupt nichts an ihren `Feelings` ändert" [MISS GRAVELY: „*Ich würde sagen, dass Sie der stattlichste Schlepper-Kapitän sind, der je auf dem East River gefahren ist*" / Reaktion von CAPTAIN WILES – „verlegen": „*Oh, Miss Gravely, nein...*"].

„Back to the trouble with Harry"...der Captain kommt schließlich thematisch zurück zu dem „dead man" und er greift in seine Taschen und...holt das „pair of shoes" daraus hervor, welches „Harry" gehört hat und welches der Deputy Sheriff offenbar in seinem Wagen „mitgeführt" hat [Reaktion von JENNIFER ROGERS: „*Aber, Captain!*"; // *Anmerkung*: „Another famous Dead Body within Film History": „MAX ZORIN" CHRISTOPHER WALKEN: „*Sie haben verloren, 007*" / „JAMES BOND 007*" ROGER MOORE: „*Es war ein Fehler, Tibbett zu töten*" /

MAX ZORIN: *„Ich bin dabei, den gleichen Fehler wieder zu machen"* / JAMES BOND 007: *„Meine Abteilung weiß, dass ich hier bin. Wenn Sie mich umbringen, rächen sie sich"* / MAX ZORIN: *„Wenn Sie der Beste sind, den sie haben, dann werden sie ihre Inkompetenz eher geheim halten"* / JAMES BOND 007: *„Seien Sie da nicht so sicher, Zorin"* / MAX ZORIN: *„Sie machen mir Spaß, Mr. Bond"* / JAMES BOND 007: *„Sie mir nicht unbedingt"* (aus: *Im Angesicht des Todes*; Dialog zwischen dem „psychopathischen Haupt-Bösewicht" Christopher Walken und dem „besten Mann beim MI6" Roger Moore; die Unterhaltung findet nach einer „*Steeplechase*"-Verfolgungsjagd auf „Max Zorin's" Grundstück statt und neben einem silbernen Rolls Royce, in dem sich die Leiche des von „May Day" Grace Jones zuvor gekillten Bond-Mitstreiters „Sir Godfrey Tibbett" Patrick Macnee befindet) – wenn man den „Suspense-Meister" Hitchcock wirklich in „Ur-Verantwortung" für die James-Bond-Serie sieht, so muss man wahrscheinlich froh sein, dass der 1980 verstorbene Alfred Hitchcock gleichsam „das nicht mehr erlebt hat", denn Roger Moore's finaler *007*-Auftritt *„A View to a Kill"* (OT) aus 1985 zählt gewiss zu den *„most hated"* Bond-Filmen und ist auch in den diversen „Ratings" & „Rankings" meist ganz unten oder hinten angereiht; sicherlich, Roger Moore ging damals auf die 60 zu und sein Alter machte die präsentierten Stunts zunehmend „unglaubwürdiger" und einige Passagen wirken wie aus einem „08/15-Actionfilm der 80er-Jahre" entnommen, aber *Im Angesicht des Todes* war wohl der erste James-Bond-Film, den ich

„*in my life*" gesehen habe, und genauso wie bei *Mad Max – Jenseits der Donnerkuppel* mit Mel Gibson oder wie bei *Rambo II – Der Auftrag* mit Sylvester Stallone oder auch wie bei *Phantom Kommando* mit Arnold Schwarzenegger, die im selben Jahr rausgekommen sind und die ebenfalls keine wirklich guten Filme sind, bleibt eine gewisse, wenn man so will, „emotionale Verbundenheit" zu dem Werk, zu dem „*good old*" Roger Moore und speziell auch zu dem *brillanten* Titelsong von Duran Duran – „*Meeting you with a view to a kill*"; „*Sir Godfrey, im Dienst bin ich sogar bereit, mich selbst zu opfern*" (Moore zu Patrick Macnee im Angesicht von „Stacey Sutton" Tanya Roberts) – zu den Grundzügen der Story: Nachdem Bond im winterlichen Sibirien bei der Leiche von *003* einen Mikrochip gefunden und seine russischen Verfolger erfolgreich abgehängt hat, ergibt sich „*the impression*", dass der KGB sozusagen neuartige Chip-Technologie „*leaked*"; *007* erhält von „M" in der Folge den Auftrag, einen genaueren Blick auf den Geschäftsmann & Unternehmer Max Zorin zu werfen, dessen Übernahme eines Mikrochip-Unternehmens mit dem auftretenden „*leak*" zeitlich koinzidiert; zunächst findet Bond zusammen mit seinem Kollegen Sir Godfrey Tibbett heraus (großartiges Set: die „*stables*" in Chantilly, Frankreich), dass Zorin mit der Hilfe des Nazi-Wissenschaftlers Dr. Carl Mortner (Willoughby Gray) Rassepferde mit Steroiden dopt, damit diese in Rennen siegreich sind, wobei der „psychotische" Zorin selbst Produkt eines Nazi-Experiments von Mortner ist (Moore zu Tanya Roberts, im San-Francisco-Teil des Films: „*Don't bother, Stacey. He's a psychopath*") sowie dem KGB angehört (KGB-Chef „General Gogol" Walter Gotell zum „*Comrade*" Christopher Walken im Original, dem er vorwirft, sich nicht an die Regeln zu halten: „*No one ever leaves the KGB*"); da eine gewisse Stacey Sutton in Frankreich von Zorin einen Scheck über fünf Millionen Dollar erhalten hat, „*for whatever reasons*", folgt Bond ihr nach San Francisco, wo er die Geologin und Erbin von „Sutton Oil", jener Firma, für die ihr Zorin, der dort über „*oil fields*" verfügt, den Scheck überreicht hat, zunächst in ihrem Haus vor Zorin's Killern rettet (Tanya Roberts zu Moore: „*Es war hinreißend, wie Sie diese Kerle abgefertigt haben*"); die beiden, Bond und Sutton, finden in der Folge heraus, dass Zorin im Rahmen seiner „Operation Mainstrike" und mit der Hilfe einer unterirdischen Bombe das Silicon Valley fluten möchte, was wie eine gigantische Naturkatastrophe aussehen und ihm selbst die Vorherrschaft am Mikrochip-Markt sichern würde; mit Sutton's Hilfe sowie mit der Hilfe von Zorin's „*girlfriend*" und „*bodyguard*" May Day, die dieser ohne zu zögern zugunsten seines Plans opfern wollte (Grace Jones zu Roger Moore: „*Sie dürfen Zorin nicht entkommen lassen!*"), verhindert *007* das Erdbeben, tötet Zorin, wird von Gogol zum Dank für die Lösung des „*Comrade Zorin*"-Problems für den Lenin-Orden vorgeschlagen (Walter Gotell zu „M" Robert Brown: „*Der Lenin-Orden für James Bond. Er wird zum ersten Mal einem ausländischen Staatsbürger verliehen*") und duscht

„*in the end*" zusammen mit Sutton in deren Haus…; „*Taxi! Folgen Sie dem Fallschirm!*" (Roger Moore zu einem „*French Taxi Driver*" beim Eiffelturm) – nun, der ein wenig *Goldfinger*-artige Plot von *Im Angesicht des Todes* folgt gewiss der eingespielten „Bond-Formel", aber das viel kritisierte Werk hat auch seine „guten Aspekte"; zu diesen „*high points*" zählt gewiss die Ermordung des französischen Privatdetektivs und „Zorin"-Verfolgers „Achille Aubergine" (Jean Rougerie) im Beisein von Moore in einem Restaurant im Eiffelturm, wobei die „Mörderin" Grace Jones, die „Aubergine" mit dem Haken eines an einer Angelrute befestigten Plastik-Schmetterlings getötet hat (Moore zu den Kellnern: „*In seiner Suppe ist eine Fliege*"), dann eine spektakuläre Flucht vom Eiffelturm mit einem Fallschirm hinlegt, die in der Folge, da Moore sich an ihre Fersen heftet und sie verfolgt, eine Menge „*chaos*" in der Stadt hinterlässt und erst nach einiger Zeit auf einem gerade auf der Seine fahrenden Boot endet, wo Bond schließlich in Gewahrsam genommen wird (Dialog zwischen „M" Robert Brown & Roger Moore nach dem „Vorfall": Brown: „*Darf ich Sie daran erinnern, dass dieses Unternehmen diskret ablaufen sollte. Der Schaden beträgt über sechs Millionen Franc. Dazu kommt noch eine Geldstrafe wegen Übertretung der meisten Paragrafen des Code Napoleon*" / Moore: „*Unter den gegebenen Umständen hielt ich es für bedeutend wichtiger, den Mörder zu identifizieren*"); ein richtiges „Geschenk", vor allem für *Mit Schirm, Charme und Melone*-Fans, ist die Partizipation von Patrick Macnee, der von Grace

Jones in einer durchaus „Suspense-reichen" Szene in einer Waschanlage ermordet wird, in der Jones „sich plötzlich vom Rücksitz erhebt" und den „Fahrer" Macnee erwürgt; *„Gut gemacht, alter Knabe"* (Moore zu Macnee) – Patrick Macnee gibt ja auf dem französischen Landsitz von Walken, wo eine Art Pferdeauktion stattfindet, den „Chauffeur & Diener" von Moore, was zu zahlreichen amüsanten *„Master and Servant"*-Gesprächen zwischen den beiden führt, die, da die Gespräche im Zimmer abgehört werden, dann einfach mittels Tonband eine Fortsetzung finden, um den Abhörvorrichtungen gleichsam „harmlosen Stoff" zu liefern; regelrecht „symbolträchtig" ist jene Szene, in der dann ein zuvor niedergeschlagener und bewusstloser Moore sowie der tote Macnee nebeneinander auf der Rückbank des Rolls Royce platziert sind und von Grace Jones samt Wagen in einem See versenkt werden, denn hier sitzen gleich *zwei echte Ikonen* des „filmischen Agenten-Business", „James Bond *007*" & „John Steed", nebeneinander in einem Auto und sollen eine „See-Bestattung" erhalten; durchaus gelungen auch die erste Szene, in der man Christopher Walken in seinem Luftschiff sieht, das dann auch beim Finale auf der Golden Gate Bridge eine Rolle spielt, und in der er, Gert Fröbe in *Goldfinger*-„*like*", seinen Finanziers die „Operation Mainstrike" erklärt, denn als einer der Männer schließlich von dem Unterfangen nichts wissen will, wird dieser von Grace Jones, die eine vorzügliche und äußerst athletische und vor allem reichlich ausgefallene *„henchwoman"* abgibt, aus dem Raum geführt und aus dem

Luftschiff hinunter ins Meer befördert (Frage von Walken an seine Geschäftspartner, als Grace Jones wieder von der Aktion zurück im Besprechungsraum ist: *„Entschuldigung, noch irgendjemand, der aussteigen möchte?"*); oft wurde im *„A View to a Kill"*-Zusammenhang auch davon gesprochen, dass der Film über *„no good Bond-Girls"* verfüge, aber das Problem zwischen Moore und „Haupt-Bond-Girl" Tanya Roberts ist, dass die beiden fast keinerlei „brauchbare" oder witzige Dialoge miteinander haben, außer vielleicht jenen übers Kochen (Roberts, die ihre Katze füttern will: „[...] *Haben Sie auch Hunger? Aber ich bin eine miserable Köchin"* / Moore: *„Kann ich Ihnen helfen?"* / Roberts: *„Sie können kochen?"* / Moore: *„Eins meiner Hobbys**"; *Moore serviert Roberts wenig später dann eine *„Quiche de cabinet"*), denn ansonsten darf Roberts nur permanent nach Hilfe rufen, soll heißen: nach *„James!"*; besser sind dann schon die Szenen zwischen Moore und der von „Gogol" ausgesandten russischen Spionin „Pola Ivanova" Fiona Fullerton in einem Whirlpool bei „Nippon Relaxation Spa" in San Francisco (Fullerton, nachdem Moore eine Kassette mit Tschaikowsky-Musik eingelegt hat und auf die „Détente", die Verbesserung zwischenstaatlicher Beziehungen, anspielend: *„Tschaikowsky. `Entspannung` kann so wunderbar sein"* / Moore: *„Es ist nicht der Zeitpunkt, über Politik zu diskutieren"*); Apropos „Musik": Wenigstens hat man den *„so old / so out of shape"*-Eindruck, den Roger Moore auf das meiste Kinopublikum in *Im Angesicht des Todes* seinerzeit gemacht hat, nicht noch dadurch verstärkt, dass man ihm zum Abschied auch noch einen „lahmen" Titelsong „mit auf den Weg in die *007*-Pension" gegeben hat, denn Duran Duran's „*A View to a Kill*" bleibt einer der besten Titelsongs der Bond-Geschichte und ist auch mein persönlicher „*title-song*"-Favorit: „*A chance to die, but can we / Dance into the fire / That fatal kiss is all we need / Dance into the fire / To fatal sounds of broken dreams / Dance into the fire*" (Copyright: *Duran Duran*)].

Der „Tugboat-Captain" meint, dass er sich mit der Aktion bei Wiggs' „car" eben „um die andere Hälfte des Beweismaterials" kümmern wollte, was zur Begeisterung bei seinen drei „accomplices" führt und ihm… „You're the sweetest little tugboat captain I ever kissed" …einen Kuss auf die Wange „by Jennifer Rogers" einbringt.

„*But if home is where the heart is / Then there's stories to be told / No you don't need a doctor / No one else can heal your soul*" [Copyright: *Guns N' Roses*] ...der Doktor kommt zurück in das Wohnzimmer und er wird sofort nach seiner „professionellen Meinung bezüglich Harry" gefragt, wobei die „Diagnose" das Quartett umgehend in Erstaunen versetzt [DR. GREENBOW: „*Ach so, ja, äh, nichts Besonderes, er hat einen Herzschlag erlitten*"].

„His heart?!" – nachdem sich diese „Harry starb eines natürlichen Todes"-Nachricht einigermaßen „gesetzt" hat [Kommentar von CAPTAIN WILES: „*Also war die ganze Schufterei umsonst.* […]"], will der Mediziner wissen, was die Leiche eigentlich „halbangezogen in der Badewanne" macht, woraufhin ihm

Jennifer erklärt, dass man sie dort vor dem Deputy Sheriff versteckt habe. Außerdem spricht „Mrs. Rogers" davon, dass der „dead body" schon etwas „schmuddelig" gewesen sei, als man ihn ausgegraben habe.

„Dug him up?!"…der Doktor ist sich nicht sicher, ob er richtig gehört hat, und „Jennifer" startet einen Erklärungsversuch [JENNIFER ROGERS: *Also, Harry wurde heute mehrmals beerdigt und ausgegraben. Schließlich wurde die Situation immer komplizierter und, äh, bis wir uns entschlossen haben, ihn abzuwaschen, denn so konnte man ihn ja niemandem zeigen…*"].

Auf eine „What complications"-Frage von Greenbow hin geht Rogers dann ins Detail und erzählt ihm quasi „the whole trouble with Harry" noch einmal von vorne, und sie berichtet ihm vom Captain, der zunächst geglaubt habe, er hätte „Harry" erschossen, wobei „the hole in the head" dann in Wahrheit von Miss Gravely's Spazierstock gestammt habe, als man sie „in die Büsche zerren wollte" [DR. GREENBOW: *Captain Wiles ist mit Miss Gravely in die Büsche?*"].

Nachdem klargestellt ist, dass „Harry" der Täter war und offenbar geglaubt habe, dass es sich bei Miss Gravely um „Jennifer" handle, da er noch immer durcheinander von der Milchflasche gewesen sei, die er zuvor beim Rogers-Haus an den Kopf bekommen habe, führt die Hausherrin ihre „Then the body was out and back"-Ausführungen weiter und erzählt auch von den „wedding plans", die „Sam" und sie hegten, die dann letztendlich zu einer weiteren „Rückholung der Leiche" geführt hätten…

„What else should I be? / All Apologies / What else should I say?
/ Everyone is gay" [Copyright: *Nirvana*].

Da der Doktor allmählich reichlich „confused" angesichts dieser „abenteuerlichen Story" wirkt, macht ihm „Jennifer" den Vorschlag, „Harry" „morgen" „nice and clean" zu seinem...

„Take me down to the Paradise City / Where the grass is green and the girls are pretty" [Copyright: *Guns N' Roses*] ...ursprünglichen „Liegeplatz" auf dem „hillside" zurückzubringen, unter der Voraussetzung, dass er, der Doktor, niemandem etwas weitererzähle.

Greenbow will mit der Sache offenbar nichts mehr zu tun haben [DR: GREENBOW – zutiefst genervt: *„Bringen Sie ihn zurück, bringen Sie ihn zurück, das ist alles! Bringen Sie ihn um Gottes Willen wieder zurück, damit ich von diesem Alpdruck befreit werde...*"] und verlässt umgehend das Rogers-Haus [Kommentar von JENNIFER ROGERS: *„Er war so eigenartig, nicht wahr?*"; // *Anmerkung*: Exkurs: „`Read Truffaut's Book of published Conversations with Alfred Hitchcock` Teil 2" oder „Ein Pseudo-Thriller": „DAVID ROBERTSON" CHARLES MULVEHILL: *„Wunderschön. Finden Sie nicht auch?"* / „DAVID LOCKE" JACK NICHOLSON: *„Wunderschön? Ich weiß nicht recht"* / DAVID ROBERTSON: *„Es ist so still. Eine Art von Warten"* / DAVID LOCKE: *„Für einen Geschäftsmann scheinen Sie ungewöhnlich poetisch zu sein"* / DAVID ROBERTSON: *„Finden Sie? Übt die Wüste auf Sie nicht die gleiche Wirkung aus?"* / DAVID

LOCKE: „*Nein, ich ziehe Menschen den Landschaften vor*" / DA-VID ROBERTSON: „*Es gibt Menschen, die in der Wüste leben*" (aus: *The Passenger*; Gespräch zwischen den „Afrika-Reisenden" Nicholson & Mulvehill, der eine Journalist, der andere Waffenhändler, das im Rahmen einer Rückblende präsentiert wird; die beiden befinden sich im Tschad und in der Nähe ihres Hotels und blicken in Richtung „*desert*") – ein wenig „eigenartig", wie im Grunde jeder Film von Michelangelo Antonioni, kommt auch „*The Passenger*" (engl. Verleihtitel) / OT: „*Professione: Reporter*" aus dem Jahr 1975 daher, den ich bereits in meinem Buch „*Hitchcock Vol. 2 – More Movies To Be Murdered By*" erwähnt habe, denn *Beruf: Reporter*, so der deutsche Verleihtitel, ist eher ein „Anti-Drama" und ein „Pseudo-Thriller" geworden als ein „*suspenseful thriller-film*" im Hitchcock'schen Sinne, eine sehr lange, „schwer fassbare" und „elaborierte" Verfolgungsjagd, die im Tschad beginnt und in einem kleinen Städtchen im Süden von Spanien endet, und Antonioni hält sich dabei, wenig überraschend, an so gut wie keine „Suspense-Regel", die Alfred Hitchcock „aufgestellt" oder an François Truffaut in den Interviews „weitergegeben" hat; an der italienischen Regie-Legende Michelangelo Antonino haben sich in den 1970er-Jahren bereits „die Geister geschieden", denn einerseits galt Antonioni für viele als einer *der* europäischen „Meister des Kinos", andererseits wurden seine erstaunlich „humorlosen" Werke, wie eben *Die Nacht*, wie „*L'eclisse*" (1962; mit Monica Vitti & A-lain Delon) oder wie *Die rote Wüste*, oftmals als „prätentiös &

langweilig" betrachtet; Antonioni's erster englischsprachiger Film, das „Ein-Modefotograf-fotografiert-zufällig-einen-Mord-in-einem-Park"-Werk *Blow Up*, das ich ja zu Beginn der *Immer-Ärger-mit-Harry*-Zusammenfassung erwähnt habe, wurde zu einem, wenn man's so ausdrücken will, „*bizarre commercial success*", der eher „untypisch" für den Filmemacher war, wobei man Antonioni's „Erfolg", wie's einmal ein „*Antonioni-Expert*" geschrieben hat, ohnehin nie wirklich „nach finanziellen Maßstäben" beurteilen konnte; wie auch immer: Der Italiener hatte seinerzeit einen „*three-picture deal*" mit MGM und *The Passenger* (der englische Titel trifft den Kern des Films irgendwie weit besser als der italienische Originaltitel und eben der deutsche Titel) war sozusagen die Erfüllung dieses Deals, der mit *Blow Up* begonnen hatte, wobei der zweite Film, das „*Drugs, Revolution, Hippies in Death Valley*"-Werk *Zabriskie Point* von 1970, Antonioni zu so etwas wie einem „desaströsen Flop" geraten war; das nötige Geld, um *The Passenger* zu drehen, wurde letztendlich dadurch aufgetrieben, dass es Antonioni gelang, „*two big names / two of the hottest actors around*" für sein Projekt zu engagieren, Jack Nicholson, der gerade *Chinatown* mit Polanski gedreht hatte und ohnehin europäischen Filmkünstlern wie Ken Russell (1975: *Tommy*) oder Milos Forman zugetan war, und Maria Schneider, die nach ihrer „*sexually explicit perfomance*" an der Seite von Marlon Brando in Bernardo Bertolucci's „*smash hit*" und kontroversiellem „Essay über männliche Sexualität" *Der letzte Tango in Paris* ebenfalls als „großer Star" galt;

allerdings war auch Antonioni's Approach, was Schauspielerinnen & Schauspieler betraf, etwas eigentümlich, denn er betrachtete sie als so etwas wie „lebende Pigmente“, mit denen er sozusagen die Leinwand „bemalen“ konnte, seine *cinematographic landscape* „bepinseln“, *„Don't act, just say the lines and make the movements“*, war zum Beispiel eine typische Antonioni-Anweisung an seine *„actors and actresses“*, also im Sinne von „Sprecht euren Text und schauspielert ihn nicht!“ oder dergleichen; allerdings ist *The Passenger / Beruf: Reporter* ein Werk, in dem es grundsätzlich wenig *„dialogue“* gibt und in dem Antonioni eher „die Bilder sprechen lässt“; *„Verdammt nochmal, was machst du hier bei mir?“* (Nicholson zu Maria Schneider) – zur Story: Der ausgebrannte *„television reporter“* David Locke versucht einen Dokumentarfilm über Afrika fertigzustellen, der ihn in den Tschad (Nicholson zu einem einheimischen Jungen: *„Do you speak English? Vous parlez Français?“*) geführt hat, wo er Kontakt zu den Rebellen aufnehmen möchte, der sogenannten „Vereinigten Befreiungsfront“, die einen Kampf gegen das aktuelle Regime führt; in seinem Hotel findet er, nach einem missglückten Trip in die Wüste (Nicholson, nachdem er mit seinem Geländewagen im Sand stecken geblieben ist, verzweifelt schreiend: *„Das ist mir egal!“*), den *„dead body“* von David Robertson, mit dem er zahlreiche Gespräche geführt und sich angefreundet hatte; der „Geschäftsmann“ Robertson ist durch einen Herzinfarkt verstorben und Locke, der die Chance sieht, sein altes Leben, dessen er überdrüssig ist, hinter sich lassen, vollführt einen (durchaus „Hitchcock-artigen") *„Identity-Switch"* mit Robertson, was heißt, dass man Locke für tot erklärt (ein Vertreter der tschadischen Regierung in einem Botschaftsgebäude in London zu Locke's Frau „Rachel", gespielt von Jenny Runacre: *„Ihr Mann starb an einem Herzanfall"*); es stellt sich aber in der Folge heraus, dass Robertson ein *„arms dealer"*, ein Waffenhändler, war, der die „Vereinigte Befreiungsfront" beliefert hat, und als Locke mit seiner neuen Identität quer durch Europa reist, sozusagen „auf den Spuren von Robertson", trifft er in München nicht nur auf Exponenten der tschadischen Rebellen, sondern in Barcelona auch auf eine (von Schneider gespielte) attraktive junge Architekturstudentin, die ein großer „Gaudí-Fan" ist (Dialog zwischen Nicholson & Schneider in dem von Gaudí errichteten „Casa Milà": Schneider: *„Wer sind Sie?"* / Nicholson: *„Bisher war ich ein anderer, aber den hab' ich umgetauscht. Und was ist mit Ihnen?"* / Schneider: *„Was soll sein? Ich bin in Barcelona und…und ich spreche mit jemandem, der vielleicht ein anderer ist"*); auf dem gemeinsamen *„journey"* werden die beiden (Dialog über „Locke's Zukunftspläne" in einem „kleinen spanischen Café am Straßenrand": Nicholson: *„Tja, ich glaube, ich werde Barkellner in Gibraltar"* / Schneider: *„Zu auffällig"* / Nicholson: *„Vielleicht auch ein Schriftsteller in Kairo"* / Schneider: *„Zu romantisch"* / Nicholson: *„Wie wär's mit einem Waffenhändler?"* / Schneider: *„Steht Ihnen nicht"*) dann nicht nur von Locke's *„wife"* Rachel, die das Passfoto von

Robertson im Pass ihres angeblich verstorbenen Mannes gefunden hat, sondern auch von Agenten der tschadischen Regierung verfolgt, die den „`gunrunner` David Robertson" unbedingt tot sehen wollen…; Antonioni hielt Nicholson für einen großartigen Schauspieler, allerdings zwang er den Amerikaner, seine üblichen Manierismen samt dem berühmten „Nicholson-Lächeln" sein zu lassen („*Jack is a great actor, though I tried to control him. He usually makes his numbers in some way. I didn't want that*" – Antonioni über Nicholson); auch Nicholson äußerte sich stets positiv über die Zusammenarbeit mit Michelangelo Antonioni („*That's why he's good. He drives you crazy when you're working for him but he's been one of the greatest influences on film-making in the past three decades. They told me I was the first actor who got along with him in twenty-five years, probably because I gave him the performance he wanted, the one you see is exactly what he wanted*" – Nicholson über „*working with*" Michelangelo Antonioni), obwohl er eingestand, dass der europäische „Filmkünstler" es in gewisser Weise „erfolgreich vermieden" hat, das „melodramatische Potenzial", welches einige *The-Passenger*-Szenen in sich bargen, „aufkommen zu lassen", was natürlich dazu geführt hat, dass das Werk, das die „*patience*" des Publikums auch durch sehr lange und Antonioni-typische Kameraeinstellungen auf die Probe stellt, denn allein die Schluss-Sequenz hat eine Dauer von sieben „völlig Schnitt-freien" Minuten, nicht unbedingt eine „*mass audience*" in die Kinos lockte].

„Well, hadn't we better get Harry dressed?" – als der entnervte „Doc Greenbow" weg ist, erinnert Miss Gravely ihre Mitstreiter daran, „Harry" wieder „anzukleiden", was dazu führt, dass diverse zuvor vor Calvin Wiggs versteckte Kleidungsstücke wieder hervorgeholt werden, und zwar von unter der Couch, von unter einem Couchpolster, von hinter einem Bild, das an der Wand hängt, und aus einer Kommode.

Schließlich macht Jennifer Rogers den Vorschlag, „The Trouble with Harry" durch Arnie zu lösen, denn der soll die Leiche einfach noch einmal im Wald finden, damit man den Fund dann dem Deputy Sheriff melden kann [JENNIFER ROGERS: *„Wär's nicht überhaupt das Einfachste, wenn Arnie ihn* **nochmal** *fände? Dann würde er nach Hause laufen, es mir sagen, und ich rufe Calvin Wiggs an"*].

Marlowe und die anderen stimmen der „Arnie found Harry"-Lösung zu und „Sam" und der Captain setzen dazu an, den „dead man" aus der Badewanne zu holen… „Let's got get Harry. Come on, Captain".

Der nächste Tag… „Such a nice day to throw your life away, such a nice day, to let it go" …ist ein genauso schöner Herbsttag wie jener zuvor, und „Harry" liegt tatsächlich wieder auf dem besagten Waldboden „oben auf dem Hügel".

„Sam" & „Jennifer" sowie der Captain & Miss Gravely sind wieder hinter dem Baumstamm „in Deckung gegangen" und warten auf Arnie, der dann auch sogleich auftaucht [SAM MARLOWE: *„Da kommt er"*].

Der „little boy", der wieder seine „Plastic-Shotgun" bei sich trägt, nähert sich vorsichtig der Leiche, scheint aber... [Kommentar „*from behind the tree trunk*" von JENNIFER ROGERS: „*Na los, Arnie. Lauf nach Hause und erzähl mir alles*"] ...ein wenig zu zögern, den „way" „back home" anzutreten, was ihm weitere für ihn selbst unhörbare „Anfeuerungsrufe" einbringt [SAM MARLOWE – im Original, wobei „Sam" nach der an ihren Sohn adressierten Bezeichnung „*Creep*" einen „strengen Blick" von „Jennifer" kassiert: „*Beat it. You little creep. ...I mean, hurry up, son*"; // *Anmerkung*: Exkurs: „Truffaut-Filme Teil 7: ʹChildhoodʹ / ʹIʹm a Creep, Iʹm a Weirdoʹ / ʹPortrait of the Artist as a Young Manʹ": „JULIEN DOINEL" ALBERT RÉMY: „*Dieser Bengel, das ist doch kaum zu fassen! Dieser Lümmel! Du Strohkopf, das schlägt doch wirklich dem Fass den Boden aus! Wie bist du denn bloß auf die wahnwitzige Idee verfallen, in den Kasten eine brennende Kerze zu stellen?!*" / „ANTOINE DOINEL" JEAN-PIERRE LÉAUD: „*Das war doch zum Gedächtnis an Balzac!*" / JULIEN DOINEL: „*Balzac, Balzac! Jetzt fang bloß noch an zu lügen, dann platzt mir aber der Kragen!* […] *Solange du hier wohnst und von uns ernährt und bekleidet wirst, hast du auch zu folgen! Sonst stecken wir dich in ein Internat, verstanden?!* […]" (aus: *Sie küssten und sie schlugen ihn*; der junge „Balzac-Fan" Léaud wird von seinem „Stiefvater" Albert Rémy im Beisein seiner Mutter übel „zusammengestaucht", da er eine Art „Balzac-Schrein inklusive brennender Kerze" zu Hause in seinem Zimmer errichtet hat, was dann beinahe zu einem Wohnungsbrand geführt hätte) – im Jahr 1959 präsentierte Hitchcock mit *Der unsichtbare Dritte* eines seiner besten und bekanntesten Werke, sein späterer Gesprächspartner François Truffaut hingegen, damals noch so etwas wie ein „strenger und gefürchteter" Filmkritiker in Frankreich, lieferte seinen erfolgreichen Debütfilm *Sie küssten und sie schlugen ihn* / OT: „*Les Quatre Cents Coups*" ab, der, zusammen mit Claude Chabrol's *Schrei, wenn du kannst* (1959; OT: „*Les Cousins*") sowie Alain Resnais' *Hiroshima, mon Amour* (1959), gleichsam am Anfang der „*so called*" Nouvelle Vague stand, die das französische Kino damals, so wie's ein Truffaut-Exeget einmal formuliert hat, aus seinem „Zitadellen-Status" befreit hat, wobei Jean-Luc Godard's berühmtes *Außer Atem* sich zu der Zeit noch „in Vorbereitung" befand bzw. „kurz davor war, gedreht zu werden"; nach seinem Kurzfilm „*Les Mistons*" (OT; 1957; dt. Titel: *Die Unverschämten*) machte sich Truffaut daran, ausgehend von seiner eigenen Kindheit, einige „Kindheits-Episoden" zu schreiben, von denen er die erste Episode mit „*La Fugue d'Antoine*" betitelte, und „*La Fugue d'Antoine*" handelte von einem Jugendlichen, der sich nicht mehr nach Hause traut und die Nacht in Paris verbringt; letzten Endes wurde daraus ein Spielfilm über einen 13-Jährigen, der am Anfang des Antoine-Doinel-Zyklus steht, der noch aus drei weiteren durchwegs gelungenen Spielfilmen (1968: *Geraubte Küsse*; 1970: *Tisch und Bett*; 1978: *Liebe auf der Flucht*)

233

sowie einem Kurzfilm (1962: *Antoine und Colette*) besteht, wobei ich persönlich vor allem *Tisch und Bett* und das „puzzleartige" *Liebe auf der Flucht* schätze, in dem „Antoine Doinel" zum Schriftsteller geworden ist und einen autobiografischen Roman namens „Liebessalat" („*Les salades de l'amour*") verfasst hat; „*Le sosie de Truffaut*" – sicherlich ist „Antoine" in vielerlei Hinsicht eine Art „Doppelgänger" Truffauts, und vieles, was Truffaut „durchgemacht und nicht vergessen hat", ist in den Film eingeflossen; „*Wir haben einen jungen Dichter in unserer Klasse. Vorläufig steht er allerdings mit dem Versmaß noch auf Kriegsfuß*" (sarkastisch gemeinte Aussage des „Französischlehrers" Guy Decomble über das „Problemkind Antoine Doinel") – zu den Eckpfeilern der Story: Antoine ist ein schlechter Schüler, schwänzt gerne, lügt, wird dafür bestraft, liest gerne Balzac und geht gerne heimlich in die Pariser Kinos im Stadtteil Pigalle und am Place de Clichy, wobei er sich mit seinem Stiefvater, zunächst, etwas besser zu verstehen scheint als mit seiner Mutter Gilberte (Claire Maurier), die einen Liebhaber hat und von der er durchwegs schlecht behandelt wird (Léaud zu Albert Rémy über seine Mutter: „*Sie hat mich angemeckert, weil ich das Mehl vergessen hab*" / Rémy: „*Ach, du bist der Nagel zu ihrem Sarg. Du weißt doch, dass deine Mutter so schwache Nerven hat. Musst du sie denn immer ärgern?*"); nachdem ihm bereits eine „unerhörte Lüge", er hat als Entschuldigung für seine schulische Absenz quasi seine Mutter „sterben lassen" (Claire Maurier: „*Sag mir nur eins. Warum hat er* **mich** *und nicht dich sterben*

lassen?!" / Albert Rémy: „*Das ist eine reine Sympathiefrage*"),
beinahe einen Schulverweis eingebracht hat, landet das vernach-
lässigte „*problem child*" eines Tages dann nach einem Diebstahl
auf der Polizeiwache und schließlich in der Jugendstrafan-
stalt...; „*Rien n'est inventé*" – obwohl *Sie küssten und sie schlugen ihn* keine Biografie im herkömmlichen Sinne ist, so ist
nichts daran *nur* fiktional, ausschließlich erfunden („*Nichts ist
erfunden. Was nicht mir persönlich passiert ist, ist Bekannten
von mir passiert. Jungen in meinem Alter. Oder Leuten, deren
Geschichten ich in der Zeitung las*" – F. Truffaut); nun, Truffaut
war ein Regisseur, der, ähnlich wie der „*E.T. the Extra-Terrest-
rial*"-Regisseur Steven Spielberg, außergewöhnlich gut Kinder
oder Jugendliche inszenieren konnte, man denke da auch an seinen Film *Taschengeld* (OT: „*L'Argent de poche*") von 1976,
aber die Besetzung von Jean-Pierre Léaud (Jahrgang 1944), die
mehr oder weniger durch eine Casting-Anzeige in der Tageszei-
tung *France Soir* zustande kam, war wohl ein besonderer
Glücksgriff, denn Léaud verlieh „Antoine Doinel" Emotion &
Vitalität („*Ich glaube, am Anfang hatte Antoine Doinel viel von
mir. Aber Jean-Pierre Léaud's sehr starke Persönlichkeit
brachte mich oft dazu, das Drehbuch zu ändern. Antoine Doinel
ist also eine imaginäre Figur, die etwas von uns beiden hat*" –
F. Truffaut); besonders „*touching*" ist beispielsweise jene Szene
geraten, in der „Antoine" durch die Gitter eines Polizeibusses
hindurch, der ihn ins Erziehungsheim bringt, noch einmal auf

das nächtliche Paris blickt und dabei irgendwann zu weinen beginnt; fantastisch sind auch die Schluss-Sequenzen des Werks, in welchen man Jean-Pierre Léaud, nachdem er aus dem Heim getürmt ist, fortwährend/ununterbrochen/gefühlt „endlos" *laufen* sieht, und zwar so lange, bis er am Meer/an einem verlassenen Strand angekommen ist, direkt in die Kamera blickt und der Schriftzug „*Ende*" erscheint; Truffaut widmete seinen Film dem *Cahiers-du-Cinema*-Gründer André Bazin, der gleichsam am Abend des ersten Drehtages von *Sie küssten und sie schlugen ihn* verstorben war, denn er betrachtete Bazin als eine Art „Adoptiv-Vater"; Truffaut's Debütfilm wurde seinerzeit in Cannes gefeiert, im Übrigen auch vom damaligen Schirmherrn des Festivals, dem Schriftsteller, Maler & Filmemacher Jean Cocteau (Regie-Arbeiten: z. B.: 1930: *Das Blut eines Dichters* / 1960: *Das Testament des Orpheus*), und geriet zu einem weltweiten Erfolg, eine Tatsache, die, wie ich im Zusammenhang mit *Schießen Sie auf den Pianisten* berichtet habe, dem Regisseur zunächst eher „unheimlich" erschien].

Letztendlich…läuft Arnie davon, wohl „um den Fund zu Hause zu melden". Das führt zu sichtbarer „Erleichterung" bei seinen „Beobachtern". Miss Gravely fällt dann ein, dass sie im Grunde nicht einmal den Vornamen von „Captain Wiles" kennt. Nachdem er ihr mitgeteilt hat, dass er eben „Albert" heißt, kommt er drauf, dass er ihren auch nicht kennt, und er erfährt, dass ihr „first name" „Ivy" lautet.

Dann fordert Miss Gravely Captain Wiles dazu auf… „*Come on over, and do the twist, ah-ha / Over-do it, and have a fit, ah-ha*" [Copyright: *Nirvana*] …gemeinsam „zu gehen" [IVY GRAVELY: „[…] *Also, Albert, gehen wir*"].

Der Captain will „Sam" aber noch etwas fragen, nämlich, was er sich von dem Millionär gewünscht hat, und der „painter" flüstert ihm daraufhin den „wish" ins Ohr. Auch Miss Gravely ist neugierig und der Captain teilt ihn ihr, geflüstert, aber dennoch deutlich hörbar, mit [CAPTAIN WILES: „*Ein Doppelbett*"].

Und während alle lachen, sieht man noch ein letztes Mal… „*If I die before I wake / Hope I don't come back again*" [Copyright: *Nirvana*] …„Harry", samt seiner Schuhe, im Gras liegen. „The Trouble with Harry is over".

„Oh John, sei kein Narr. Es ist nur ein Film. Und schließ-
lich sind wir alle überbezahlt"

&

„Er war eine der herausragendsten Figuren im Filmge-
schäft. Und er war ein großartiger Regisseur. Einer, der in
jede Richtung gehen konnte, in Richtung Komödie, in Richtung
Mystery, und auch in Richtung Romantik"*

&

„Er hatte nicht immer recht, er hatte nicht immer Erfolg.
Und er sagte: `Keine Sorge. Wir machen noch einen Film´"

(ZITAT 1: Aussage von *Alfred Hitchcock*, die an den „Sam
Marlowe"-Darsteller John Forsythe gerichtet war, da dieser offenbar *„afraid"* davor schien, sich die *„dailies"* anzusehen, also
das „unbearbeitete filmische Rohmaterial"; später hat Forsythe
gemeint, dass *Immer Ärger mit Harry* ein weitaus lustigerer
Film geworden ist, als er das erwartet hatte; // ZITAT 2: *John
Forsythe* über die „Vielseitigkeit" des „Meisters der Suspense"; // ZITAT 3: der *„The Trouble with Harry"*-Drehbuch-
autor *John Michael Hayes* über Alfred Hitchcock)

„Und wer ist dieser Arsch PFC William T. Santiago?"
„Private Santiago gehört zum zweiten Platoon Bravo, Sir"

238

„Ja, anscheinend ist er nicht sehr zufrieden hier in unserem Garten Eden, weil er ja jedem, außer dem Weihnachtsmann, einen Brief geschrieben hat und gern verlegt werden würde. Und jetzt erzählt er auch noch Gruselgeschichten über eine Schießerei an der Fence-Line"

&

„You want answers?" [dt. Synchro: *„Sie wollen Antworten?"*]
„I want the truth!" [dt. Synchro: *„Ich will die Wahrheit!"*]
„You can't handle the truth!" [dt. Synchro: *„Sie können die Wahrheit doch gar nicht vertragen!"*]

(*„Noch eine andere berühmte Leiche innerhalb der Filmgeschichte"* / *„A real `Jackhammer`-Performance"*; beide Zitate stammen aus dem Film *Eine Frage der Ehre* / OT: *„A Few Good Men"* von Rob Reiner (z. B.: 1986: *Stand by Me – Das Geheimnis eines Sommers* mit River Phoenix und nach einer Erzählung von Stephen King / 1989: *Harry und Sally* mit Billy Crystal & Meg Ryan) aus dem Jahr 1992, der auf einem Theaterstück von Aaron Sorkin beruht; im ZITAT 1 erkundigt sich „Colonel Nathan R. Jessup" *Jack Nicholson* bei „Lt. Kendrick" *Kiefer Sutherland*, wer dieser *„Substandard-Marine who can't run without collapsing"* & Außenseiter „Private Santiago" eigentlich sein soll, der offenbar fortwährend mit gesundheitlichen Problemen zu kämpfen sowie an diversen Stellen darum gebeten hat, von dem von „Colonel Jessup" geführten Stützpunkt auf Guantanamo Bay, Kuba, verlegt zu werden, wobei er den Adressaten seiner Briefe eben auch Informationen über eine problematische *Fence-Line*"-Schießerei eines Kameraden angeboten hat, über eine Schießerei an dem Grenzzaun, der den US-Stützpunkt vom kubanischen Staatsgebiet trennt; das ZITAT 2 gibt einen *legendär* gewordenen Dialog zwischen „Colonel Jessup" *Jack Nicholson* & dem jungen Anwalt „Lieutenant Daniel Kaffee" *Tom Cruise* wieder, bei dem Cruise von Nicholson vor Gericht wissen will, ob er jene „Bestrafungsaktion / Disziplinarstrafe durch Kameraden" aka „*Code Red*" angeordnet hat, bei welcher „Private Santiago" ums Leben gekommen ist; „*Rotziger kleiner Bastard!*" (Nicholson zu Tom Cruise im Gerichtssaal) – wenn man von „*nice and clean movies*" spricht, die zumindest einen „milden Suspense-Faktor" haben, dann kann man, neben dem zweiten *Tom-Cruise-ist-Anwalt*-Film *Die Firma* von Sydney Pollack aus dem Jahr 1993, das äußerst unterhaltsame Gerichtsdrama *Eine Frage der Ehre* sicherlich dazuzählen, in dem sich Jack Nicholson inmitten einer Gruppe von, wenn man so will, ehemaligen „Brat Packers" wiederfand, und dazu gehörten neben Tom Cruise auch noch Demi Moore, Kiefer Sutherland und Kevin Bacon, eine Tatsache, die „Jack" zu der Aussage veranlasste, dass er sich dabei, inmitten dieser „*young guard*", im Grunde „*like the Lincoln Memorial*" gefühlt habe; *Eine Frage der Ehre*, dessen Ausgangspunkt eben ein „*hazing murder*" an einem U.S. Marine darstellt, der, auf obersten Befehl hin, von zwei seiner Kollegen (gespielt von Wolfgang Bodison & James Marshall) angegriffen, gefesselt, geknebelt und einem „Code Red" unterzogen wurde, ist im Grunde eine David-gegen-Goliath-Geschichte; und in dieser David vs. Goliath-Story geht es am Ende, nachdem Cruise & seine Mitstreiter, darunter „Lt.-Commander Joanne Galloway" Demi Moore, den Mut gefunden haben, den obersten Kommandeur des Stützpunktes auf Kuba (Nicholson zu Moore auf Kuba: *„Ich führe meine Einheit so, wie ich es für richtig halte. Und wenn Sie jetzt gegen mich ermitteln wollen, dann nur zu, versuchen Sie Ihr Glück. Ich frühstücke hier 300 Meter von 4000 Kubanern entfernt, die nur darauf aus sind, mich zu töten. Also denken Sie nicht eine Sekunde, dass Sie hier runterkommen, mit Ihrer Dienstmarke wedeln und mich nervös machen können"*) vor Gericht zu zitieren, im *„court room"* Mann-gegen-Mann, wobei Cruise versucht, ein Geständnis aus dem *„hard-bitten / steely Colonel"* Jack Nicholson herauszuholen, der nach dem Tod von „Private Santiago" alles daran gesetzt hat, seine Verantwortung zu vertuschen und die zwei jungen Soldaten als alleinige Täter darzustellen, als zwei Marines, die „die Dinge selbst in die Hand genommen" und darüber hinaus sogar Gift bei der Aktion angewendet haben, die zu einem Lactatazidose-bedingten kardiogenen Schock geführt hat; selbst den Arzt, der dann die Leiche untersucht hat, hat der Colonel zu einer Falschaussage vor Gericht gezwungen und den Mediziner eine „Toxin-Lüge" auftischen lassen;

Nicholson's markantes „*You can't handle the truth!*" wurde seinerzeit sogar zu einer Art „*catchphrase*" in den USA; „*Sie rannten drei Stunden durch die Gegend und suchten irgendwas Weißes, das sie durch die Luft schwenken konnten. Diese Typen haben sich einem Team von CNN ergeben. Na ja, verhalte dich gütig und hab' ein Panzerbataillon dabei, sag' ich immer*" (Nicholson erzählt im Rahmen einer Befragung von Cruise & Co auf dem Stützpunkt in Kuba „aus seinem reichen militärischen Erfahrungsschatz") – Nicholson hat eine großartige „Attitude" in dem Werk, das ein riesiger Kassenerfolg wurde, und kommt aus heutiger Sicht wie ein „männliches Relikt", wie eine „*loose cannon*", rüber, in dessen Augen immer wieder „*hate*" aufblitzt, wenn er vom Gegenüber nicht „den Respekt bekommt, den er aus seiner Sicht aufgrund seines militärischen Rangs verdient hat", allerdings ist dieser „*courtroom climax*", in dem sich Cruise einen gewissen „Gesteh-Zwang" des „Hardliners" Nicholson zunutze macht, ein wenig *unglaubwürdig* und im Übrigen eine sehr offensichtliche Reminiszenz an das „Geständnis vor Gericht" des paranoiden „Lt. Commander Queeg" Humphrey Bogart in dem Kriegsfilm *Der Caine war ihr Schicksal* (1954) von Edward Dmytryk; abgesehen davon habe ich die *Frisur* nie „verstanden", die Demi Moore in dem Film trägt, denn: Wie lange sind ihre Haare eigentlich *wirklich*?)

„Time moves on / That's the way / We live and hope to see

the next day / That's all right"

&

„Er war so besessen vom Tod. Er betrachtete ihn manch-

mal als recht amüsant. Als eine Umkehr der Verhältnisse. Wis-

sen Sie, das Thema Tod wird gemeinhin so feierlich behandelt.

Aber manche Leute betrachten ihn als etwas Amüsantes"

&

„No bullet, shriek, or livid gash, no stains, no fumes, no

ugly splatter, we use only the purest subject matter. Good

night"

(ZITAT 1: aus dem *„We're all gonna die one day"*-Song

„Dust N' Bones" von *Guns N' Roses*, der auf dem Album *„Use*

Your Illusion I" (1991) zu finden ist; // ZITAT 2: *John For-*

sythe über Hitchcock's „Todes-Besessenheit" und über den der

sonstigen „feierlichen Herangehensweise" des US-Kinos an

das Thema Tod wahrlich eine Absage erteilenden Ansatz von

Immer Ärger mit Harry; // *„Keine Kugeln, Schreie oder offene*

Wunden, keine Flecken, Dämpfe oder Blutgespritze, wir wid-

men uns nur der reinen Materie. Gute Nacht" – Hitchcock's

„Ausgrabungsarbeit" *Immer Ärger mit Harry* hatte tatsächlich

einen *„huge impact"* auf die Fernsehserie *„Alfred Hitchcock*

Presents", vor allem auf die Hitchcock-Auftritte zu Beginn und

am Ende einer „mörderischen" TV-Episode, und das ZITAT 3

stammt von so einem „*To make fun of it in the end*"-Auftritt des „*Master of Suspense*")

Hitchcock hatte J. Trevor Story's „*novel*" „*Immer Ärger mit Harry*", die eben voll von „*dark and grotesque humour*" steckt, bereits 1950 gelesen, also kurz nach der Veröffentlichung (Hitchcock-Mitarbeiter Herbert Coleman bezüglich „Hitch" & dessen Beziehung zu dem Buch „*The Trouble with Harry*": „*Er hatte es auf einer Reise aufgegabelt oder jemand hatte es ihm geschickt, aber er behielt es und wollte es immer verfilmen*").

Nach dem Erfolg von *Das Fenster zum Hof*, in dem im Grunde auch schon ein „Leichenproblem" existiert, und nach der Fertigstellung von *Über den Dächern von Nizza*, von dem man sich an den Kinokassen ebenfalls Großes erwartete, gab Paramount Hitchcock grünes Licht für seine „Komödie über das Ausgraben einer Leiche", die auf einer literarischen Vorlage beruhte, welche den dortigen Verantwortlichen im Jahr 1950 noch als „einnehmend freizügig und unterhaltsam", dafür aber als „unrealistisch" sowie „eine etwas `übermütige` Welt kreierend" erschienen war.

Für „*screenwriter*" John Michael Hayes war das Drehbuch, nach jenen zu *Das Fenster zum Hof* & *Über den Dächern von Nizza*, bereits das dritte, das er für den „Suspense-Meister" geschrieben hatte (John Michael Hayes über die Arbeit mit Hitchcock: „*Hitchcock war ein Rätsel, persönlich und künstlerisch.*

Er gratulierte oder dankte mir nie für irgendetwas, was ich gut gemacht hatte. Er dachte wohl, wenn du es gut machst, ist es eben das, was erwartet wird. Das, wofür du bezahlt wirst. Wenn du nicht gut bist, kritisiert er dich, dachte ich. Aber er machte mir weder Komplimente noch kritisierte er mich. Er war einfach neutral. Zu Beginn unserer Zusammenarbeit wusste ich nicht, ob er etwas mochte, wenn ich es ihm schickte. Und seine Frau kam eines Tages zu mir und sagte: `Sag` Hitch kein Wort davon, aber er ist sehr zufrieden mit dir`. Er wollte es mir nicht sagen"), und mit einem Budget von rund einer Million USD (das sind heutzutage über 11,6 Millionen USD) ausgestattet machte man sich daran, in New York nach „neuen Gesichtern" zu suchen, und das vornehmlich am Theater (*Anmerkung*: Letztendlich spielte *Immer Ärger mit Harry* weltweit ca. 3,5 Millionen USD ein, was heutzutage etwa einem Betrag von rund 40,8 Millionen USD entspräche).

Über das Casting der „in den Starkregen geratenen" Shirley MacLaine wurde bereits im Teil 1 berichtet, die spätere *Denver-Clan*-Legende John Forsythe hingegen hatte Hitchcock in einer Vorstellung von „*The Teahouse of the August Moon*" (dt. Titel: „*Das kleine Teehaus*", bekannt vor allem auch durch die Verfilmung mit Marlon Brando aus dem Jahr 1956) gesehen und ihn daraufhin ins „Sardi's" eingeladen, einem bekannten New Yorker Restaurant.

„Meet me at Sardi's" – dort soll Hitchcock zunächst gemeint haben, dass Forsythe „größer als auf der Bühne" wirke, woraufhin der damals 36-jährige Schauspieler das Kompliment an „Hitch" gleichsam „zurückgegeben" hat (Forsythe: „`Yes, Sir`, sagte ich, `Sie auch`. *Er lachte und sagte:* `Das ist eine gute Antwort, ja`"). Dem Regisseur war außerdem wichtig, dass Forsythe nicht wie ein „Elitestudent aus Harvard" aussah, der „zweifärbige Schuhe" oder dergleichen trug (Forsythe: *„Und zum Glück hatte ich keine zweifarbigen Schuhe an. Denn ich denke, er hätte mich nicht besetzt, hätte er die zweifarbigen Schuhe gesehen, die ich manchmal trug"*).

Nun, *„Weather changes moods"* heißt es in dem *Nirvana*-Klassiker *„In Bloom"*, und da Hitchcock *unbedingt* die herbstliche Farbenpracht der Landschaft von Vermont einfangen wollte, musste man eben an den Originalschauplätzen drehen, aber das Problem waren zunächst die heftigen Regenfälle, von denen auch die *„town"* Craftsbury heimgesucht wurde, in deren Stadtteil East Craftsbury die „gut geplanten & gut vorbereiteten" Außenaufnahmen stattfinden hätten sollen.

Die *„bad weather conditions"* führten in der Folge zu „*boredom*", zu „Langeweile", und offenbar auch zu einem gemeinsamen „Starren in den Himmel" (John Forsythe über ein „wetterbedingtes Gespräch" mit Hitchcock: *„Ich weiß noch, dass die Blätter sich verfärbt hatten und keine Sonne schien. Es folgten etwa vier oder fünf wolkige Tage in Folge und wir konnten nicht drehen. Wir saßen also herum und warteten ab. Und Hitchcock* *saß in seinem Sessel und schaute, schaute in den Himmel. Ziemlich bald sagte er: `Komm her, John. Setz dich. Lass uns reden. Es ist sehr langweilig. Setz dich.` Also setzte ich mich und sprach mit ihm, wir machten Witze und verbrachten so den Tag"*).

Das „*rainy weather*" machte darüber hinaus auch die Aufnahme von Originalton unmöglich, was zu „umfassenden Nachsynchronisationen in Hollywood" führte. Als ein Sturm dann auch noch das Laub von den Bäumen fegte, musste das Team, wie bereits ebenfalls berichtet, Teile des Blattwerks einsammeln, welches dann in Kalifornien im Studio an Kunstbäume geheftet wurde und mit Farbe besprüht – „*Let's move on. Let's spray the damn leaves. Move on*", soll Hitchcock, glaubt man wiederum John Forsythe, zu seinem Team dann dort im Studio inmitten der ganzen Gips-Bäume gesagt haben.

Die herkömmlichen Innenaufnahmen hingegen, zum Beispiel in „Wiggs Emporium" oder in „Jennifer's `House`", waren gleichsam vor Ort in Vermont in einer Turnhalle 50 Kilometer von Craftsbury entfernt gedreht worden.

Was der Komponist John Barry von Anfang an für die James-Bond-Serie war, nämlich im Grunde unverzichtbar und absolut „Ton-angebend", war *Bernard Herrmann* wohl für jene Hitchcock-Klassiker, die zwischen 1955 und 1963 entstanden sind, und „*The Trouble with Harry*" bildete den Anfang einer der wohl lohnendsten kreativen Verbindungen in der Geschichte des Kinos.

Beide Männer, Alfred Hitchcock sowie auch Bernard Herrmann, galten, zumindest in den Augen vieler Leute, als „stur" oder gar als „störrisch" und ihre Zusammenarbeit lief nicht immer ohne Konflikte ab, allerdings verband die beiden, so wie's Hitchcock-Biograf Donald Spoto einmal ausgedrückt hat, „[…] *ein dunkles, tragisches Verständnis des Lebens, eine schwermütige Sicht menschlicher Beziehungen* […]" (Copyright: D. Spoto – „*The Dark Side of Genius*").

Herrmann hat „*Une farce de Hitchcock á propos d'un cadavre!*", so wie der Film in Frankreich, wo er am erfolgreichsten lief, auf Filmplakaten beworben wurde, nicht nur mit seiner Musik „dekoriert", sondern den makabren Humor des Werks gleichsam aufgenommen und einen Score daraus gemacht, der den „*delicate tone*" von *Immer Ärger mit Harry* perfekt getroffen und unterstützt hat (Pat Hitchcock O'Connell: „*Eine Hauptsache war die Filmmusik, die so schön war. Und mein Vater arbeitete das erste Mal mit Bernard Herrmann zusammen. Das hat wohl stark zu dem Film beigetragen, und daher brauchte er wohl jemanden von Herrmann's Kaliber dafür*").

Besonders tritt das auch in jener Szene zutage, in welcher der 79-jährige Edmund Gwenn, der es zu insgesamt vier Auftritten in Hitchcock-Filmen brachte, denn außer in „*The Trouble…*" war er auch noch in *Bis aufs Messer* (1931), in *Waltzes from Vienna* (1933) und in *Der Auslandskorrespondent* aka *Mord* (1940) zu sehen, von der „Jagd" nach Hause geht und sein Gewehr seitlich am Körper vor „Calvin Wiggs", der sich gerade mit einem Kollegen unterhält, welcher in einem Polizeiauto sitzt, versteckt, denn die *„funny comedy music"*, die erklingt, ist genau auf den Bewegungsrhythmus des „Captains" abgestimmt.

Im Vorspann verwendete Bernard Herrmann übrigens *„Music-Parts"*, die er bereits für die CBS-Radioserie *„Crime Classics"* geschrieben hatte. Da der *„composer"* der Meinung war, dass sein *„The Trouble with Harry"*-Score in gewisser Weise ein Porträt von Hitchcock war, soll heißen: dessen Persönlichkeit sehr gut widerspiegelte, kreierte er daraus später eine Suite, die er *„A Portrait of Hitch"* nannte.

„I only want 2 see u, only want 2 see u / In the purple rain"

&

„Then a storm came up, so suddenly. We saw a house across the field and ran for shelter"

(ZITAT 1: aus dem Song *„Purple Rain"* von *Prince & The Revolution* aus dem Jahr 1984; *„bad weather conditions"* störten, wie erwähnt, die Dreharbeiten von *Immer Ärger mit Harry* empfindlich, in Hitchcock's *Ich beichte* hingegen bekamen sie dann sogar eine „dramaturgische Funktion", denn zentrale Szenen innerhalb der dargebotenen Rückblenden, in deren Zentrum die *„relationship"* zwischen Montgomery Clift & Anne

Baxter steht, werden von Regenwetter bzw. von einem Gewitter begleitet, so auch jener „*Montgomery Clift ist gerade aus WK II zurück*"-Moment, in dem das Duo Clift & Baxter „im Gras sitzend & sich küssend" von einem Unwetter überrascht wird und sich zu einem einsamen Haus flüchtet, das den beiden gleichsam „*Shelter from the Rain & Storm*" bieten soll; // das ZITAT 2 gibt das originale *Voiceover* von *Anne Baxter* wieder, das dieser „Flucht zu dem Haus", die letztendlich, da das Haus versperrt ist, in einem Pavillon endet, vorausgeht)

*„Man kommt in den Grusel- und Suspense-Filmen nicht ohne **Humor** aus, und ich glaube, `I Confess` und `The Wrong Man` leiden unter ihrem Mangel an Humor. Die Frage, die ich mir häufig stellen muss, ist: Soll ich bei einem ernsten Sujet meinen Sinn für Humor beiseitelassen oder soll ich ihn einsetzen? Ich glaube, einige meiner englischen Filme waren zu leicht und einige meiner amerikanischen zu schwerfällig, aber die richtige Dosierung ist halt so schwer zu treffen. Meistens merkt man das erst hinterher.* […]"

&

„Und in `I Confess` wissen wir Katholiken, dass ein Priester ein Beichtgeheimnis nicht preisgeben darf, aber die Protestanten, die Andersgläubigen und die Agnostiker denken: `Es ist doch lächerlich zu schweigen, das gibt's doch nicht, dass jemand dafür sein Leben opfert`"

„So ist das ein Fehler in der Konzeption des Films?"
„Ja, ich hätte den Film nicht machen sollen"

(ZITAT 1: *Alfred Hitchcock* zu *François Truffaut* über die Tatsache, dass in zwei seiner weniger bekannten filmischen Arbeiten der 1950er-Jahre, nämlich in *Ich beichte* und in *Der falsche Mann* mit Henry Fonda & Vera Miles, eindeutig der Hitchcock'sche Humor gefehlt hat, also ein wichtiges „*Trademark*"-Element; // ZITAT 2: Dialog zwischen Hitchcock & Truffaut, in dem der „Meister der Suspense" bedauert, *Ich beichte* gemacht zu machen, da das Schweigen & Festhalten am Beichtgeheimnis des „Priesters" Montgomery Clift lediglich für die „*Catholic World*" nachvollziehbar scheint)

„Zuerst waren seine Briefe lang und wie immer sehr ernst.
Ich wollte keine ernsten Briefe, aber lieber ernst, als überhaupt
keine Briefe"
&
„Du liebst ihn immer noch. […] Was soll ich machen,
wenn meine Frau einen Geistlichen liebt?"
&
„You're in love with me. You've always been in love with
me. You haven't changed"

(aus: *Ich beichte*; ZITAT 1: „*I had to wait for him. His let-*
ters were long at first, but always serious. I didn't want serious
letters, but I would prefer those to no letters at all. Be-
cause…after a while…he stopped writing" (Originalversion des
Zitats) – Voiceover von „Ruth Grandfort" *Anne Baxter* im
Rahmen einer ausgedehnten Rückblende, die sich eben mit der
gemeinsamen Vergangenheit der nunmehrigen Politiker-Gattin
„Ruth" und des nunmehrigen Paters „Michael Logan" Montgomery Clift auseinandersetzt; hier spricht Baxter, während sie
gleichsam als „*Rainy Day Woman*" bei Regenwetter nachdenklich in die Ferne blickt und offenbar „auf einen Brief wartet",
den Umstand an, dass Clift, mit dem sie „*in Love*" war, ihr,
während er in „*World War II*" gekämpft hat, irgendwann nicht
mehr geschrieben hat; // ZITATE 2 & 3: Die *Dornenvögel* lassen grüßen: Der „Politiker Pierre Grandfort" *Roger Dann* konfrontiert „*his wife* Ruth" Anne Baxter mit der Tatsache, dass
sie „*still in love with*" „Michael Logan" Montgomery Clift ist,
auch wenn dieser jetzt eine Soutane trägt, und „Ruth" *Anne*
Baxter wiederum behauptet in dem Originalzitat gegenüber
dem „*priest*" Montgomery Clift, dass er „*still in love with her*"
sei)

„*Ich versteh' nicht, warum Sie diesen Fall so schwerneh-*
men, Larrue"

&

„Sehen Sie, wenn es sich um einen Mord handelt, macht man oft Gedankensprünge. Verzeihen Sie, vielleicht habe ich einen zu großen Sprung gemacht"

„Anscheinend folge ich nicht so schnell, wie Ihre Gedanken springen. Ich schließe von einer Sache auf die andere. Mein Gehirn arbeitet methodisch"

(aus: *Ich beichte*; ZITAT 1: „Staatsanwalt Willy Robertson" *Brian Aherne* ist der Meinung, dass der im Mordfall „Villette" ermittelnde „Inspektor" Karl Malden einen gewissen „Übereifer" an den Tag legt; // ZITAT 2: aus einer Unterhaltung auf dem Polizeirevier zwischen „Inspektor Larrue" *Karl Malden* und „Michael Logan" *Montgomery Clift*, die gewisse Gegensätze zwischen den beiden aufzeigt; wie der „Sam Marlowe"-Darsteller John Forsythe, so wurde auch Karl Malden später Hauptdarsteller in einer *„highly popular TV-series"*, nämlich in *Die Straßen von San Francisco* / OT: „*The Streets of San Francisco*" mit Co-Star Michael Douglas, die von 1972 bis 1977 lief und in der Malden wiederum einen „*policeman*" spielte, nämlich „Detective Lieutenant Mike Stone"; sein „Inspektor Larrue" gehört zu den wenigen intelligenteren Ermittlern in Hitchcock-Filmen, denn bekanntlich hatte „Hitch" die Tendenz, Polizisten als „*idiotic*" zu porträtieren)

„Say, where did I see this guy? /
In `Red River`? /
Or `A Place in the Sun`? /
Maybe `The Misfits`? /
Or `From Here To Eternity`? /
And everybody say, `Is he all right?` /
And everybody say, `What's he like?` /
And everybody say, `He sure looks funny` /
That's Montgomery Clift, honey"

&

„Er machte einen sehr, sehr unglücklichen Eindruck, Sir"

&

„I trust you, Roslyn. I think I love you"
„Oh no, you don't know me"
„I don't care. Ros…Oh! That damn bull!"

(ZITAT 1: aus dem auf dem Album „*London Calling*"
(1979) enthaltenen Song „*The Right Profile*" von *The Clash*, in
dem die Band ein paar Montgomery-Clift-Klassiker erwähnt
sowie auf Clift's „Erscheinungsbild" anspielt, das nach seinem
schweren Autounfall 1956, der „*after a party in Elizabeth Taylor's house*" passiert war und ihm schwere Gesichtsverletzun-
gen beschert hatte, nicht mehr dasselbe war und Clift (1920 –
1966) letztendlich zu einer eher tragischen Figur der Filmgeschichte werden ließ; // das ZITAT 2 stammt aus Hitchcock's
Ich beichte und gibt ein „Urteil über den Zustand des Priesters

Michael Logan am Abend des Mordes an dem Anwalt Villette"
wieder, das der wahre „Villette"-Mörder „Otto Keller" *O. E.
Hasse*, den Clift aufgrund des Beichtgeheimnisses eben nicht
verraten darf, vor Gericht zum Besten gibt; allerdings wirkt die
Aussage im Nachhinein wie ein Kommentar zum „*tragic life*"
von Hitchcock's Hauptdarsteller Montgomery Clift oder wie
eine „düstere Prophezeiung"; // ZITAT 3: aus John Huston's
Drama *The Misfits – Nicht gesellschaftsfähig* (1961); Original-
Dialog zwischen der Tanzlehrerin „Roslyn Taber" *Marilyn
Monroe* und dem „verletzten Cowboy mit Kopfverband, dem
das Bullenreiten nicht gut getan hat, Perce Howland" Montgomery Clift, wobei Clift seinen Kopf, der ihm nach dem „*I
don't care*" wieder zu schmerzen beginnt, gleichsam auf die
Beine der auf dem Boden sitzenden Monroe gelegt hat; „*Weil
doch…weil doch jeder plötzlich sterben kann*" (Marilyn Monroe zu ihren Co-Stars Eli Wallach, Clark Gable & Thelma Rit-
ter) – die Monroe hat einmal gemeint, dass Montgomery Clift
jemand sei, dem es noch schlechter als ihr selbst ginge, und in
Huston's grandiosem „Außenseiter-Porträt" „*The Misfits*"
(OT), den ich *zum erweiterten Kreis meiner Lieblingsfilme*
zähle, wird einem das, dank der tollen schauspielerischen Leis-
tungen von Monroe & Clift, irgendwie vor Augen geführt,
denn im Grunde wirkt Huston's tendenziell „depressives"
Werk (Drehbuch: Arthur Miller), in dem „drei Männer mit be-
wegter Vergangenheit" in die Monroe verliebt sind, wie ein
Abbild des Seelenlebens speziell von Monroe & Clift, welche

wie „*two lost souls*" und vor allem wie „zwei Sinnsuchende" in der wüstenartigen „*landscape*" von Nevada herumirren – „*Roslyn, Sie dürfen sich nicht schlecht behandeln lassen*" (Clift zur Monroe); vergessen darf man aber auch nicht den „alten Cowboy" Clark Gable (1901 – 1960), für den *The Misfits – Nicht gesellschaftsfähig*, wie für die Monroe (1926 – 1962), ebenfalls der letzte Film war, denn der ehemalige sogenannte „King of Hollywood" zeigt darin, dass auch in ihm „ein echter Schauspieler" steckte und nicht nur „Rhett Butler aus `Gone with the Wind`" – „*You're a real beautiful woman. […] What makes you so sad? I think you're the saddest girl I ever met*" (Gable zu Monroe); durchaus berührend ist auch, dass „Roslyn Taber" Marilyn Monroe es in dem Film nicht ertragen kann, als die drei Männer, Gable / Clift / Wallach, auf Mustang-Jagd gehen und sie dabei zusehen muss, wie ein paar „*horses*" eingefangen werden, die in der Folge zu Tierfutter verarbeitet werden sollen; die Monroe hat also, um es mit den Worten von *Kurt Cobain* bzw. *Nirvana* zu sagen, eine „*And the animals I've trapped have all become my pets*"-Einstellung)

„*I have killed Mr. Villette*" (O. E. Hasse zu Montgomery Clift in *Ich beichte*) – eigentlich ist ja Mel Gibson mein „Lieblings-Priester" innerhalb der Filmgeschichte, denn der spielt in M. Night Shyamalan's Sci-Fi-Horror-Film *Signs – Zeichen* (2002) einen ehemaligen „Mann Gottes", der seinen Glauben

verloren hat, aber Montgomery Clift in Hitchcock's „*I Confess*"
(OT), welcher, wie *Der falsche Mann*, zu den weniger bekannten
Filmen des Regisseurs zählt, ist in einer Priester-Rolle sicherlich
glaubwürdiger, vor allem hat sich Clift für den Part, seinem Me-
thod-Acting-Ansatz entsprechend, sogar einen „Priestergang"
antrainiert.

Zur Story dieses Werks aus dem Jahr 1953, das nach dem
französischen Theaterstück „*Nos Deux Consciences*" (1902) von
Paul Anthelme entstanden ist und zu dem der spätere „Theater-
könig" George Tabori sowie William Archibald das Drehbuch
geschrieben haben: Otto Keller, seines Zeichens Kirchendiener
in einer „*church*" in Quebec, Kanada, hat, mit einer Soutane bekleidet, im Rahmen eines Einbruchs einen Anwalt namens Villette (Ovila Légaré) ermordet. Noch in derselben Nacht gesteht
er diesen „*murder*" Pater Michael Logan, der, aufgrund des
Beichtgeheimnisses, dieses Wissen nicht der Polizei weitergeben darf und kann (O. E. Hasse zu Montgomery Clift: „*Ich bin
verloren. Sie werden mich holen. Sie werden mich hängen*"). Der
ermordete Anwalt war allerdings auch ein Erpresser, der von der
Liebesaffäre wusste, die Logan, bevor er sich dazu entschlossen
hat, Priester zu werden, nach seiner Rückkehr aus dem Zweiten
Weltkrieg mit der Politiker-Gattin Ruth Grandfort hatte. Das befördert Logan in eine ausweglose Situation und bald schon wird
er von Inspektor Larrue bezichtigt, den Mord begangen zu haben, außerdem hat er sich „zeitnah" am Abend der Tat mit Mrs.

Grandfort getroffen, da diese eben mittlerweile von Villette erpresst worden ist, weil der Anwalt damit „Hilfe" von Mr. Grandfort in einer Steueraffäre erzwingen wollte. Zu dem Motiv, seine „alte und vielleicht auch aktuelle Liebe" Ruth Grandfort vor einem Erpresser retten zu wollen, gesellt sich dann noch der Umstand, dass Keller, dessen Ehefrau (Dolly Haas), die ebenfalls im Pfarrhaus arbeitet, in die Sache eingeweiht ist, Logan die blutige Soutane, mit der er sich bei dem Einbruch „verkleidet" hat, unterschiebt. Der Priester landet vor Gericht (Original-Dialog während des „*Trial*": „Staatsanwalt Willy Robertson" Brian Aherne: „*And that you'd taken the first weapon you found and struck Villette and continued to strike until you cracked his skull wide open*" / Montgomery Clift: „*No!*"), wird aber aus Mangel an Beweisen freigesprochen. Vor dem Gerichtsgebäude jedoch wartet eine hasserfüllte Menge auf den Priester, die ihn, so hat es den Anschein, am liebsten lynchen möchte. Da die Ehefrau von Keller die Situation nicht mehr ertragen kann, wendet sie sich gegen ihren „*husband*" und „outet" vor der versammelten „*crowd*" ihren Mann als den wahren Täter. Keller erschießt daraufhin seine Frau und flüchtet sich vor der Polizei in ein Hotel, wo es weitere Opfer gibt (Malden: „*Er hat eben auf einen Mann geschossen, den Küchenchef*"), bevor Keller bei Logan gleichsam noch eine zweite Beichte ablegt (Clift, während er auf ihn entschlossen in einem Saal des Hotels zugeht: „*Sie schießen nicht auf mich, Otto*" / O. E. Hasse: „*Warum soll ich nicht auf Sie schießen? Weil Sie mich Otto nennen…in einem so netten*

Ton") und dann an seiner Schussverletzung, die ihm ein Polizist zugefügt hat, stirbt (*Anmerkung*: Hitchcock wäre es im Übrigen lieber gewesen, wenn am Ende der Priester gestorben wäre, aber das erschien allen dann doch als *zu wenig* „publikumstauglich").

Die Nouvelle Vague hat *Ich beichte*, der ein „*very dark film*" geworden ist, einst als eines der großen Hitchcock-Werke gefeiert, und sicherlich handelt es sich bei „*I Confess*" zumindest um einen der „*most serious Hitchcock-films*", wobei diese zweite Zusammenarbeit des Regisseurs mit dem Kameramann Robert Burks, die erste war bekanntlich *Der Fremde im Zug*, vielleicht etwas Film-Noir-artiger geraten ist als andere Movies des „Meisters der Suspense".

Hitchcock hat mit seinem Team an „*real locations*" gedreht und sich die „*old fashioned buildings*" und die Kopfsteinpflasterstraßen von Quebec zunutze gemacht, sodass man auch den in Schwarzweiß gedrehten Thriller von `53 als „*visual stunning*" bezeichnen kann.

Ganz gemäß der Hitchcock-Meinung, dass schlechte Filme „*photographs of people talking*" sind, hat der Regisseur mit *Ich beichte* abermals einen Film vorgelegt, der „*photographs of people thinking*" bietet.

Die Gerichtssaal-Szenen sind voll von „*Hitchcockian Looks*", die ein „inneres Drama" abbilden, vor allem auch jenes von „Alma Keller" Dolly Haas, das dann letztendlich zu dem „Geständnis auf offener Straße angesichts der `*hateful crowd*´, die Montgomery Clift bedroht" und zu ihrem Tod durch ihren „*husband*" führt.

Darüber hinaus greifen „Hitch" & Robert Burks, wie gewohnt, auf die subjektive Kamera zurück und zeigen auch immer wieder das, was der jeweilige Character gerade sieht. Dieses „*A shot of a person / A shot of what he sees / Reaction*"-Schema gehört ebenso zu Hitchcock's „*Pure Cinema*" wie die Gesichtsausdrücke.

„*I only want to see u underneath the purple rain*" (Copyright: *Prince & The Revolution*) – die besagte „Liebesszene im Regen" oder „*Rain Romance*", die eben im Rahmen einer Rückblende dargeboten wird und die letzten Endes jenen Moment dokumentiert, in dem der Anwalt Anne Baxter & Montgomery Clift sozusagen durch Zufall „in flagranti `and at the pavilion `" auf dem Grundstück einer seiner Immobilien erwischt, ist quasi wie eine *Stummfilmszene* inszeniert.

Ein gelungener „visueller Gimmick" sind die gleich zu Filmbeginn präsentierten Aufnahmen von diversen Schildern in Pfeilform, auf denen das Wort „*Direction*" steht, welches ja auch „Regie" heißen kann, denn diese führen, wie man dann gleich merkt, zu dem Ort, wo ein Mord geschehen ist, soll heißen: zum Haus des Anwalts „Monsieur Villette".

„*Vielleicht hätten wir uns verlobt, wenn der Krieg nicht ausgebrochen wäre*" (Anne Baxter in Gegenwart von Karl Malden, Montgomery Clift & Brian Aherne) – die sozusagen aufschlussreiche „*flashback*", die Hitchcock da etwa in der Mitte des Films

platziert hat und welche „*the shared past of Michael & Ruth*"
„visualisiert", ist in einem „offensiv romantischen", sehr emotionalen und fast „trashigen" Stil gedreht, der irgendwie nicht
„*Hitchcock-film-like*" ist, sondern einen eher an „*Romance No-
vels*" erinnert, und zweifellos einer der Höhepunkte innerhalb
dieses „Blicks in die Vergangenheit" ist die Szene, in der Anne
Baxter in einem weißen Kleid *in Zeitlupe* eine Treppe runtergeht
und dann Montgomery Clift küsst.

Erwähnen muss man, dass diese „*Confession*" von Anne
Baxter vor dem Inspektor und dem Staatsanwalt, mit der sie
Montgomery Clift entlasten möchte und in der sie zu Protokoll
gibt, dass sie und Clift „zur nächtlichen Tatzeit" zusammen
durch die Stadt spaziert sind und das „Villette-`*Blackmail*`-
Problem" besprochen haben, den gegenteiligen Effekt hat und
Clift endgültig ins Visier der Ermittler bringt, da sich eine zeit-
liche Lücke von einer halben Stunde auftut, in der Clift den
Mord begehen hätte können. Es ist in dem Hitchcock-Film also
nicht so wie in Paul Schrader's großartigem *Ein Mann für gewisse Stunden* (1980), in dem der eines Mordes bezichtigte
„Edel-Call-Boy Julian" Richard Gere am Ende durch die mutige
„*Confession*" der „Senatorengattin Michelle" Lauren Hutton,
dass er zur Tatzeit eigentlich mit ihr zusammen war, gerettet
wird, wobei Hutton in „*American Gigolo*" (OT), was ganz der
metaphysisch aufgeladenen Symbolik dieses Thrillers um

Schuld & Sühne entspricht, ohnehin so etwas wie Gere's „rettender Engel" ist und die beiden am Filmende dann ein Liebespaar werden.

Diese „*pair of lovers-solution*" gibt es allerdings in Hitchcock's *Ich beichte* zwischen Montgomery Clift & Anne Baxter nicht, denn Clift, der, wie Richard Gere in dem Schrader-Film „*Ein Mann...*", welchen ich mittlerweile zu meinen absoluten „Lieblings-Thrillern" zähle, auch ein wenig „*like God's lonliest man*" daherkommt, bleibt seiner Soutane treu und Baxter bittet ihren Politiker-Mann am Ende, als das Finale im Hotel im Gang ist, sie „nach Hause" zu bringen.

„*He was one of the most beautiful men in movies*", hat Peter Bogdanovich einmal über Montgomery Clift gesagt, und Clift zählt mit Sicherheit zu den ganz großen amerikanischen Schauspielern. Der *Ein-Platz-an-der-Sonne-* & *Verdammt-in-alle-Ewigkeit*-Star, der 1948 in Howard Hawks' Western *Red River* an der Seite des „Duke" John Wayne sein Leinwanddebüt feierte, war, wie erwähnt, einer der ersten „*Method Actors*", der es eben verstand, mit seinen Charakteren gleichsam „vollständig zu verschmelzen", ähnlich wie ein Marlon Brando oder ein James Dean, für die „Monty", so wie sein Spitzname lautete, in gewisser Weise sogar „den Weg bereitete". Mit Brando zusammen war Clift dann in dem epischen WKII-Epos *Die jungen Löwen* (1958; Regie: Edward Dmytryk) zu sehen.

Was in dem Hitchcock-Film eindrucksvoll zum Tragen kommt, sind Clift's Augen, die gleichsam „die Seele ausdrücken", und diese Tatsache, dass man auf der Leinwand sieht, was er fühlt, machte ihn zweifellos zu einem „*good Hitchcock-actor*". Aus dem Gesicht des Schauspielers konnte man, ganz generell, „eine von Ernsthaftigkeit getragene Tiefe des Gefühls" ablesen, die in *Ich beichte* auch noch von seinen „Priester-artigen" Bewegungen unterstützt wird, die er sich eben für die Rolle angeeignet hatte.

Leider bekam Clift seinerzeit einige nicht so gute „*reviews*" für die Rolle des „Michael Logan", aber der Film war generell kein allzu großer Erfolg, was „Hitch" eben dem Mangel an Humor sowie der Subtilität, die das (Krimi-)Publikum möglicherweise überfordert hatte, zuschrieb.

Allerdings vollführt der Meister der Suspense in *Ich beichte* einen seiner „visuell eindrucksvollsten" Cameo-Auftritte, denn er spaziert gleich in den „*opening sequences*" durchs Bild, nämlich, als die Kamera eine lange und etwas steilere Freilufttreppe einfängt, wobei Hitchcock dann kurz „*at the top*" dieser „*long flight of stairs*" zu sehen ist.

Im Vergleich dazu ist sein Cameo zwei Jahre später in *Immer Ärger mit Harry* nahezu unspektakulär, denn da war „Hitch" nach etwas mehr als zwanzig Minuten im Hintergrund als „Spaziergänger mit Herbst-Mantel" zu sehen, der an dem Auto jenes Millionärs vorbeimarschiert, welcher sich gerade die Bilder von

„Sam Marlowe" bei dem Stand vor „Wiggs Emporium" zu Gemüte führt.

VERDACHT (1941)

(OT: SUSPICION)

„[…] *I entered nothing and nothing entered me /*
`Til you came with the key /
And you did your best but /
As I live and breathe /
You have killed me /
You have killed me /
Yes I walk around somehow /
But you have killed me"

(aus dem Song „*You Have Killed Me*" von *Morrissey*, der
Teil seines Albums „*Ringleader of the Tormentors*" (2006)
war; in *Verdacht* hat Alfred Hitchcock das „Experiment" ge-
wagt, den „Publikumsliebling" Cary Grant, der zum damaligen
Zeitpunkt bereits in Klassikern wie Howard Hawks' *Leoparden
küsst man nicht* oder George Cukor's *Die Nacht vor der Hochzeit* zu sehen gewesen war, zu einem „*Husband*" zu machen,
dessen „*Wife*" Joan Fontaine irgendwann das Gefühl hat, dass
er sie ermorden möchte, dass er „*her would-be killer*" ist)

„Oh, Verzeihung, war das Ihr Bein? Oh, ich wusste nicht,
dass jetzt ein Tunnel kommen würde. Ich dachte, das Abteil
wäre gar nicht besetzt. Also nochmals…entschuldigen Sie, ich
hoffe, ich habe Ihnen nicht weh getan. […]"

(aus: *Verdacht*; „*double entendre*" à la Hitchcock in Rein-
kultur: Worte, die „der Playboy mit Hangover Johnny Aysgarth" *Cary Grant* ganz zu Beginn des Films an die „spröde
und etwas `altjüngferlich` wirkende Lina McLaidlaw" Joan
Fontaine in einem Zugabteil richtet, wobei am Anfang des Dia-
logs, der daraufhin zwischen Grant & Fontaine folgt, noch ein
„*black screen*" zu sehen ist, der erst „erhellt" wird, als der Zug
wieder aus dem Tunnel fährt)

„Im Fall von `Suspicion` müssen Sie bedenken, dass es
mein zweiter englischer Hollywoodfilm war: englische Schau-
spieler, englisches Milieu, englischer Roman. Ich habe mit ei-
nem ehemaligen Theaterautor gearbeitet, Samson Raphaelson,
der an beinahe allen Tonfilmen von Lubitsch mitgearbeitet hat"
„Und neben ihm der Familien-Braintrust. Alma Reville und
Joan Harrison"
„Ganz richtig. Der Roman hieß `Before the Fact` und der
Autor Francis Iles hieß in Wirklichkeit A. B. Cox. Er hat außer-
dem unter dem Namen Anthony Berkeley geschrieben. Ich hatte
mir immer gewünscht, sein erstes Buch, `Malice Aforethought`,

zu verfilmen. Es begann mit dem Satz: `Erst einige Wochen, nachdem er sich entschlossen hatte, seine Frau zu töten, schickte sich Dr. Bickley an, zur Tat zu schreiten.` Aber ich habe immer gezögert, weil es sich dabei um einen reifen Mann handelt und es sehr schwierig ist, die richtige Besetzung für so eine Rolle zu finden. Vielleicht Alec Guinness"

(Dialog zwischen *Alfred Hitchcock* & *François Truffaut* über die Tatsache, dass *Verdacht* bereits der zweite US-Film von Hitchcock nach *Rebecca* war, der „ziemlich englisch" geraten ist, wobei Truffaut auch einwirft, dass das Drehbuch zu *Verdacht* nicht nur von Samson Raphaelson (z. B. Co-Autor des Ernst-Lubitsch-Klassikers *Rendezvous nach Ladenschluss* von 1940 mit James Stewart) verfasst wurde, sondern auch von Hitchcock's Frau Alma sowie von „Hitch's" langjähriger Sekretärin/Assistentin Joan Harrison (1907 – 1994), die ab den 1950er-Jahren dann auch die TV-Formate „*Alfred Hitchcock Presents*" und „*The Alfred Hitchcock Hour*" als Produzentin betreute; Francis Iles' „*Before the Fact*" erschien 1932, „*Malice Aforethought*" („böswillige Absicht") ein Jahr vorher, 1931, wobei Hitchcock, wenn er an eine adäquate Besetzung für die Rolle des „Dr. Bickley" aus „*Malice Aforethought*" dachte, offenbar die spätere *Star-Wars*-Legende Alec Guinness vor Augen hatte, also „Obi-Wan Kenobi" persönlich – „*Help me, Obi-Wan Kenobi, you're my only hope*" [Copyright: „*Prinzessin Leia*" Carrie Fisher])

„*Was glauben Sie denn, was ich eben vorhatte? Einen Mord? Andernfalls brauchten Sie sich ja nicht so krampfhaft zur Wehr zu setzen. Ist ja toll*"

„*Lassen Sie mich los!*"

„*Na, jetzt wird mir alles klar. Sie haben wohl gedacht, ich will Sie küssen, was?*"

„*Na etwa nicht?*"

„*Ich hab' doch nur den Arm um Sie gelegt, weil ich Ihr Haar ordnen wollte*"

&

„*Das ist ja einfach nicht zu fassen. Das soll dieselbe Frau sein?*"

&

„*Sind Sie schon mal im Auto von einem Mann geküsst worden?*"

„*Oh, Johnny*"

„*Sie sollen antworten*"

„*Sie dürfen nicht so mit mir reden. Ich bin zu ernst für solche Scherze, ich kann auch nicht flirten*"

„*Ich habe nicht gescherzt. Ich mein' es ernst. Sind Sie schon mal im Auto geküsst worden?*"

„*Nein, bisher nicht*"

„*Sie möchten doch aber gern, hm?*"

„*Ja*"

(aus: *Verdacht*; ZITAT 1: Ausschnitt aus einem Dialog nach einer Art „*combat on the hilltop*" zwischen den Spaziergängern „Johnny Aysgarth" *Cary Grant* & „Lina McLaidlaw" *Joan Fontaine*, bei dem die Kamera die beiden zunächst mittels einer Totalen auf einem Hügel eingefangen hat und die „*filmviewers*" den Eindruck hatten, als wäre Grant gerade dabei, Fontaine neben einigen „Bäumen mit kahlen Ästen" zu *erwürgen*; // ZITAT 2: Reaktion von *Cary Grant*, der gerade in Begleitung zweier anderer Frauen ist, auf Joan Fontaine, die plötzlich auf ihrem Pferd, auf dem er sie da im Rahmen einer „Freiluftveranstaltung" sieht, nicht mehr so „spröde" wirkt wie noch im Zugabteil, sondern irgendwie „glamourös", „mutig" und absolut „*in control of the animal*"; // ZITAT 3: Dialog in einem Auto zwischen dem „Fahrer" *Grant* & der „Beifahrerin" *Fontaine*, die er gerade spontan von einem Ball „entführt" hat und die sich als „*willing victim for a first kiss*" entpuppt)

„*Nothing less than **murder** could justify such violent self-defense!*" (Cary Grant zu Joan Fontaine in der „*Trying to fix her hair*"-Szene auf dem Hügel) – das Hitchcock'sche Werk, der gesamte Hitchcock-Kanon, ist im Grunde eine „Variation von Romanzen", und diese „*variations on romances*" bilden sowohl die „Tücken" als auch die „Launen" von „*Passion & Love*", von „Bedürfnis" und „(romantischer) Obsession" ab.

„*Suspicion*", so wie der Originaltitel von Hitchcock's viertem Hollywood-Film lautet, ist da keine Ausnahme, im Gegenteil, denn *Verdacht* ist eine wahrlich interessante „Ehe-Geschichte" über eine scheue, anfänglich etwas „steife" „*privileged daughter*" wohlhabender Eltern, die glaubt, mit Cary Grant, schon allein „optisch", einen „echten Fang" gemacht zu haben, bevor sich, unmittelbar „*after the honeymoon*", einige nicht so angenehme Wahrheiten bezüglich ihres „Johnny" zeigen, von dem sie in der Folge glaubt, dass er „Anschläge auf ihr Leben" plant.

Verdacht, den ich durchaus, neben *Das Fenster zum Hof*, *Über den Dächern von Nizza*, *Vertigo – Aus dem Reich der Toten*, *Der unsichtbare Dritte* und *Marnie*, zu meinen „Lieblings-Hitchcocks" zähle, war vielleicht der erste wirklich gute US-Film des Suspense-Meisters, denn *Rebecca* (1940) litt ein wenig an einem Mangel an „Suspense", „*Foreign Correspondent*" (OT; 1940) war visuell beeindruckend aufgrund der „*set pieces*" und sicherlich „*entertaining*", hatte aber keine wirklich „*attractive cast*" zu bieten, während die völlig Hitchcock-untypische Screwball-Comedy „*Mr. and Mrs. Smith*" (OT; 1941) eher eine Enttäuschung für „echte Hitchcock-Fans" war und in gewisser Weise nur durch Carole Lombard's Leistung als „*offended wife*" gerettet wurde, da Lombard, die ganz gut in den Kosmos der sogenannten „Hitchcock-Blondinen" passte, das Ganze eben vor „tödlicher Langeweile" bewahrt hat.

Der Inhalt von *Verdacht*:

[„ROGER O. THORNHILL" CARY GRANT: „*Finden Sie nicht auch, dass es an der Zeit ist, uns bekannt zu machen?*" / „EVE KENDALL" EVA MARIE SAINT: „*Mein Name ist Eve Kendall. Ich bin 26 Jahre und unverheiratet. Jetzt wissen Sie alles über mich*" / ROGER O. THORNHILL: „*Verraten Sie mir, was haben Sie für einen Beruf, außer, dass Sie Männer auf Eisenbahnfahrten in den Abgrund stürzen?*" / EVE KENDALL: „*Ab und zu arbeite ich für die Industrie*" / ROGER O. THORNHILL: „*Ich heiße Jack Phillips, Verkaufsleiter der Westküste für Kühlschränke*" / EVE KENDALL: „*Haben Sie sich nicht geirrt? Sie sind Roger Thornhill aus New York und auf jeder Titelseite in Amerika steht, dass Sie wegen Mord gesucht werden. Seien Sie also nicht so bescheiden*" / ROGER O. THORNHILL: „*Das haben Sie gewusst?*" / EVE KENDALL: „*Nur keine Aufregung. Ich werde kein Wort sagen*" (aus: *Der unsichtbare Dritte*; „der flüchtige Werbefachmann, der für den in Wahrheit gar nicht existierenden Spion `George Kaplan` gehalten und dem fälschlicherweise ein Mord im UNO-Gebäude zur Last gelegt wird" Cary Grant trifft im Speisewagen eines Zugs auf die „Doppelagentin, die den Auftrag hat, die `mistress` eines in der Gestalt von James Mason daherkommenden Verräters von Regierungsgeheimnissen zu spielen" Eva Marie Saint) – in ihrem vierten und letzten gemeinsamen Film schickte Alfred Hitchcock „*Mr. High-Class-Sex-Appeal*" Cary Grant auf einen actionreichen und vergnüglichen Trip quer durch die Vereinigten Staaten, in dem der „*innocent man*" Grant zunächst verdächtigt wird, ein Mörder zu sein, bevor er von einem Ernteflugzeug durch ein Kornfeld gejagt wird und zusammen mit Eva Marie Saint beinahe von den Präsidentenköpfen am Mount Rushmore in den Tod stürzt] – England im Jahr 1936. Ein Zug fährt offenbar gerade durch einen Tunnel [JOHNNY zu LINA – im Original: „*Oh, I beg your pardon, was that your leg?* […]"] und ein „Stranger on a Train" gesellt sich aus einem Nebenabteil zu einer jungen Frau, die Hut und Brille trägt sowie gerade in einem Buch liest, wobei der „Stranger" betont, dass er sein Abteil wegen eines penetranten Zigarrenrauchers verlassen hat. Der Mann, der einen schicken Nadelstreifanzug trägt, gibt ihr zu verstehen, dass er unter einem „Hangover" leidet [JOHNNY: „*Sie kennen doch sowas, nicht?*"], bevor er sie „mustert" und einen Blick auf ihre Beine wirft, die ihm… „Well, he seems to like them" …zu gefallen scheinen.

Anschließend erkundigt er sich nach dem „book", welches sie da liest. Und dabei handelt es sich um… „*But that's how people grow up / That's how people grow up*" [Copyright: *Morrissey*] … „Child Psychology" von Henriette Wright [JOHNNY: „*Was lesen Sie denn da? `Psychologie des Kindes`? Ulkig*"].

Dann taucht der Schaffner auf und will die Tickets der beiden sehen. Die „woman with a hat and eyeglasses" verfügt über ein „First-Class-Ticket" von „Waterloo to Hazledene", während sich „the man with the hangover" anscheinend „in der falschen

Klasse" befindet [SCHAFFNER: *„Sie sind hier im falschen Abteil, Sir"*], da er lediglich ein Ticket für die dritte Klasse besitzt [Kommentar von JOHNNY: *„Eine schöne Gesellschaft. Ich zahle für die erste Klasse und kriege ein Dritter-Klasse-Billett"*].

Der Zugbegleiter meint daraufhin, dass er einen „Aufpreis" von „5 Shilling und 4 Pence" zahlen müsse, was dazu führt, dass der „Hangover-Man" ihn fragt, ob er eine 5-Pfund-Note wechseln könne [Nachsatz von JOHNNY: *„Vielen Dank, bemühen Sie sich nicht. Ich habe gar keine"*].

Nachdem auch eine „Kann es eineinhalb Pence billiger sein"-Frage des Fahrgastes beim Schaffner auf Unverständnis gestoßen ist [JOHNNY: *„Nein? Dann stimmt nachher die Dividende nicht..."*], wendet sich der halbe „fare-dodger", der nur einen kleinen Teil des „Aufpreises" selbst stemmen kann, an seine Nachbarin im Abteil und fragt sie, ob sie „Kleingeld" habe [Antwort von LINA: *„Ich fürchte nein, ich will natürlich gern mal nachsehen"*].

Beim Kramen in ihrer Handtasche taucht auch eine Briefmarke auf, die sich der Unbekannte sofort schnappt und dem Schaffner übergibt, mit dem Hinweis, dass diese zusammen mit dem Betrag, den er selbst aufbringen kann, für das „Erste-Klasse-Ticket" reichen müsse [JOHNNY: *„Eine Briefmarke kann man immer gebrauchen. Die ist so gut wie Geld, alter Junge"*].

„The attendant" ist zunächst etwas ratlos, dann empört und knallt beim Rausgehen demonstrativ die Schiebetüren zum Abteil zu [Kommentar von JOHNNY: *„Schreiben Sie mal Ihrer Mutter"*].

Nach diesem „Arbeitsbesuch des Schaffners" widmet sich der „Hangover-Man" wieder seinem „slight hangover", während die junge Frau in einer Zeitschrift („The Illustrated London News") blättert, in welcher sie... *„I am the last of the famous / International playboys / The last of the famous / International playboys"* [Copyright: *Morrissey*] ...eine Fotografie entdeckt, auf der ein „Mr. John (Johnny) Aysgarth" zusammen mit einer „Mrs. Helen Newsham" „in Merchester" abgebildet ist.

Lina McLaidlaw, die „young woman", blickt von dem „magazine" hoch und „checkt" den „Fahrgast, dem sie zuvor die Briefmarke geschenkt hat", und bei diesem handelt es sich eindeutig...um die abgebildete „Celebrity" [*Anmerkung*: „Ein anderer großer Film-Klassiker mit Cary Grant": „SUSAN VANCE" KATHARINE HEPBURN: *„Wissen Sie, warum Sie mich verfolgen? Sie haben eine fixe Idee"* / „DAVID HUXLEY" CARY GRANT: *„[…] Ich bin weder hinter Ihnen noch hinter sonst jemandem her. Ich bin nur, wie soll ich sagen, etwas durcheinander, weil ich mich Ihrer nicht erwehren kann"* / SUSAN VANCE: *„Sie sind wütend, nicht wahr?"* / DAVID HUXLEY: *„Jawohl, das bin ich"* / SUSAN VANCE: *„Der erotische Impuls im Mann äußert sich sehr häufig in Form von Konflikten"* / DAVID HUXLEY: *„Entschuldigen Sie, **was** für ein Impuls?"* / SUSAN

VANCE: „*Der erotische…*" (aus: *Leoparden küsst man nicht*; „Screwball-Comedy at its very best": Dialog zwischen der „exzentrischen jungen Dame" Katharine Hepburn & dem „schrulligen Gelehrten" Cary Grant in einem Restaurant; die Theorie zu den „erotischen Impulsen des Mannes" hat Hepburn unmittelbar zuvor im Restaurant von dem Psychiater „Dr. Fritz Lehman" Fritz Feld aufgeschnappt, der gemeint hat: „*Wissen Sie, die Liebesimpulse eines Mannes äußern sich häufig in Form von Konflikten*") – das komödiantische Talent von Cary Grant blitzt auch in Hitchcock's *Verdacht*, so wie in der Szene mit Joan Fontaine im Zugabteil, immer wieder auf, aber ein paar Jahre zuvor, 1938, war der gebürtige Brite zusammen mit der großen Katharine Hepburn in einer der besten Screwball-Komödien aller Zeiten zu sehen, nämlich in Howard Hawks' „*Bringing Up Baby*" (OT), den ich zu meinen Lieblingsfilmen zähle; „*Leoparden? Was soll ich denn mit einem Leoparden anfangen?*" / „*Ich weiß auch nicht, was ich damit anfangen soll, aber ich hab' einen*" (Dialog zw. Grant & Hepburn am Telefon) – zur Story: Der „nerdige" Gelehrte David Huxley, der vorhat, seine sehr „rational agierende" Assistentin Alice Swallow (Virginia Walker) zu heiraten, will für das Naturkunde-Museum, für das er tätig ist und für das er die letzten vier Jahre ein Brontosaurus-Skelett rekonstruiert hat, eine Spende von einer Million Dollar auftreiben; zu diesem Zweck soll er sich beim Golf mit dem Anwalt einer Millionärin treffen, die diese Spende aufbringen könnte; allerdings begegnet er dort beim Golfen auch einer *„eccentric young woman"* namens Susan Vance, die ihm die Chance auf die Spende verpatzt, da sie auf dem Parkplatz vor dem Golfclub sein Auto rammt; in der Folge taucht die Frau immer wieder auf, wenn Huxley einen neuen Anlauf nimmt, mit dem Anwalt die Angelegenheit zu besprechen, und verhindert einen „erfolgreichen Abschluss" (Grant zu Hepburn: *„Susan, ich weiß nicht, was mit Ihnen ist. Sie scheinen alles verkehrt rum zu sehen. Sowas wie Sie ist mir noch nie in meinem Leben begegnet…"*); am nächsten Morgen ruft Vance Huxley an und bittet ihn um Hilfe mit einem Leoparden, den ihr ihr Bruder geschenkt hat und der den Song *„I Can't Give You Anything but Love"* (Hepburn, liest Grant aus einer auf den Leoparden bezogenen Stelle aus einem Brief ihres Bruders vor: „[…] *Er liebt auch Musik. Besonders den Song `I Can't Give You Anything but Love`**"; *ursprünglich ein Song aus dem Jahr 1928, der später von diversen Musikgrößen wie etwa der „Queen of Jazz" Ella Fitzgerald gecovert wurde) zu mögen scheint; nach einem gemeinsamen „Road Trip" mit dem Tier landen Susan & David samt der *„leopard cat"* auf dem Anwesen ihrer reichen Tante Elizabeth Random (May Robson), bei der es sich ausgerechnet um jene Frau handelt, von der Huxley die Million Dollar haben wollte; Vance's Anstrengungen bestehen dann darin, Huxley, in den sie verliebt ist (Dialog zwischen der „Nichte" & der „Tante": Hepburn: *„Ich weiß nur, dass ich ihn heiraten werde. Er hat noch keine Ahnung davon, aber…"* / May Robson: *„Wenn du vorhast, ihn mit meinem Geld zu heiraten,* *irrst du dich aber gewaltig. Ich will nicht nochmal sowas Verrücktes wie dich in der Familie haben. Mein Bedarf an Verrückten ist gedeckt.* […]"), an der Rückkehr nach New York zu hindern, damit er nicht „Miss Swallow" heiraten kann…; *Leoparden küsst man nicht*, der seinerzeit zu einem finanziellen Misserfolg geriet und erst später jenes „Standing" erhielt, das ihm zusteht, bezieht seine Komik vor allem aus der Gegensätzlichkeit der Charaktere von „David", der versucht, die Dinge zu ordnen und zu klären, und „Susan", welche die Dinge „verwirbelt", gleichzeitig aber „der festen Ansicht" zu sein scheint, dass sie „Opfer" von „David's" Aufdringlichkeit ist (Katharine Hepburn: *„We wanted it to be as good as it could possibly be. Nothing was ever too much trouble. And we were both very early on the set. Howard Hawks was always late, so Cary and I worked out an awful lot of stuff together. We'd make up things to do on the screen – how to work out those laughs in `Bringing Up Baby`. That was Cary and me*"); an diese „verkehrte Logik" knüpfen sich zahlreiche skurrile Einfälle, die aber nie die Geschlossenheit des Films bedrohen; zwei Szenen jedoch sind spezielle Highlights: Zunächst ist da die Szene im Restaurant, in der zuerst Hepburn Grant das Frack-Sakko zerstört, indem sie versehentlich „im Gehen drauftritt", und schließlich Grant „*on the tail of Hepburn's dress*" steigt und dadurch gleichsam die „*rear panel*", die „Rückseite" des Kleides, entfernt, was dazu führt, dass sich Grant hinter Hepburn postiert (Hepburn zu Grant: *„Was stehen Sie denn da? Tun Sie was! Tun Sie was! Oh mein*

Gott, kommen Sie hinter mich! […]"), um sie beim Verlassen des Restaurants „schützend abzudecken"; aberwitzig ist aber auch das „Happy End im Naturhistorischen Museum", denn nachdem „Miss Swallow", empört über „David's" „unmögliches Verhalten" und über seinen kurzen Gefängnisaufenthalt mit „Susan Vance", den ihm letztendlich der Leopard eingebrockt hat, den „Forscher" verlassen hat, taucht die Hepburn auf und steigt auf eine Leiter, um näher bei Grant zu sein, der sich auf einer Plattform bei seinem riesigen Brontosaurus befindet; nachdem klargestellt ist, dass „David" die Zeit mit „Susan" genossen hat (Grant: „[…] *Weißt du, es ist mir inzwischen aufgegangen, dass das der schönste Tag in meinem ganzen Leben war*" / Hepburn: *„Oh David, das ist doch nicht dein Ernst?"* / Grant: *„Glaub mir, ich habe mich noch nie so amüsiert*" / Hepburn: *„Aber ich bin doch dabei gewesen..."* / Grant: *„Aber deswegen war's ja schön"*), beginnt die Leiter zu „pendeln", sodass Hepburn irgendwann keine andere Möglichkeit mehr sieht, als auf den Dinosaurier zu steigen, was dazu führt, dass „Huxley's Lebenswerk" „kollabiert", wobei er sie, als der Brontosaurus in seine Einzelteile zusammenfällt, mit seinen Händen festhält und zu sich hinauf auf die Plattform zieht, wo sie ihn umgehend um Verzeihung für diesen *„brontosaurus-collapse"* bittet: Hepburn: *„David, kannst du mir das je im Leben verzeihen?"* / Grant: *„Äh, ich…"* / Hepburn: *„Du kannst? Oh, du liebst mich noch?"* / Grant: *„Susan, das kann ich dir nicht ver…ver…verzeihen"* /

Hepburn, als sie und Grant sich küssen: „*Oh, David!*" (aus: *Leoparden küsst man nicht*)].

„*We won't vote Conservative / Because we never have*" [Copyright: *Morrissey*] …nach einem *Zeitsprung* hat sich im Freien eine Jagdgesellschaft samt Hundemeute versammelt, die offenbar kurz vor einer Fuchsjagd oder dergleichen steht.

Ein Teil dieser „hunting crowd" ist auch Johnny Aysgarth, der nicht nur im „British Hunting Style" gekleidet ist, sondern sich auch noch in Begleitung zweier Damen befindet, nämlich von… „*Well I need someone to hold me / But I'll wait for something more*" [Copyright: *George Michael*] …Mrs. Fitzpatrick und Mrs. Newsham [*Anmerkung*: „Mrs. Newsham" wird von der Britin *Isabel Jeans* (1891 – 1985) gespielt, die vor *Verdacht* bereits zweimal für Alfred Hitchcock vor der Kamera gestanden hatte, nämlich in seinen in Großbritannien gedrehten Stummfilmen „*Downhill*" (OT; 1927; Starring: Ivor Novello) und „*Easy Virtue*" (OT; 1927), wobei zweiteres Werk die Verfilmung eines einst kontroversiellen Noël-Coward-Stücks darstellt].

Ein Fotograf taucht auf, will umgehend ein Foto des Trios machen und bittet Johnny, zu lächeln [Reaktion von JOHNNY: „*Wo denken Sie hin? Doch nicht so früh am Morgen*"]. Als Aysgarth versucht, ein „Kameralächeln" hinzukriegen, laufen dem Fotografen plötzlich drei weitere „women" vor die Linse und verhindern „erfolgreich" das Foto. Die drei Frauen… „Good morning, Johnny" …begrüßen ihn und teilen ihm mit, dass sie ihn „überall gesucht hätten".

Da der „Photographer" bittet, weitermachen zu können, gehen die drei wieder und ein zweiter Versuch, ein Bild von Johnny & seinen „two female companions" zu bekommen, wird sozusagen in Angriff genommen, doch Aysgarth hält das „Kameralächeln" nicht lange durch, denn diesmal wird er... „he sees her astride her feisty horse" ...von einer Reiterin abgelenkt, deren „temperamentvolles" Pferd gerade dabei ist, die Vorderbeine in die Höhe zu heben.

„*And where is the woman you love?* / *Where's the woman you love?*" [Copyright: *Morrissey*] ...bald wird klar, dass es sich bei der Reiterin um das „girl on the train" handelt, nur dass die „Frau aus dem Zug" plötzlich „glamourous" wirkt unter ihrem Hut mit dem Netz, der „like a delicate shadow" über ihr Gesicht fällt [Original-Kommentar von JOHNNY: „*I can't hardly believe it. Can't be the **same** girl?*"].

Aysgarth will umgehend wissen, ob seine zwei Begleiterinnen die junge Frau kennen, und Mrs. Newsham bejaht das, allerdings empfindet sie das „girl on the horse" als irgendwie „unpassend" für „Johnny" [MRS. NEWSHAM: „*Ja, aber was soll das, Johnny? Sie sind doch wohl für heut' vollauf versorgt. Das ist doch gar nicht der richtige Typ für Sie*"], was dieser völlig anders sieht [JOHNNY: „*Sagen Sie das nicht, ich müsste den Typ sowieso mal wechseln*"].

Der Bitte von Aysgarth, der Frau vorgestellt zu werden, kommt Mrs. Newsham, die offenbar von einem „sudden feeling of jealousy" heimgesucht wird, nicht nach und sie betont, dass es sich bei der Frau ja schließlich um ein „unverdorbenes Mädchen" handeln würde. „Johnny" scheint aber „fest entschlossen" zu sein und verspricht… „*Day or night / There is no difference / You're gonna need someone on your side*" [Copyright: *Morrissey*] …schon „einen Weg zu finden", die „horsewoman" kennenzulernen.

Dann scheint die Jagd loszugehen, der Fotograf, der letztendlich, durch die zahlreichen „Störaktionen", ohne Bild geblieben ist, zieht frustriert ab, während sich die Reiter samt der Hundemeute in Bewegung setzen [*Anmerkung*: Exkurs: „Zwei `Hitchcock-Stars` und Katharine Hepburn": „ELIZABETH IMBRIE" RUTH HUSSEY: „*Niemals werd' ich Ihre Flitterwochen vergessen. Ihre Hochzeitsreise ganz allein auf der Yacht.* […]" / „C. K. DEXTER HAVEN" CARY GRANT: „*Und woher wissen Sie das?*" / ELIZABETH IMBRIE: „*Ich war die einzige Fotografin, deren Apparat Sie nicht zerschmettert haben. Sie haben ihn bloß ins Meer geworfen. Das werd' ich Ihnen nie vergessen*" / „MACAULAY CONNOR" JAMES STEWART: „*Ach sieh mal an, so einer sind Sie*" / C. K. DEXTER HAVEN: „*Ich hatte die drolle Idee, die Hochzeitsreise nur zu zweit zu verbringen*" / ELIZABETH IMBRIE: „[…] *Er hat uns aber die Apparate alle bezahlt. Ein netter kleiner Entschuldigungsbrief kam auch*" (aus: *Die Nacht vor der Hochzeit*; die beiden „`Spy-Magazine`-Angestellten" Ruth Hussey & James Stewart unterhalten sich mit „Tracy Samantha Lord's `Ex-husband`" Cary Grant über sein „Verhalten gegenüber Paparazzi während der Flitterwochen") – bekanntlich konnte Cary Grant hervorragend „*Upper-Class-Men*" spielen, aber das Geheimnis seines Charismas lag, so wie das die berühmte US-Kritikerin Pauline Kael mal ausgedrückt hat, in einer gewissen „Ambivalenz", denn Grant kam „*on the silver screen*" zumeist charmant & „*delightful*" rüber, aber da war gleichzeitig auch „*the threat he could have a black side*", eine Tatsache, die sich vor allem auch Alfred Hitchcock zunutze gemacht hat; das, was dazu geführt hat, dass Grant „*liked by the public*" wurde, war letztendlich der Umstand, dass sich hinter der „Konstruktion" der Leinwand-Figur „Cary Grant" in Wahrheit ein „*working-class background*" verbarg, denn Grant war kein Aristokrat, auch kein „Bourgeois", er war vielmehr „ein Mann der Straße, der vorgab, Cary Grant zu sein"; Grant's „*Upper-Class*"-Qualitäten die Leinwand betreffend hat sich aber auch Regisseur George Cukor 1940 in der wunderbaren Komödie „*The Philadelphia Story*" (OT) bedient, die man, wie *Leoparden küsst man nicht*, zu den ganz großen und bedeutenden „*American Movies*" zählen kann; „*Ach, was ist das überhaupt für ein alberner Name, **C. K. Dexter Haven**?*" (James Stewart zu Ruth Hussey) – nun, in *Die Nacht vor der Hochzeit* sieht man Grant „*reunited for the last time*" mit Katharine Hepburn (Hepburn: „*We got on well, Cary and I*"), gleichzeitig war der Film auch die einzige Zusammenarbeit mit James Stewart, der mit Grant bekanntlich gemeinsam hat, dass auch er viermal für den „Meister der Suspense" vor der Kamera stand; „*Du, Dexter,*

wenn du nicht auf der Stelle gehst, dann passiert was!" / „[…]
Denkst du, ich verpass' deine Hochzeit?" (Dialog zwischen
Hepburn & Grant) – zu den Eckpfeilern der Story dieses Films,
der seinerzeit ein echter „*smash hit"* wurde und die ins Stocken
geratene Karriere von Katharine Hepburn wieder ins Rollen
brachte: Tracy Lord & C. K. Dexter Haven haben sich getrennt
und Tracy will nun den „politisch aktiven Geschäftsmann"
George Kittredge (John Howard) heiraten; zu den zwei „Spy-
Magazine"-Reportern „Mike" Connor & „Lizzy" Imbrie, die
diese „*High Society"*-Hochzeit „dokumentieren" sollen, was die
beiden nur äußerst widerwillig tun, gesellt sich schließlich auch
Tracy's Ex-Mann, also: Dexter, der Kittredge für einen „*real
idiot"* hält und die Hochzeit im Grunde verhindern möchte (Stewart zu Grant: „*Sagen Sie, was haben Sie davon, wenn Sie da-
zwischenfunken? Oh...oh, Sie haben noch ein Hühnchen mit der
Dame zu rupfen, häh?"*); in der Folge muss sich Tracy, sowohl
von Dexter, der offenbar in der Vergangenheit mit einem Alko-
holproblem zu kämpfen hatte (Grant: „*Orangensaft? Oh, danke"*
/ Hepburn: „*Nun sag' bloß noch, dass du deinem geliebten Whis-
key untreu geworden bist, Dexter...*"), als auch von ihrem Vater
(John Halliday), der mittlerweile ihre Mutter (Mary Nash) verlassen hat und mit einer jungen Tänzerin durchgebrannt ist, Vorwürfe gefallen lassen, sie agiere stets „herzlos" und sei „intole-
rant" gegenüber menschlichen Schwächen; allerdings finden
auch Tracy und der zuweilen „schriftstellende" Macaulay Con-

nor einen Draht zueinander (Dialog in einer öffentlichen Bibliothek zwischen Hepburn & Stewart, wobei Hepburn gerade in Stewart's bisher einzigem Buch gelesen hat: Hepburn: *„Sie tun so, als ob Sie `ne Elefantenhaut hätten, und dann schreiben Sie* **das** *hier. Wer sind Sie wirklich?"* / Stewart: *„Ich bin n` Elefant wahrscheinlich"* / Hepburn: *„Nein. Nein, ich...ich bin überzeugt, die Elefantenhaut ist nur so eine Art Tarnung.* [...] *Genauso wie bei mir"*), sodass bis zum Ende nicht klar ist, mit wem Tracy letztendlich vor den Traualtar treten wird...; Hepburn & Grant sind in ihrem insgesamt vierten gemeinsamen Film ein *„well practiced-team"*, welches sich zahlreiche Wortgefechte liefert (Grant: *„Heirate meinetwegen einen Nachtwächter, find` ich großartig. Aber doch nicht Kittredge"* / Hepburn: *„Ich weiß schon, was ich will. Er ist ein guter Mensch und ein kluger Mann. Und er spielt in der Öffentlichkeit eine bedeutende Rolle"*), wobei schon die witzige sowie wortlose *„Opening-Scene"* ein Highlight ist, in der sozusagen der Moment der Trennung von „Tracy & Dexter" dokumentiert wird und in der die Hepburn, als Grant das riesige Haus verlässt, zunächst einen von Grant's Golfschlägern zerstört, bevor Grant sich „rächt" und die Hepburn „schubbst", die daraufhin auf den Boden fällt; obwohl im Film ständig „Dexter" Cary Grant an seine *„alcohol problems"* erinnert wird (Hepburn zu Grant, die nicht glauben kann, dass er wirklich zu ihrer Hochzeit aufgetaucht ist, im Original: *„You haven't switched to dope, have you?"*), wird in der *„Phi-*

ladelphia Story" im Grunde von allen Beteiligten ziemlich „gebechert", sodass sämtliche Hauptfiguren irgendwann einmal „*drunk*" sind, und eine besonders gelungene Szene ist auch jene zwischen Stewart & Grant, in der Jimmy Stewart quasi „*in the night before the wedding*" angetrunken und mit Schluckauf zuhause bei Grant auftaucht (Stewart, vor Grant's Eingangstür singend: „*Oh, C. K. Dexter Haven! / Oh, C. K. Dexter Haven!*"), um ihn zu fragen, was denn die „aktuelle Gefühlslage" in Bezug auf die Hepburn sei (Stewart: „*Lieben Sie sie immer noch oder betrachten Sie das als eine sehr persönliche Frage?*" / Grant: „*Nein, gar nicht*" / Stewart: „*Lizzy glaubt ja...Lizzy glaubt ja. Aber Frauen sind nun mal sehr romantisch, wenn sich's um die Liebe dreht*"); wie ich bereits einmal in „*Hitchcock Vol. 2 – More Movies To Be Murdered By*" erwähnt habe, hielten beide Schauspieler, Stewart & Grant, sehr viel voneinander und Grant war von Stewart's im Übrigen „*Best Actor*"-Oscar-prämierter Leistung als „Mike Connor" äußerst angetan und hat gemeint, dass er sich bei den Dreharbeiten zu *Die Nacht vor der Hochzeit* im Grunde gegenüber Stewart wie ein „*triangle player*" in einem Orchester gefühlt habe, der auf den Dirigenten achte und dann im entscheidenden Moment den Einsatz verpasse].

„*Armageddon, come Armageddon / Come, Armageddon, come / Everyday is like Sunday / Everyday is silent and gray*" [Copyright: *Morrissey*] ...„on some other day" sitzt Lina im Haus ihrer Eltern, in „her family's mansion", in einem

„Empfangsraum" vor einem Fenster auf einer Couch und blättert in einem Buch. „She seems without excitement in her life".

Dann tauchen plötzlich „die Barhams" vor dem „big window" auf, jene drei Frauen, die dem Fotografen „before the fox hunt" vor die Linse gelaufen sind und das erste Johnny-mit-Mrs. Newsham-&-Mrs. Fitzpatrick-Foto verhindert haben. Nachdem Lina sie hereingelassen hat, wird klar, dass auch Johnny Aysgarth „among them" ist [MRS. BARHAM: „*Oh, äh, darf ich vorstellen, Mr. Aysgarth*"], und Lina entfernt sofort ihre... „*And you have never been in love / Until you've seen the dawn rise / Behind the Home For The Blind*" [Copyright: *Morrissey*] ...Brille, da sie offenbar denkt, dass die „eyeglasses" unvorteilhaft wären [*Anmerkung*: In Hitchcock's Werk gibt es einige dieser „Augengläser"-Momente, man denke da an die Brille-tragende „Psychiaterin" Ingrid Bergman in *Ich kämpfe um dich* (1945) oder, geht man weiter zurück, an die „*first appearance*" der „`beautiful blonde`" im Zugabteil" Madeleine Carroll in *Die 39 Stufen* (1935); das Entfernen der Augengläser steht nicht nur für „die Enthüllung eines Charakters, der möglicherweise anders ist, als er auf den ersten Blick scheint", sondern macht den „*character*" sozusagen auch „*vulnerable*"; Hitchcock-Experte & -Biograf Donald Spoto hat überhaupt gemeint, dass der Regisseur aus „*eyeglasses*" eine moderne Form der *Venezianischen Maske* gemacht hätte oder zumindest eine Form von *Make-up*].

Sind die Begrüßungsworte zwischen „Johnny & Lina" getätigt [JOHNNY: „*Sehr angenehm*" / LINA: „*Ich freu' mich*"], teilen ihr Mrs. Barham [*Violet Shelton*] sowie Alice & Jessie Barham [*Faith Brook* & *Carol Curtis-Brown*] mit, dass Aysgarth sie *unbedingt* kennenlernen wollte, was umgehend zu einer „Why"-Frage von Lina führt [Antwort von JOHNNY – scherzhaft: „*Nun, ich habe gehört, ein heiratsfähiger junger Mann hat großen Seltenheitswert hier in der Gegend*"].

Nach „Aysgarth's Answer" bricht Gelächter unter den Damen aus, das dann dadurch unterbrochen wird, dass Johnny Lina „zur Eile" mahnt [Reaktion von LINA: „*Ich? Warum denn?*"], wobei der Hintergrund erst klar wird, als Aysgarth die junge Frau fragt, ob sie denn „zu spät zur Kirche kommen wolle"… „You don't want to be late for church, do you?".

Lina willigt ein, mitzukommen sowie einem Wunsch „Johnnys" zu entsprechen, nämlich jenem, dass sie wieder „den kleinen, reizenden Hut von neulich auf der Reise" aufsetzt [Reaktion von LINA: „*Ja, gern*"].

Während Lina aus dem Blickfeld des Quartetts verschwindet, setzen sich Aysgarth & Co auf die Couch. Johnny wirft einen Blick in das Buch, das Lina zuvor gelesen hatte, aber darin springt ihm vor allem eines ins Auge, nämlich das Bild aus der „Illustrated London News" von sich und Mrs. Newsham „in Merchester". Lina hat die „photography" also aufbewahrt, als „some kind of bookmark"… „*Tell me, tell me that you love me /*

Tell me, tell me that you love me / [...] Ah, I know you don't mean it" [Copyright: *Morrissey*].

„Mr. John Aysgarth", wie er in der „Illustrated News" genannt wird, scheint sich über den „Fund" zu freuen und schließt das Buch sofort, als sich ihm eine der Barham-Töchter, genauer gesagt: Jessie, zuwendet und ihn „flirtend" anlächelt, was ihn aber nur noch mehr darin zu bestärken scheint, diese „three female companions" bald loszuwerden.

In einer oberen Etage des Hauses teilt Lina ihrer Mutter Martha [gespielt von *Dame May Whitty*] mit, dass sie vorhat, mit den Barhams in die Kirche zu gehen, was die Mutter etwas verwundert, da ihre Tochter diese Barham-„Women" im Grunde gar nicht mag [Kommentar von MARTHA MCLAIDLAW, nachdem Lina in einem Zimmer verschwunden ist, um sich zurechtzumachen: *„Einfälle hat das Mädel, unglaublich"*; // *Anmerkung: `Husbands and Wives` in `Suspenseful Thrillers`* oder: Marilyn Monroe als `*Femme Fatale*`": „GEORGE LOOMIS" JOSEPH COTTEN zu „POLLY CUTLER" JEAN PETERS: *„Sie sind jung und verliebt, aber ich warne Sie. Lassen Sie Ihr Gefühl nicht so übermächtig werden wie die Wasserfälle da draußen. Dann gibt's kein Entrinnen"* (aus: *Niagara*; der „durch seine Erlebnisse im Koreakrieg nervlich zerrüttete Ehemann einer schönen Frau mit tödlichen Absichten" Joseph Cotten warnt „die sich mit ihrem Mann in den verspäteten Flitterwochen an den Niagarafällen befindliche" Jean Peters davor, dass ihre *„feelings"* zu *„intense"* werden, denn das ist ihm augenscheinlich mit seiner

Ehefrau „Rose" Marilyn Monroe passiert) – Cary Grant, mit dem die Monroe 1952 in Howard Hawks' Komödie *Liebling, ich werde jünger* / OT: „*Monkey Business*" zu sehen war, hielt die Schauspielerin ja für ein „*victim of the Hollywood-system*" und war von ihrem riesigen Erfolg eher überrascht; auch Alfred Hitchcock hielt von ihr nicht allzu viel als „*actress*", da er sie nicht, wie er gegenüber Truffaut gemeint hat, in seinem Spektrum der „[…] *mondän reservierten blonden Schauspielerinnen* […]" (HITCHCOCK zu TRUFFAUT) sah, die seine Filme bevölkerten; obwohl mir persönlich ein anderes Werk mit der Monroe aus dem Jahr 1953 noch weitaus besser gefällt, nämlich Howard Hawks' großartiges *Blondinen bevorzugt* / OT: „*Gentlemen Prefer Blondes*", in dem Marilyn Monroe und Jane Russell als Tänzerinnen „Lorelei" & „Dorothy" zu sehen sind (Monroe & Russell „*singing on stage*": „*We're just two little girls from Little Rock* / *We lived on the wrong side of the tracks*"), so ist doch Henry Hathaway's Thriller *Niagara*, der die Monroe zu einem Weltstar machte, ein noch größerer Beleg dafür, dass „Marilyn" *auch* eine brillante Charakterdarstellerin war; „*Du, das haut ja den stärksten Eskimo vom Schlitten. Warum trägst du niemals so ein Kleid?*" / „*Schätzchen, man müsste ja mit 13 Jahren anfangen zu üben, um so ein Kleid tragen zu können*" (Dialog zwischen dem „Ehepaar" Casey Adams & Jean Peters angesichts des „*pink dress*", das die Monroe während eines Tanzabends im Feriencamp trägt) – *Niagara* bietet ein wahrlich klassisches

Krimi-Motiv auf, nämlich jenes von der „*so called*" Femme Fatale, der „Frau mit erotischer Ausstrahlung", die jemanden dazu bringt, ihren „*husband*" zu töten oder dies zumindest zu versuchen, wobei die „*most iconic Femme Fatale*" der Filmgeschichte wohl „Phyllis Dietrichson" *Barbara Stanwyck* in *Frau ohne Gewissen* von Regisseur Billy Wilder aus dem Jahr 1944 bleibt; „*Er hasst die Wasserfälle*" (Monroe zu „Inspektor Starkey" Dennis O'Dea über ihren „mittlerweile vermissten" Ehemann Joseph Cotten) – zu den Eckpfeilern der Story: Das „*married couple*" Polly & Ray Cutler (Peters & Adams) will seine Flitterwochen auf der kanadischen Seite der Niagarafälle nachholen; in dem „Ferien-Camp" lernen sie das Ehepaar Rose & George Loomis kennen, wobei Rose ihr Möglichstes tut, ihren Mann, der offenbar einen Aufenthalt in einem „Armeelazarett für Nervenkranke" hinter sich hat, gegenüber den anderen Gästen als „verrückt" darzustellen (Monroe zu Jean Peters & Casey Adams: „[…] *Er ist so merkwürdig, er sitzt herum und plötzlich nachts steht er auf, läuft weg und kommt erst nach ein paar Stunden wieder. Ich hab' solche Angst*"); nachdem Polly durch Zufall im Rahmen eines Posings für ein Foto bei den Niagarafällen Zeugin davon geworden ist, dass Rose einen anderen Mann (Richard Allan) geküsst hat, gerät das Paar immer tiefer in den Konflikt zwischen Rose & George (Joseph Cotten zu Jean Peters über seine Frau: „*In Minnesota fing es schon an. Ich begegnete ihr in einem großen Bierrestaurant. Sie war die beliebteste Kellnerin dort. Vielleicht hat mir die Art und Weise gefallen, wie sie ihre*

Gäste bediente. Damals hatte ich eine gutgehende Schaffarm, und auf einmal zog das Unglück in meine Ställe ein. [...]"); schließlich soll der Mordplan, den Mrs. Loomis und ihr Liebhaber Ted hegen, nämlich George im Schatten der Niagarafälle zu töten, zur Umsetzung gebracht werden (Monroe zu Richard Allan, ins Telefon: *„Hör zu, es ist am besten, wenn es schon morgen passiert. Morgen.* [...]"); doch die Leiche, die dann aus dem Wasser gefischt wird und die Rose dann identifizieren muss, ist *nicht* die ihres Ehemannes, sondern die ihres Lovers Ted; in der Folge taucht auch George wieder auf, „geistert" bei den Niagarafällen sowie im Ferien-Camp herum und will sich an Rose rächen...; Henry Hathaway zählte zu den großen „Handwerkern" in Hollywood und in seiner Filmographie finden sich durchaus interessante Arbeiten wie etwa *Die vier Söhne der Katie Elder* (1965) mit John Wayne & Dean Martin, aber sein größter Verdienst ist, dass er sich in dem durchaus „*suspenseful*" im Hitchcock'schen Sinne daherkommenden *Niagara* der Ausstrahlung der Monroe bedient hat, ohne die „Schauspielerei" zu vernachlässigen, wobei auch Hitchcock's ehemaliger „Onkel Charlie", nämlich Joseph Cotten, seine Rolle als „*broken man*", wie gewohnt, hervorragend spielt, während Jean Peters und Casey Adams eher als „Nebendarsteller" zu bezeichnen sind; erwähnenswert innerhalb dieses Thrillers, der, auch dank der „*Niagara Falls*" natürlich, über einige außergewöhnlich *atmosphärische* Einstellungen & Szenen verfügt, sind „*two scenes*", in denen die Monroe „auf den Boden fällt", was sie aber tatsächlich

„*with style*" tut, und konkret gemeint sind, zum einen, jene Szene, in der sie im Leichenschauhaus, als sie eben bemerkt, dass es sich bei der Leiche um ihren „*lover*" handelt, in Ohnmacht fällt, und, zum anderen, die Szene, in der sie von ihrem „*husband*" Joseph Cotten erwürgt wird; „*great*" ist aber auch der Moment, in dem Cotten, nachdem er „Rose" ins Jenseits befördert hat, ihren Lippenstift vom Boden aufhebt und diesen noch einmal öffnet].

„*The luck was all before him / With a lovely wife beside him*" [Copyright: *Morrissey*] …auf dem Weg zur Kirche wundert sich Mrs. Barham über einen scheinbar glücklichen Johnny Aysgarth, der vor sich hin pfeift [MRS. BARHAM: „*Sie sind heute auffallend lustig, Johnny. Was ist eigentlich los?*"].

Allerdings bekommt sie keine Antwort von Aysgarth. Hinter „Johnny" und der Mutter der Barham-Schwestern gehen Alice & Jessie sowie Lina, die wieder den Hut trägt, den sie auch damals im „train" getragen hat, als sie „Johnny" das erste Mal gesehen hat.

Beim Eingangsbereich zum Kirchengrundstück lässt sich Aysgarth plötzlich „zurückfallen", und während die Barhams, die „Fixplätze" in der Kirche habe, „zielgerichtet" zur „church" weitermarschieren, fängt „Johnny" Lina ab [JOHNNY: „*Na, Sie wollen doch nicht etwa in die Kirche?*" / LINA: „*Natürlich will ich*"].

Dann schlägt er ihr, anstelle des „Kirchgangs", einen Spaziergang vor [Reaktion von LINA: „*Das kommt nicht in Frage*"].

Nach Lina's... „*'Cause I gotta have faith / I gotta have faith / 'Cause I gotta have faith, faith, faith / I gotta have faith, faith, faith*" [Copyright: *George Michael*] ...„*'No*' to a walk" greift er zu einer Münze und meint, dass ein Münzwurf entscheiden soll [JOHNNY: „*Kopf heißt 'Sie dürfen reingehen', Adler heißt 'nein', hm?*"].

Währenddessen haben die Barhams entdeckt, dass sie ohne Lina & „Johnny" beim Kircheneingang angekommen sind, und als sie sich nach McLaidlaw & Aysgarth umsehen, müssen sie erkennen, dass... „heads or tails?" ...die beiden „vanished" sind, verschwunden [*Anmerkung*: „IRIS HENDERSON" MARGARET LOCKWOOD: „*Haben Sie meine Bekannte gesehen?* [...] *Meine Bekannte, wo ist sie? La signora inglese. Die englische Dame, wo ist sie?*" / „BARONESS" MARY CLARE: „*Ich habe keine englische Dame gesehen. Eine englische Dame war nicht hier*" (aus: *Eine Dame verschwindet*; „die Reisende, die zurück nach London möchte" Margaret Lockwood wundert sich darüber, dass die „*nice old lady*" verschwunden ist, die vor kurzem noch ihre Mitreisende im Zugabteil war, während die „sinistere Baronin" Mary Clare so tut, als hätte es die Dame *nie* gegeben) – Dame May Whitty, die in *Verdacht* die Mutter von „Lina" Joan Fontaine spielt, stand 1938 in gewisser Weise auch im Mittelpunkt eines anderen Hitchcock-Klassikers, nämlich von „*The Lady Vanishes*" (OT); dieser „*comic thriller*", der auf einer „*novel*" der britischen Autorin Ethel Lina White basiert, gehört, neben *Die 39 Stufen* und der „Originalversion" von „*The Man Who Knew*

Too Much" (OT; 1934), sicherlich zu den drei populärsten in England entstandenen Hitchcock-Filmen, wobei der „*internati-onal success*" des amüsanten Werks auch entscheidend dazu bei-getragen hat, dass US-Produzent David O. Selznick „Hitch" in die Vereinigten Staaten „gelockt" hat; „*Ich finde, man darf ein Land nie nach seiner Politik beurteilen. Schließlich sind wir Engländer doch recht ehrlich von Natur aus*" (Dame May Whitty am Tisch ihres Hotels in der fiktiven Diktatur Bandrika zu den beiden „Reisenden, die wegen eines Cricket-Spiels unbe-dingt nach Manchester zurückwollen" Naunton Wayne & Basil Radford) – zur Story von *Eine Dame verschwindet*: Iris Hender-son, die in London bald einen Adeligen namens Charles heiraten soll, ist, zusammen mit einer ganzen Gruppe an „*travelers*", auf der Zugreise von Budapest nach Basel wegen eines Lawinenab-gangs dazu gezwungen, eine Nacht in einem überfüllten Hotel in Bandrika zu verbringen; dort trifft sie sowohl die „*charming old lady*" Miss Froy (Whitty), eine Gouvernante und Musik-Lehrerin, als auch den jungen „*musicologist*" Gilbert Redman (Michael Redgrave), den sie zunächst überhaupt nicht leiden kann, weil er in dem „*hotel room*" ober dem ihren lautstark an seinen „Volkslied-Studien" arbeitet; nach einem „Unfall" am Bahnhof am nächsten Morgen, Iris bekommt eine Kiste auf den Kopf, die eigentlich für Miss Froy bestimmt war, hat Henderson kurze Bewusstseinsstörungen und sie wird von Miss Froy in den Zug geleitet, wo die beiden Frauen zunächst gemeinsam einen

Tee im Speisewagen trinken, bevor die noch immer leicht benommene Iris dann im Zugabteil einschläft; als sie aufwacht, ist Miss Froy „*vanished*", und auf der Suche nach der „*lady*" stellt Iris fest, dass sich niemand an Miss Froy erinnern kann oder will und man sie glauben machen möchte, dass die Frau nur ein „*figment of her imagination*" war; lediglich der „unverschämte Volksliedexperte" Gilbert, der ebenfalls einer der Zugreisenden ist, scheint gewillt, Iris zu glauben (Redgrave: „*Kann ich Ihnen helfen?*" / Lockwood: „*Ja, indem Sie mich in Ruhe lassen*" / Redgrave: „*Nein, nein, nein. Mein Vater hat mich gelehrt, eine Dame in Schwierigkeiten darf man nie im Stich lassen. Diese Devise trieb ihn dazu, meine Mutter zu heiraten*"), woraufhin das Duo alles daransetzt, den Fall der „verschwundenen Dame" zur Auflösung zu bringen…; Hitchcock präsentiert in „*The Lady Vanishes*" ein eindrucksvolles Ensemble an „Zugreisenden", von denen die meisten dann in die „*conspiracy*" rund um „Miss Froy", die sich als „`counterespionage agent`", die ein wichtiges Geheimnis zurück nach London schmuggeln soll" entpuppt, verwickelt sind und Teil eines „*enemy spy ring*" rund um den skrupellosen „*brain surgeon*" „Dr. Hartz" sind (Redgrave zu „Dr. Hartz" Paul Lukas: „*Sind Sie Gehirnspezialist? Ah, Sie waren erst kürzlich bei uns in England und operierten eines unserer Kabinettsmitglieder*"); zu den „*good girls & boys*" in dem Werk gehören, neben Dame May Whitty, Margaret Lockwood & Michael Redgrave, schließlich die prototypischen britischen Gentlemen „Mr. Caldicott" & „Mr. Charters" (Wayne & Radford), die eben dringend wegen eines Sportevents „*back to Manchester*" wollen, sowie auch der Rechtsanwalt „Mr. Todhunter" Cecil Parker, der unbedingt Richter werden möchte und Ferien mit seiner ebenfalls verheirateten „*mistress*" (Linden Travers) macht, eine Tatsache, die ihn zunächst daran hindert, Lockwood & Redgrave zu helfen, da er seine Karriere nicht gefährden möchte, indem er in eine Befragung durch die Polizei verwickelt wird; als „Verbündete" entpuppt sich, obwohl es zunächst nicht so aussieht, letztendlich auch eine Nonne (Catherine Lacey), die unterwegs zusteigt und im Zug eine Patientin von „Dr. Hartz" betreut, deren Gesicht völlig einbandagiert ist, was nicht verwundern mag, denn bei der Patientin handelt es sich, wie „Iris & Gilbert" herausfinden, um die verschwundene „Miss Froy", die auf diese Weise festgehalten wird; legendär geworden ist jene Aufnahme, in der Hitchcock zeigt, dass diese „*nursing nun*" High Heels trägt (Lockwood zu Redgrave: „*Ist Ihnen an der Nonne denn gar nichts aufgefallen?* […] *Ich glaube, das ist gar keine Nonne. Nonnen tragen keine hochhackigen Schuhe*"); der *Musik* kommt in dem Hitchcock-Movie von ˋ38 eine besondere Bedeutung zu, denn neben der Tatsache, dass Dame May Whitty & Michael Redgrave eine Musik-Lehrerin & einen Musik-Experten darstellen, spielt eine „*folk melody*" eine zentrale Rolle, die sozusagen den MacGuffin enthält, nämlich, wie Whitty im Original sagt, „[…] *the secret clause of a peace treaty between two countries*"; diese Melodie gibt die „wiedergefundene"

Whitty, bevor sie aus dem Zug flüchtet, dann an Redgrave weiter, damit er, sollte sie selbst es nicht schaffen, den „*tune*" in London „abliefern" kann (zugehöriger Dialog: Redgrave: „*Wie lautet die Nachricht?*" / Whitty: „*Es ist eine Melodie. Sie enthält im Code selbstverständlich die Klausel eines Geheimpaktes zweier europäischer Staaten. Sie müssen sie sich merken*"); witzig ist aber, dass Redgrave am Ende die Melodie schlicht & einfach *vergessen* hat, was aber nichts mehr zur Sache tut, denn als er sie zusammen mit seinem nunmehrigen „*girlfriend*" Lockwood, die sich, wenig überraschend, dazu entschlossen hat, den Adeligen nicht zu heiraten, an der richtigen Stelle „deponieren" will, fällt ihm nur, im Hinblick auf die „*romantic future*" mit „Iris", ein „*Wedding March*" ein (Lockwood: „*Nein, nein, nein, das ist der Hochzeitsmarsch*" / Redgrave: „*Na sowas, seit vorgestern singe und pfeife ich sie in einer Tour und hab' sie trotzdem vergessen*"), bevor die beiden ohnehin auf „Miss Froy" treffen, die überlebt hat und gerade an einem „*piano*" sitzt und die besagte „*folk melody*" spielt; kein Hitchcock-Film ohne „denkwürdige visuelle Momente", und bei „*The Lady Vanishes*" stechen wiederum zwei solcher „*moments*" hervor; der erste ist jener, in dem Margaret Lockwood & Michael Redgrave zusammen in dem Speisewagen sitzen und Lockwood „Miss Froy's Handschrift" auf dem Zugfenster sieht („Iris" zu „Gilbert": „*Sehen Sie!*"), denn diese hatte dort, im Rahmen der „*Drinking Tea*"-Szene, ihren Namen mit dem Finger auf die staubige Scheibe geschrieben, um dessen Schreibweise zu verdeutlichen

– allerdings verschwindet die Handschrift plötzlich, als ein Tunnel durchfahren wird, was verhindert, dass Lockwood einen Beweis für die „*presence*" der „*old lady*" hat; auch im Zentrum des zweiten „denkwürdigen visuellen Moments" steht ein solcher Beweis für die Existenz der „verschwundenen Dame", denn als ein Küchenangestellter Abfälle aus dem Zug befördert, landet, vor den Augen von Michael Redgrave, just jenes „Harriman's Tea"-Etikett auf einer Zugscheibe, das zu der Tee-Packung gehörte, die Dame May Whitty bei ihrem Besuch im Speisewagen mit Margaret Lockwood dem Kellner übergeben hatte, mit der Bitte, genau diesen Tee zuzubereiten, der, wie Whitty gegenüber Lockwood behauptet, „vor allem in Mexiko gern getrunken wird" – wenige Sekunden später entfernt der Fahrtwind das „*tea label*" vom Fenster, aber Redgrave ist dadurch endgültig überzeugt, dass sich Lockwood die Dame nicht nur „eingebildet" hat; ein großer Fan von *Eine Dame verschwindet* war übrigens auch François Truffaut, wie er gegenüber Alfred Hitchcock eindeutig zum Ausdruck gebracht hat: „*Sprechen wir nun über `The Lady Vanishes`. Man kann ihn in Paris sehr oft sehen, und es kommt vor, dass ich ihn mir zweimal in einer Woche anschaue. Und jedes Mal sage ich mir: Da ich ihn ja auswendig kenne, werde ich mich nicht um die Geschichte kümmern, ich werde nur auf den Zug achten. Ob der Zug sich bewegt. Wie die Rückprojektionen sind. Ob es in den Abteilen Kamerabewegungen gibt. Und jedes Mal bin ich wieder so gefesselt von den Personen und der*

Handlung, dass ich immer noch nicht weiß, wie der Film gemacht ist" (TRUFFAUT zu HITCHCOCK)].

„Cut to"… „*And let me kiss you / Let me kiss you*" [Copyright: *Morrissey*] …der „Combat on the Hill" zwischen Lina & „Johnny" [aus den zugehörigen Original-Dialogen: JOHNNY: „*What do you think I was trying to do?* **Kill you?** […]*" / LINA: „Let me go*" / JOHNNY: „*Oh, I'm just beginning to understand. You thought I was gonna kiss you, didn't you?*" / LINA: „*Weren't you?*"; // *Anmerkung*: Diese „*It seems as if he's attacking her*"-Szene hat natürlich etwas von einem „Red Harring" an sich, von einem Ablenkungsmanöver, das, für Hitchcock's Verhältnisse, hier nicht unbedingt „subtil" daherkommt, aber die Szene gibt auf jeden Fall auch das „Leitmotiv" vor, nämlich eben jenes, dass Joan Fontaine ab einem gewissen Zeitpunkt zumindest glaubt, dass Grant sie ermorden möchte, sie verdeutlicht also Lina's spezielle Wahrnehmung, ihre „neurotische" Sichtweise auf die Dinge und auf „Johnny" Cary Grant, die im Grunde *von Anfang an* vorhanden ist] endet mit der Klarstellung, dass Aysgarth lediglich „ihr Haar zurechtrichten" wollte.

„What's wrong with my hair?" – Lina möchte in der Folge wissen, was denn „falsch" an ihren Haaren sei, und fragt sich gleichzeitig, ob sich Aysgarth mit der Aktion über sie „lustig mache" [zugehöriger Dialog: LINA: „*Schön, ich bin vielleicht provinziell, aber offen gesagt, ich werde nie so ganz aus den Männern klug. Ich hab' immer das Gefühl, dass sie mich bloß auslachen*" / JOHNNY: „*Ich bestimmt nicht, Ehrenwort*"].

„Johnny" spricht dann davon, dass ihr Haar „falsch gelegt" sei, und er nicht anders könne, wenn er „so wunderbare Möglichkeiten sehe", da in ihm dann der „Künstler" oder „ein verhinderter Modekönig" erwache... *To me you are / A work of art / And I'd give you my heart*" [Copyright: *Morrissey*].

Letztendlich erlaubt sie Aysgarth, ihr Haar „anders zu legen", und während dieser beginnt „herumzuhantieren", möchte Lina von ihm erfahren, ob sie lediglich den Status einer „Abwechslung" für ihn besitze, einer „Abwechslung gegenüber den Frauen, mit denen er sich sonst fotografieren lasse" [Reaktion von JOHNNY – mit Verweis auf Lina's Pferd: „*Ich könnte für Sie auch eine Abwechslung sein, allerdings bin ich schwerer zu regieren als ein Gaul*"].

„I think if I got the bit between your teeth I wouldn't have any trouble handling you at all" – Lina teilt ihm mit, dass sie, wenn sie ihn mal „an der Kantare" hätte, schon „mit ihm fertig werden würde", was „Johnny" dazu bringt, einen zweiten... „If you got the time and if you don't mind let me kiss you" ...„Kuss-Versuch" zu starten, den sie diesmal „abwehrt", indem sie vor ihm „rigoros" ihre „handbag" schließt [*Anmerkung*: Hitchcock-Exegeten haben auf die „freudianische Qualität" dieser Szene mit der Handtasche hingewiesen, die der „*Freudian dream theory*" entsprungen scheint und quasi „sexuelle Unzugänglichkeit" symbolisieren soll; eine noch berühmtere „*scene*" mit einer „*handbag*" innerhalb von Hitchcock's Werk ist die Eröffnungsszene seiner nicht ausschließlich gelungenen „*pathological frigidity*"-Studie *Marnie* (1964; Starring: Sean Connery), in der man die gelbe Handtasche sieht, mit der Tippi Hedren auf einem Bahnhof herumspaziert].

Danach frisiert sich Lina wieder „zurück in den Ur-Zustand" [Kommentar von JOHNNY: „*Also ganz ehrlich, meine Frisur war besser*"] und meint, dass sie nun gehen müsse, da sie sonst zu spät zum Essen komme [Nachsatz von LINA: „*Und wenn mein Vater erlebt, dass ich zu spät nach Hause komme und obendrein noch hübsch, ich glaube, dann holt ihn der Schlag*"; // *Anmerkung*: Exkurs: „I've never seen anybody in my life that reminded me less of an old maid": „FREDDIE DENMARK" DAVID WAYNE: „*Sie sehen ohne Brille schon verführerisch aus, oder darf ich das nicht sagen?*" / „POLA DEBEVOISE" MARILYN MONROE: „*Doch, natürlich*" / FREDDIE DENMARK: „*Aber die Brille gibt Ihrem Gesicht noch eine ganz besonders interessante, sagen wir mal, Note*" / POLA DEBEVOISE: „*Seh' ich damit nicht wie eine alte Jungfer aus?*" / FREDDIE DENMARK: „*Ich hab' noch nie eine Frau getroffen, die so wenig wie eine alte Jungfer aussah wie Sie*" / POLA DEBEVOISE – plötzlich glücklich mit ihrer Brille dreinblickend und vor allem angetan von ihrem Sitznachbarn: „*...Wie heißen Sie eigentlich?*" (aus: *Wie angelt man sich einen Millionär?*; Dialog in einem Passagierflugzeug, das nach Kansas City fliegt, zwischen „dem Model, welches partout keine „*eyeglasses*" tragen möchte" Marilyn Monroe & dem „Mann, der `*some troubles*` mit der US-Steuerbehörde hat und in gewisser Weise ein `fugitive` ist" David Wayne; in der Originalfassung hilft David Wayne sozusagen mit folgendem, aufgrund der Verwendung des Wortes „Strudel", für österreichische Ohren sehr amüsant klingendem Kompliment nach, bevor „Marilyn" dann eben ihre Brille aufsetzt und der oben zitierte Dialog eingeleitet wird: *„If you're worried about me, I already think you're quite a* **strudel***. [...] *I thought so from the first minute I saw you*"; *in der dt. Synchro übersetzt mit „reizend") – neben *Blondinen bevorzugt* und *Niagara* war Marilyn Monroe im fernen 1953 noch in einem weiteren Film zu sehen, der aber ein noch viel größerer Kassenhit war als „*Gentlemen Prefer Blondes*", nämlich Jean Negulesco's Screwball-Comedy-artiges „*How to Marry a Millionaire*", in dem sich auch Lauren Bacall & Betty Grable tummeln; während die Monroe in dem 1954 veröffentlichten „*great*" Western *Fluss ohne Wiederkehr* (Regie: Otto Preminger), in dem „Marilyn" eine Saloon-Sängerin & -Tänzerin namens „Kay" spielt (Marilyn, „singing in the saloon": „*A-B-C-D / Who's gonna file me under `love`? / [...] Who's gonna help me file my claim? / Who's gonna help me / Help, help me / Who's gonna help me file my claim / Tonight?*") und den ich persönlich übrigens für den Film halte, in dem die Monroe *am allerbesten* aussieht („der 10-jährige Junge" Tommy Rettig zu seinem „Vater" Robert Mitchum in „*River of No Return*" [OT] über die Monroe: „*She's* **beautiful***, isn't she?*"), zu ihrem Karten-zockenden „`boyfriend` Harry" Rory Calhoun meint: „*Du willst ja nichts weiter als mein Geld*", so verhält es sich in

Wie angelt man sich einen Millionär? so, dass sowohl Marilyn Monroe als auch ihre beiden ebenfalls modelnden Mitstreiterinnen & „Mitbewohnerinnen", „Schatze Page" (in der dt. Synchro: „Tschicki Page") Lauren Bacall & „Loco Dempsey" (in der dt. Synchro: „Tütü Dempsey") Betty Grable, verzweifelt auf der Suche nach Millionären sind; *„Kannst du die Brille nicht wenigstens so lange aufbehalten, bist du ungefähr weißt, wie dein Kavalier aussieht?"* / *„Nein, nein, darauf lasse ich es nicht ankommen.* [...]" (Dialog zw. Lauren Bacall & Marilyn Monroe, die es lieber vorzieht, „mit stark getrübtem Blick" auf Männerfang zu gehen) – zur Story: Miss Page, Miss Dempsey & Miss Debevois, drei abgebrannte Foto- & Laufstegmodels, tun sich zusammen und mieten die New Yorker Luxuswohnung von Freddie Denmark, der „auf der Flucht" ist, weil er, wegen seines Steuerberaters, Probleme mit dem Finanzministerium hat; diese 3er-WG hat nur ein Ziel, nämlich sich einen Millionär zu angeln (Bacall zu Grable und Monroe: *„Was wir als Mannequins verdienen, werfen wir von jetzt ab einfach in einen Topf und jede von uns versucht, einen Millionär einzufangen. Erstklassige Wohnung, erstklassiges Auftreten, erstklassige Männer. Und um es genau zu sagen, nicht unter einer sechsstelligen Ziffer"*), was sich als gar nicht so einfach herausstellt, da das Trio zunächst, wie gewohnt, nur „*loser*" anzuziehen scheint (Bacall: „[...] *Wir betreiben die Sache jetzt drei Monate und haben noch nicht einmal eine Verlobung zustande gebracht"* / Monroe: *„Ich hätte mich vor drei Tagen verloben können, wenn ich gewollt hätte"* /

Bacall: „*Mit wem?*" / Monroe: „*Na, mit diesem Engländer*" / Bacall: „*Mit welchem Engländer?*" / Monroe: „*Du weißt doch, der Rothaarige, der sich fünf Dollar von mir gepumpt hat*" / Bacall: „*Da haben wir's ja. Wir wollten uns mit der Hochfinanz befassen und was kommt dabei heraus? Dein Kavalier borgt sich von dir fünf Dollar. Meiner lädt mich zu Kartoffelsalat und Würstchen ein. Und Tütü kreuzt jeden Abend mit einem Mann auf, den sie bei Woolworth getroffen hat. Seine Aufmerksamkeiten erschöpfen sich in Badeschwämmen und Einweggläsern. So kann es einfach nicht weitergehen*"); als sich dann die Millionäre schließlich „einzustellen" scheinen, Pola hat sich einen „zwielichtigen `tycoon`" mit Augenklappe" geangelt, Loco einen „verheirateten `businessman`", der aber mehr besorgt darum scheint, nicht mit ihr gesehen zu werden" und Schatze einen „reichen Witwer, der fast doppelt so alt ist wie sie" (verkörpert von William Powell, der zw. 1934 und 1947 Star der insgesamt 6 Filme umfassenden & *Dashiell-Hammett*-basierten „*The Thin Man*"-Reihe mit Myrna Loy war), kommt alles ganz anders, denn Pola trifft in dem „*plane*" nach Kansas City auf ihren „flüchtigen" Vermieter Freddie Denmark, der nur mehr „theoretisch" über ein Vermögen verfügt, das er wohl nicht zurückerhalten wird, und Loco im Winterurlaub mit dem besagten Geschäftsmann auf den „Ranger" Eben Salem (gespielt von Monroe's späterem „*All you want is my money*"-Boyfriend Rory Calhoun aus *Fluss ohne Wiederkehr*), der lediglich „Herr über ein paar Bäume" zu sein scheint (Dialog zw. Calhoun & Grable: Calhoun: „*Wieso reich, wer ist hier reich?"* / Grable: *„Na **du**, denk ich"* / Calhoun: *„Das ist gut. Wie kommst du denn auf **die** Schnapsidee, Engelchen?"* / Grable: *„Aber hast du neulich nicht gesagt, dass all diese Bäume dir gehören?"* / Calhoun: *„Ich habe nur gemeint, dass sie zu meinem Forstrevier gehören. Mir selber gehört überhaupt nichts"*); Schatze hingegen findet sich vor dem Traualtar mit dem *„rich widower"*, als sie die Hochzeit abbricht, weil sie merkt, dass sie in den vermeintlichen „Tankwart, der nie eine Krawatte trägt" verliebt ist, den sie, aufgrund *seiner* Hartnäckigkeit, ein paar Mal gedatet hat (Bacall zu „Tom Brookman" Cameron Mitchell bei einem gemeinsamen Besuch in einem Burger-Laden: *„Ich kann es mir beim besten Willen nicht leisten, mich in einen Mann zu verlieben, der nicht einmal eine Krawatte besitzt. […] Wenn ich dieses Zeug hier aufgegessen habe, werden wir uns für immer trennen"*), wobei sich ausgerechnet der *„gas station attendant"* am Ende als Multimillionär herausstellt, der alles Mögliche besitzt, darunter eben auch Ölfelder…; *„Setz ruhig wieder die Brille auf. Es sind ja noch keine Männer hier"* (Bacall zur Monroe im „Model-Apartment") – nun, Monroe's *„Men don't attend to girls who wear glasses"*-Einstellung gibt Anlass zu zahlreichen Gags, denn sie läuft, durch diese Weigerung, in der Nähe von Männern ihre Brille zu tragen, wiederholt gegen Türen in ihrem Apartment oder bei Dates in Restaurants gegen andere Gäste; allerdings findet sie durch diese Weigerung auch *„the right one"*, denn statt nach Atlantic City zu fliegen, wie ihr von ihrem anscheinend „falschen Tycoon" aufgetragen wurde, um ihn dort zu treffen, erwischt sie durch die „schlechte Sicht" die Maschine nach *Kansas City* und trifft so den „*fugitive*" „Freddie Denmark", dem sie allerdings schon zuvor, aber wiederum ohne ihre „*eyeglasses*" zu tragen, durch Zufall im Apartment begegnet ist, da dieser wiederholt in seine eigene Wohnung eingebrochen ist, um ein Dokument aus dem Safe zu holen, das seine Unschuld in der Steuersache beweisen könnte; erwähnenswert innerhalb dieses damals im neuartigen „CinemaScope"-Verfahren gedrehten Films, der vor allem durch seine fast schon „pittoreske" Kameraarbeit auffällt, die unter anderem zahlreiche atemberaubende „*long shots*" von ikonischen New Yorker Gebäuden und Orten (z. B.: Rockefeller Center, Brooklyn Bridge, Central Park) präsentiert, ist auch jene Aufnahme, in der sich die ihre „*eyeglasses*" sowie wiederum ein „auffälliges" Kleid tragende „Pola" Marilyn Monroe in den vier großen „*mirrors*" eines Kastens „spiegelt", bevor sie ihre Brille dann, wie gewohnt, abnimmt und sich wieder ins „*social life*" wirft; eines der absoluten Highlights von „*How to Marry…*" ist aber die „Modeschau", in der sich der „Tankwart" Cameron Mitchell, den die Bacall zu dem Zeitpunkt noch für einen „mittellosen Verehrer" & „Hochstapler" hält, ein paar Kleider vorführen lässt, und unter den „*models*" sind eben auch „Pola", „Schatze" & „Loco", wobei die Modeschau mit einer Hommage an Monroe's legendärsten „Sanges-Auftritt" in *Blondinen bevorzugt* eingeleitet wird, da die „`older woman`", die die verschiedenen

Kleidermodelle ansagt" sie mit folgenden originalen Worten ankündigt: „*You know, of course, that diamonds are a girl's best friend*"; eine Hommage an Bacall's „*famous husband*" Humphrey Bogart und an dessen Kinohit *African Queen* (1951; Regie: John Huston; Co-Starring: Katharine Hepburn) kommt ebenfalls vor, denn als der „reiche, ältere Herr & Witwer" William Powell Bedenken wegen des Altersunterschiedes anmeldet, gibt Bacall „Entwarnung" und meint zu ihm in der Originalfassung: „*I've always liked older men. Look at Roosevelt, Churchill. Look at, what's his name in `African Queen`? Crazy about him*" (Copyright: *Wie angelt man sich einen Millionär?*)].

Zurück bei Lina's „family mansion". Lina will sich vor dem McLaidlaw-Familiensitz von Aysgarth verabschieden und meint, dass er „nicht mehr weiter mitzukommen" brauche, aber „Johnny" spricht davon, sie „um drei Uhr nachmittags" wieder „hier, an dieser Stelle" zu erwarten [Reaktion von LINA: „*Das geht nicht. Ich kann heut' Nachmittag gar nicht*"].

Nachdem Lina behauptet hat, dass sie und ihre „parents" „in the afternoon" eingeladen seien und diese Einladung nicht absagen könnten, bezeichnet Aysgarth sie „provokativ" als „liar" [JOHNNY: „*Sie lügen*"], woraufhin… „*Frechheit*" [LINA] …„die Lügnerin" dann endgültig in Richtung Elternhaus „abgewandert". Doch „Johnny" erinnert sie noch einmal an den gemeinsamen „3-Uhr-Termin"… „Don't forget, three o'clock".

Als Lina das Haus betreten möchte, hört sie ihre Eltern, ihre Mutter Martha sowie… „*Leave me alone / Because I'm alright, dad / Just surprised to still be on my own*" [Copyright: *The Smiths*] …ihren Vater, General McLaidlaw, sich unterhalten, wobei der „Gegenstand der Unterhaltung" offenbar sie ist [aus dem zu hörenden Dialog: GENERAL MCLAIDLAW: „*Lina wird nie heiraten. Zum Glück ist sie nicht darauf angewiesen. Sie ist ja bis an ihr Lebensende versorgt*" / MARTHA MCLAIDLAW: „*Trotzdem mach' ich mir über sie Gedanken. Sie hat schon jetzt manchmal sowas Altjüngferliches*"].

„Die Tochter" beobachtet dann ihre Eltern „through a window" und hört mit an, wie ihr Vater meint, dass ja schließlich „nicht alle Frauen gleich sein können" und wie er sie als „gescheit" und als „hochanständig" bezeichnet.

Lina scheinen die „Komplimente" aber nicht *nur* zu gefallen, sie dreht sich um und will von dem Fenster weg, doch… „*The more you ignore me / The closer I get / You're wasting your time*" [Copyright: *Morrissey*] … „Johnny" steht plötzlich hinter ihr. Sie küsst ihn sofort und läuft dann ins Haus.

„Sorry, I'm late" – nachdem sie sich zu ihren Eltern ins Esszimmer gesellt hat, wo der Butler außerdem gerade dabei ist, Fleischstücke von einem Braten herunterzuschneiden, „beichtet" sie dem General und ihrer Mutter, dass sie in Wahrheit gar nicht in der Kirche gewesen sei, sondern „spazieren mit einem Mann".

„With a man?"… diese Tatsache führt umgehend zu Reaktionen bei ihren Eltern und Lina teilt den beiden mit, dass sie „mit einem gewissen John Aysgarth" unterwegs gewesen sei, von dem ihr Vater aber anscheinend nicht viel hält oder zumindest nicht viel Gutes gehört hat [GENERAL MCLAIDLAW: *„Wo hast du denn den aufgegabelt? Schade um den Jungen, ein richtiger Taugenichts. […]“*].

Die Bezeichnung „Taugenichts"… *„Woraus liest du denn, dass John Aysgarth ein Taugenichts ist, Vater?"* [LINA] …lässt Lina nachfragen, was dazu führt, dass sich der General an eine alte „Clubgeschichte" von „Johnny" erinnert [GENERAL MCLAIDLAW: *„Ist er nicht aus irgendeinem Club wegen Mogelei rausgesetzt worden?"*], die andeutet, dass er ein „Kartenspielbetrüger" sein könnte, aber Lina gibt daraufhin zu bedenken, dass sich „Lord Middleham", jener Mann, unter dessen Dach Aysgarth momentan zu Gast ist, wohl kaum einen „card fraudster" ins Haus holen würde.

Der General ist sich dann auch nicht mehr so sicher, ob die „Clubgeschichte" stimmt, und spricht schließlich von einer „Frauengeschichte" [GENERAL MCLAIDLAW: *„Mm, vielleicht war es auch was anderes. ´Ne Weibergeschichte. […]“*], aber der General ist schnell genervt von der „Johnny"-Thematik und meint, dass er sich schließlich „nicht von jedem Menschen merken könne, was dieser ausgefressen habe".

Lina spricht in der Folge von ihrem „three o'clock"-Date mit Aysgarth, was ihre „parents" dazu bringt, sich gegenseitig „bedeutungsschwer" anzusehen… *„They said, `There's too much caffeine / In your bloodstream / And a lack of real spice in your life"* [Copyright: *The Smiths*]. Das Ganze wird dann durch die

Meldung einer Hausangestellten unterbrochen, dass Lina am Telefon verlangt werde.

Kurz darauf werden die „parents" „Ohrenzeugen" davon, wie Lina am Telefon von „Johnny" quasi „versetzt" wird [LINA – ins Telefon: *„Hallo? Ja, Johnny. Oh, Sie können heut' nicht. Aber gewiss, natürlich versteh' ich das.* […]"], wobei sie die Enttäuschung darüber zunächst aber „überspielt" [LINA: *„Schönen Dank für den Anruf. Gut, wenn Sie das nächste Mal hier sind, Sie melden sich, ja?"*], bevor diese, nachdem sie aufgelegt hat, ihr Gesicht zu „dominieren" scheint... *„Could it be I like you? / It's so shameful of me / I like you"* [Copyright: *Morrissey*].

Als sie sich zurück an den Tisch zu ihren Eltern setzt, schaut sie ihr Vater, der General, wiederum „etwas streng & etwas vorwurfsvoll" an [*Anmerkung*: „Cary Grant & Tony Curtis auf hoher See": „LIEUTENANT COMMANDER MATT SHERMAN" CARY GRANT: *„Sagen Sie mal, bevor Sie Adjutant wurden, was haben Sie da in der Marine gemacht?"* / „LIEUTENANT NICK HOLDEN" TONY CURTIS: *„Tja, Sir, ich war gewissermaßen Ideenoffizier"* / LIEUTENANT COMMANDER MATT SHERMAN: *„Aha. Was hat so ein Ideenoffizier eigentlich zu tun?"* / LIEUTENANT NICK HOLDEN: *„Ich war zum Beispiel Organisator der Marineparade in Milwaukee"* / LIEUTENANT COMMANDER MATT SHERMAN: *„Aha"* / LIEUTENANT NICK HOLDEN: *„Ja, und dann bin ich Verbindungsoffizier gewesen für den 11. Flottenbezirk"* / LIEUTENANT COMMANDER MATT SHERMAN: *„Verbindung wozu?"* / LIEUTENANT NICK HOLDEN:

„*Zu Hollywood*" (aus: *Unternehmen Petticoat*; der „U-Boot-Ka-
pitän" Cary Grant fragt sich ernsthaft, was er mit dem „Lieutenant, der noch nie ein U-Boot von innen gesehen hat" Tony
Curtis anfangen soll) – im Jahr 1959 hatte Cary Grant gleich
zwei große „Box-Office-Hits" zu verbuchen, denn neben dem
Hitchcock-Klassiker *Der unsichtbare Dritte* war Grant auch
noch, zusammen mit Tony Curtis, Hauptakteur in Blake
Edwards' amüsanter und zuweilen fast Slapstick-artiger WKII-
U-Boot-Komödie „*Operation Petticoat*" (OT), dessen „*most
memorable character*" zweifellos das „*pink submarine*" dar-
stellt, denn als der „*supply officer*" Tony Curtis nicht dazu in der
Lage ist, graue Farbe zu besorgen, muss die Crew die Farben
Rot & Weiß mixen, was eben die Farbe Rosa/Pink ergibt; „[…]
*Dieser verdammte Krieg muss doch furchtbar unangenehm für
Sie sein, Mr. Holden*" / „*Oh, ich gestalte ihn mir so angenehm
wie möglich*" (Dialog zw. Grant & Curtis „*on board*") – zu den
Ausgangspunkten der Story: Ende der 50er-Jahre besucht der
nunmehrige „*Rear Admiral*" Matt Sherman ein letztes Mal sein
altes U-Boot, die „USS Sea Tiger", bevor dieses verschrottet
wird; an Bord blättert er in seinem alten „*Captain's Journal*"
und erinnert sich an die Abenteuer, die er und seine Crew mit
dem U-Boot im Pazifik im Kriegsjahr 1941 erlebt haben; die
„Sea Tiger" ankert zunächst vor Manila, als die Japaner angrei-
fen und das U-Boot versenken; nachdem es so halbwegs wieder
„seetüchtig" ist, will es Sherman mit dem „*submarine*" zumindest nach Cebu (Philippinen) schaffen; mit an Bord ist auch „*a*

new man", nämlich Lt. (Junior Grade) Nick Holden, der mit U-Booten nicht so viel im Sinn hat (Dialog zwischen Grant & einem Besatzungsmitglied, als Grant im Hafen von Manila durch ein Periskop blickt und Curtis, der sich gerade dem U-Boot nähert, in seiner strahlend weißen Navy-Uniform entdeckt: Grant: *„Kennt einer den Knaben?"* / Besatzungsmitglied: *„Flüchtig. Er war schon im Gesellschaftsteil von verschiedenen Zeitungen abgebildet. Der Mann heißt Lieutenant Nick Holden.* […] *Ja, er ist der Liebling der oberen Zehntausend hier"* / Grant: *„So sieht er auch aus"* / Besatzungsmitglied: *„Er und die Frau vom Admiral haben schon zweimal das Rumba-Preistanzen gewonnen"*), dafür aber ein äußerst begabter „Versorgungsoffizier" ist, da er vor keinem Diebstahl zurückschreckt; Holden will darüber hinaus bald eine Millionenerbin heiraten, die „die Aktienmehrheit sämtlicher großer Schifffahrtslinien Amerikas" besitzt (Dialog zw. Curtis & Grant *„on board"*: Curtis: *„Also, es gibt zwei einfache Methoden, um zu Geld zu kommen. Man stiehlt es oder die Frau bringt's mit"* / Grant: *„Hm…"* / Curtis: *„Und wenn man es erheiraten will, muss man in den richtigen Kreisen verkehren, die auf dem richtigen Dampfer sitzen.* […]*"* / Grant: *„Ihr System bietet gute Gewinnchancen"* / Curtis, zeigt ihm eine eingerahmte Fotografie seiner Millionenerbin: *„Die Bank ist schon längst gesprengt"* / Grant: *„Ah, ist das das Mädchen, das auf dem richtigen Dampfer sitzt?"* / Curtis: *„Er gehört ihr sogar"*); allerdings bringt Holden von einer kurzen Mission auf Marinduque fünf gestrandete US-Armee-Krankenschwestern mit (darunter: Dina

Merrill), die für einiges an Unruhe an Bord sorgen (Grant, in Richtung der fünf Krankenschwestern und einiger seiner Männer: *„Also, für die nächsten paar Tage werden wir alle ziemlich eng zusammenleben müssen und da sie ja nun mal Frauen sind und die Männer…ich meine, da die Mannschaft aus Männern besteht, wäre es möglich, dass…äh…irgendwie könnten sich daraus Situationen ergeben, die sich störend auf den Dienst auswirken könnten. Also, ich will damit sagen…"* / „Major Edna Haywood" Virginia Gregg: *„Wir wissen, was Sie sagen wollten. Wir sind mit den biologischen Fakten des Lebens vertraut"* / Grant: *„Ja, meine Männer auch. Ich möchte nur vermeiden, dass die Kenntnisse noch erweitert werden"*), bevor das U-Boot, das durch gewisse Umstände dann zu einem pinken U-Boot wird, sowohl von den Japanern als auch von den Amerikanern durch den Pazifik „gejagt" wird, um versenkt zu werden…; *„It was the pink submarine that led me to `The Pink Panther`, which I did a couple of years later. Pink strikes comedy writers as a funny color"*, meinte Regisseur Blake Edwards, der ja ein ausgewiesener Komödienspezialist war, aber beinahe wäre aus den „Farbspielen" nichts geworden, denn ursprünglich erwog man, *Unternehmen Petticoat* in Schwarz und Weiß zu drehen, was auch ein weißes U-Boot mit sich gebracht hätte; Cary Grant und Tony Curtis wurden während des Drehs zu *„close friends"* und Curtis war damals sogar der Meinung, dass *„being in a film with Cary Grant"* der wohl „größte Moment seines Lebens" sei; zuvor war Curtis etwas besorgt gewesen, auf Grant zu treffen, da er in Billy

Wilder's *Manche mögen's heiß* (1959; Co-Starring: Jack Lemmon) die Stimme des „*lady killer*" & „falschen Millionärs" „Shell Junior", den „Joe" bzw. „Josephine" Tony Curtis dazwischen einmal mimt, um „Sugar Kane" Marilyn Monroe auf „seiner" Yacht zu verführen (Dialog aus „*Some Like It Hot*" [OT] zw. Curtis & Monroe auf der „geborgten" Yacht: Monroe: „*Die Yacht sieht so klein aus vom Ufer. Aber wenn man drauf ist, kommt man sich vor wie auf einem Zerstörer.* [...] *Wo ist Backbord und wo ist Steuerbord?*" / Curtis: „*Das kommt drauf an, ob man kommt oder geht*"), an Grant's „*voice*" angelehnt hatte, wobei Grant später, angesprochen darauf, wer denn die beste Cary-Grant-Imitation mache, Curtis lediglich als den „zweitbesten" Cary-Grant-Imitator bezeichnete, denn für den besten hielt sich der Schauspieler nämlich selbst („*I do, although Tony Curtis does a pretty good job*" – Cary Grant)].

„*Last night I dreamt / That somebody loved me / No hope – but no harm / Just another false alarm*" [Copyright: *The Smiths*] ...nach einem *Zeitsprung* blättert Lina in einem Magazin, bis sie auf ein Foto von „John `Johnny` Aysgarth" stößt, welches beinahe die ganze Seite füllt. „Die junge Frau" nimmt ihre „eyeglasses" ab und legt diese auf das Johnny-Foto, „feelings triumph over fear".

Danach sieht man Lina, wie sie versucht, Aysgarth telefonisch zu erreichen [LINA – ins Telefon: „*Hallo, ist Mr. John Aysgarth vielleicht zu sprechen? So, er ist nicht da. Nein, danke, ich dachte, er wär' bei Ihnen*"], wobei sie sich auch danach erkundigt, ob er beim „Hunt Ball" hier sein werde, aber als man sich „on the phone" offenbar nach ihrem Namen erkundigt, legt sie wieder auf.

„After that" befindet sich Lina auf einer Post-Filiale und fragt die Angestellte, ob irgendein Brief für sie gekommen sei [Antwort der POSTANGESTELLTEN: „*Nichts da, tut mir leid*"], und als das eben verneint wird, erkundigt sie sich, ob der Brief vielleicht aus Versehen in ein anderes Fach gelangt sein könnte, was ebenfalls nicht der Fall ist.

„Later" blättert Lina in einem Telefonbuch, sucht „Johnny's number" raus und lässt sich… „Hello, Operator?" …mit „Regent 0021" verbinden, was aber auch zu keinerlei Ergebnis führt [LINA – zur „Telefonistin": „*Da meldet sich keiner*"].

Letztendlich kehrt Lina, samt „Johnny's Lieblingshut" auf ihrem Kopf, auch „to the hilltop" zurück, und auf dem Hügel blickt Lina „einsam" in die Ferne [*Anmerkung*: Hitchcock's Intention ist klar: Er verdeutlicht durch diese paar relativ kurzen Szenen, dass „LINA" ohne „JOHNNY" sozusagen in eine „*romantic isolation*" geraten ist].

Nachdem eine offizielle Einladung für die drei McLaidlaws zum „Jägerball" eingetroffen ist… „*Girlfriend in a coma, I know / I know – it's serious / Girlfriend in a coma, I know / I know – it's really serious*" [Copyright: *The Smiths*] …verhält es sich so, dass Lina von ihrer Mutter am Abend des besagten Balls in ihrem Zimmer eher „in a slightly lethargic state" vorgefunden wird, denn sie sitzt in einem Stuhl und starrt, *wahrscheinlich wiederum an Aysgarth denkend*, vor sich hin.

Die Mutter meint, dass es schon sieben Uhr sei und sie noch immer nicht ihr Ballkleid angezogen habe, doch Lina scheint „not in the mood" dafür zu sein [LINA: „*Nein, Mutter, ich bin nicht in Stimmung dazu*"] und spricht davon, dass sie „Kopfschmerzen" habe und deswegen nicht auf den Ball gehe.

„Perhaps some aspirin" – ihre Mutter will ihr in der Folge „Aspirin" andrehen und beginnt nach den „pills" zu suchen. Plötzlich taucht das „housemaid" auf und übergibt Lina ein Telegramm. Und dieses Telegramm ist...von Aysgarth, der sie offenbar auf dem „Hunt Ball" treffen möchte [Inhalt des TELE-GRAMMS: „*Wir sehen uns auf dem Jägerball. Ich freue mich auf Sie. Johnny*"].

Lina erhebt sich aus ihrem „chair" und scheint plötzlich... „*Ooh I think I'm in love / Ooh I think I'm in love / Ooh I think I'm in love*" [Copyright: *The Smiths*] ...wie ausgewechselt.

Als die Mutter ihr dann das Aspirin anbieten will [MARTHA MCLAIDLAW: „*So, hier sind die Tabletten, Kindchen*"], lehnt sie den „pain killer" ab und meint, dass sie „im Handumdrehen fertig für den Ball" sein werde. Nachdem die Mutter ihr „Unverständnis" gegenüber dem „behaviour" ihrer Tochter zum Ausdruck gebracht hat, verlässt sie den Raum und Lina holt ihr Ballkleid aus dem Schrank.

Ortswechsel. Der Ball ist in vollem Gang, aber Lina, die plötzlich „great" aussieht und nicht mehr wie „a despairing Cinderella", blickt die ganze Zeit nur in Richtung „main entrance", um zu sehen, ob Aysgarth eintrifft.

„A man" nähert sich ihr und fordert sie zum Tanz auf, sie willigt ein, doch während des Tanzes lässt Lina den „Eingangsbereich" nicht aus den Augen... „*Just another false alarm*" [Copyright: *The Smiths*].

Dann taucht Aysgarth auf und startet sofort auf Lina's Vater, den General, zu, denn Aysgarth hat in Wahrheit gar keine Einladung. General McLaidlaw ist wenig begeistert von „Johnny", der noch dazu vor allen behauptet, Lina's Vater hätte ihn, „somehow", eingeladen, was dieser empört zurückweist [Reaktion von JOHNNY: „*Nein? Ach, wie peinlich. Ich dachte ja, sonst wäre ich ja wohl kaum von London extra hierhergekommen*"].

An dem Punkt, an dem die Unterhaltung zwischen dem General & Aysgarth „ins Nichts zu führen" scheint, wird „Johnny" von Lina „gesichtet", woraufhin sie ihren Tanzpartner sofort auf dem „dancefloor" stehenlässt und auf Aysgarth „zustartet" [LINA: „*Guten Abend, Johnny*" / JOHNNY: „*Guten Abend, Lina*"].

Nachdem sich plötzlich auch „some other women" um „Johnny" versammelt haben, darunter wiederum die drei Barhams, fordert Aysgarth Lina zum Tanz auf, was die beiden von der Gruppe um den General und den Barham-Frauen wegbringt. Nach wenigen Sekunden tanzt „Johnny" „zielgerichtet" mit Lina aber „aus dem Ballsaal hinaus" und raus vor das Gebäude, wo sich Aysgarth dann danach erkundigt, wo ihr Wagen geparkt ist [Kommentar von LINA: *„Verrückt, das können wir nicht"*].

Die beiden steigen schließlich in Lina's „car" und „rasen" damit davon [*Anmerkung*: Exkurs: „In Love with a *real* Criminal": „VICKI ANDERSON" FAYE DUNAWAY zu „THOMAS CROWN" STEVE MCQUEEN – im Original: *„Tommy, look out!"* (aus: *Thomas Crown ist nicht zu fassen*; „die Versicherungsdetektivin" Faye Dunaway mahnt „den reichen Geschäftsmann, der in seiner Freizeit geniale Pläne für Überfälle auf Banken ausheckt" Steve McQueen zur Vorsicht, als er mit ihr als Beifahrerin in einem „Meyers Manx Dune Buggy" über den Strand in der Nähe seines *„strand house"* rast) – der Polizeifilm *Bullitt* (1968; Regie: Peter Yates; Co-Starring: Jacqueline Bisset) bleibt das Meisterstück des „King of Cool" in den 60er-Jahren, aber der stilvolle und optisch zuweilen durchaus atemberaubende Katz-und-Maus-Thriller mit ironisch-komödiantischen Untertönen *„The Thomas Crown Affair"* (OT) von Norman Jewison, in dem Steve McQueen & Faye Dunaway zugleich Gegner & Liebende spielen, ist ein weiteres McQueen-Meisterwerk; *„With all my love, Tommy"* (aus einem Brief von McQueen an Dunaway am Ende des Films) – zur Story: Der schwerreiche Bostoner Finanztycoon Thomas Crown, nach außen hin ein „Gentleman im Maßanzug", plant & orchestriert „in seiner Freizeit" Banküberfälle im großen Stil, die er von ihm eigens rekrutierten Männern, die ihn persönlich aber *nicht* kennen, durchführen lässt; das Geld hat Crown, der durch Immobilien & Arbitrage-Geschäfte reich geworden ist, wahrlich nicht nötig, worauf es dem gelangweilten Millionär aber ankommt, ist der Nervenkitzel (Dialog zwischen McQueen & „Sandy" Biff MacGuire, einem Firmen-Partner von „Thomas Crown", auf einem Golfplatz: MacGuire: *„Verrückt bist du, vollkommen verrückt"* / McQueen: *„Das bringt einen wenigstens über den Sonntag"*), mit dem er seine „boredom" überwinden kann (McQueen, nachdem er aus seinem Segelflieger gestiegen ist, zu seiner Freundin „Gwen" Astrid Heeren: *„Ich brauche eine Idee. Aber die Zeit vergeht und was passiert eigentlich?"*); Crown's letzter Coup hat ihm über 2 Millionen USD eingebracht, die er in der Schweiz gebunkert hat, und die ratlose Bostoner Polizei holt sich Verstärkung durch die freischaffende Versicherungsdetektivin Vicki Anderson, die als „Spezialistin für besonders schwierige Fälle" gilt (Dunaway zu „Detective Lt. Eddy Malone" Paul Burke: *„Jedes Verbrechen hat so eine Art Charakter. Es hat spezifische Züge und Merkmale des Menschen, der es entworfen hat"*); bald schon hat Anderson Thomas Crown im Visier (Dunaway zu Paul Burke: *„Eddy, er ist es. Das ist der Mann, ich **weiß** es einfach. Ich hab' einen Instinkt dafür. Er ist es, Eddy"*) und eine großangelegte Überwachungsaktion beginnt, wobei Anderson Crown von vornherein klarmacht, dass sie hinter ihm her ist (aus zwei McQueen & Dunaway-Dialogen: McQueen: *„Und hinter wessen Kopf sind Sie her?"* / Dunaway: *„Hinter **Ihrem**"* / McQueen: *„Hinter mei-*

nem?" / Dunaway: „*Ja, Ihrem*" // McQueen: „*Immer alle geschnappt?*" / Dunaway: „*Natürlich*" / McQueen: „*Und Sie kriegen mich auch?*" / Dunaway: „*Ich hoffe es*"); das Problem ist, dass sich Anderson, sehr zum Missfallen von Detective Lt. Malone (Burke zu Dunaway: „[…] *Ich sehe ein Fiasko. Und ich finanziere das auch noch, diese Sex-Orgien auf Staatskosten*"), nach und nach in Crown verliebt, doch dieser möchte, bevor er sich nach Südamerika absetzen will, noch einen letzten Coup landen (Dialog im Bett zw. Dunaway & McQueen: „*Aber, was soll das? Was willst du damit beweisen, Tommy? Du brauchst doch das Geld nicht*" / McQueen: „*Es geht nicht ums Geld. Das ist unwichtig. Es geht um mich.* **Es geht um mich und das System.** *Das System.* […] *Es ist mein Begräbnis, du bist nur Leidtragende*")…; das Werk, das ziemlich „stylisch" daherkommt und seinerzeit auch innovativ wegen des intensiven Einsatzes von Splitscreen-Technik war, verfügt über zahlreiche großartige Szenen, die die Love-Story von McQueen & Dunaway eindrucksvoll „visualisieren" – „*He's the one*" („zweideutiges" Urteil von Dunaway bezüglich McQueen, ausgesprochen gegenüber Paul Burke); ein echtes Highlight ist zunächst die Schachpartie, die „Thomas Crown" & „Vicki Anderson" miteinander spielen (Original-Dialog vor dem „*chess game*": McQueen: „*Do you play?*" / Dunaway: „*Try me*"), die man getrost als *eine der erotischsten Schachpartien der Filmgeschichte* bezeichnen kann, da Regisseur Jewison daraus eine Dialog-freie „*symphony*" aus Blicken, Handbewegungen und diversen „Close-ups" von Lippen gemacht hat, bevor die Dunaway dann „Schach" sagt und McQueen meint: *„Wir spielen etwas anderes"*, was aber in der Folge zu einem Kuss zwischen den beiden führt, der damals, mit 55 Sekunden, sogar *der längste der Filmgeschichte* war; amüsant ist auch jene Szene, in der McQueen & Dunaway, quasi „wie ein altes Ehepaar", nebeneinander auf einer Terrasse am Frühstückstisch sitzen, sie mit offenem Haar, er mit freiem Oberkörper, einer Zigarette im Mund und das „Wall Street Journal" lesend; erwähnenswert sind aber ebenso die Strandhaus-Szenen, zu welchen die rasanten Ausfahrten mit dem „Dünen-Buggy" gehören; besonders sticht hier die „Eifersuchtsszene" hervor, da die Dunaway, die von „Lt. Malone" Paul Burke zuvor erfahren hat, dass sich McQueen wiederholt mit „Gwen" Astrid Heeren getroffen hat, hier endgültig von ihrem Weg als „Ermittlerin" abkommt (Dialog, während die beiden in Liegestühlen beim Strandhaus liegen: Dunaway: *„Tommy?"* / McQueen: *„Hm-mm?"* / Dunaway: *„Warst du schon mal mit einer anderen hier?"* / McQueen, auf seine von ihm geschiedene Frau anspielend: *„Mit meiner Frau. Sie machte sich nichts aus Sand"* / Dunaway: *„Ich meinte nicht sie"* / McQueen: *„Ach, das meinst du? Das war doch nur, um uns etwas mehr Klarheit zu verschaffen. Ich war nie mit einer anderen hier"*); zu den besten Momenten dieses Werks zählt, neben dem *„Dunaway vermisst McQueen & McQueen vermisst offenbar auch Dunaway"*-Ende, das ich persönlich für eines der gelungensten „endings" der Filmgeschichte halte, die „Abschiedsszene am

Lagerfeuer" zwischen den beiden Hauptfiguren, denn in dieser bittet „Vicki Anderson" „Thomas Crown" darum, von seinem unmittelbar bevorstehenden „allerletzten Coup" abzusehen, weil sie unweigerlich an seiner Ergreifung beteiligt sein würde, während er von ihr umgekehrt eine Art „Loyalitätsbekundung" verlangt (Dunaway: *„Du darfst mich nicht so in Versuchung führen. Ich bin mir nicht sicher, ob ich…Nicht, wenn du mich liebst"* / McQueen: *„Ich muss wissen, woran ich bin, Vicki. Die Zeit wird knapp. Ich muss wissen, ob du auf meiner Seite bist. Keine Tränen. Das passt nicht zu uns. Wir sind aus anderem Holz geschnitzt.* […]"); einen Oscar für den „Best Original Song" erhielt seinerzeit übrigens das von Noel Harrison gesungene eingängige „*The Windmills of Your Mind*", wobei der Song dann im durchaus gelungenen *Thomas-Crown*-Remake von 1999 (Regie: John McTiernan) mit Pierce Brosnan & Rene Russo von Musiklegende *Sting* interpretiert wird – „*Like the circles that you find / In the windmills of your mind*"].

Aysgarth und McLaidlaw… „*Take me out tonight /* […] *Driving in your car / I never never want to go home*" [Copyright: *The Smiths*] …sind in der Folge mit Lina's Wagen auf dem Weg nach „irgendwohin", und „Johnny" sitzt hinterm Steuer.

Nach der „Have you ever been kissed in a car before"-Frage von „Johnny" und der „Never"-Antwort von Lina und einer „Would you like to be"-„question" kommt es, nachdem Aysgarth den Wagen angehalten hat, zu einem „Kuss im Auto" zwischen den beiden… „*And if a double-decker bus / Crashes into us / To die by your side / Such a heavenly way to die*" [Copyright: *The Smiths*].

Danach will Lina aber wissen, ob er vor ihr „schon viele" geküsst habe [Antwort von JOHNNY: „*Da kommen so einige zusammen*"], und er meint, dass seine eigenen „Zählungen" eine Anzahl von „83 Frauen" ergeben hätten.

Von seiner „honesty" verblüfft, fragt ihn Lina, ob er denn „immer gleich allen Frauen die Wahrheit sage", was er verneint… „No, no, not particularly". Daraufhin will Lina wissen, ob er ihr gegenüber so ehrlich sei, weil er den Eindruck habe, dass sie „so viel anders" wäre, aber Aysgarth meint, dass seine Ehrlichkeit in ihrem Zusammenhang eine „zielgerichtete" sei [JOHNNY: „[…] *Ich spüre, dass ich bei dir auf ehrliche Art am schnellsten zum Ziel komme*"].

Schließlich… „*Es mag vielleicht falsch sein, es dir zu sagen, aber ich liebe dich*" [LINA] …wird auch Lina „deutlich", was bei „Johnny" zu einer kurzen „Pause" führt, bevor er… „I think I'm falling in love with you and I don't quite like it. That's why I stayed away from you for a week. I was afraid of you" …ebenso „deutlich" wird [JOHNNY: „*Ich liebe dich auch, und das gefällt mir gar nicht.* […]"].

McLaidlaw betont, dass sie niemals erwartet hätte, dass das Ganze *so* ablaufen würde, vielmehr habe sie gedacht, dass ihr mal jemand bei einer „Gartenparty" über den Weg laufen würde. Kurz darauf kommen die beiden an Lina's Elternhaus vorbei und sie fragt ihn, ob er noch… „*Higher, higher / Won't you come with me / Baby gonna get my soul free*" [Copyright: *George Michael*]

...„mit hinein auf einen Drink" kommen möchte, doch Aysgarth ist sich zunächst nicht sicher und will eher „back to the hunt ball".

Allerdings hält er das Auto dann doch an und betritt zusammen mit Lina, welche... „*Typical me, typical me / Typical me / I started something and now I'm not too sure*" [Copyright: *The Smiths*] ...kurz etwas unsicher bezüglich der ausgesprochenen Einladung wird, die „McLaidlaw family mansion".

In der Bibliothek schenkt ihm Lina einen Drink ein und Aysgarth drückt seine Verwunderung darüber aus, dass Lina, ganz im Gegensatz zu ihm, „die Ruhe selbst" zu sein scheint [JOHNNY – zeigt ihr seine „nervöse" Hand: „*Sieh' mich an, wie ich zittere. Dass du nicht wenigstens ohnmächtig wirst*"].

Lina meint... „I'm rather surprised myself" ...dass das damit zusammenhängen könnte, dass sie „von heute Abend an endlich wisse, was sie wolle", und es kommt in der Folge zu einem erneuten Kuss zwischen den beiden [*Anmerkung*: Hitchcock fängt diesen zweiten Kuss zwischen Fontaine & Grant, für ihn typisch, mit einem seiner „*cinematic marker*" ein, nämlich mit einem 180-Grad-„*tracking shot*", der um das „`loving couple`, das sich küsst" einen „Halbkreis" zieht, was dazu führt, dass das Publikum gleichsam „direkt in die Romanze hineingezogen" wird; ähnliche Aufnahmen präsentierte Hitchcock auch in späteren Werken wie *Ich kämpfe um dich*, *Der Fall Paradine* (1947), *Sklavin des Herzens* (1949), *Ich beichte* (1953), *Vertigo*

– *Aus dem Reich der Toten* (1958) sowie *Der zerrissene Vorhang* (1966)].

Nachdem „Johnny" bestätigt hat, dass... „*Because / When you touch me baby / I don't have no choice / Oh that sweet temptation / In your voice*" [Copyright: *George Michael*] ...er und Lina nun definitiv „richtig verlobt" seien, erblickt Aysgarth das „überdimensionale" Porträt von Lina's „father", General McLaidlaw, an der Wand... „Oh well, what are *you* doing here?".

Da beide, „Johnny" sowieso, aber auch Lina, wissen, dass der General den „Verehrer" seiner Tochter nicht mag, beginnt Aysgarth gleichsam mit dem „portrait" zu sprechen und gibt dabei dem strengen General, was dessen Bedenken oder „distrust" betrifft, sogar recht [JOHNNY – zum Bild von Lina's Vater sprechend: „*Der traut mir nicht von hier bis um die Ecke.* [...] *Du hast doch ganz recht. Warne sie, bevor es zu spät ist. Sag ihr, wie du über mich denkst. Ich bin nicht der Richtige für sie. Ich mache sie unglücklich. Halte sie zurück! Nun rede schon, Mann, es ist deine letzte Chance!* [...]"].

„I love him, father" – nachdem auch Lina dem Porträt „klargemacht" hat, dass sie „in love with Johnny" sei, bittet Aysgarth „the painted man" um die Hand seiner Tochter, aber als „Johnny" dabei etwas unsanft auf das Porträt klopft, fällt es fast von der Wand.

Als der General dann wieder „fixiert" ist, küssen sich die beiden erneut und beginnen im Raum miteinander zu tanzen...

„They kiss again and then they begin to dance" [*Anmerkung*: „Cary Grant & Joan Fontaine gemeinsam in einem Film von George Stevens": „EMALINE `EMMY` STEBBINS" JOAN FONTAINE: „*Tommy, I've got you back again!*" / „SGT. THOMAS `TOMMY` BALLANTINE" DOUGLAS FAIRBANKS JR.: „*And I've got you. I'm here to stay, forever and ever*" / EMALINE `EMMY` STEBBINS: „*Forever and ever*" / „SGT. `MAC` MACCHESNEY" VICTOR MCLAGLEN: „*That's horrible. She's charmed him like a snake*" / „SGT. ARCHIBALD CUTTER" CARY GRANT: „*The siren*" (Originaldialog* aus: *Gunga Din*; Cary Grant & Victor McLaglen drücken, als sie das „Liebesgeplänkel" von „Tommy" & „Emmy" aus einiger Entfernung beobachten, ihr Missfallen darüber aus, dass ihr Freund Douglas Fairbanks Jr. vorhat, die Armee/die „Royal Engineers" zu verlassen, weil er Joan Fontaine heiraten möchte und darüber hinaus ins „*tea business*" einsteigen; *entnommen aus meiner ausschließlich englischsprachigen DVD-Version des Filmklassikers) – wenn ich an meine eigenen Präferenzen im Bereich des Abenteuerfilms oder „*action-adventure-films*" denke, so fällt mir neben Steven Spielberg's bahnbrechendem *Jäger des verlorenen Schatzes* (1981) mit dem „Archäologen" Harrison Ford und neben Robert Zemeckis' gelungenem *Auf der Jagd nach dem grünen Diamanten* (1984) mit meiner „*favorite actress of all time*" Kathleen Turner (z. B.: 1991: *V.I. Warshawski – Detektiv in Seidenstrümpfen* / 1993: *Undercover Blues – Ein abso-*

lut cooles Trio), die darin eine „erfolgreiche Autorin von Abenteuerromanen" spielt, und Michael Douglas, der darin einen „Abenteurer" spielt, auf jeden Fall auch der fantastische „*Gunga Din*" (OT) / dt. Verleihtitel: *Aufstand in Sidi Hakim* von Regisseur George Stevens aus dem Jahr 1939 ein, also aus einem Jahr, welches als eines der größten innerhalb der US-Filmgeschichte gelten kann, da `39 eben auch *Vom Winde verweht* & *Der Zauberer von Oz* ihren Weg in die Kinos gefunden haben; in *Gunga Din*, der „lose" auf dem „*poem*" von Rudyard Kipling basiert und ursprünglich von Howard Hawks inszeniert hätte werden sollen, spielen Cary Grant, Victor McLaglen & Douglas Fairbanks Jr. drei „*cheeky soldiers of Queen and Empire*", die um circa 1880 in der „North-West Frontier Province" von „British India" stationiert sind, wobei das Werk ein „*romantic treatment*" der britischen Kolonial-Ära bietet, kein realistisches, und Humor, „*great adventure*" und „*humanity*" stehen definitiv im Vordergrund; fast wären Cary Grant & Joan Fontaine, die hier zwischen den zahlreichen „*masculine guys*" wie die „*Belle of the Ball*" wirkt, bereits in *Gunga Din* und nicht erst in Hitchcock's *Verdacht* ein Leinwand-Paar geworden, denn ursprünglich hätte Grant die viel „langweiligere" Rolle von Fairbanks Jr. spielen sollen, der im Film eben vorhat, Fontaine, damals ein „*up-and-coming-star*", zu heiraten, aber Grant wollte nur mitmachen, wenn er die „*comedy*"-Rolle des „Sgt. Cutter" verkörpern konnte, was dann auch so geschah, und Grant bietet in diesem Part eine Art von permanentem „Comedy-Overacting", das aber *bemerkenswerterweise* den ganzen Film über „funktioniert"; „*You will never leave here. Already your graves are dug. By nightfall, Ma Kali will be smiling*" (der „Thug/Thugee" „Pandu Lal" George Du Count zu Grant & Co) – zu den Eckpfeilern der Story: Die Verbindung zu dem britischen Außenposten Tantrapur ist abgebrochen, da dieser von Mitgliedern der Bruderschaft der Thugs angegriffen wurde, die die Göttin Kali verehren, wobei die Thugs, die auch nicht vor Menschenopfern zurückschrecken, seit längerer Zeit als „vernichtet" galten; das Soldaten-Trio Cutter, McChesney & Ballantine wird nach Tantrapur entsendet und liefert sich, samt ihren Soldaten, vor Ort umgehend einen wilden Kampf mit den Thugs; allerdings müssen Cutter & Co angesichts deren Überzahl fliehen und während des Marsches zum nächsten britischen Stützpunkt eröffnet Ballantine seinen zwei Freunden, dass er die Armee verlassen wird, um zu heiraten und um fortan „in Tee zu machen" (Fairbanks Jr.: „*I'm leaving the service.* […] *I'm getting married, and I'm going in the tea business*" / McLaglen – empört: „*Married!?*" / Grant – noch viel empörter: „*Tea business!?*"); bald schon finden sie aber einen Weg, Ballantine seiner Verlobten, mit der er bereits einen Empfang zum Anlass der Verlobung absolviert hat (Joan Fontaine zu Douglas Fairbanks Jr. im Rahmen des Empfangs, der allerdings mehr ein „Tanzabend" ist: „*I worried so about you, dear, while you were away. Perfectly awful things must have happened at Tantrapur*"), wieder zu „entreißen" und ihn erneut mit in den Kampf gegen die Thugs zu nehmen, bei welchem dem Trio auch der freundliche einheimische „bhisti" („Wasserträger") namens Gunga Din (Sam Jaffe) zur Seite steht, der so gerne selbst Soldat wäre (Grant zu Sam Jaffe, als er ihm beibringt, eine „soldatische" Haltung einzunehmen: *Very regimental, Din*")…; „*You're a better man than I am, Gunga Din!*", heißt es, genauso wie in dem 1890 veröffentlichten „*poem*" von Kipling, am Ende des Films, und das Werk, das auch, speziell „*in the end*", einige berührende Momente aufweist, besticht aber vor allem durch die Action-Szenen, wobei schon der erste „*battle*" zwischen den britischen Soldaten und den Thugs in Tantrapur ein absolutes Highlight bietet, nämlich die „*Three men diving off into the river*"-Szene, den Sprung der „*three soldiers*" Grant, McLaglen & Fairbanks Jr. von einem Hausdach hinunter in einen Fluss – ein echter „*skyfall*" und atemberaubend!; *Gunga Din*, der „in seiner Zeit" sicherlich „*the Hollywood action-adventure*" war und im Zweiten Weltkrieg sogar zu jenen Filmen gehörte, die den US-Truppen, z. B. auch in U-Booten, wiederholt gezeigt wurden, hat zahlreiche Action- und Abenteuerfilme maßgeblich beeinflusst, darunter natürlich auch die *Indiana-Jones*-Fortsetzung *Indiana Jones und der Tempel des Todes* / OT: „*Indiana Jones and the Temple of Doom*" (1984) von Steven Spielberg, in der Spielberg und der Produzent George Lucas einige unvergessliche *Gunga-Din*-Szenen geradezu „kopiert" und vor allem auch die Kali-anbetenden, „blutrünstigen" Thugs wieder zum Leben erweckt haben, die Ford, Kate Capshaw & Ke Huy Quan unter der Führung von „Mola Ram" Amrish Puri das Leben schwer machen; der berühmte Autor (z. B.: „*Das Hollywoodgeschäft*") & „*screen-writer*" (z. B.: *Die Brücke von Arnheim*) William Goldman hat *Gunga Din* überhaupt eines der größten Komplimente gemacht, die man einem „*Work of Art*" zukommen lassen kann, denn Goldman behauptete: „***Nothing ever*** *in my life had the impact of* `*Gunga Din`, nothing*" (Copyright: *William Goldman*)].

„*There's gonna be some trouble / A whole house will need re-building / And everyone I love in the house / Will recline on an analyst's couch quite soon*" [Copyright: *Morrissey*] …Lina schleicht in der „family mansion" mit Gepäck in der Hand und mit „Johnny's Lieblingshut" auf ihrem Kopf die große Treppe hinunter.

In der Nähe der Eingangstür stellt sie ihren Koffer ab und betritt dann, offenbar „with a bad conscience", eine Art „living room", in dem sich ihre Eltern, der „general" und ihre Mutter Martha, befinden. Die beiden sitzen in der Nähe eines Kaminfeuers und während „Mother McLaidlaw" offenbar gerade an einem Bild stickt, liest der General, der außerdem eine Pfeife raucht, in einer „newspaper"… „*But would you please keep the noise down low? / Because you're waking the lazy sunbathers*" [Copyright: *Morrissey*].

Lina fragt nach, ob „noch irgendetwas sei", da sie nun „zur Post wolle", was die Mutter dazu bringt, sie zu bitten, ihr in einem Laden „mehr von der grünen Wolle zu besorgen". Als „her mother" kurz etwas in ihrer „Stickerei-Ausrüstung" zu suchen scheint, setzt Lina, offenbar weiterhin getrieben von einem schlechten Gewissen und von „`mixed emotions`, den Abschied betreffend", dazu an, ihr irgendwie einen Kuss auf den Kopf zu geben, aber daraus wird nichts, da „Martha" ihrer Tochter ein Stück Wolle in die Hand drückt, das beim Einkauf als „Muster" dienen soll [MARTHA MCLAIDLAW: „[…] *Es muss dasselbe Grün sein*" / LINA: „*Ja, Mutter*"].

Da die Mutter nichts weiter von ihr zu wollen scheint, geht sie zu ihrem Vater und fragt, ob sie ihm auch etwas mitbringen soll [Antwort von GENERAL MCLAIDLAW: „*Nein, danke, ich habe alles*"].

Als sie den „living room" wieder verlässt, scheint es zumindest so, als habe Lina einen Ansatz von „tears in her eyes". Kurz bevor sie dann endgültig die „family mansion" mit ihrem Koffer verlässt, hört sie noch die Stimme ihrer Mutter, die sie an die „tea time" erinnert [Stimme von MARTHA MCLAIDLAW: „*Sei aber pünktlich zum Tee wieder da, Lina*"].

Ortswechsel. In einem Schild, auf dem „William Howe Registrar Births, Marriages, Deaths" steht und welches eben offenbar zu einem „grimy little registrar's office" gehört, spiegeln sich einige Leute wider, die mit einem Regenschirm unterwegs sind [*Anmerkung*: Auch ein Jahr zuvor, in Hitchcock's *Rebecca*, war Joan Fontaine keine „glanzvolle Hochzeit" oder dergleichen vergönnt, denn in der Daphne-du-Maurier-Verfilmung heirateten sie und Laurence Olivier bekanntlich in einem kleinen Standesamt in Südfrankreich, bevor das Paar dann nach „Manderley" aufbrach].

Und tatsächlich, in dem „registrar's office" werden, während es draußen „wie aus Eimern schüttet" sowie eben „umbrella-people" durch die Gegend laufen, Lina und „Johnny"... „*Learn to love me, assemble the ways / Now, today, tomorrow and always*" [Copyright: *The Smiths*] ...gerade vermählt [*Anmerkung*: Exkurs: „Husbands and Wives on a Getaway" oder „I met an old Cowboy": „COWBOY" SLIM PICKENS: „*Darf ich mal was Persönliches fragen?* [...] *Seid ihr verheiratet?*" / „CAROL MCCOY" ALI MACGRAW: „*Ja*" / COWBOY: „*Da bin ich aber froh, so wie sich's gehört. Das ist das Schlimmste in dieser gottverfluchten Welt. Es gibt keine Moral mehr. Die jungen Leute bilden sich ein, dass die Liebe nur schön ist, wenn sie keinen Trauschein haben*" (aus: *Getaway*; der „*old cowboy*", der das „Ehepaar auf der Flucht, das 500.000$ aus einem Bankraub mit sich herumschleppt und von der Polizei verfolgt wird" Steve McQueen & Ali MacGraw mit seinem Pickup-Truck über die Grenze nach Mexiko bringt, empört sich über gewisse „Tendenzen" der frühen 70er, was „*love and marriage*" anbelangt) – wie Cary Grant „in seiner Zeit" hatte Steve McQueen wahrlich „*Style*", und nur wenige Schauspieler konnten in einem Film so oft das Wort „Baby" „*to a woman*" sagen wie McQueen, ohne sich dabei lächerlich zu machen, wobei er eben in Sam Peckinpah's „*The Getaway*" (OT; literarische Vorlage: Jim Thompson) aus dem Jahr 1972, einem zentralen Werk, was die Entwicklung des modernen Actionkinos betrifft, reichlich Gelegenheit dazu hatte (McQueen zu MacGraw, als er nach dem Knast wieder in der gemeinsamen Wohnung ist und die beiden nebeneinander auf einem Bett sitzen: *„Just give me a minute, baby"*); *Getaway* war einer der wenigen Filme des Action-Maestros Sam Peckinpah, der zu einem *„real success"* geriet und für den Peckinpah, so wie es der *Getaway*-Drehbuchautor Walter Hill, welcher später selbst als Regisseur für Action-Klassiker wie *Die Warriors* (1979), *Nur 48 Stunden* (1982) oder *Red Heat* (1988) verantwortlich zeigte, einmal ausgedrückt hat, auch „adäquat bezahlt" wurde; im Gegensatz zu *Thomas Crown ist nicht zu fassen* spielt McQueen hier keinen „reichen Gentleman-Verbrecher", der sich selbst nicht die Hände schmutzig macht, ganz im Gegenteil, McQueen ist hier permanent *„in action"*, genauso wie *„his wife"* Ali MacGraw, mit der er sich gleichsam „auf einer atemlosen Flucht" befindet; *„Hey, Baby"* (McQueen zu MacGraw auf einem Bahnhof) – zu den Ausgangspunkten der Story: Doc McCoy sitzt seit vier Jahren wegen *„armed robbery"* in einem texanischen Gefängnis und sein Ansuchen auf vorzeitige Entlassung wird abgelehnt; seine attraktive Ehefrau Carol lässt sich, um ihren *„husband"* freizubekommen, mit dem korrupten „`business man`" aus San Antonio mit politischen Verbindungen" Jack Beynon (Ben Johnson) ein, der daraufhin Doc's Freilassung in die Wege leitet (McQueen: *„Danke"* / MacGraw: *„Wofür?"* / McQueen: *„Fürs Rausholen, mein' ich"* / MacGraw: *„Es war mir ein Vergnügen"*); als Gegenleistung für die „Intervention" sollen die McCoys für Beynon einen Überfall auf eine Privatbank in Beacon City durchführen, und zu diesem Zweck stellt Beynon den beiden „*two crazy accomplices*" zur Seite, Rudy Butler (wunderbar unberechenbar: Al Lettieri) und Frank Jackson (Bo Hopkins); beim Überfall erschießt Jackson aber einen Wachmann (Lettieri daraufhin zu Hopkins – im Original: „*Stupid bastard!*"); nachdem Rudy dann seinen Partner Frank getötet hat, versucht er auch Doc & Carol McCoy beim vereinbarten Treffpunkt loszuwerden (McQueen: „*Wo ist Jackson?*" / Lettieri, bevor er auf McQueen schießen will: „*Er hat's nicht geschafft. Genauso wenig wie du!*"), was ihm nicht gelingt; da Rudy aber eine „*bulletproof vest*" getragen hat, ebenso wie Doc, hat er verletzt überlebt, und er lässt sich dann eine Schusswunde an der Schulter von einem Tierarzt (Jack Dodson) und dessen Frau Fran (Sally Struthers) zusammenflicken und verfolgt Doc & Carol McCoy in der Folge mit der Hilfe des Ehepaars, das er sozusagen „gekidnappt" hat, quer durch Texas bis nach El Paso, wobei Rudy in Fran erstaunlicherweise eine Art „verrückte Seelenverwandte" findet, die vor den Augen ihres Mannes immer mehr zur „willigen Gespielin" von Rudy wird; bald sind aber nicht nur Rudy und die Polizei hinter den McCoys her, sondern auch Beynon's Männer, da Carol Jack Beynon auf dessen Ranch erschossen hat, als er gegenüber Doc Andeutungen gemacht hat, wie das mit seiner Freilassung anscheinend gelaufen ist (Ben Johnson zu Steve McQueen, kurz bevor Ali MacGraw plötzlich im Hintergrund mit einer Waffe auftaucht: „*Stellen wir mal die Sache klar. Es gibt einerseits eine außergewöhnlich attraktive Frau. Und den Ehemann dieser Frau. Andererseits einen Mann mit großem politischem Einfluss, für den es ein Leichtes ist, einem Verurteilten Bewährung zu verschaffen. Warum sollte er das tun? Es gibt nur einen Grund*")...; nun, die „getaway" von McQueen & MacGraw gerät, neben all der Action, den Schießereien und Verfolgungsjagden, auch zu durchaus mitreißenden „Szenen einer Ehe" mit Gesprächen zwischen einem „Gangster" und seiner „Gangsterbraut" über „doubts" (MacGraw: „*Du bestehst nur noch aus Zweifeln*" / McQueen: „*Du doch auch, Baby*") sowie über Trennung (Dialog auf einer Müllhalde: McQueen: „*Wozu das Ganze, wenn's nicht für uns beide ist?*" / MacGraw: „*Ich glaube, es ist sinnlos mit uns. Wenn wir aus diesem Loch hier herauskommen, trenn' ich mich von dir*" / McQueen: „*Bis jetzt haben wir's gemeinsam geschafft*" / MacGraw: „*Wir haben einen langen Weg hinter uns, der zu nichts geführt hat. [...]*" / McQueen: „*Also, wir versuchen's nochmal oder lassen's. Dann trennen wir uns aber gleich, anders geht's nicht*"), wobei für McQueen natürlich „die Sache mit seiner Frau & Jack Beynon" die ganze Zeit über wie ein Stachel im Fleisch sitzt (MacGraw zu McQueen: „**Du hast mich doch zu ihm geschickt! Was zum Teufel hast du denn gewollt?!**"); Steve McQueen & Ali MacGraw zählen sicherlich *zu den besten Leinwandpaaren der 70er-Jahre* und es scheint überhaupt nicht verwunderlich, angesichts der „*chemistry*" und der offensichtlichen „*attraction*" zwischen den beiden, dass aus „McQueen & MacGraw" auch privat ein Paar wurde; „*I met an old cowboy / I* *saw the look in his eyes / Somethin' tells me he's been here before / 'Cause experience makes you wise*" (Copyright: *Guns N' Roses*) – einen äußerst sympathischen Auftritt als „alter Cowboy, der die Polizei nicht mag, dafür aber ein Herz für Doc & Carol hat" legt am Ende des Films eben Slim Pickens, der berühmte „*rider on the atomic bomb*" aus Stanley Kubrick's *Dr. Seltsam oder: Wie ich lernte, die Bombe zu lieben* von 1964, hin, welcher seine zwei Beifahrer nicht nur gleichsam dafür lobt, dass sie, wie er selbst (Slim Pickens – im Original: „*I've been married for 35 years. Same old gal.* [...] *Yeah, everything I am, I owe to her*"), verheiratet sind, sondern diesen auch ans Herz legt, „endlich mit diesem Leben aufzuhören", und letztendlich erhält er „*in Mexico*" von „Doc & Carol" 30.000$, damit er ihnen für die weitere Flucht seinen Pickup überlässt; natürlich fehlen auch in *Getaway* nicht die Peckinpah-typischen Zeitlupen-Action-Sequenzen, und die „Slo-Mo" kommt am besten bei dem Shoot-Out im „Laughlin Hotel" in El Paso zur Geltung, wo McQueen, der in den 70s im Grunde noch charismatischer rüberkommt als in den 60s, es nicht nur mit „Rudy" Al Lettieri zu tun bekommt, sondern auch mit den verbliebenen „*henchmen*" des toten „Jack Beynon"; regelrecht „*full of suspense*" in einem fast schon Hitchcock'schen Sinne ist eine Szene, in der McQueen & MacGraw nach dem Banküberfall in ihrem „*getaway car*" flüchten und so schnell wie möglich eine bestimmte „*area*" verlassen sollten, da dort jeden Moment eine von ihnen platzierte „Ablenkungs-Bombe" hochgehen soll – sie werden aber am „zügigen"

Weiterfahren gehindert, weil sie vor einem, durch einen „*crossing patrol officer*" geregelten, Zebrastreifen halten müssen, der gerade in der denkbar langsamsten Weise von Fußgängern überquert wird, was eben bedeutet, dass sie den Radius der Bombe mit ihrem „*car*" nicht und nicht verlassen können; „*by the way*": Ali MacGraw, die, gänzlich „Steve-McQueen-Film-untypisch" sozusagen, fast die ganze Zeit über hinterm Steuer der diversen (Flucht-)Autos sitzt, musste für den Film das Autofahren erst erlernen – „*Drück drauf, Baby!*" (Copyright: der „ständig verkehrstechnische Anweisungen von sich gebende Beifahrer" *Steve McQueen*)].

„*London is dead, London is dead / Now I'm too much in love / I'm too much in love*" [Copyright: *Morrissey*] ...Lina und „Johnny" verlassen für die Flitterwochen England und besuchen in der Folge Neapel, Monte Carlo, Venedig und Paris, bevor „Mr. & Mrs. John Aysgarth" nach „Great Britain" zurückkehren und sich in einem Haus in Wickstead niederlassen.

Als die „Aysgarths" das luxuriöse Domizil betreten, zusammen mit einem Mr. Bailey [gespielt von *Rex Evans*, der z. B. auch einen Part an der Seite von Hepburn, Stewart & Grant in *Die Nacht vor der Hochzeit* hatte], welcher die „Immobilie" angemietet hatte, während die beiden auf „honeymoon" waren, will „Johnny" wissen, wie ihr das „house" gefällt, und Lina gibt sich... „Oh, I adore it, I'm mad about it" ...begeistert [LINA: „*Johnny, du bist ein Genie*"].

Bailey deutet an, dass er gehen müsse, und fragt, wie er mit der „bill" verfahren solle [MR. BAILEY: „[...] *Wie wollen wir's mit der Rechnung halten?*"], woraufhin „Johnny", dem das Thema „bill" weniger zu behagen scheint, ihn bittet, die Rechnung „beim Rausgehen auf den Tisch da zu legen".

Nachdem Bailey „gone" ist, betont Lina nochmals, dass sie sich... „*I would rather not go back to the old house*" [Copyright: *The Smiths*] ...nie hätte träumen lassen, in einem so schönen Haus zu leben [Nachsatz von LINA: „[...] *Können wir uns das denn auch wirklich leisten?*"], doch als sie „Johnny" die Frage nach „der Leistbarkeit des Wohnens" stellt, taucht das Hausmädchen auf, Ethel [verkörpert von *Heather Angel*, die später in Hitchcock's „*Lifeboat*" (1944) eine Rettungsboot-Insassin spielte], und der „Hausherr" ordert sozusagen einen „tea" bei ihr.

Eine erneute Frage von Lina, ob sie sich „the house and the maid" wirklich leisten können, geht ebenfalls ins Leere, da „Johnny" „his wife" in das Wohnzimmer lotst, wo er „Wiener Blut" von Johann Stauss auf den Plattenteller legt [*Anmerkung*: Hitchcock, der mit „*Waltzes from Vienna*" bekanntlich bestens vertraut war, verwendet den „*waltz*" als eine Art musikalisches Leitmotiv, das Fontaine & Grant vorwiegend in „*happy moments*" begleitet].

Die beiden beginnen zu tanzen und... „*Who will swallow whom? / You handsome devil*" [Copyright: *The Smiths*] ...„Johnny" animiert Lina zu einer „mental journey" vom „hunt ball" bis nach „Paris, France" [Ausschnitte: JOHNNY: „*Wo sind* wir?" / LINA: „*...Auf dem Jägerball*" / JOHNNY: „*Ja, und wo noch?*" / LINA: „*...In Venedig*"].

Das „dancing" wird unterbrochen, als Ethel ein Telegramm für „Johnny" bringt, das diesen zu beunruhigen scheint, und bald erfährt Lina von ihrem „husband", dass ein alter Freund von ihm die „1000 Pfund" zurückhaben wolle, die er ihm für die Hochzeitsreise „gepumpt" habe [aus den zugehörigen Dialogen: LINA: „*Gepumpt? Warum denn?*" / JOHNNY: „*Weil ich mit dir eine zünftige Hochzeitsreise machen wollte, auf der du dich fühlst wie im siebten Himmel. War sie nicht himmlisch?*"; // *Anmerkung*: „Truffaut's `Tisch und Bett`": „ANTOINE DOINEL" JEAN-PIERRE LÉAUD: „*Ja, sag mal, was machst du denn da?*" / „CHRISTINE DOINEL" CLAUDE JADE: „*Ich übe Tonleiter*" / ANTOINE DOINEL: „*Kannst du denn die Tonleiter nicht am Boden üben?*" / CHRISTINE DOINEL: „*Nein, ich muss mein Lampenfieber bekämpfen. Neulich in Versailles war ich furchtbar aufgeregt, ich hab' drüber nachgedacht, es lag bestimmt am Orchestergraben. Und wenn's so war, war's gar kein Lampenfieber. Mir ist einfach schwindlig geworden und so gewöhn' ich mich daran*" (aus: *Tisch und Bett*; quasi „*scenes from a marriage*": der „Florist" Jean-Pierre Léaud wundert sich kurz, als er seine Frau, die „Musikerin" Claude Jade, in der gemeinsamen Wohnung „auf einem Tisch stehend Geige spielen" sieht) – nach *Geraubte Küsse* / OT: „*Baisers volés*" von 1968, in dem sich „Antoine" gleichsam „dem Arbeitsleben" gestellt hat und sich

als Privatdetektiv, Nachtportier, Fernsehmechaniker und Schuh-
verkäufer versuchte sowie letzten Endes auch eine Liebesbezie-
hung zu „Christine Darbon" Claude Jade aufbaute, bot es sich
für François Truffaut an, im vierten Teil seines Doinel-Zyklus
„Antoine & Christine" als Ehepaar zu zeigen – „*Antoine se marie*" sozusagen; 1970, Truffaut hatte in der Zwischenzeit *Das
Geheimnis der falschen Braut* (1969) mit Catherine Deneuve &
Jean-Paul Belmondo sowie *Der Wolfsjunge* (1970) gedreht und
Jean-Pierre Léaud Filme mit dem Italiener Pier Paolo Pasolini
(1969: *Der Schweinestall*) und dem Brasilianer Glauber Rocha
(1970: *Der Löwe mit den sieben Köpfen*) gemacht, erschien dann
eben „*Domicile conjugal*" (OT), der zweifellos der „liebenswür-
digste" und „charmanteste" Teil der Antoine-Doinel-Reihe ist,
auf jeden Fall ist es jener Teil, der mir persönlich seit den
„1990s" am besten gefällt; „*Ich hasse alles, was endet, was aufhört. Das Ende von einem Film*" (Copyright: „Antoine" Jean-
Pierre Léaud) – zur Story: Antoine und Christine sind verheiratet
(Jade zu einem Kioskbesitzer, bei dem sie ein Bild von Ballett-
Ikone & „Jahrhunderttänzer" Rudolf Nurejew kauft und der sie
zuvor mit „Mademoiselle" angesprochen hat: „*Nein, nicht Mademoiselle. Madame*"), sie gibt Geigenunterricht, er versucht
sich, im Hinterhof des Hauses, in dem das Paar wohnt, als Florist, der nebenbei Experimente macht, um den „perfekten Rot-
Ton" für Blumen zu finden; in diesem Hinterhof trifft Doinel auf
die Nachbarn und auf Leute, die dort, wie er, arbeiten, so wie
zum Beispiel die Bistro-Kellnerin Ginette, die sich ihm stets

beim Blumengeschäft nähert und sich „für ihn zu interessieren"

scheint (zwei spezifische Momente: „Ginette" Daniele Girard:

„Antoine, wissen Sie, was ich gemacht hab'? Ich hab' mir n'

neuen Pyjama gekauft, aber die Hose habe ich weggeworfen und

nur die Jacke behalten. Was sagen Sie dazu?" / Léaud – verle-

gen, hektisch: *„Oh, ich sag' nichts, ich sag' gar nichts"* // „Gi-

nette" Daniele Girard: *„Antoine, hören Sie mal. Ich hab' unser*

Horoskop studiert. Es ist sehr günstig. Uns beiden wird etwas

zustoßen. Etwas sehr Wichtiges"), oder wie Ginette's Chef, der

Besitzer des Bistros (Ausschnitte aus einer Baudelaire-Diskus-

sion zwischen Antoine und dem Bistro-Besitzer: Léaud: „[...] *Ja,*

ich schreibe nämlich zurzeit einen Roman. [...] *Aber sagen Sie*

bitte nichts meiner Frau, ich schreibe nämlich nur abends, wenn

sie schläft" / Jacques Jouanneau: *„Also, dann sind Sie ja ein Ro-*

mancier, wie Baudelaire. Sie wissen doch, Baudelaire hat auch

im Blumengeschäft angefangen" / Léaud: *„Nein, Baudelaire*

schrieb keine Romane" / Jacques Jouanneau: *„Aber erlauben Sie*

mal! `Les Fleurs du Mal` ist vielleicht kein Roman?!" / Léaud:

„`Les Fleurs du Mal` ist eine Gedichtsammlung"); darüber hin-

aus kommt den Nachbarn ein Mann (Claude Véga), der nur

„grußlos" sowie „schweigend" durch die Gegend spaziert, äu-

ßerst „verdächtig" vor und dieser wird nur „der Würger" ge-

nannt, bis er eines Tages als Varieté-Künstler im Fernsehen auf-

tritt, was ihm die plötzliche *„admiration"* sämtlicher *„neigh-*

bours" einbringt (Dialog während des Fernsehens: Jade: *„Anto-*

ine, sieh dir das an. Das ist doch unser Nachbar, der Würger.

Hast du gewusst, dass er Schauspieler beim Fernsehen ist?" /
Léaud: *„Nein, nein, keine Ahnung. Ist er nicht Sänger?"* / Jade:
„Nein, der ist kein Sänger, der ist Parodist"); da er als Florist
und mit seinen „Rot-Ton-Experimenten" erfolglos ist, tritt Antoine dann in die Dienste einer „amerikanischen Firma in Paris",
wird Vater (Léaud zu Jade, mit dem Neugeborenen im Arm: *„Ich
werd' das aus ihm machen, was ich selbst nicht erreicht habe.
Er wird ein großer Schriftsteller werden. Er wird ein Victor
Hugo oder nichts. Das, was Napoleon gemacht hat, mit dem
Schwert, das wirst du mit der Feder machen"*), gefährdet die Beziehung zu Christine dann aber dadurch, dass er plötzlich eine
japanische Geliebte namens Kyoko (Hyroko Berghauer) hat, die
ihm „Liebesbekundungen" auf kleinen Zettelchen (z. B.: *„Kyoko
aime Antoine"* – „Kyoko liebt Antoine"), die in Tulpen versteckt
sind, schickt und ihn mit japanischem Essen verwöhnt (Hyroko
Berghauer zu Léaud: *„Es ist schön so. Weißt du, wenn ich mit
jemand Selbstmord begehen möchte, dann würd' ich es am liebsten mit dir tun"*)...; nun, Jean-Pierre Léaud hat, ähnlich wie das
bei James-Bond-Darstellern der Fall ist, im vierten Teil wahrlich
„in die Rolle gefunden" und Claude Jade, die 1969 ja auch in
Alfred Hitchcock's durchwachsenem Agenten-Thriller *Topas* zu
sehen war, ist schlichtweg „*lovely*" in der Rolle der „Christine"
und erinnert einen in manchen Szenen an eine, wenn man das so
ausdrücken will, „etwas zugänglichere Variante" der Deneuve;
„*Un scénario à base d'enquêtes*" – Truffaut wollte, für sein genauso amüsantes wie intelligentes Porträt einer „bürgerlichen

Ehe", dass seine beiden Co-Autoren Claude de Givray & Bernard Revon „Gespräche mit echten Menschen führen, die jene Berufe ausüben, die im Film gezeigt werden", und so wurden auf 60 Seiten *conversations*" mit Floristen, Concierges und „Personen, die für die Amerikaner arbeiten" dokumentiert, die dann zum Teil als „Ideengeber" für das Drehbuch dienten („*Diese Arbeitsweise gefällt mir sehr, weil man Wertvolles entdecken kann, das für die Dialoge nützlich ist und einem manchmal Ideen für Szenen gibt*" – F. Truffaut); natürlich denkt man sofort, bei einem so großen Hitchcock-Fan wie Truffaut, an den „Master der Suspense" und an *Das Fenster zum Hof*, aber der Hinterhof mit all seinen schillernden Figuren wie „dem Mann, der nie seine Wohnung verlässt" oder eben dem bereits erwähnten „Würger", ist mehr dem Einfluss von Jean Renoir geschuldet und vor allem von dessen Krimikomödie *Die Verbrechen des Herrn Lange* / OT: „*Le Crime de Monsieur Lange*" aus dem Jahr 1936, aber diese „*l'influence de Renoir*" wird noch ergänzt durch Einflüsse von Ernst Lubitsch sowie Leo McCarey (z. B.: 1957: *Die große Liebe meines Lebens* mit Cary Grant & Deborah Kerr) und Jacques Tati, wobei von letzterem Regisseur, Tati, in *Tisch und Bett* sogar einmal in der Nähe von Jean-Pierre Léaud ein „Doppelgänger" auf einer Metro-Station auftaucht und dort „Monsieur-Hulot-artig" ziellos umherläuft; die französische Kritik hat, da „Antoine Doinel" ja schließlich stets als „*l'alter ego de Truffaut*" betrachtet wurde, *Tisch und Bett* seinerzeit als eine Art „Selbstporträt eines Filmemachers, der im

Zentrum des französischen Kinos steht, aber seine Unabhängigkeit und seine Freiheit bewahren will" interpretiert; vor allem aber zeigt der Film von 1970 einen „Antoine Doinel", der, obwohl er Vater ist, privat und beruflich eine „unsoziale" und „unbeständige" Persönlichkeit bleibt (*„Antoine Doinel will die Gesellschaft nicht verändern. Er misstraut ihr, schützt sich vor ihr. Aber er ist voll guten Willens und sucht Anerkennung"* – F. Truffaut); meine persönliche Lieblingsszene ist übrigens jene, in der Jean-Pierre Léaud allein einen Platz quert und im Hintergrund sieht man an einem Gebäude so eine Art riesiges „Kinoplakat" oder eine Art riesige „Reklame-Anzeige" für den John-Ford-Western „*Les Cheyennes*" (1964; OT: „*Cheyenne Autumn*") mit James Stewart, Richard Widmark & Karl Malden; ein Highlight stellt jener Moment dar, in dem Léaud nach Hause kommt und ihn „die betrogene Ehefrau" Claude Jade gleichsam „als Geisha geschminkt & verkleidet" empfängt, da sie durch Zufall die „in den Tulpen versteckten Zettelchen mit den Liebesbotschaften von Kyoko" gefunden hat, wobei sie bei diesem „Statement" nicht, wie offenbar geplant, „cool" bleiben kann, sondern plötzlich mit Tränen zu kämpfen hat; toll ist auch die „Violinen-Musik", die über den Vorspann und über den Abspann gelegt ist, welche aber aufgrund einer gewissen „Schwere" der an sich „heiteren, von Leichtigkeit getragenen" Tonalität des Werks gar nicht „zugehörig" scheint].

„But you didn't have any money of your own?" – letztendlich muss „Johnny" Lina gestehen, dass er „not a Shilling" besitze, was so ziemlich alle „Einwände & Vorurteile" bestätigt, die Lina's „father" bezüglich der Verbindung mit Aysgarth geäußert hatte... „*All of the rumors / Keeping me grounded / I never said, I never said that they were / Completely unfounded*" [Copyright: *Morrissey*].

Lina möchte dann wissen... „Whatever made you take this extravagant house?" ...wie er auf die Idee gekommen sei, diese „Extravaganza" anzumieten, woraufhin „Johnny" meint, dass er nicht angenommen habe, dass sie in einer „shank", in einer „Hütte", leben wolle, da schließlich ohnehin irgendwann ihre „beträchtliche Erbschaft" winke [JOHNNY: „*Schließlich kriegst du ja eines Tages ein Haufen Geld in die Finger*"].

„One Moment!"... „*And he stole from the rich and the poor / And the not-very-rich / And the very poor / And he stole all hearts away*" [Copyright: *Morrissey*] ...Lina meint, dass sie nun „zu begreifen anfange" und er also ihre „heritage" im Hinterkopf gehabt habe. „Johnny" gibt ihr zu bedenken, dass man sich „besser *jetzt* was gönnen solle", da es sich schließlich um „the best years of life" handle.

„Johnny, I'm just beginning to understand you. You're a baby"... die nunmehrige „Mrs. Aysgarth" bezeichnet ihn daraufhin als „kindlich", „like a baby", räumt jedoch ein, sehr wohl zu wissen, dass er sie... „*But my heart is open / My heart is open to*

you" [Copyright: *Morrissey*] ...nicht „wegen ihrer Erbschaft" geheiratet habe, da er, wie sie ebenso sagt, „da weitaus bessere Par-
tien hätte machen können".

„In the following" bringt „Johnny" Lina's Vater ins Spiel,
der aber, so stellt Lina umgehend klar, genauso wenig wie ihre
„mother" eine Option für eine „request for money" darstellt
[Nachsatz bezüglich der Mutter von LINA: „*Du hast doch gesehen, wie kühl sie uns am Bahnhof begrüßt hat*"].

Nachdem sie ihn gefragt hat, was „denn nun werden solle",
kommt er auf die Idee, einfach „den alten Middleham" „anzu-
pumpen", was aber dazu führt, dass Lina ihn... „You're Crazy"
...als „mad" bezeichnet, als offenbar „vollkommen verrückt",
doch „Johnny" sieht gerade in der Heirat mit ihr, wie er zum
Ausdruck bringt, einen... „Marrying you was the sanest thing I
ever did in my life" ...„Intelligenzbeweis".

Die Diskussion wird kurz unterbrochen, weil das Hausmäd-
chen Ethel den „tea and some cookies" bringt, aber als sie mit
„Johnny" wieder allein ist, verlangt Lina von ihm, dass diese
„Geldborgerei" sofort ein Ende haben müsse.

Außerdem meint sie, dass er sich... „You got to go to work"
...eine Arbeit suchen solle, eine „Idee", die „Johnny" fast „schockiert" [Original-Dialog: JOHNNY: „*Work?*" / LINA: „*Yes,
work*"; // *Anmerkung*: Das wunderbar ironische Spiel von Fontaine und vor allem Grant's plötzliches Wechseln in den
„(Screwball)-Comedy-Modus" machen diesen Dialog über
„*work*" zu einem der amüsantesten des gesamten Films].

„*No, I've never had a job / Because I've never wanted one*"
[Copyright: *The Smiths*] ...die „Working Class Hero"-Fantasien
seiner Frau führen „Johnny" dazu, dass er Lina eine „Traumtän-
zerin, die vom Leben keine Ahnung hat" nennt [JOHNNY: „*Ganz
so leicht ist das auch heute nicht, Arbeit zu finden. Ich kann nicht
so ohne weiters als Zimmermann, Klempner oder Elektriker gehen. Kind, was hast du für komische Vorstellungen?*"].

Lina wendet ein, dass es ja noch „ein paar andere Berufe"
gäbe, und da dieser Umstand von „Johnny" schwerlich abgestrit-
ten werden kann, zeigt er sich „kooperativ" und holt Stift und
Papier, um mit seiner Frau eine „Liste von in Frage kommenden
Berufen" anzufertigen [JOHNNY: „[...] *Du, wir machen uns eine
Liste der Berufe, sowas ist immer nett*"; // *Anmerkung*: Apropos
Berufe: „Ein scheintoter ˋBig Business Manˋ": ALFRED HITCH-
COCK – direkt in die Kamera und zum TV-Publikum: „*Oh, guten Abend. Ich lese Kriminalgeschichten, auf mich wirkt so etwas erholsam. Man entspannt sich angenehm dabei. Ein Ta-
schenbuch wie dieses ist äußerst vorteilhaft gegenüber den fest-
eingebundenen, man kann es bequem lesen und wunderbar unter
wacklige Stühle klemmen. Die heutige Story von Louis Pollock
stammt übrigens hier aus diesem Heft. Sie werden sie vielleicht
etwas schockierend finden, aber andererseits wollen unsere Krimis weit mehr als nur unterhaltsam sein. Jedes Mal versuchen
wir eine Lebensregel oder eine Moral mitzugeben, etwa so, wie
die Mutter sie einst gab, zum Beispiel: ˋWandere froh, doch nie
ohne Knüppel in der Handˋ, ˋSchlagˋ erst mal zu und stellˋ die*

Fragen hinterher`. Na, Sie verstehen mich. Vielleicht stimmt Sie unser Film auch nachdenklich, etwa, wenn Sie ein Unternehmer sein sollten und die Absicht verfolgen, jemanden zu entlassen, aus subjektiven Gründen. Da die Handlung in der Geschäftswelt spielt, wenn auch in keiner seriösen, ist die Moral für Herren dieser Branche wohl kaum zu übersehen" (aus: *„Breakdown"* [OT]; einführende Worte des „Meisters der Suspense" Alfred Hitchcock zur von ihm selbst inszenierten 7. Folge der 1. Staffel von *„Alfred Hitchcock Presents"*, die im November 1955 von CBS ausgestrahlt wurde; in der Hand hält Hitchcock eine „Paperback"-Ausgabe) – im Zentrum der von dem Regisseur eben persönlich realisierten und wahrlich gelungenen rund 23-minütigen *„Alfred Hitchcock Presents"*-Folge, die den deutschen Titel *„Scheintod"* verpasst bekommen hat, stand ein Geschäftsmann, ein *„ice bold `business man `"*, in der Gestalt von Joseph Cotten, „Hitch's" „Uncle Charlie" aus *Im Schatten des Zweifels* also, und diese erneute „*reunion*" von Hitchcock & Cotten, nach dem etwas merkwürdigen „Australien-Ausflug" *Sklavin des Herzens* mit Ingrid Bergman, kann man sicherlich als so etwas wie ein (gelungenes) „Erzählexperiment" betrachten; *„Kannst du dir das vorstellen? Er hat geweint? Ein Mann sollte seine Gefühle etwas beherrschen können!"* („William Callew" Joseph Cotten) – zur Story: William Callew, ein hartherziger Geschäftsmann aus Florida, bringt zunächst gegenüber einem Angestellten, der den Tränen nahe ist, seine Verachtung zum Ausdruck;

als er jedoch mit seinem „*car*" auf einer Landstraße fährt, kollidiert er mit einem Bagger, was dazu führt, dass er im Autowrack eingeklemmt wird und sich nicht bewegen kann, da Callew sich quasi in einem „scheintodähnlichen" Zustand befindet, der ihn aber alles „mitbekommen" lässt, ohne, dass er sich eben dagegen zur Wehr setzen oder etwas von sich geben kann; in der Folge wird „die Leiche" zunächst von Strafgefangenen ausgeraubt, dann stellt sich bei Callew wieder die Funktion des kleinen Fingers ein, den er also bewegen kann, was ihm aber nichts bringt, da dies niemand zu bemerken scheint; schließlich wird er ins Leichenschauhaus gebracht und „*next morning*" kullert ihm dort eine Träne aus dem Auge, was ihm das Leben rettet (Doktor im Leichenschauhaus: „*Schau! Das sind Tränen! Er lebt!*")...; „*Breakdown*" wartet mit dem Hitchcock'schen Motiv des „starren Blicks" auf, der oft mit einer gewissen Bewegungsunfähigkeit verbunden ist, man denke da nur an Anthony Perkins am Ende von *Psycho*, wobei die Tränen, die diesen starren Blick hier in „*Scheintod*" durchbrechen, eben zum einzigen und rettenden Lebenszeichen werden; im Rahmen einer zwischen 1985 und 1989 entstandenen Neuauflage/Modernisierung der „*Alfred Hitchcock Presents*"-Reihe (dt. Verleihtitel: „*Alfred Hitchcock zeigt*"), in der der bekanntlich 1980 dahingeschiedene Hitchcock quasi „aus dem Jenseits heraus" die Einführungen sowie die Nachbetrachtungen zu den jeweiligen Folgen spricht, und das sogar in „nachkolorierter Form", kam es 1985 zu einem Remake von „*Breakdown*", in dem John Heard und der junge Andy Garcia mitspielten und das unter der Regie von Richard Pearce entstanden war, der für das Kino dann beispielsweise auch *Gnadenlos* / OT: „*No Mercy*" (1986) mit Richard Gere & Kim Basinger inszeniert hat, welcher bereits in den 80er-Jahren so etwas wie ein „Videotheken-Favorit" von mir war, der mir aber auch unlängst, bei einer „neuerlichen Betrachtung", trotz all dem 80er-Jahre bedingten „Nonsense", der sich speziell in den Dialogen dieses Actionthrillers manifestiert, durchaus gefallen hat (was aber *wahrscheinlich* auch wieder mal nur an der „*participation*" von Kim Basinger gelegen haben könnte, ein „*phenomenon*", das sich bei mir, wie schon im Rahmen der Arbeit über *Immer Ärger mit Harry* berichtet, auch bei „*My Stepmother Is an Alien*" (OT) oder, um einen weiteren Film mit der Basinger zu nennen, bei dem Abenteuerfilm *Goldfieber* (1982) mit Charlton Heston einstellt); diese „Modernisierung" von „*Scheintod*" sah so aus, dass Heard darin einen skrupellosen schwerreichen US-Geschäftsmann gibt, der in Wahrheit, die allgemeine „Kokain-Schwemme" aus Südamerika sowie die berühmte TV-Serie *Miami Vice* hatten damals offenbar schon ihren thematischen Einfluss wirkend gemacht, mit Kokain-Schmuggel im großen Stil zu tun hat und zunächst nach „Barrero" in „*South America*" fliegt, von wo das „*cocaine*" gleichsam „seine Reise in die Vereinigten Staaten" antritt; dort in „Barrero" lockt Heard dann seinen „*young companion*" Andy Garcia, den er loswerden möchte, in eine Falle, denn er schickt ihn mit einer Ladung Kokain im

Kofferraum und einem Koffer voller Geld direkt in die Arme eines korrupten Generals, den er eigentlich mit dem Geld bestechen hätte sollen, der ihn aber, aufgrund des „Kokain-Fundes", ins Gefängnis steckt; dann widerfährt aber Heard der besagte Autounfall, den Cotten im Original von `55 hat, und er landet in einem „*state of apparent death*" (Voiceover von John Heard, als er regungslos im Auto liegt: *„Jemand muss mich hier rausholen! Jemand muss mich doch rausholen! Ich lebe noch! Irgendjemand muss mich holen, ich lebe noch! Ich bin nicht tot!"*), wird von Sträflingen ausgeraubt, kann nur den kleinen Finger bewegen etc.; als er, letztendlich, ins Leichenschauhaus gebracht wird, wollen ein Doktor und dessen Assistent schon „zum Aufschneiden" beginnen, aber die Träne im Auge rettet ihn, das allerdings nur vorerst, denn da man einen so unsympathischen Character wie diesen *„ruthless business man and drug dealer"*, der wahrlich nicht zur „Identifikationsfigur" taugt, nicht einfach so „davonkommen lassen" konnte, taucht am Ende, als Heard aus der Leichenhalle hinaus und in einen vermeintlich normalen Krankenhausraum gebracht wurde, plötzlich der von ihm zuvor so skrupellos in die Falle geschickte Andy Garcia auf, welcher ein Skalpell in der Hand hat und sich damit dem weiterhin „bewegungsunfähigen" Heard zuwendet...; Hitchcock's originalen Abschiedsworte an das Publikum aus den 50s treffen auf das Ende der 80er-Jahre Variante wohl doppelt zu: *„Naja, vielleicht doch etwas hart, besonders für schwache Nerven. Trotzdem hoffe ich, dass Sie uns für die nächsten Folgen als Zuschauer* *treu bleiben. Also, auf Wiedersehen. Bonsoir"* (Copyright: *Alfred Hitchcock*)].

Dann läutet das Telefon und...Lina's „mother" ist dran, die den „Aysgarths" ein „wedding present" ankündigt [LINA – „enthusiasmiert": *„Du, Vater schickt uns ein Hochzeitsgeschenk. Mutter hat ihm erzählt, wie glücklich wir beide sind und...Oh, ich kann dir nicht sagen, was das für mich bedeutet"* / JOHNNY – „ein wertvolles Geschenk witternd": *„Für mich auch"*].

„Johnny" macht daraufhin den Vorschlag, ihre Eltern zum Essen einzuladen sowie eine Partie Golf mit ihrem Vater zu spielen [Nachsatz von JOHNNY: *„Und du kannst ruhig einflechten, dass ich gerade dabei war, mir Arbeit zu suchen, als er angerufen hat.* [...]"].

„Johnny, really, you are the limit!"... Lina meint, dass ihr „husband" sich nicht so benehmen solle und „sich lieber schämen, so leichtfertig zu sein", bevor „the general's daughter" sich wieder dem Telefon zuwendet, wo nun ihr „father" am Hörer ist [LINA zu GENERAL MCLAIDLAW – ins Telefon: „[...] *Johnny und ich waren dabei, dasselbe Thema in aller Ausführlichkeit zu besprechen, und, äh, er ist sehr bemüht, sich ein geeignetes Arbeitsfeld zu suchen. Er hat auch schon verschiedene Angebote, weißt du"*].

Dann taucht „Ethel, the maid" wieder auf und kündigt „eine Lieferung von General McLaidlaw" an [JOHNNY – mit Vorfreude: *„Schnell, bringen Sie sie rein"*]. Schließlich schiebt Ethel nacheinander zwei sehr große...Stühle in den Raum.

„I think I know what it is! And if it is what I believe, oh, Johnny, you'll be thrilled! Oh, it is! Oh, how wonderful!" – Lina ist begeistert, da die zwei Stühle angeblich schon seit ewigen Zeiten im Familienbesitz sind [LINA: *„Vater hätte sie schon oft verkaufen können, aber er hat es immer abgelehnt"*] und im Übrigen die kostbarsten Stücke darstellen sollen, die ihr Vater sein Eigen nennt [Nachsatz von LINA: *„Und unsere ersten richtigen Erbstücke, die wir an unsere Kinder weitergeben können, und, und die wieder an ihre Kinder"* / JOHNNY – „desillusioniert" und mit dem Gefühl, dass er diese „chairs" nie mehr loswird: *„Ja, dazu sind sie wunderbar geeignet"*].

„Father, oh, you're so good to me! You make me wanna cry" – während Lina sich bei ihrem Vater bedankt und... *„I'm in love for the first time and I don't feel bad / [...] So wish me luck"* [Copyright: *Morrissey*] ...gerührt ist, setzt sich Johnny auf einen der „old" Stühle und wirkt etwas „ratlos" [*Anmerkung*: Hitchcock hat Grant in dieser veritablen *„comic scene"* erlaubt, eine *„attitude"* an den Tag zu legen, die einen eher an Howard-Hawks-Komödien wie *Leoparden küsst man nicht* oder an *Liebling, ich werde jünger* erinnert, auf jeden Fall ist das fast ein „Stil-Bruch", der vielleicht darin begründet liegt, dass „Hitch" hier noch einmal klarmachen wollte, dass „Johnny Aysgarth" ein eher „gutmütiger", vielleicht etwas „träge" daherkommender Typ zu sein scheint, aber nicht unbedingt der *„murderous manipulator"*, für den ihn *„very soon"* seine Frau hält].

In der Folge will Lina, dass sich „Johnny" von dem Stuhl erhebt und mit ihrem Vater spricht, bei dem er dann auch ein „Loblied auf diese `old chairs`" singt [JOHNNY – ins Telefon: „*Äh, guten Tag, General.* [...] *Aber natürlich, wir sind hingerissen, bei* **den** *alten Stühlen*"].

Als sich „the general" offenbar zum Thema „work" erkundigt, behauptet sein Schwiegersohn, dass er „mehrere gute Angebote" habe, darunter auch eines von seinem Vetter Captain Melbeck, der für sein Maklerbüro einen Leiter suche [JOHNNY: „*Ich werde das wohl annehmen*"].

„That was a fable about Captain Melbeck, wasn't it?" – nachdem das Telefongespräch beendet ist, will Lina wissen, ob er bei diesem „Captain-Melbeck-job-offer" schon wieder „geflunkert" habe, aber „Johnny" zieht einen Brief aus seiner Tasche, der *tatsächlich* von Melbeck zu sein scheint, und angesichts dieser „evidence" möchte sie wissen, warum er ihr das nicht schon zuvor gesagt hat [Antwort von JOHNNY: „*Sehr einfach, weil es mir nie eingefallen wäre, die Sache anzunehmen. Ebenso wenig, wie ich mir hätte träumen lassen, dass wir zwei so hübsche Großvaterstühle ins Haus geschickt bekommen*"; // *Anmerkung*: Exkurs: „`Masquerade` oder: `A reminder of how good real thrillers can be`": „TIM WHALEN" ROB LOWE: „[...] *Es gäbe nichts, was ich lieber täte, als dich zu heiraten. Ich glaube nur, du weißt nicht genug über mich*" / „OLIVIA LAWRENCE" MEG TILLY: „*Raubst du Banken aus oder sowas?*" / TIM WHALEN: „*Ungedeckte Schecks*" / OLIVIA LAWRENCE:

„Um zu überleben?" / TIM WHALEN: *„Nach der Schulzeit saß ich in Cincinnati ohne einen Penny.* Ich hab' `ne Menge ungedeckter Schecks ausgeschrieben und dafür 30 Tage im Knast gesessen"* / OLIVIA LAWRENCE: *„Und wegen dieser Lappalie willst du mich nicht heiraten?"* / TIM WHALEN: *„[...] Sieh' mich an, Olivia, ich besitze nichts. Nur drei Paar Leinenschuhe und `n paar Anoraks. Ich hab' nicht mal eine Kreditkarte [...]"* (aus: *Masquerade – Ein tödliches Spiel*; Dialog auf einem Segelboot zwischen dem „Segelschiff-erprobten Schönling mit krimineller Vergangenheit" Rob Lowe und der „Erbin von über 200 Millionen Dollar" Meg Tilly, nachdem sie ihm einen Heiratsantrag gemacht hat) – nun, wenn man sich fragt, warum einem schon zu Beginn des Thrillers *„Masquerade"* (OT) aus dem Jahr 1988, der von dem eher weniger bekannten Regisseur Bob Swaim inszeniert wurde, gewisse „musikalische Elemente" irgendwie ein wenig „vertraut" vorkommen, so liegt das wohl daran, dass der Komponist John Barry, der eben auch zu *Masquerade – Ein tödliches Spiel* den Score geschrieben hat, eine gewisse „Handschrift" hatte, die man halt gemeinhin und unweigerlich mit der James-Bond-Serie assoziierte; das Werk bietet eine Menge „*actors / actresses*" auf, die, sieht man natürlich von *Sex-in-the-City*-Star Kim Cattrall ab, ausschließlich in den 80s ihre Karrierehöhepunkte, was das Kino anbelangt, hatten, so wie eben Rob Lowe (z. B.: 1983: *Die Outsider* von Francis Ford Coppola / 1986: *Bodycheck* mit Co-Star Patrick Swayze), einer der Hauptdarsteller der gelungenen „*White House*"-Polit-TV-Serie *The*

West Wing – Im Zentrum der Macht (1999 – 2006), und Meg Tilly, die 1983 sogar an der Seite von Anthony Perkins & Vera Miles in *Psycho II* (Regie: Richard Franklin) zu sehen gewesen ist; Tilly war 1989 aber auch Teil der Cast von Milos Forman's Choderlos-de-Laclos-Verfilmung *Valmont*, die seinerzeit allerdings gegen Stephen Frears' geniales *Gefährliche Liebschaften* (1988) „chancenlos" war, sowie 1990 auch in Jack Nicholson's „gut gemeinter", aber gefloppter *Chinatown*-Fortsetzung *Die Spur führt zurück – The Two Jakes* (1990) zu sehen, für die ich, wie ich bereits in meinen diversen „Ausführungen über Jack" angedeutet habe, persönlich aber durchaus „irgendetwas übrig" habe; außerdem tummelt sich auch noch der spätere *Desperate-Housewives*-Star Doug Savant, er spielte in der Serie den Ehemann von „Lynette Scavo" Felicity Huffman, als letztendlich zwielichtiger *„policeman"* in *„Masquerade"*; *„Erlaube, dass ich ihn überprüfe"* („Onkel Charles" Ira Wheeler zu „Olivia" Meg Tilly auf einer Party bezüglich ihres neuen Freundes „Tim" Rob Lowe) – zur Story dieser *„sexually charged mystery about a wealthy woman who falls for the wrong man"*: Tim Whalen, ein sexy *„sailing instructor"* und Playboy/Gigolo, der sich sozusagen in der Nähe der High Society in Southampton aufhält sowie auch eine Beziehung zu der Frau seines Bosses, für den er das Segelboot „Obsession" in Regatten als Captain navigieren darf, hat („Brooke Morrison" Kim Cattrall zu Rob Lowe, im Bett: *„Das ist seit Jahren der erste Sommer, auf den ich mich gefreut* *habe*"), richtet seine „Fühler" nach der superreichen Erbin Olivia Lawrence mit ihrem „*two-hundred-million-dollar-fortune*" aus, das sie nach dem Tod ihrer Eltern geerbt hat; hinter der „*facade*" von Olivia's „*seaside*"-Anwesen in Easthampton, zu dem leider, was testamentarisch bedingt ist, auch der von ihr verachtete letzte „*husband*" ihrer Mutter, Tony Gateworth (John Glover), Zugang hat, scheint „etwas zu fehlen", nämlich „*passion*"; nachdem Whalen und Olivia sich auf einer Party persönlich kennengelernt haben (aus einem Dialog zw. Cattrall & Lowe bezüglich Tilly am Rande der Party: Cattrall: „*Ihr versteht euch anscheinend gut*" / Lowe: „*Ja, sie ist ein nettes Ding*" / Cattrall: „*Sie ist ungefähr das reichste netteste Ding an der Ostküste*" / Lowe: „*Wirklich? Das Einzige, wozu Geld taugt, ist ein Boot schneller zu machen*"), regt sich anscheinend von Seiten des „Stiefvaters" Widerstand gegen diese Beziehung (John Glover zu Meg Tilly: „[...] *Ich möchte nur, dass du aufhörst, dich mit ihm zu treffen. Du bringst damit mich und die Familie in Verlegenheit*"), was aber Olivia nicht weiter zu stören scheint, da sie Whalen relativ bald ihren „*rich relatives*" vorstellt (Dialog zw. ihrer Tante „Eleanor" Meave McGuire und Meg Tilly: „Tante Eleanor": „*Wir haben ein bisschen zu viel Geld. Das weißt du doch*" / „Olivia": „*Das interessiert ihn überhaupt nicht*" / „Tante Eleanor": „*Wenn es ihn wirklich nicht interessiert, dann schnapp dir den Mann. Dann ist er ein genauso seltenes Exemplar wie es dein Vater war*"); es stellt sich in der Folge heraus, dass Whalen und der „*last husband*" ihrer Mutter, also: Gateworth, sich in Wahrheit kennen und eine Art „Mord-komplott" gegen Olivia planen (Dialog zw. Lowe & John Glover in einem Diner: Lowe: *„He, wir können alles bekommen, was wir wollen, möglicherweise mehr, wenn wir sie leben lassen"* / Glover: *„[...] Du bist entweder drinnen oder du bist draußen. Und wenn du nur versuchst, mich zu leimen, erfährt sie deine Lebensgeschichte. Und zwar die wahre, ist das klar?"*); in der Nacht, als Olivia ermordet werden soll, erschießt Whalen aber Gateworth, als dieser ihn und seine „Stieftochter", wie verein-bart, sozusagen „in flagranti" im Haus erwischt, woraufhin Oli-via gegenüber der Polizei vorgibt, in Notwehr gehandelt zu ha-ben; allerdings scheint auch der Polizist Mike McGill (Savant), der Olivia von Kindheit an kennt, irgendeinen Plan zu verfolgen, denn der hält ein Beweismittel vom Tatort, das Whalen belasten würde, nämlich ein Champagnerglas mit Fingerabdrücken, zu-rück; bald nach dem Vorfall mit Gateworth heiraten Olivia und Tim (Dialog zw. „Mrs. Morrison" Kim Cattrall und Rob Lowe bezüglich der geplanten Heirat: Cattrall: *„[...] Das ist keine faire Konkurrenz. Ich bin verheiratet und sie hat 200 Millionen Dol-lar. Du hast das große Los gezogen"* / Lowe: *„Ach komm, mach kein Theater, du weißt genau, wie wenig mir Geld bedeutet"* / Cattrall: *„Wenn du es sagst, würd' ich dir nicht mal glauben, dass Wasser nass ist"*), doch kurz darauf wird plötzlich Gate-worth's *„girlfriend"* Anne Briscoe (Dana Delany), die die „Not-wehrgeschichte" nicht glaubt, erhängt in ihrer Dusche aufgefunden, und einige Spuren deuten darauf hin, dass das mit dem Erhängen nicht unbedingt ihre Idee war...; *Masquerade – Ein tödliches Spiel* ist ein Thriller, der, einerseits, was die Liebesszenen betrifft, jene zwischen Cattrall & Lowe und jene zwischen Tilly & Lowe, durchaus erstaunlich „freizügig" daherkommt sowie, andererseits, auch über einige gelungene „Suspense-Momente" verfügt; dennoch hätte es vielleicht, um jenen *seductive spell of a handsome stranger*", der „Olivia" Meg Tilly im Film gleichsam trifft, glaubhafter zu gestalten, einen Schauspieler vom Format eines Cary Grant gebraucht; meine *„favorite scene"* ist jene, als Meg Tilly und Rob Lowe gemeinsam aus einem Kino kommen, in dem, so verrät es eine Anzeige, neben einem Film mit Nick Nolte, anscheinend auch der Thriller *The Big Easy – Der große Leichtsinn* mit Dennis Quaid & Ellen Barkin gezeigt wird, den ich ja zu meinen „*favorites*" zähle – *„Warum kannst du das nicht einsehen, Remy? Zu den Guten gehörst du nicht mehr"* (Copyright: *„The Big Easy"* – „die Staatsanwältin" Barkin zu dem offenbar „bestechlichen Cop" Quaid)].

„The first round of suspicion is triggered". Nach einem *Zeitsprung* sieht man... *„You are repressed, but you are remarkably dressed"* [Copyright: *Morrissey*] ...Lina bei der Rückkehr von einem Ausritt mit ihrem „horse".

Als sie das Haus betritt, befindet sich dort ein „guest", der... *„We hate it when our friends become successful / We hate it when our friends become successful"* [Copyright: *Morrissey*]

...sofort den „georgianischen Stil" der Immobilie lobt [GUEST: „[...] *Ich wette, es hat ein Vermögen gekostet das herzurichten"*].

„Who are you?" – Lina möchte schließlich wissen, wer der Gast überhaupt ist, der soeben ihr „hübsches Haus" gelobt hat, und der Mann behauptet, er wäre „Beaky" Thwaite [gespielt von *Nigel Bruce*, der eben auch in *Rebecca* mit von der Partie war].

Der Hausherrin... „Beaky? Oh yeah, Beaky" ...kommt der Name bekannt vor, denn bei „Beaky" Thwaite handelt es sich um einen „old friend" von „Johnny", der meint, er wäre „vorbeigefahren" und wollte sich mal eben kurz „blicken lassen". Allerdings, so erwähnt er ebenfalls, habe er „Johnny" ohnehin „vorige Woche auf der Rennbahn in Newbury getroffen".

„The Races?" – Lina gefriert nach dieser Nachricht das Lächeln, wobei „Beaky" das Gefühl hat, dass er sich „verplappert" hat, und nachfragt, ob „Johnny" ihr denn „nichts davon erzählt habe" [Reaktion von LINA: *„Johnny hat doch seine Arbeit, er kann unmöglich zum Rennen gegangen sein. Außerdem will er nicht mehr wetten"*].

Thwaite hält „Johnny's Aussagen" für „unglaubwürdig", weil „das Wetten" offenbar „zu seinen Leidenschaften" gehört [Nachsatz von BEAKY THWAITE: „[...] *Sie dürfen ihm nicht gleich böse sein. So etwas gehört nun mal zu Johnny"*].

Daraufhin bittet sie „Beaky", sich zu setzen, aber gleichzeitig merkt Lina, dass...die „two chairs", die beiden „expensive museum pieces", verschwunden sind [LINA: *„Ja, hier standen*

doch heute früh, als ich aus dem Haus ging, noch zwei Stühle.
[...] Wo können sie nur sein?"].

„That Johnny'll be the death of me"... Thwaite meint zunächst, mit einem „smile in his face", dass ihn „dieser Johnny" nochmal umbringen werde, und dann gibt er sich erstaunt über Lina's „Naivität" [BEAKY THWAITE: *„Ich wette 20:1, dass er sie verkauft hat"*].

Lina scheint den Grund für eine solche „Aktion" nicht recht zu verstehen, aber „Beaky" „opens her eyes" und spricht von einer „Geldbeschaffungsaktion" [BEAKY THWAITE: „[...] *Was denken Sie? Der Bursche hat doch wieder Wettschulden. Er hat neulich in Newbury eine ganz schöne Pechsträhne gehabt, das kann ich Ihnen sagen. Und die Buchmacher, die warten nicht lange auf ihr Geld. Und schon gar nicht bei so einem wie Johnny"*; // *Anmerkung*: Exkurs: „Gambling / Card Playing Professionals" oder „And I know all the games you play because I play them too": „LANCEY HOWARD" EDWARD G. ROBINSON: „[...] *Man braucht allerdings gute Nerven. Man verliert leicht das Kartengefühl, wenn man so viele Spiele macht, tagein, tagaus. Da müssen die Nerven standhalten. Wie steht's mit Ihren, Kid?"* / „CINCINNATI KID" STEVE MCQUEEN: *„Viele haben schlechtere"* / LANCEY HOWARD: *„Ja, ich möchte Sie aber nicht aufhalten. Vielleicht haben Sie etwas Besseres vor? [...] Die Freundin wartet vielleicht"* / CINCINNATI KID: *„Nein, nein"* / LANCEY HOWARD: *„Haben Sie keine Freundin?"* / CIN-

CINNATI KID: „*Ja, aber sie ist augenblicklich nicht in New Or-leans*" / LANCEY HOWARD: „*Sie haben doch hoffentlich keinen Kummer? Ja, ja, die Frauen können in unserem Geschäft ein Problem werden. Für mich, in meinen Jahren, ist es selbstver-ständlich nur noch eine akademische Frage, aber zurückbli-ckend mein' ich, es ist das Beste, keine feste Bindung einzuge-hen, man sucht sich ein nettes Mädchen, wenn man gerade nicht spielt, und...so etwas erledigt sich dann von selbst*"

(aus: *Cincinnati Kid*; „psychologische Kriegsführung" eines „alten Meisters": Gespräch in einer Pause des Pokerturniers zwi-schen dem „Meister / `The Man`" Edward G. Robinson und dem „Herausforderer" Steve McQueen, wobei Robinson ständig ver-sucht, irgendwelche „Schwachpunkte" seines größten Gegners in diesem Pokerspiel herauszufinden) – im selben Jahr angesie-delt wie Hitchcock's *Verdacht*, nämlich 1936, ist auch „*The Cin-cinnati Kid*" (OT), Norman Jewison's exzellenter Film über das Duell zweier „*card playing professionals*", wobei das Werk, wenn man so möchte, *auch* ein beeindruckendes Duell zweier Schauspielgenerationen darstellt, denn McQueen galt seinerzeit, 1965, als gefeierter Shooting-Star einer neuen „*acting genera-tion*" und Edward G. Robinson (1893 – 1973) war längst eine lebende Legende; „*After the game, I'll be `The Man`. I'll be the best there is. People will sit down at the table with you. Just so they can say they played with `The Man`. And that's what I'm gonna be, Christian*" (McQueen im Original zu seinem „`girlfriend` Christian" Tuesday Weld bezüglich seines Plans, die „Nr. 1 in Sachen Poker" zu werden) – zur Story: Eric Stoner aka „Cincinati Kid" ist ein *„young poker player"*, der in New Orleans bereits als „der beste Spieler der Stadt" gilt, was aber nicht heißt, dass er sich beim Kartenspielen nicht mit irgendwelchen „zwielichtigen Gestalten aus der Unterwelt" in düsteren Hinterzimmern herumschlagen muss, die sich an ihm rächen wollen, wenn er sie besiegt hat (Dialog aus der ersten *„Gambling Scene"* des Films: „Card Player & Some Kind of Gangster": *„Und ich behaupte, das Blatt ist von dir gezinkt, Kid"* / McQueen: *„Ich brauch' kein schmutziges Blatt, um dich fertigzumachen"*); als *„the legend"* Lancey Howard in die Stadt kommt, so etwas wie der *„King of Gamblers"*, will „Kid" unbedingt gegen ihn spielen, um selbst „The Man" zu werden, „der Meister", wie man Howard nennt (Dialog zwischen „Shooter" Karl Malden & Steve McQueen: Malden: *„Ich hielt mich für den raffiniertesten Stud-Poker*-Spieler, den es gibt"* [*Pokervariante mit einigen offenen & verdeckten Karten] / McQueen: *„Und **ich** bin es, Shooter, du weißt, dass ich es bin"* / Malden: *„Ich weiß, wozu du das Zeug hast, Kid. Aber der Chef, der unbesiegte Meister, ist immer noch er, verstehst du? Es ist viel, was er zu verteidigen hat. Er wird alle bekannten Tricks und ein paar unbekannte anwenden, um dich zu erledigen"* / McQueen: *„Ich will keinen Unterricht von ihm, Shooter, ich will alles, was er hat"*); privat ist „Cincinnati Kid" mit Christian liiert, einer *„young countrywoman"* (Dialog zw. McQueen & Tuesday Weld: McQueen: *„Was hast du heute gemacht?"* / Weld: *„Oh, ich bin*

im Kino gewesen, und da haben sie nur Französisch geredet"),
die aber unter „Kid's" „Distanziertheit" leidet sowie darunter,
dass für „Kid" eben das Pokern das Allerwichtigste ist
(McQueen: „*Das hab' ich mit keinem Wort gesagt*" / Weld: „*Du
hast noch nie ein Wort gesagt. Über uns*"); als der wohlhabende
und korrupte Geschäftsmann William Slade (Rip Torn) gegen
Lancey Howard in einer privaten Pokerrunde viel Geld verliert
(Edward G. Robinson zu Rip Torn, nachdem er ihn gerade besiegt hat: „*Ich freue mich, jemandem zu begegnen, der weiß,
dass für den wahren Spieler das Geld nicht Selbstzweck ist, sondern nur ein Mittel, das dem Zweck dient, wie etwa die Sprache
dem Gedanken.* [...]"), will Slade unbedingt, dass „The Kid" bei
dem bevorstehenden Turnier gegen Howard gewinnt; zu diesem
Zweck soll der ehemalige Profi „Shooter", der beim Kartenspiel
als Geber fungieren wird, „Kid" die ein oder andere vorteilhafte
Karte zuschanzen, und im Gegenzug dazu verspricht Slade
„Shooter", der diesen Betrug zunächst nicht ausführen möchte,
dass er ihm seine Schulden erlassen sowie keine „Ruf-schädi-
genden" bzw. „*damaging*" „*informations*" bezüglich „Shooter's" „*sleazy wife*" Melba an die Öffentlichkeit bringen wird
(Rip Torn zu Karl Malden bezüglich Edward G. Robinson: „*Dafür will ich diesen eingebildeten Affen erledigt sehen*"); Melba
ihrerseits, sozusagen „*always willing to gamble with someone
elses life*", hält ihren Ehemann für einen „*loser*" und von Christian Rudd, von „*the girl who really loves `The Kid`*", mit der sie
befreundet ist, hält sie in Wahrheit (Ann-Margret zu Steve

McQueen bezüglich Tuesday Weld: *„Was bringt dieses komische kleine Mädchen vom Lande an dir zum Vorschein?"*) genauso wenig; *„But I've got to think twice / Before I give my heart away / And I know all the games you play / Because I play them too"* (Copyright: *George Michael*) – allerdings erteilt ihr auch „Cincinnati Kid", zunächst, bevor sie ihn dann später gleichsam in einem *„moment of weakness"* erwischt und mit ihm im Bett landet, eine Abfuhr (Dialog nach dem „Korb": Ann-Margret: *„Ich hoffe, dass du verlierst!"* / McQueen: *„Danke, Baby"*); letztendlich kommt „der große Tag" und „Kid" will, im „Apartment 2A" im Hotel „Old Lafayette", unbedingt die „Wachablöse" bei dem Pokerspiel mit Lancey Howard schaffen (der um seine eigene Chancenlosigkeit wissende Mitspieler „Yeller" Cab Calloway im Original zu McQueen vor Spielbeginn: *„Kill that cat, Kid"*)...; Norman Jewison, welcher McQueen dann ja auch in *Thomas Crown ist nicht zu fassen* so stilsicher in Szene setzte, hat mit *Cincinnati Kid* sicherlich eine Sternstunde der Filmgeschichte geschaffen; großartig ist allein schon der Moment, als sich, ohne, dass beide das *„in this moment"* wissen, die Wege von McQueen & Robinson das erste Mal kreuzen, denn McQueen befindet sich auf der Flucht vor den Handlangern des „Gangster-Typen", den er in der ersten Poker-Szene um einiges Geld erleichtert hat, und läuft dann an einem Zug vorbei, mit dem Edward G. Robinson gerade in New Orleans eintrifft; *„Ich bin noch nicht reif für den Ruhestand"* (Copyright: „Lancey Howard" Edward G. Robinson) – das Pokerspiel, in dem McQueen

& Robinson sich duellieren, ist „spannend wie ein Krimi" inszeniert, und ähnlich *„entertaining"* sind vielleicht nur mehr die *„poker games"* in Richard Donner's Western-Komödie *Maverick* (1994) mit Mel Gibson & Jodie Foster und in dem James-Bond-Film *Casino Royale* (2006; Regie: Martin Campbell) mit Daniel Craig & Mads Mikkelsen; mitreißend auch das Finale der *„Stud Poker"*-Runde, in der McQueen schon glaubt, Robinson besiegt zu haben (originales Voiceover von McQueen: *„I got him. I got `The Man`"*), was sich aber als glatter Fehlschluss erweist, da Robinson ihn quasi „in Sicherheit gewiegt" und „in eine Falle" gelockt hat (Worte von „Lancey Howard" an „Cincinnati Kid" Steve McQueen nach dessen Niederlage: „[...] *Sie sind gut, Kid, aber solange* **ich** *in diesem Geschäft bin, sind Sie nur der Zweite, damit müssen Sie sich abfinden"*); ein amüsantes „Zwischenspiel" bildet jener Abschnitt von *Cincinnati Kid*, in dem McQueen seine Freundin „Christian" Tuesday Weld quasi „zu Hause auf dem Land" besucht und auf ihre *„parents"*, die unterm Strich noch „verschlossener" als „The Kid" selbst sind, trifft; letztendlich gelingt es ihm, das sperrige „Farmer-Ehepaar" dadurch aufzulockern und den beiden ein Lächeln abzuringen, indem er ein paar Kartentricks vorführt; *„Louisiana Rain"* heißt ein Song von *Tom Petty & the Heartbreakers*, und wie ich schon vor ein paar Jahren einmal in einer Arbeit über Steve McQueen festgehalten habe, gehören die Szenen von *„The Cincinnati Kid"*, in denen McQueen, mit seiner Lederjacke bekleidet, die ohnehin aussieht wie eine eigentümliche Mischung aus Leder-

und Regenjacke, in der Nacht in New Orleans durch den *„Louisiana rain"* spaziert und dabei kurz einmal durch ein Fenster hindurch der Jazz-Pianistin & Blues-Sängerin *Sweet Emma Barrett* und ihrer Band lauscht, zu den schönsten & poetischsten Momenten des US-Kinos der 60er-Jahre; ähnlich gute *Louisiana-Szenen*, in denen *„Music"* im Mittelpunkt steht, bot erst wieder der *The-Big-Easy*-Regisseur Jim McBride mit seinem eigenwillig-brillanten *Jerry-Lee-Lewis*-Bio-Pic *„Great Balls of Fire!"* (OT; Co-Starring: Winona Ryder) aus dem Jahr 1989, in dem Dennis Quaid den „Rock'n'Roller" Jerry Lee *„The Killer"* Lewis spielt, und ein musikalisches Highlight ist jener Moment, in dem „Jerry" Dennis Quaid in Ferriday, Louisiana, *„one night"*, als er *„through a window"* blickt und seine neue, sozusagen frischgepresste Single bei sich hat, Zeuge einer „Tanz- & Gesangsveranstaltung" von *„black people"* wird und die Sängerin *Valerie Wellington* eine großartige Version von *„Whole Lotta Shakin' Goin' On"* zum Besten gibt].

„I don't believe you! I don't believe a word you're saying!" – Lina ist empört über Thwaite und betont, dass sie ihm kein Wort glaube [LINA: *„Wie können Sie meinem Mann so etwas nachsagen?"*], aber „Beaky" versucht sie zu beruhigen und meint, dass sie „sich das nicht so zu Herzen nehmen brauche", denn immerhin sei „ihr Johnny" trotzdem „ein Pfundskerl" [BEAKY THWAITE: „[...] *So einen Mann gibt es nie wieder. Na, das wissen Sie doch selbst am besten"*].

„He couldn't do so. He wouldn't, without asking me"...Lina bringt nochmals ihre Zweifel über Thwaite's „Johnny hat die beiden Erbstücke zu Geld gemacht"-Story zum Ausdruck, aber schließlich taucht, wie die beiden „through a large window" sehen können, Aysgarth vor dem Haus auf, und „Beaky" bittet „Mrs. Aysgarth", dass sie nichts von dem, was er ihr gerade erzählt hat, an „Johnny" weitererzählt. Allerdings sagt er Lina vorher, dass sie „ihren `husband` gleich in Hochform" erleben werde [BEAKY THWAITE: „[...] *Erzählen Sie ihm nur irgendetwas über die Stühle. Ich wette, innerhalb einer Sekunde serviert er uns eine Geschichte, dass sich die Balken biegen. Ich freu' mich schon drauf.* [...]"].

„Johnny" betritt das Haus und... *„Everyone lies, everyone lies / Where is the man you respect? / And where is the woman you love?"* [Copyright: *Morrissey*] ...begrüßt zunächst „Beaky" freudig, bevor er seine Frau begrüßt, die aber „irgendetwas zu haben" scheint.

„What's the matter, darling?" – auf eine Nachfrage ihres Ehemanns hin, behauptet sie, dass „gar nichts" sei, aber dann erwähnt Thwaite... „Your wife seems to be missing some chairs, old boy" ...die zwei Stühle. Aysgarth geht aber nicht darauf ein und will stattdessen lieber „Beaky" „fire" für dessen Pfeife geben, was dazu führt, dass er ihm ein paar Zünder zuwirft.

Lina und „Beaky" setzen sich in der Folge auf die Couch und Thwaite startet einen neuen Anlauf und wiederholt die Frage nach den Stühlen, was dazu führt, dass „Johnny" beginnt, von einem... „*Well, America, you know where / You can shove your hamburger*" [Copyright: *Morrissey*] ...„Amerikaner" zu reden, den er, wie er meint, „vergessen habe zu erwähnen" und der die Stühle „heute Vormittag" abgeholt hätte.

„What American?" – Lina's Überraschung bezüglich dieses „Amerikaners" ist groß und ihr „husband" meint, dass dieser „vorige Woche einmal hier gewesen sei" und im Übrigen ein Freund seines Chefs Captain Melbeck wäre [Nachsätze von JOHNNY: „*Du warst, glaub' ich, grad' ausgeritten.* [...] *Er war begeistert von den Stühlen, ein kunstverständiger Bursche. Hat mir 100 Dollar pro Stück geboten.* [...]"].

Lina betont, dass sie... „I wouldn't" ...niemals auf dieses Angebot eingegangen wäre [Reaktion von JOHNNY: „*Nein, wirklich nicht, Schatz? Wenn ich das gewusst hätte, Liebling. Schade, ich hab' ihm gesagt, du wärst einverstanden*"], scheint aber dann zu akzeptieren, dass „daddy's chairs" „gone" sind [LINA: „*Also gut, was hilft es? Wenn sie weg sind, sind sie weg*"].

Als sich „Mr. & Mrs. Aysgarth" dann umarmen und Lina, die immer noch in „Reitkluft" ist, ankündigt, sich „zum Essen umziehen zu wollen", stört „Beaky" die plötzliche „Idylle" dadurch, dass er... „hold on a minute!" ...meint, „Johnny" solle doch den Scheck herzeigen, den er vom „American", gemäß seiner „narrative" bezüglich der „two chairs", erhalten hätte müssen [Reaktion von JOHNNY: „*Den schickt er ja erst*"].

„I know it's hard to keep an open heart / When even friends seem out to harm you" [Copyright: *Guns N' Roses*] ...Thwaite will „10 Pfund gegen `one Shilling`" darauf wetten, dass „Johnny" nicht möchte, dass Lina „dieser Geschichte" nachgeht, da er, „Beaky", sich absolut sicher sei, dass Melbeck den „Amerikaner", von dem „Johnny" da erzählt hat, überhaupt nicht kenne [Kommentar von LINA – empört: *„Wollen Sie damit andeuten, dass mein Mann ein Lügner ist, Mr. Thwaite?"*].

Nachdem Lina deutlich klargemacht hat, dass sie etwas dagegen hat, dass „Beaky's jokes" ständig implizieren, dass ihr Mann „a liar" sei, fragt sie nach, ob Thwaite zum Essen bleiben wolle [Antwort von BEAKY THWAITE: *„Sie sind gut, ich verbringe das Wochenende hier, wenn Sie mich nicht rauswerfen"*].

Lina betont abschließend, dass „Johnny's Freunde" immer willkommen seien [Nachsatz von LINA: *„Allerdings müssen es wirkliche Freunde sein"*].

Die drei verlassen gemeinsam das Wohnzimmer, aber in Lina's Gesicht macht sich eine erste Spur von „suspicion" breit [*Anmerkung*: „Eine elegante Mischung aus Liebes-Desaster und Hitchcock-Thriller": „NOLA RICE" SCARLETT JOHANSSON: *„Na, wer ist mein nächstes Opfer? Sie?"* / „CHRIS WILTON" JONATHAN RHYS MEYERS: *„Ich hab' schon lange nicht mehr Tischtennis gespielt"* / NOLA RICE: *„Vielleicht spielen wir um 1000 Pfund pro Spiel?"* / CHRIS WILTON: *„Wo bin ich da reingeraten?"* / NOLA RICE: *„Wo bin **ich** da reingeraten?"* (aus:

Match Point; der „ehemalige Tennisprofi & nunmehrige Tennislehrer" Jonathan Rhys Meyers trifft auf einer Party die „erfolglose Jungschauspielerin" Scarlett Johansson beim Tischtennis-Spielen und wagt ein Match gegen sie) – „*Passion – Temptation – Obsession*": Wenn man den „besten *ernsten* Film" auswählen müsste, den Meisterregisseur Woody Allen in seiner langen Karriere gedreht hat, dann wäre wohl sein exzellentes Thriller-Melodram „*Match Point*" (OT) von 2005, den ich bereits in meinem Buch „*Six Movies To Be Murdered By – Das Kino des Alfred Hitchcock*" als „Meisterwerk" und als „vergiftetes Geschenk von einem Film" bezeichnet habe, ein „geeigneter Kandidat" dafür, wobei mir persönlich letztendlich komödiantischer ausgerichtete Allen-Werke wie *Der Stadtneurotiker* (1977), *Eine Sommernachts-Sexkomödie* (1982), *Hannah und ihre Schwestern* (1986), *Ehemänner und Ehefrauen* (1992), *Harry außer sich* (1997), *Scoop – Der Knüller* (2006) oder *Vicky Cristina Barcelona* (2008) noch ein Stück weit besser gefallen als dieser einst von der Kritik gefeierte „dunkle psychologische Thriller" um einen Emporkömmling, dem es gelingt, sich in die Londoner High Society/Upper Class „einzuschleichen"; „*It's so hard to leave you. Beautiful woman*" (originales „Bettgeflüster" von Jonathan Rhys Meyers zu Scarlett Johansson in Johansson's „*cheap apartment*") – zu den Grundzügen dieser im Grunde sehr *bösen* Geschichte: Der Ex-Tennis-Profi Chris Wilton bewirbt sich als Tennislehrer in einem noblen Londoner Club (Meyers beim Bewerbungsgespräch zum Club-Chef, der ihn fragt, warum er das professionelle Spielen auf der Tour aufgegeben hat: „*Ich hasse den ganzen Tennis-Tour-Zirkus. Das ständige Herumreisen. Ich wär' nie Rusedski oder Agassi geworden. Das muss man wirklich wollen. Ich hab' auch nicht deren Talent*"); in diesem Club lernt er Tom Hewett (Matthew Goode) kennen, der aus einer „*very rich*" Industriellenfamilie stammt, und freundet sich mit ihm an, woraufhin der Opern-Fan Wilton auch eine Einladung zu „*a night at the opera*" mit der Familie von Tom erhält; in der Folge verliebt sich die lebenslustige Chloe (Emily Mortimer), die Schwester von Tom, der seinerseits mit Nola, einer „*struggling actress from Boulder, Colorado*", liiert ist, in Wilton (Kommentar von „Eleanor Hewett" Penelope Wilton, der Mutter von „Tom & Chloe", bezüglich der Partnerwahl ihrer Kinder: „*Chloe, sei vorsichtig. Tom lässt sich schon mit einer Frau ein, bei der ich Vorbehalte habe. Überstürze nichts*"); Chloe, die tatsächlich eher „einfach gestrickt" wirkt und überaus „pragmatisch" daherkommt, besorgt Chris einen Job als „*business man*" in der Firma ihres Vaters, doch Wilton fühlt sich vom ersten Augenblick an zu der „unbeherrschten", sexy Nola hingezogen (Jonathan Rhys Meyers: „*Hast du schon viele Filme gedreht?*" / Scarlett Johansson: „*Es war ein Werbespot, kein Film. [...] Ich denke, meine Karriere ist nicht so gelaufen wie geplant*"), zu der er eine Art „Seelenverwandtschaft" spürt, da ihr ebenso wie ihm selbst der Upper-Class-Hintergrund fehlt (Dialog in einem Restaurant zwischen Meyers & Johansson bezüglich der ihm allesamt wohlgesinnten „Hewetts": Johansson: „*Du wirst da bestimmt richtig absahnen, wenn du's nicht vermasselst*" / Meyers: „*Und wie werd' ich es vermasseln?*" / Johansson: „*Indem du mich anmachst*"); schließlich kommt es im Rahmen eines „Familienausflugs", bei dem die Mutter von Tom & Chloe die „Schauspielerin ohne Rollen" Nola wiederum hart kritisiert hat („Eleanor Hewett" zu Johansson: „*Na ja, wenn die Zeit fortschreitet und sich nichts Entscheidendes ergibt, wie lange will man noch weitermachen, bevor man sich entschließt, etwas anderes zu versuchen?* [...] *Es ist besonders für Frauen ein grausames Gewerbe. Und wenn man älter wird, die Zeit vergeht und nichts passiert, wird es von Tag zu Tag härter*"), zu einem „*sexual intercourse*" zwischen Wilton und Rice; „*Das kann zu gar nichts führen*" (Johansson zu Meyers bezüglich ihres „Liebesaktes" beim „Hewett"-Landhaus) – das führt letztendlich dazu, dass Chris, der seine Büro-Arbeit als langweilig und einengend empfindet (Meyers im Bürogebäude zu seiner Sekretärin, von der er zuvor zwei Aspirin erhalten hat, und seine Krawatte lockernd: „*Sagen Sie mal, Samantha, fühlen Sie sich hier drin auch klaustrophobisch?*"), sich in der Folge, vor allem auch gedanklich, weit mehr mit Nola beschäftigt als mit Chloe, die ihn aber heiraten möchte und so schnell wie möglich ein paar Kinder bekommen (Emily Mortimer zu Jonathan Rhys Meyers in der gemeinsamen Wohnung: „[...] *Und ich möchte drei Kinder, und zwar, solange ich jung bin. Komm schon, du schaffst das. Du hast einen mächtigen Aufschlag*"); als Nola und Tom sich trennen und Nola dadurch aus Wilton's Blickfeld verschwindet, sucht Chris sie, *„totally bored"* von den zunächst erfolglosen Versuchen seiner Frau, schwanger zu werden (Meyers: *„Für mich stehen Hormonspezialisten nur knapp über Medizinmännern"* / Mortimer: „[...] *Ich hab' das Gefühl, dass es dieses Mal klappen wird"*), regelrecht „obsessiv" in halb London; nachdem Chris ihr eines Tages in der „Tate Gallery of Modern Art" wiederbegegnet ist (Meyers: *„Ich hab' dich gesucht"* / Johansson – „leicht aggressiv": *„Wozu?"* / Meyers: *„Du bist immer noch so zornig"*), beginnt eine *„passionate affair"*, doch als Chris durch Nola, die zunehmend „Besitzansprüche" stellt, plötzlich sein bequemes Luxusleben bedroht sieht, heckt er einen mörderischen Plan aus...; *„Hat Ihnen schon mal jemand gesagt, dass Sie ein unglaublich aggressives Spiel spielen?"* / „[...] *Der Wettkampf liegt mir im Blut* [...]" (Dialog zwischen Johansson & Meyers) – nun, absolut gelungen an Allen's *Match Point*, den der Regisseur in einem Spannungsfeld zwischen „Glück" & „reinem Zufall", zwischen „Luxus" & „Leidenschaft", zwischen „Unschuld" & „Mord" und zwischen *„hot tears"* & *„cold calculating"* angesiedelt hat, ist, dass darin zwei Außenseiter die „Spielregeln" der „Upper Class", mit der sie in Berührung kommen, nicht so recht durchhalten, wobei die „superreichen Hewetts" rund um das „Familienoberhaupt" Brian Cox mit ihren Anwesen, ihrem Personal und ihren Polo-Pferden, von Woody Allen keinesfalls als *„bad people"* gezeichnet werden oder dergleichen, aber eben letztendlich als „*snobbish*", als „diszipliniert" und, wenn man so will, als „bürgerlich pragmatisch" in sämtlichen Belangen, auch, was die *Sexualität* betrifft (Mortimer am Frühstückstisch zu Meyers, der behauptet, er müsse jetzt „zur Arbeit": „[...] *Ich hatte eigentlich gehofft, wir würden vielleicht, du weißt schon, bevor du zur Arbeit gehst. Ich bin diesen Monat so weit. Und denk' bitte daran: Der Arzt hat gesagt, wir sollten es auf jeden Fall so oft wie möglich morgens machen.* [...] *Warte, ich muss erst meine Temperatur messen*"), wobei Jonathan Rhys Meyers und Scarlett Johansson gleichsam „die Rebellion der Outsider" gegen diesen „*pragmatism*" verkörpern, aber diese „*rebellion*" führt letztendlich auch nur in ein „*love-disaster*" und zu „*murder*"; ursprünglich hätte Allen's Film in New York spielen sollen, doch die europäischen Geldgeber verlangten von dem Filmemacher, London als Drehort zu wählen – „*Ich ließ mich also nicht lange bitten und unterschrieb, und bald wurde aus New York London, die Hamptons wurden die Cotswolds, und die Leute bestellten Fish `n` Chips statt Big Macs*" (Copyright: *Woody Allen*); eigentlich war Kate Winslet für die Rolle der „Nola Rice" vorgesehen, aber als diese Allen quasi in letzter Minute einen Korb gab, fand er Ersatz in der damals 19-jährigen Scarlett Johansson, welche er in Terry Zwigoff's gelungenem Coming-of-Age-Werk *Ghost World* (2001) an der Seite von Thora Birch & Steve Buscemi gesehen hatte („*Sie war erst neunzehn, als wir `Match Point` drehten, aber es war alles schon da: Sie war eine aufregende Schauspielerin, der geborene Filmstar,* *intelligent, aufgeweckt und witzig"* – W. Allen); Allen hat immer betont, dass *Match Point* für ihn ein echtes Vergnügen war und seine Erwartungen übertroffen hat (*„Es war, als versuchten die Götter des Kinos mich für die vielen Male zu entschädigen, die sie mich schon reingelegt hatten"* – W. Allen), wobei ihm ein Moment bei der Entstehung dieses melodramatischen Thrillers, der ihn sicherlich noch ernsthafter auf die Spuren Alfred Hitchcocks geführt hat, als zum Beispiel *Verbrechen und andere Kleinigkeiten* (1989) oder *Manhattan Murder Mystery* (1993), besonders in Erinnerung geblieben ist, nämlich jener Moment, als er mit Jonathan Rhys Meyers im Studio jenen grandiosen Text aufnahm, den Meyers mit seiner wunderschönen irischen Stimme zu Beginn des Films aus dem Off spricht, als man nur ein Tennisnetz und einen Ball sieht, der in Zeitlupe mehrmals hin und her über das Netz gespielt wird, denn Allen konnte gar nicht glauben, dass diese Worte, die sich mit der Rolle des *Glücks* im Leben auseinandersetzen, von ihm geschrieben wurden, da sie eben aus Meyers' Mund wie aus der Feder eines James Joyce oder des walisischen Autors Dylan Thomas klangen: *„Der Mann, der gesagt hat, ich hätte lieber Glück als Talent, hat tiefe Lebensweisheit bewiesen. Man will nicht wahrhaben, wie viel im Leben vom Glück abhängt. Es ist erschreckend, wenn man daran denkt, wie viel außerhalb der eigenen Kontrolle liegt. Es gibt Augenblicke in einem Match, da trifft der Ball die Netzkante, und kann für den Bruchteil einer Sekunde nach vorn oder nach hinten fallen. Mit ein bisschen Glück fällt er nach vorn, und* *man gewinnt. Oder vielleicht auch nicht, und man verliert*" (aus: *Match Point*); Allen hat übrigens gemeint, dass derselbe Text von ihm persönlich und nicht von Meyers gelesen einen ganz und gar nicht „James-Joyce-würdigen" Sound besaß, sondern eher so wirkte, als wäre da „Elmer Fudd" am Werk, also jene Zeichentrickfigur aus der Looney-Tunes-Reihe, deren Lebensinhalt es ist, dem Hasen „Bugs Bunny" hinterherzujagen; unerwähnt im *Match-Point*-Zusammenhang darf auch Folgendes nicht bleiben: Jonathan Rhys Meyers' finaler *schwermütiger* Blick aus dem Fenster während einer Familienfeier, der kurz vor dem Abspann platziert wurde, ist absolut bemerkenswert und gehört wohl zu den ganz großen „*final looks*" der Filmgeschichte].

Nach einem *Zeitsprung* kommt Lina aus einem „Book Store". Vor dem großen Schaufenster des Buchladens trifft sie... „*I trust the views of certain people I know*" [Copyright: *Morrissey*] ...auf Isobel Sedbusk [verkörpert von *Auriol Lee*, die kurz nach den Dreharbeiten zu *Verdacht* bei einem Autounfall verstarb], eine berühmte Autorin von Kriminalromanen, deren neuestes Werk „Mord auf der Brücke" gerade in diesem Schaufenster ausgestellt ist [Kommentar von ISOBEL SEDBUSK: „*Nett gemacht, nicht?*"].

„How is Johnny?" – da Lina und die „Lady Writer" denselben Weg haben, erkundigt sich Sedbusk nach „Johnny", was Lina dazu bringt, diesen als „Sedbusk-Fan-Boy" zu outen [LINA: „*Oh, vielen Dank, ich habe eben Ihr letztes Buch für ihn gekauft. Er bewundert Sie, Detektivgeschichten sind seine Leidenschaft, er hat jeden Roman von Ihnen gelesen"*].

Vor einem „Antiques"-Geschäft scheint „Mrs. Aysgarth" aber zu erstarren, und als... „What's the matter?"...die Sedbusk merkt, dass Lina sich plötzlich verändert hat, meint diese, dass ihr gerade etwas eingefallen sei und sie sich über etwas erkundigen möchte. Mit der Aussicht auf eine Einladung zum Essen verabschiedet sie sich von der Schriftstellerin.

„What Lina saw": In dem Schaufenster des AntiquitätenGeschäfts befinden sich doch tatsächlich...die zwei Stühle, die Geschenke ihres Vaters General McLaidlaw!

„It takes two to go one way / And two winds to be strong enough / But you can't sail on a still day / Like two ships on a sea of love / If it don't take two" [Copyright: *Shania Twain*]

...eine in Bezug auf „Johnny" sichtlich beunruhigte Lina kehrt mit dem von ihr gekauften Sedbusk-Buch in Händen [auf dem man für die Zuschauer gut sichtbar das Wort „*Murder*" als Teil des Titels erkennen kann (*Anm.*)] zurück nach Hause, wo sie sich „in front of the house" umgehend bei... „I owe you an apology" ...Beaky Thwaite entschuldigt und meint, sie habe ihm Unrecht getan.

Thwaite ortet seinerseits auf der Stelle „die Quelle des Problems" [BEAKY THWAITE: „*Nanu, was haben Sie denn? Sie sind ja ganz außer sich. Haben Sie Ärger gehabt? Natürlich, das seh' ich doch. Da stimmt doch wieder was nicht mit Johnny"*] und wiederholt seine „opinion", dass Lina sich auf gar keinen Fall über ihren „husband" aufregen dürfe, weil das reine Zeitverschwendung sei [Nachsatz von BEAKY THWAITE: „*Wenn Sie mir eine Standpauke halten würden, das hätte irgendwie Sinn. [...] Aber Johnny, nein, nein, nein, der meint das nicht so*"].

Dann kommt „Johnny" zurück, und das offenbar aus „London Town". Er hat eine ganze Menge an Schachteln dabei, die er auf einen der Garten-Tische stellt, und kündigt an, dass das „today" ein „ganz großer Tag" sei. Bevor er aber einer verwirrten Lina und einem verwirrten „Beaky" Thwaite erzählt, warum das aus seiner Sicht so ist, ruft er nach „Ethel, the maid" und erkundigt sich... „*But the champagne won't taste sweet*" [Copyright: *Shania Twain*] ...nach den im Haus vorhandenen „Getränken" [Antwort von ETHEL: „*Brandy, Gin, Champagner und...äh...eine Flasche Sprudelwasser*"].

Dann beginnt Aysgarth, „full of enthusiasm", mit dem Austeilen seiner „Geschenke", und so erhält „Beaky" einen Spazierstock und Lina unter anderem einen Pelzmantel [JOHNNY: „*Und nun, Schätzchen, werd' ich dir was zeigen. Den hast du doch so sehnsüchtig angesehen, als wir das letzte Mal in London waren. Der gehört dir*"] sowie diverse Hüte.

„Mrs. Aysgarth" ist völlig ratlos... „Johnny, ich versteh' dich einfach nicht. Was bedeutet das alles?" ...aber „the next present" ist sogar „ein lebendiges", denn ihr Ehemann präsentiert ihr... „*A dog!*" [BEAKY THWAITE] ...einen süßen, kleinen Hund [*Anmerkung*: Bei dem Hund handelt es sich um einen sogenannten Sealyham-Terrier namens „Johnnie", der tatsächlich

Alfred Hitchcock gehörte, welcher seinerzeit übrigens auch noch den Cocker-Spaniel „Edward" besaß], den Lina sofort zu streicheln beginnt.

Nachdem ihn Thwaite gefragt hat, ob er „'ne Bank ausgeraubt" hat, meint „Johnny", dass er „per Zufall das Siegespferd getippt und 2000 Pfund gewonnen habe" [JOHNNY – in Richtung LINA, die von dieser Nachricht schockiert ist: „*Tu mir den Gefallen und lach' mal. Ich hab's doch bloß für dich getan, Liebling*"].

Kurz darauf... „*Du hast die Stühle hergegeben, nur um das Geld zu verwetten?*" [LINA] ...konfrontiert ihn Lina mit dem Vorwurf, er hätte für den, wie „Johnny" ihn bezeichnet, „todsicheren Tipp" ihre „two chairs" verscherbelt.

Als Lina zu weinen beginnt, wartet Aysgarth mit einer weiteren „Überraschung" auf und... „Oh, I forgot something. Darling, look, look, look" ...zieht einen „Kassaschein über `a certain pair of chairs`" aus der Tasche, „and that means", dass „Johnny" die beiden Stühle zurückgekauft hat, welche, wie er ankündigt, „in einer Stunde" geliefert werden.

Daraufhin ist „Mrs. Aysgarth" gerührt [LINA: „*Oh, Johnny, Liebling, ich danke dir*"] und auch... „*And I'm the only one who laughs / At your jokes when they are so bad / And your jokes are always bad*" [Copyright: *Pavement*] ...„Beaky" scheint begeistert [BEAKY THWAITE: „*Du hast es wieder mal geschafft, alter Knabe*"].

Als Ethel die „Alkoholika und die eine Flasche Sprudelwasser" heraus in den „Garden"-Bereich gebracht und auf einem Tisch „arrangiert" hat, beginnt Thwaite Lina und „Johnny" einzuschenken, will selbst aber keinen Champagner, sondern einen Brandy trinken, was ihm eine „warning" von „Johnny" einbringt, da dieser weiß, dass Thwaite... „*La la la la la / Interesting drug / The one that you took*" [Copyright: *Morrissey*] ...Brandy nicht verträgt.

„Good old Beaky" will sich aber nicht abbringen lassen [Kommentar von JOHNNY: „*Von dem einen wirst du schon nicht umfallen*"], aber während „Johnny" seiner Frau verspricht, dass das „the last bet made by Johnny Aysgarth" gewesen sei, ist „das Unglück" geschehen und Thwaite hat vom Brandy...einen seiner „Anfälle" erlitten, hustet plötzlich stark und hält sich die Hand an die Brust.

Die Reaktion von „Johnny" fällt eher „nüchtern & reserviert" aus und er beobachtet Thwaite, mit ausdruckslosem Gesicht, wie dieser sich auf einen Stuhl setzt und sich die Hand an die Kehle hält. Lina hingegen... „Johnny, get some water, quick!" ...will versuchen, ihm zu helfen, aber „Johnny" meint, dass Dinge, wie die Krawatte zu öffnen, keinerlei Zweck hätten [JOHNNY: „[...] *Entweder er stirbt oder er kommt von selbst wieder zu sich*"].

„It'll either kill him or it'll go away by itself"...nachdem „Beaky" sich wieder „etwas gefangen hat", entschuldigt er sich bei den Aysgarths, wobei „Johnny"... „One of these days **it will** kill him"... eine „Vorhersage" trifft [JOHNNY: *„Irgendwann bringt ihn das um"*; // *Anmerkung*: „A funny Murder Mystery": „MARCIA FOX" ANJELICA HUSTON: *„Sie sind in `ner merkwürdigen Stimmung"* / „LARRY LIPTON" WOODY ALLEN: *„Nein, nein, ich bin nur etwas betrunken"* / MARCIA FOX: *„Vom Perrier?"* / LARRY LIPTON: *„Nein, aber ich hatte drei Rumkuchen"* (aus: *Manhattan Murder Mystery*; ein Dialog am Restaurant-Tisch zwischen der „Autorin" Anjelica Huston und ihrem „Lektor" Woody Allen; die beiden pokern miteinander, während „Larry's Frau Carol" Diane Keaton gerade „irgendwo in New York" unterwegs ist und unbedingt ein *„Murder Mystery"* rund um ihren Nachbarn lösen will) – auch wenn es um den Meister der Suspense ging hat Woody Allen stets „humorvolle Worte" gefunden, und so hat er zum Beispiel einmal das wunderbare *„Hollywood ending"* von Hitchcock's genialem „Gift-Epos mit integrierter Love-Story" *Berüchtigt* (1946) auf „die Realität heruntergebrochen": *„In Hitchcock's Film `Berüchtigt` geht es um eine verstörende Mutter-Sohn-Beziehung. Claude Rains und seine Mutter halten Ingrid Bergman in ihrem Haus fest und vergiften sie langsam. Sie kappen ihre Telefonleitung, um zu verhindern, dass sie Cary Grant anruft. Am Ende dringt er ins Haus ein und rettet sie. Doch so was passiert nur in Filmen. In der Realität habe ich dasselbe versucht, aber der Pförtner hat mich nicht durchgelassen"* (Copyright: *Woody Allen*); nun, bei seiner „*Notorious*-Summary" hat Allen gewisse Aspekte des Films mit einer bestimmten privaten Situation in Verbindung gebracht, die ihm mit seiner Ex-Frau Mia Farrow widerfahren ist, und ursprünglich hätte er auch vorgehabt, die weibliche Hauptrolle seiner witzigen „intellektuellen New-York-Komödie `with some thriller-elements`" mit Farrow zu besetzen, wozu es dann aus den bekannten Gründen natürlich nicht kam; letztendlich führte *Manhattan Murder Mystery* von 1993, der Allen's seit seiner frühesten Kindheit vorhandenen Begeisterung für „Mordgeschichten, in denen sich die Hauptfiguren die Pointen um die Ohren hauen" entgegenkam, zu einer „*reunion*" von Allen und Diane Keaton, die sozusagen darin jenen Part übernahm, der auch in den „*old murder mysteries*", die der Filmemacher da im Hinterkopf hatte, so zentral war, nämlich jenen der viel mutigeren Hauptdarstellerin, die den „ängstlichen, aber lustigen Komiker" ständig in Schwierigkeiten bringt; „*Ich versteh' nicht, warum du nicht interessierter daran bist. Möglicherweise wohnen wir hier neben einem Mörder*" / „*Na ja, New York ist eben ein Schmelztiegel. [...] Gewöhn' dich doch daran*" (Dialog zw. Keaton & Allen bezüglich Allen's mangelnder Motivation, einem möglichen Mordfall nachzuspüren) – zur Story dieser Komödie mit einigen *Das-Fenster-zum-Hof*-Anleihen: Das Ehepaar Larry & Carol Lipton lebt „friedlich-gesittet" in Manhattan und besucht abwechselnd Kultur- und Sport-Events (Dialog während eines Eishockeymatchs: Allen zu einer sichtlich genervten Keaton: „*Du hast versprochen, dass du das ganze Eishockey-Spiel durchhältst, ohne dich zu langweilen. Und ich halte dafür die Wagner-Oper durch nächste Woche, ich hab' auch schon Ohrenstöpsel"* / Keaton: *„Ja, aber bei deinen Augen überrascht es mich, dass du hier den Puck siehst"*); eines Tages jedoch lernen sie im Fahrstuhl ihres Apartment-Gebäudes das ihnen benachbarte ältere Ehepaar Paul & Lillian House (Jerry Adler & Lynn Cohen) kennen, aber wenige Tage später ist Mrs. House tot und soll an einem Herzinfarkt verstorben sein; Carol glaubt jedoch nicht so recht an diese Version und verdächtigt den Kinobesitzer Paul, ein Mörder zu sein und seine Frau ins Jenseits befördert zu haben; fortan ermittelt Carol entweder auf eigene Faust (Allen zu Keaton, während die beiden in einem Park um einen Springbrunnen herummarschieren: *„Was soll das heißen, du bist in seine Wohnung geschlichen? Spinnst du völlig?* [...] *Das ist ein Verbrechen, das darfst du nicht! Das ist Einbruch. Einbruch, Diebstahl ist das. Was ist in letzter Zeit in dich gefahren? Das darf doch nicht wahr sein. Spar dir noch ein paar Verrücktheiten für die Wechseljahre auf.* [...] *Du endest noch als Zimmergenossin von Al Capone Jr."*) oder in Kooperation mit dem Autor & Theaterbesitzer Ted (Alan Alda), der weit „abenteuerlustiger" scheint als der skeptisch-ängstliche Larry (Allen, mit Bezug auf die „Besessenheit", die *„his wife"* plötzlich entwickelt hat, den Nachbarn zu überführen: *„Ich glaube, du musst...du...du musst wieder zu deinem Analytiker gehen, du musst wieder zu Dr. Ballard gehen"* / Keaton: *„Larry, ich bin da zwei Jahre lang hingegangen"* / Allen: *„Ja, ja...ich weiß, so wie General Motors defekte Autos zurücknimmt. Du brauchst eine große Inspektion.* [...]"); Carol und Ted verbringen zunehmend mehr Zeit miteinander, um den Mord zu beweisen und um die junge Geliebte des Kinobesitzers, Helen Moss (Melanie Norris), zu observieren, mit welcher dieser offenbar einen Trip nach Paris plant, während Larry Zeit mit der Autorin Marcia Fox verbringt, deren Lektor er ist (Dialog zwischen Allen & Anjelica Huston im Verlag: Allen: *„Also, Ihre Überarbeitung ist sehr gut. Ich glaube wirklich, sie hat Ihrem Buch geholfen. Es ist noch etwas zu dicht und...“* / Huston: *„Aber ich möchte nicht, dass es zu transparent wird, ich meine...“* / Allen: *„Da...darüber machen Sie sich `mal gar keine Gedanken. Dagegen ist `Finnegans Wake` reine Reiselektüre. Ja, aber es ist zu lang“* / Huston: *„Sie sind der einzige Lektor auf der Welt, von dem ich Vorschläge annehme, aber Sie sollten es nicht übertreiben. [...]“*); am Rande einer Weinverkostung mit Ted erblickt Carol aber *„one day“* per Zufall die totgeglaubte Mrs. House in einem Bus (Allen zu Keaton: *„Die Tote fuhr im Bus an dir vorbei? Ach, welcher Bus war das, der Bus gegen Himmel? [...] Ich halte es für eine sehr vernünftige Annahme, dass, wenn jemand tot ist, er nicht plötzlich im New Yorker Verkehrsnetz auftaucht“*) und der Fall nimmt eine plötzliche Wendung...; neben wirklich zahlreichen *„funny dialogues“* zwischen dem Duo Keaton & Allen (Keaton, während sie die Zeitung „Daily News“ in Händen hält: *„Nicht zu fassen, dieser Kerl in Indiana. Hat zwölf Menschen getötet, sie zerstückelt und gegessen“* / Allen: *„Wirklich? Na, das ist auch eine Lebensalternative“*) ist vor allem auch die *„Elevator“*-

Szene gelungen, in der „Larry & Carol" plötzlich in einem Ho-
telfahrstuhl stecken bleiben und dann auch noch mit einer Leiche konfrontiert werden, was dazu führt, dass Allen sein Image
als „weltberühmter Neurotiker" parodiert (Keaton: *„Beruhige
dich"* / Allen: *„Sag mir nicht, ich soll mich beruhigen, ich bin
weltberühmt für meine Klaustrophobie.* [...] *Mein Leben zieht
schon an mir vorüber. Das Schlimmste daran ist, dass ich nur
einen Gebrauchtwagen fahre")* und die „Doppelbelastung" klarmacht, in die er da geraten ist (Allen: *„Oh Gott, Klaustrophobie
und eine Leiche. Das ist für den Neurotiker der Hauptgewinn")*;
Allen hält *Manhattan Murder Mystery*, dessen Vorspann mit
dem großartigen, von Cole Porter geschriebenen und von Bobby
Short interpretierten Song *„I Happen to Like New York" („I happen to like New York / I happen to love this town"* usw.) unterlegt
ist, für einen seiner besten Filme („[...] `Murder Mystery` *ist einer der besten Filme, die ich je gedreht habe, gute Story, gute
Gags, unprätentiös, und er erfüllte mir den Herzenswunsch, in
einem der Filme mitzuspielen, mit denen ich groß geworden bin.*
[...] *Keine existenziellen Themen, keine tragischen Höhepunkte
oder tiefsinnigen Botschaften. Es war einfach fluffige Unterhaltung"* – W. Allen), aber auf jeden Fall gehört er zu seinen unter-
haltsamsten und „leichtesten" jenseits der ganz frühen „slap-
stickartigen" Arbeiten des Regisseurs à la „*Take the Money and
Run*" (OT) von 1969 oder *Bananas* von 1971 oder *Der Schläfer*
(mit Diane Keaton) aus 1973].

Nach „Beaky's" „Beinahe-Exitus im Garten" folgt ein *Zeit-sprung* und Lina kommt wieder aus dem Buchladen, „with some books in her hands". Diesmal trifft sie dort auf „Johnny's old friend" Mrs. Newsham, die in einem „Auto mit geöffnetem Verdeck" vorfährt... „Guten Tag, Mrs. Aysgarth. Guten Tag, Mrs. Newsham".

Lina wird von der Newsham, die einen Hut trägt, sofort auf die zahlreichen Bücher angesprochen, die sie da gekauft hat [MRS. NEWSHAM: *„Oh, was für eine Menge Bücher. Lesen Sie die alle, meine Liebe, ja?"*], welche aber... *„Nein, ich selbst nicht, die sind für Johnny"* [LINA] ...allesamt „Murder Mystery"-Lesestoff für „Johnny" sind.

Newsham, die im „car" sitzen bleibt, meint, dass Lina's „husband" sich anscheinend gut an das „Country Life" gewöhnt habe und dann ja wohl... *„My only weakness is a list of crime / My only weakness is, well, never mind, never mind, oh"* [Copyright: *The Smiths*] ...„alle früheren Unarten", sämtliche „vices", abgelegt habe.

„Vices? What vices, Mrs. Newsham?" – Lina möchte, nach dieser „Andeutung" der... *„Well any man of mine better disagree / When I say another woman's lookin' better than me"* [Copyright: *Shania Twain*] ...offen missgünstig & „jealous" agierenden Newsham, wissen, welche „Laster" sie da meine, und „Johnny's old friend" erwähnt Aysgarth's Wettleidenschaft. „Mrs. Aysgarth" entgegnet daraufhin, dass „Johnny" ja schließlich „durch seine Arbeit keinerlei Zeit dafür habe".

„Who Put the M in Merchester?"... „Mrs. Newsham" holt daraufhin, quasi „aus ihrem `car` heraus", zum nächsten „Schlag" aus und eröffnet Lina, dass sie „Johnny" „on Tuesday" bei einem Merchester-Pferderennen getroffen habe [MRS. NEWSHAM: *Tatsächlich? Demnach hat er Dienstag wohl einen freien Tag gehabt, wie? Ich habe ihn nämlich beim Merchester-Rennen getroffen*"]. Lina pariert „den Schlag", indem sie... „*Ja, wirklich. Oh, wie interessant*" [LINA] ...so tut, als wäre diese „Information" völlig uninteressant. Dann verlässt sie umgehend die „area around the book store" und sobald sie die Newsham hinter sich gelassen hat, werden ihre Gesichtszüge von „concerns" bezüglich „Johnny" eingenommen... „*When you're broke, go and get a loan / Take out another mortgage on your home / Consolidate so you can afford / To go and spend some more when you get bored*" [Copyright: *Shania Twain*].

Wenig später betritt sie das „Melbeck Estates Office", den Arbeitsplatz ihres „husband", aber die „secretary" informiert Lina darüber, dass „Mr. Aysgarth" nicht da ist. Schließlich wird sie zu „Johnny's cousin and employer" Captain Welbeck [gespielt von Hitchcock-Veteran *Leo. G. Carroll*] vorgelassen und... „I wanted to talk about him. I'm terribly worried" ...erhält von diesem neuerliche „shocking news", da Melbeck betont, dass er ihn für das, was er getan hat, „nicht gerichtlich belangen werde" [Nachsatz von CAPTAIN MELBECK: „*Vorausgesetzt, dass er...*"].

„What on earth do you talking about?" – Welbeck wundert sich darüber, dass „Johnny's wife" offenbar nicht eingeweiht ist, und fragt nach, ob Aysgarth denn keinen Grund angegeben habe, weswegen er ihn...*entlassen* hat, und das schon „six weeks ago" [Reaktion von LINA: *„Captain Welbeck, ich hab' heute sehr wenig Sinn für Humor. Verschonen Sie mich also mit solchen Spielen"*].

Letztendlich offenbart ihr Welbeck, dass beim Überprüfen der Bücher „ein Fehlbetrag von 2000 Pfund" festgestellt worden ist, und dies sei, um präziser zu werden, „bei einer Durchsicht von Johnny's Inkasso-Belegen" aufgefallen... *„Shoplifters of the world / Unite and take over"* [Copyright: *The Smiths*].

Lina, die getroffen von diesen „very bad news" scheint, vergewissert sich noch kurz, ob Welbeck... *„Maladjusted maladjusted / Never to be trusted"* [Copyright: *Morrissey*] ...ihren Ehemann dafür wirklich nicht „zur Anzeige bringen" wird, und Welbeck bestätigt ihr, dass das zumindest „vorläufig" der Fall sei, vorausgesetzt natürlich, dass das Geld ersetzt werde.

„Lina says `goodbye` to Captain Welbeck and leaves his office" [*Anmerkung*: Exkurs: „`Young and Innocent`: Ein eher unbekannterer Hitchcock-Film": „ROBERT TISDALL" DERRICK DE MARNEY: *„Wenn das nicht meine Krankenschwester ist..."* / „ERICA BURGOYNE" NOVA PILBEAM: *„Was machen Sie denn hier? Sie müssen verrückt sein. Wissen Sie nicht, wer ich bin?"* / ROBERT TISDALL: *„Doch, die hübsche Tochter des Polizeichefs, und mein rettender Engel"* / ERICA BURGOYNE:

„*Ich finde das nicht so komisch wie Sie. Haben Sie völlig ver-*
gessen, dass die halbe Grafschaft nach Ihnen sucht? Ich übri-
gens auch. [...]" (aus: *Jung und unschuldig*; der „Drehbuchautor
unter Mordverdacht und auf der Flucht" Derrick de Marney erweist sich als zunächst „uneingeladener Mitfahrer" im Auto der
„Tochter des Polizeichefs" Nova Pilbeam; als seine „Krankenschwester" bezeichnet er sie deshalb, weil sie ihm bei einem
Ohnmachtsanfall auf dem Polizeirevier während eines Verhörs
zur Hilfe geeilt ist) – Hitchcock hat sich bei seinen sogenannten
„Verfolgungsthrillern", zu denen sein US-Film *Verdacht* ja bekanntlich *nicht* gehört, stets an die, wenn man so will, „goldene
Kinoregel" „*Journeys end in lovers meeting*" gehalten, und anders war das auch nicht in der eher zu „Hitch's" unbekannteren
Werken zählenden Kriminalkomödie „*Young and Innocent*"
(OT) aus dem Jahr 1937, die, ganz im Gegensatz etwa zu Hitch-
cock's sehr erfolgreichem „*An innocent man on the run*"-Epos
Die 39 Stufen, in den Vereinigten Staaten tatsächlich „*not gene-*
rally known" war und selbst in Hitchcock's Heimat England
sozusagen „*not much esteemed*"; nun, *Jung und unschuldig* besitzt „*lightness & warmth*" und mit der damals 18-jährigen Nova
Pilbeam, die 1934 in der britischen Version von „*The Man Who*
Knew Too Much" (OT) noch die entführte Tochter des Ehepaars
Lawrence verkörpert hatte, und mit Derrick de Marney präsentiert einem der „Master of Suspense" darin ein sehr einnehmen-
des, charmantes Duo, das quasi den „glücklosen Helden" und
die „mutige (Hitchcock-)Blondine" verkörpert und dessen

„journey"/Abenteuer dann folgerichtig auch in einem „lovers meeting" endet; „Mein Vater ist hier der Polizeichef. Wissen Sie, was es heißt, wenn seine Tochter **Ihnen** hilft?" („Erica" Nova Pilbeam zu „Robert" Derrick de Marney) – zu den Ausgangspunkten der Story: Zu Beginn steht ein Streit zwischen einem „famous film star" namens Christine Clay (Pamela Carme) und ihrem Ex-Mann Guy (George Curzon), der immer heftiger wird („Guy" zu „Christine Clay": „Du hast mich vor acht Jahren für deine Filmkarriere verlassen, nachdem ich dich aus der Komparserie herausgeholt, aus der Gosse gezogen hab', und jetzt ziehst du mit einem albernen, halbwüchsigen Burschen durch die Gegend"); kurz darauf wird die Leiche des Filmstars an einem Strand angespült, wo sie zuerst von dem „struggling screenwriter" Robert Tisdall, der die Tote kannte und mit Clay „a couple of years ago" bei Filmprojekten zusammengearbeitet hat, entdeckt wird; als zwei junge Frauen dort am Strand auftauchen, flüchtet Tisdall aber ungeschickterweise vom Strand und gilt schon bald als Hauptverdächtiger für den Mord (Auswahl aus den Schlagzeilen diverser Zeitungen im Film: „Film Star Strangled" / „Christine Clay found dead on beach" / „Bathing Girls Allege Young Man Ran from the Scene"); als Mordwaffe gilt der Gürtel eines Regenmantels und ausgerechnet ein solcher „rain coat" ist dem Hauptverdächtigen Tisdall kurz zuvor in einer Fernfahrerkneipe namens „Tom's Hat" gestohlen worden; hinzu kommt noch, dass der Drehbuchautor im Testament der Toten mit 1200 Pfund bedacht wurde; da es ganz offensichtlich nicht „*good*" für ihn aussieht, was ihm auch sein Anwalt klarmacht („Rechtsanwalt Mr. Briggs" J. H. Roberts zu Derrick de Marney: „*Auch die 1200 Pfund, die Ihnen das arme Geschöpf hinterlassen hat, wird man kaum wegdiskutieren können. Aufgrund Ihrer wirtschaftlichen Verhältnisse sieht mir das eher nach einem Motiv aus. Aber deshalb müssen Sie nicht verzweifeln. Oder wie der Lateiner zu sagen pflegt: `Nil desperando`*"), entschließt sich Tisdall, zu flüchten; nachdem es ihm gelungen ist, aus dem Polizeirevier zu entkommen, schleicht er sich in den Wagen von Erica, der „*daughter of the chief constable*" (Percy Marmont), welcher er schon zuvor „aufgefallen" war (Dialog, als Derrick de Marney auf dem Revier das Bewusstsein verloren hat, von einem Stuhl gefallen ist und die zufällig anwesende Nova Pilbeam ihm zur Hilfe geeilt ist: Polizist, bezogen auf Derrick de Marney: „*Lassen Sie sich nicht vom Aussehen täuschen, junge Dame*" / Pilbeam: „*Das tu ich nie. Außerdem ist er gar nicht mein Typ*") und die mit ihrem Hund „Towser" unterwegs ist; bald schon wird Erica zur einzigen Verbündeten des flüchtigen Mordverdächtigen (aus einem der Dialoge zw. „Erica" & „Robert": Pilbeam: „*Wie können Sie noch Witze machen in Ihrer Lage? Wissen Sie, was Ihnen blüht, wenn Sie erwischt werden?*" / de Marney: „*Überhaupt nichts mehr. Es sei denn, am Galgen blühen Blumen*" / Pilbeam: „*Ich kann das nicht komisch finden*" / de Marney: „*Ich auch nicht, aber ich kann immer noch lachen, weil ich unschuldig bin. Glauben Sie mir? Wär' schön, wenn's* *so wär"*); verfolgt von den Polizeieinheiten, die ja unter dem Befehl von Erica's Vater stehen, versucht das Duo, das sich zunehmend näher kommt (Dialog während einer der *zahlreichen* „Abschiedsversuche" von Pilbeam & Derrick de Marney, die den Film, auf *ironische* Weise, durchziehen: de Marney: *„Also, auf Wiedersehen und vielen, vielen Dank"* / Pilbeam: *„Ich kann doch jetzt nicht einfach `viel Glück` sagen und gehen"*), zurück zu „Tom's Hat" zu gelangen, wo Tisdall's Regenmantel verschwunden ist und das Problem offenbar seinen Ausgang genommen hat...; *„Ich weiß genau, wie Ihnen zumute ist. Sie sehen kein Ende und können nicht glauben, dass es wahr ist. Und die Nacht verstärkt solche Gefühle noch. Also, ich liebe die Nacht, sie ist viel lebendiger als der Tag"*, sagt „Robert" Derrick de Marney in einer schönen Szene, die an einem Bahnhof spielt, wo „Erica" Nova Pilbeam, die im Übrigen, so wie Grace Kelly in *Über den Dächern von Nizza*, eine begeisterte Autofahrerin ist, ihren Wagen geparkt hat, wobei die *„young and innocent"* „Erica", im Gegensatz zu „Pamela" in *Die 39 Stufen*, von Anfang an ungleich „bereiter" ist, mit dem *„young and innocent"* „Robert" das Abenteuer zu bestreiten, *„Erica willingly goes along for the ride"* sozusagen; *Jung und unschuldig* bietet ein Netzwerk signifikanter Hitchcock-Motive, die der Filmemacher in seinen späteren Werken ausgebaut hat, und so haben zahlreiche *„protagonists"*, um nur eines dieser Motive herauszustreichen, in dem Film irgendwie mit *„illusions"* zu tun, die einen an das Aufeinanderprallen der *„World of Appearances"* mit der

„*Welt der Realität*" erinnern, denn die ermordete Frau war ein Filmstar, der fälschlicherweise verdächtigte Mann ist ein Drehbuchautor, der Mörder erweist sich letztendlich als Musiker, der einen nervösen Tick („*nervous, twitching eyes*") hat und in einer Jazz-Band spielt, die sich die Gesichter dunkel anmalt, wohl um als „Farbige" rüberzukommen, und Hitchcock selbst hat einen Cameo-Auftritt als eine Art „Pressefotograf, der sich außerhalb des Polizeireviers positioniert hat" und hält eine kleine Kamera in Händen; Apropos „*camera*": Ein berühmter „*crane shot*", der ein echtes „Virtuosen-Stück in punkto Kameraarbeit" darstellt, ist jene Aufnahme innerhalb des Finales im großen Ballsaal des Grand Hotels, bei der die Kamera sich von einem „*high-angle overview*" des „*ballroom*" ganz ohne Schnitt bis hin zu einer Großaufnahme des „nervösen, zuckendes Auges" des Drummers bewegt, der somit als der „*murderer of the famous film star*" überführt ist; sogar eine Art „Vorschau" auf Hitchcock's späteren US-Klassiker *Die Vögel* (1963) gibt es in *Jung und unschuldig*, denn als die zwei jungen Frauen, die beiden potenziellen „*Lazy Sunbathers*", zu Beginn den „*dead body*" von „Christine Clay" finden, schreien sie laut auf und Hitchcock schneidet daraufhin ziemlich hart auf eine Gruppe von fliegenden sowie laut kreischenden Seemöwen].

Als Lina „back at home" ist, hat sie keinerlei „Blick" für das Hausmädchen Ethel oder für den Sealyham-Terrier, die sie gleichsam beim Eingangsbereich „empfangen", denn sie geht sofort in ihren „big room", wo sie beginnt, einen Koffer zu packen.

Dann... „*I was happy in the haze of a drunken hour / But heaven knows I'm miserable now*" [Copyright: *The Smiths*] ...setzt sie sich an einen Tisch und beginnt einen „Letter to Johnny" zu verfassen, einen „Abschiedsbrief" [Inhalt des BRIEFES: „*Johnny, ich verlasse Dich. Ich verlasse Dich für immer. Ich hoffe, dass du für Dich ebenso glatte Erklärungen bereit hast wie sonst für andere. Lina*"].

Wenige Augenblicke nach Beendigung des Briefes erhebt sich Lina und...*zerreißt* den Brief wieder. Und das ist der Moment, in dem... „*You do all that you do / Because it's all you can do*" [Copyright: *Morrissey*] ...„Johnny" plötzlich „im Raum steht", sozusagen hinter ihr auftaucht.

Er fragt sie, ob sie „es" schon wisse [JOHNNY: „*Du weißt es also schon?*"], und Lina... „Yes, I've heard" ...ist sich sicher, dass er „das Gleiche" meint wie sie, doch dann erwähnt er ein Telegramm und sagt, dass es ihm „furchtbar leid" täte [JOHNNY: „*Es tut mir leid, Schatz. Es tut mir furchtbar leid.* [...]"].

Das Telegramm hat „shocking news of a different kind" für „Mrs. John Aysgarth mit Wohnsitz in Wickstead, Sussex" parat, denn darin wird ihr von einem gewissen „Wilson" der *Tod* ihres Vaters mitgeteilt [Auszug aus dem TELEGRAMM: „*Teile tief erschüttert mit, Ihr Vater heute Früh infolge Herzanfall verstorben. Ihre Mutter erbittet sofortiges Kommen. Wilson*"].

„Lina starts to cry" und lehnt sich an „Johnny's" Schulter. Er tröstet sie... *„Yesterday, there was so many things / I was never told / Now that I'm startin' to learn / I feel I'm growin' old"* [Copyright: *Guns N' Roses*].

Nach einem *Zeitsprung* ist der Tag der Testamentsverlesung gekommen und nachdem diverse Begünstigte vorgelesen wurden und klar ist, dass General McLaidlaw das Haus samt Inventar sowie „den Rest des Kapitals" seiner Frau Martha vererbt hat und Lina weiterhin ihren „jährlichen Zuschuss von 500 Pfund" erhält, liest der „executor" eine Passage vor, die vor allem „Johnny" „ungläubig dreinblicken" lässt [EXECUTOR: „`Außerdem...außerdem hinterlasse ich meiner Tochter Lina und ihrem Ehemann John Aysgarth das von dem berühmten Maler Sir Joshua Nettlewood stammende Porträt von mir`"].

„Excuse me, I need a drink"...als er realisiert hat, dass er soeben ein „riesiges Porträt seines Schwiegervaters" geerbt hat, verlässt „Johnny" den „room full of people" und betritt die Bibliothek. Dort schenkt er sich einen Drink ein, stellt sich vor das... *„Yesterday's got nothin' for me / Old pictures that I'll always see"* [Copyright: *Guns N' Roses*] ...besagte Nettlewood-Porträt von General McLaidlaw und prostet dem General zu [JOHNNY: *„1:0 für dich, alter Knabe"*; // Anmerkung: Exkurs: „Ein Fernsehjuwel aus dem Jahr 1966": ALFRED HITCHCOCK: *„Always, immer, wir must nicht the cliche haben. [...] Was ist...ich hab' vier Filmen gesehen. Und in jedem Film, James-Bond-Film, ae-*

roplane schießen einen Mann. [...] *So, jetzt, die Schüssen auf einen Mann from an aeroplane ist einen Klischee"* (aus: *Rezepte aus der Gruselküche – Alfred Hitchcock zu Gast beim Frankfurter Stammtisch*; Hitchcock erklärt den vier übrigen Männern am „TV-Stammtisch", und das überwiegend tatsächlich auf *Deutsch*(!), warum er stets versucht hat, Klischees in seinen Filmen zu vermeiden, was aber letztendlich auch dazu geführt hat, dass seine „Alternativlösungen", wie die berühmte „*crop duster plane*"-Szene mit Cary Grant in *Der unsichtbare Dritte*, die einen „Mordversuch jenseits der damals üblichen Film-Klischees" darstellen hätte sollen, im Laufe der Zeit zu „filmischem Allgemeingut" und somit selbst zu Klischees geworden sind, derer sich seinerzeit, in den 60s, eben auch die erst vier Filme umfassende James-Bond-Serie bedient hat) – nun, in gewisser Weise „aberwitzig" ist Hitchcock's Auftritt vom 13.10.1966 in dem TV-Format „Frankfurter Stammtisch", wo Hitchcock sich nach etwa zehn Minuten zu der Runde um Gastgeber Botho Jung gesellte, die außerdem noch aus dem Autor Curt Riess, dem Journalisten Richard Kirn und dem „Leiter des Ausstattungswesens der städtischen Bühnen Frankfurt" Hein Heckroth bestand, wobei Heckroth nicht nur Oscarpreisträger in der Kategorie „Bestes Szenenbild" für den legendären britischen Ballettfilm *Die roten Schuhe* (1948; Regie: Michael Powell & Emeric Pressburger) war, sondern auch für die Ausstattung in Hitchcock's Thriller und „50. Film" *Der zerrissene Vorhang* / OT: „*Torn Curtain*" (1966) verantwortlich; nachdem in diesem denkwürdigen

Schwarzweiß-TV-Special eine gewisse „Erwartungshaltung" bezüglich des berühmten Gastes aufgebaut wurde (Botho Jung, in die Runde: *„Ein ganz berühmter Herr kommt und...ich will's nicht vorwegnehmen, denn nachher kommt er vielleicht wirklich nicht, aber er hat mir's versprochen, dass er kommt"*), taucht „Hitch" also, wie immer im Anzug und mit Krawatte, auf; dann werden zunächst mal die Wünsche des *„Man from Hollywood"* bezüglich eines Drinks abgefragt (Jung, zur Runde und dann nach der Kellnerin „Gretel" rufend, die während der insgesamt rund 50 Minuten immer wieder auftaucht, um die „Bestellungen" aufzunehmen: *„Ich möchte Sie nicht unterbrechen. Bevor wir unserem Ehrengast nicht etwas zu trinken angeboten haben. Und...ja, wo bleibst du denn jetzt, Gretel? Ausgerechnet jetzt, wo der berühmte Gast aus Hollywood da ist, jetzt ist sie nicht hier"*), woraufhin man vom „Meister der Suspense", der im Rahmen eines Deutschland-Aufenthalts im Jahr 1924 bei der Ufa in Babelsberg Deutsch gelernt hat (Richard Kirn zu Hitchcock: *„Ich habe gehört, das erste Deutsch, was Sie gesprochen haben, sei gewesen: `Wo ist mein Hut?`"*), erfährt, dass er keinen Scotch trinken möchte, da Scotch etwas für „Trinker" sei (Hitchcock: *„Scotch is für die Trinken-Leute"*); in der Folge kommt man zunächst auf Hitchcock's *Psycho* zu sprechen und auf die Tatsache, dass der Film seinerzeit mit der „TV-Crew" von *„Alfred Hitchcock Presents"* gedreht worden ist (Hitchcock: *„The Film war gemacht mit eine Unit-Kameramann und the architect dieselbe wie Television"*), um sich dann dem Faktum zu widmen, dass Hitchcock, im Gegensatz eben zu dem anwesenden Hein Heckroth, nie einen Oscar gewonnen hat (Hitchcock: *„I have...ich habe nominiert vier oder fünf Mal. Always the bride's maid, never the bride.* [...] *Lubitsch hat keinen Oscar, Chaplin keinen Oscar, die Garbo keinen Oscar"*); schließlich macht Hitchcock selbst *Das Fenster zum Hof* zum Thema, der ganz, wie er ausführt, seiner Vorstellung von „Pure Cinema" entsprach (Hitchcock: *„Aber für mich dieser Film ist `True Cinema`, `Echt Cinema`, weil er*[James Stewart] *kuckt, er sieht und he response.* [...] *Das kann nicht in den Bühnen machen, ist nicht dasselbe mit einem Roman in einem Buch, es ist nur mit Film.* [...] *Das ist die echte Technik von dem Cinema. Das ist...heißt: Telling a story, visually.* [...] *Nur durch Bilder"*); natürlich muss Hitchcock, da, wo sein *„German"* nicht reicht, einzelne Dinge gänzlich auf Englisch ausführen, so zum Beispiel dann, wenn er seine Kritik bezüglich des „modernen Films" äußert, der aus seiner Sicht nur mehr wie „Fotografien von sprechenden Leuten" gestaltet ist und deshalb lediglich wie eine bloße Fortführung des Theaters wirkt (Hitchcock: *„So many films today, so viel Filme heute gemacht what I call...ich sage: Die Photo von Leute wer sprach...wer spricht. In other words: Many films, make it a little clearer, are what I call photographs of people talking.* [...] *And they are not cinema. They are only extension of theatre.* [...] *What is...was es nicht gebraucht im Film heute ist die Bild...jeder Bild ist wie die Wort für einen Schreiber. Das ist die Sprach von dem Camera. The Language.* [...]*"*); auch das gemeinsame

Buchprojekt mit François Truffaut kommt zur Sprache, denn „*Mr. Hitchcock, wie haben Sie das gemacht?*" stand damals kurz vor der Erstveröffentlichung (Hitchcock: „*Ein Buch by Truffaut. Truffaut. Das heißt `Conversations with Hitchcock`. `Konversation mit Hitchcock`*"), wobei er, auf die englische Nachfrage von Hein Heckroth hin, welchen Ratschlag er den Regisseuren der Nouvelle Vague mit auf den Weg geben würde (Heckroth: „*What would you say to the new producers of the New Wave?*"), auf Englisch geantwortet hat, dass er sozusagen das „Beherrschen der Technik" als Voraussetzung für die seriöse Ausübung jeglicher „Filmkunst" betrachtet (Hitchcock: „*I would say the same to them as I would say to a young man who wants to become a modern sea captain: **Learn to sail first**"*); wie auch immer: „*Rezepte aus der Gruselküche*" ist ein äußerst amüsantes TV-Dokument für Hitchcock-Fans, in dem, um diesen thematischen Aspekt nicht zu vergessen, auch Hitchcock's erster Tonfilm *Erpressung* / OT: „*Blackmail*" aus dem Jahr 1929 zur Sprache kommt sowie die Tatsache, dass die deutschsprachige Hauptdarstellerin Anny Ondra später den „*famous German boxer*" Max Schmeling geheiratet hat – „*Ich hab` eine Brief geschrieben. `Liebe Anny, was ist los? Warum haben Sie eine Boxer für Ihren Mann?`*" (Copyright: *Alfred Hitchcock* beim „*Frankfurter Stammtisch*")].

Später... „*You're a fine piece of real estate, and I'm gonna get me some land (some land)*" [Copyright: *Shania Twain*]

...fahren Johnny und eine nachdenkliche Lina eine Küstenstraße entlang, „and Johnny is the driver".

Nachdem „Johnny" seine Frau „by her name" angesprochen und er ihre... „Yes, dear?"...volle Aufmerksamkeit hat, fragt er sie nach möglichen „regrets" bezüglich ihrer „marriage" [JOHNNY: *„Hat es dir schon mal leidgetan, mich geheiratet zu haben?"*].

Seine „Angetraute" möchte daraufhin erfahren, wie er „denn darauf komme", und „Mr. Aysgarth" meint, dass wohl die Tatsache, dass *er* ihr „husband" sei, ihren verstorbenen Vater dazu bewogen habe, ihnen lediglich ein Porträt zu vererben [JOHNNY: *„Es liegt ziemlich klar auf der Hand, dass dein Vater etwas mehr als das Porträt hinterlassen hätte, wenn du jemand anders als deinen Johnny geheiratet hättest"*].

„What about you?" – Lina stellt ihm die „Gegenfrage" und will wissen, ob er es je „bedauert" habe, sie geheiratet zu haben, woraufhin „Johnny"... „Monkey Face, marrying you is the one thing I never changed my mind about it" ...ihr versichert, dass dies das Einzige sei, was er niemals bereut hätte [*Anmerkung*: Cary Grant spricht Joan Fontaine im Film *tatsächlich* immer wieder mit dem Spitznamen „*Monkey Face*" an, was in der deutschen Synchro zu dem „*nickname*" „Mutzi-Putzi" wird].

Dies führt zunächst zu einer weiteren Lina-Nachfrage [LINA: *„Sagst du das wirklich im Ernst, Johnny?"*] und in der Folge zu einer weiteren „Johnny"-Beteuerung samt „Andenken eines Todesszenarios" [JOHNNY: *„Ja, ist mein voller Ernst, und* *ich hoffe, wir beide werden immer zusammenbleiben. Solltest du zuerst sterben, dann...*"], bevor Lina, nachdem Aysgarth auch noch kurz das „umgekehrte" Szenario angedacht hat, nämlich, dass *er* zuerst stirbt, ihm... *„Stop me, oh, stop me / Stop me if you think that you've heard this one before"* [Copyright: *The Smiths*] ...so etwas wie „unlimited love" verspricht [LINA: *„Ich würde niemals aufhören, dich zu lieben. Ich könnte es nicht"*].

Nach der „I couldn't stop loving you if I try"-Aussage seiner Frau möchte „Johnny" schließlich herausfinden, ob sie denn das schon mal versucht habe, und Lina gesteht ihm, dass das „einmal" schon der Fall gewesen sei [LINA: *„Als ich erfahren habe, dass du nicht mehr bei Captain Melbeck bist"*].

„Johnny's face" wird auf der Stelle ernster und er möchte den Zeitpunkt erfahren, an dem sie davon in Kenntnis gesetzt wurde, und als sie ihm von dem „meeting with Captain Melbeck last Friday" berichtet hat, gibt ihr „Johnny" eine Begründung für den „trouble with Melbeck" [JOHNNY: *„Wir haben uns nicht so richtig verstanden"*].

Dann... „Should we stop and look at the sea?" ...hält „Johnny", anscheinend einer „sudden idea" folgend, den Wagen an, und zwar an einem Platz, in dessen Nähe „some sheep" grasen und die Sicht auf die Küste tatsächlich „marvelous" ist. Lina möchte wissen, wieso er sich nicht mit Melbeck verstanden hat, und „Johnny" bezeichnet diesen dann als „ulkigen Kauz, der für seine Ideen nichts übriggehabt hätte".

„A way to make money is to think in a big way"...in der Folge erklärt „Johnny" Lina, dass er schon immer der Meinung gewesen sei, dass man sich „nicht um Kleinkram kümmern könne, wenn man etwas erreichen wolle", bevor er... *„Can you hear it ring / It makes you wanna sing / It's such a beautiful thing - Ka-ching! / Lots of diamond rings / The happiness it brings / You'll live like a king / With lots of money and things"* [Copyright: *Shania Twain*] ...einen Wunsch äußert, der offenbar mit einer „Geschäftsidee" zusammenhängt [JOHNNY: *„Ich wünschte, ich hätte 10.000 Pfund oder besser noch 20.000. Ich würde aus der Gegend was machen"*].

Lina scheint der „business idea" gegenüber „durchaus aufgeschlossen" zu sein [LINA: *„Dir fehlen also nur die 20.000 Pfund?"*], was „Johnny" dazu bringt, den „Wunsch-Betrag"... „Or 30.000. An extra 10.000 wouldn't hurt a bit" ...noch zu steigern [JOHNNY: *„30.000 wären besser. 10.000 mehr können auf keinen Fall schaden"*; // *Anmerkung*: Exkurs: „Cary Grant & Ingrid Bergman in einer `exhilarated Romantic Comedy`": „PHILIP ADAMS" CARY GRANT: *„Miss Kalman ist mir keine Fremde. ...Ich habe Sie oft auf der Bühne gesehen. Ich bin ein großer Bewunderer von Ihnen"* / „ANNA KALMAN" INGRID BERGMAN: *„Wirklich? Sehr freundlich"* / PHILIP ADAMS: *„Ich bin sogar einen Tag länger in Liverpool geblieben, weil Sie dort ein Gastspiel geben sollten, und dann wurde die Vorstellung abgeblasen"* / ANNA KALMAN: *„Es tut mir leid"* / PHILIP ADAMS: *„An dem Tag machte ich allerdings ein unerwartetes Geschäft"*

/ ANNA KALMAN: „*Das freut mich*" / PHILIP ADAMS: „*Ich hätte jedoch den Gewinn gern gegen die Vorstellung einge-tauscht*" / ANNA KALMAN: „*Möchten Sie, dass ich die Vorstel-lung jetzt gebe? Ich übernehme sämtliche Rollen. Wie viel haben Sie verdient?*" (aus: *Indiskret*; der „US-Diplomat Philip" Cary Grant und die „berühmte Theaterschauspielerin Anna" Ingrid Bergman treffen in der Londoner Wohnung des Bühnenstars das erste Mal aufeinander, was Regisseur Stanley Donen wie eine klassische „*love at first sight*"-Szene inszeniert hat; anwesend sind dabei außerdem noch „die Schwester & der Schwager von Anna Kalman" Phyllis Calvert & Cecil Parker, an die Grant eben den Satz „*Miss Kalman ist...*" richtet) – lässt man jetzt mal sein „*great masterpiece*" aus 1958, nämlich *Vertigo – Aus dem Reich der Toten,* beiseite, hat Alfred Hitchcock 1946 mit *Berüchtigt* wohl seine komplexeste und „einnehmendste" Romanze in die Kinos gebracht, in welcher Cary Grant und Ingrid Bergman ein Liebespaar spielten, wobei „*Notorious*" (OT), um genau zu sein, eine „`romance about trust with a lot of adult confusions`" im Gewand eines Spionage-Thrillers" war, in dem letzten Endes, wenn man so will, „*the desire for true love*" über das „Pflichtge-fühl" siegte; nun, auch Regisseur Stanley Donen, mit dem Grant bereits 1957 bei der Komödie „*Kiss Them for Me*" (OT; Co-Star-ring: Jayne Mansfield) zusammengearbeitet hatte, war der Mei-nung, dass Grant und Bergman „*magical*" in *Berüchtigt* waren und er wollte diese „*chemistry*" sozusagen für seine Liebeskomödie *Indiskret* / OT: „*Indiscreet*" (1958) wieder aufleben lassen; *Indiskret* gehörte, wie ich bereits in „*Hitchcock Vol. 2 – More Movies To Be Murdered By*" erwähnt habe, zu Cary Grant's „*favorites*", was seine eigenen Filme anlangte, und der „*actor*" sah das Werk als „Versuch, einen Kontrast gegen eine damals gerade kursierende `*new wave of violence in films*` zu setzen"; „*Damn!!!*" (Original-Aufschrei von Ingrid Bergman, als sie erfährt, dass Cary Grant in Wahrheit gar nicht verheiratet ist) – zu den Ausgangspunkten der Story: Der berühmten Bühnenschauspielerin Anna Kalman mangelt es nicht an Verehrern (Dialog zwischen Ingrid Bergman und „ihrer Schwester Margaret Munson" Phyllis Calvert: „Margaret": „*Du hast genügend Verehrer. Du bist schön, begabt und berühmt. Du bist eine große Schauspielerin, die von allen beneidet wird, die dich kennen*" / „Anna": „*Dann kennt mich eben keiner*"), aber als sie in London auf den amerikanischen Diplomaten, der einen hohen Posten bei der NATO in Paris übernehmen soll, Philip Adams trifft, ist sie sofort angetan und die beiden gehen miteinander aus (Dialog zwischen Bergman und Grant in einem Restaurant bezüglich des beruflichen Werdegangs des nunmehrigen „*diplomat*": Bergman: „*Haben Sie sich immer für die Hochfinanz interessiert?*" / Grant: „*Nein, als junger Mann hatte ich zu Zahlen überhaupt keine Beziehung. Mit meinem Taschengeld war ich meistens schon Dienstag am Ende, ein schlechtes Zeichen für einen werdenden Bankier. Meine erste Liebe galt der Musik. Ich wollte unbedingt Violinist werden*"); bald schon erklärt ihr Adams aber, dass er ein „*married man*" sei, was sie, nach kurzer „Irritation", nicht zu stören scheint (Bergman zu Grant im Original: *It's perfectly alright*"), und fortan reist Adams regelmäßig von Paris nach London, um Kalman zu treffen...; Stanley Donen lässt Grant & Bergman zahlreiche „Stationen einer Liebe" durchexerzieren, und so zeigt er das Paar zunächst beim „Small Talk" in Restaurants und in Fahrstühlen (Grant: „[...] *Ich habe kürzlich gelesen, das Wetter soll sich auf der ganzen Welt geändert haben*" / Bergman: „*So, wirklich? Das ist interessant*" / Grant: „*Ja, find' ich auch*") sowie bei nächtlichen Spaziergängen durch London oder bei ausgedehnten abendlichen „Telefon-Konferenzen" (Ausschnitt aus einem Telefongespräch, bei dem Grant eben in Paris, Bergman in London ist: Bergman: „*Hallo?*" / Grant: „*Hallo?*" / Bergman: „*Zehn Sekunden zu spät. Gestern Abend waren es sieben, vorgestern fünf. Ich merke schon, woher der Wind weht. Du wirst kühler*" / Grant: „*Kaum. Wie war dein Tag?*") und beim Schenken von „*very expensive gifts*" (Dialog zwischen Grant und Bergman, nachdem er ihr ein „*boat*" gekauft hat: Bergman: „*Mir wäre lieber, du hättest überhaupt kein Geld. ...Ob ich das gesagt hätte, wenn du nicht gerade eine Yacht gekauft hättest?*" / Grant: „*Sagen wir im Zweifelsfalle ja*"); als „die Bombe" dann platzt, nämlich, als Ingrid Bergman schließlich erfährt, dass Cary Grant in Wahrheit ein vehementer „Ehe-Gegner" ist und nur behauptet, verheiratet zu sein, um keinerlei „falsche Hoffnungen" zu wecken, geht das Ganze bei der Bergman dann in Zorn über (Bergman zu ihrer Schwester und ihrem

Schwager, der durch einen „indiskreten" Blick in eine Akte den wahren Beziehungsstatus von Grant herausgefunden hat: *„Wie kann er es wagen, mich zu lieben, ohne, dass er verheiratet ist?!!"*), welcher in der Folge verbunden wird mit dem Plan, Grant mit einem Ex-Liebhaber namens „David Wilson" eifersüchtig zu machen, was sich aber zunächst ebenfalls als „schwieriger als gedacht" erweist (Bergman zu ihrer Haushälterin „Doris" Megs Jenkins, nachdem sie am Telefon kurz zuvor von „David's" Verhinderung für den *„Making Cary Grant jealous"*-Abend erfahren hat: *„Mr. Wilson ist am Nachmittag mit einer akuten Blinddarmentzündung vom Tennisplatz getragen worden. [...] Ein paar Minuten später lag er auf dem Operationstisch, die Operation ist gut verlaufen. [...] Wozu zum Donnerwetter musste er Tennis spielen?!"*); ein Highlight von *Indiskret*, und das sah auch Cary Grant so, der diese Szene überhaupt zu *„one of his favorite scenes"* zählte, ist die Tanz-Szene, bei der der Schauspieler, im Rahmen eines schottischen Tanzes, welcher bei einem Empfang aufs Parkett gelegt wird, eine Art „Solo-Part" hinlegt, und das tut er äußerst akrobatisch & wahrhaft „leichtfüßig" (Kommentar von Grant, „as he dances": *„Wie ein echter Schotte!"*), während die Bergman, Cecil Parker & Phyllis Calvert zuschauen; obwohl es gewiss *„great"* ist, das *„grandiose couple"* aus Hitchcock's *Berüchtigt* nochmals gemeinsam vor der Kamera zu sehen, so leidet *Indiskret* in gewisser Weise in manchen Passagen an einem „Tempo-Problem" und an der Tatsache, dass Stanley Donen das Duo Cary Grant &

Ingrid Bergman, was die Regie betrifft, „zu sehr sich selbst überlassen hat", soll heißen: die beiden wirken „*in certain scenes*" etwas „führungslos" und das Lächeln der Bergman rettet so manchen Moment vor der „Bedeutungslosigkeit" und dem „Leerlauf"; darüber hinaus ist der Score an einigen Stellen eine echte „Zumutung" für die Ohren, genauso wie, was natürlich nicht die Schuld der „*filmmakers*" ist, die wirklich *unpassende* deutsche Synchronstimme, mit der Grant da ausgestattet wurde und die, wie das auch der Fall war, wenn z. B. jemand wie Bud Spencer *nicht* von Wolfgang Hess oder Arnold Marquis synchronisiert wurde, „ein völlig fremdartiges Gefühl" erzeugt, wobei man sich Cary-Grant-Movies ja ohnehin stets *im Original* ansehen sollte; Grant, der Donen übrigens für *Indiskret* zugesagt hatte, ohne das Drehbuch zu kennen, behielt die Dreharbeiten zu dem Werk stets in ausnehmend guter Erinnerung und bezeichnete den Film, aufgrund der „*small cast*", auch als „*one of the most economical to make*"].

„A next round of suspicion is triggered"...nach einem *Zeitsprung* halten sich „Johnny" sowie „Beaky" Thwaite im Aysgarth-Haus bei einem Tisch auf, vor ihnen liegt ein Foto von dem Küstenstreifen, bei dem „Johnny" „some time ago" den Wagen mit Lina als Beifahrerin angehalten hat.

Die beiden... „*Bigmouth, la-da-da-da-da / Bigmouth, la-da-da-da-da / Bigmouth strikes again*" [Copyright: *The Smiths*] ...besprechen offenbar ihre „idea to develop land for a seaside resort" und sehen sich einen Lageplan an, auf dem „Beaky" sofort den idealen Platz für das geplante „Grand Hotel" ausmacht [BEAKY THWAITE: *„Wunderbar, dann würden wir das Groß-Hotel da hinsetzen"*] und „Johnny" „Raum für die Bungalows" sieht [JOHNNY: *„Ja, genau, hier unten kommen die Bungalows hin"*].

Dann betritt Lina den Raum... „Hello, what goes on here anyway?" ...und fragt, „was die beiden da eigentlich treiben", woraufhin ihr „Johnny" mitteilt, dass er und Thwaite eine „Immobiliengesellschaft" gegründet hätten und beabsichtigen würden, „einen der prächtigsten Küstenstriche Englands" zu erwerben, um das Land dann „parzellenweise mit hohem Gewinn" zu verkaufen.

„Ja, aber wichtig ist doch vor allem die Finanzierung" [LINA]... als sich Lina „Gedanken um die Finanzierung der `Real Estate Company`" macht und wissen möchte... „You found somebody who put up the money?" ...wer das Geld dafür bereitgestellt hat, kommt zutage, dass „Beaky" der Geldgeber ist [Kommentar von JOHNNY: *„Die Idee ist von mir und Beaky gibt das Geld"*] und das Gründungskapital durch die Beleihung von Wertpapieren, die in „Paris, France" gebunkert waren, aufbringen konnte.

Lina ist... *„And now I know how Joan of Arc felt / Now I know how Joan of Arc felt / As the flames rose to her Roman nose / And her Walkman started to melt"* [Copyright: *The Smiths*] ...zumindest skeptisch, was den „business plan" und das

„partnership money" angeht, aber „Johnny"... „Look darling, let me show you how simple it is" ...möchte ihr alles erklären, wobei Lina vor allem erfahren will, ob Thwaite überhaupt „weiß, was er da tut" [Antwort von BEAKY THWAITE: „*Na, selbstverständlich. ...Ich denke doch*"].

In diesen „Does Beaky understand it?"-Moment hinein platzt Ethel, das Dienstmädchen, und holt „Mr. Aysgarth" zum Telefon, wo ihn Captain Melbeck erwartet. „Johnny" lässt Lina und „Beaky" dann allein in dem Raum zurück, da er den besagten „phone call" in der Bibliothek entgegennimmt.

Als „her husband" weg ist, verlangt Lina vom „partner" ihres Mannes, ihr „the whole thing" zu erklären, woraufhin Thwaite von einem „ganz fantastischen Gefühl, Geschäftsmann und Generaldirektor zu sein" spricht.

„Meanwhile" versichert „Johnny" Captain Melbeck am Telefon, während der Sealyham-Terrier im Hintergrund auf einem Bibliotheksstuhl weilt, dass er „eine Sache am Laufen habe, die ganz bestimmt funktionieren werde" und er „in ein paar Wochen sein Geld zurückerhalte".

„Beaky" müht sich währenddessen ab, Lina zu erklären, dass sie planen, „das Land zu erwerben und einen Teil davon zu verkaufen" [BEAKY THWAITE: „*Wir verdienen daran 100 Prozent im Handumdrehen und von dem Gewinn bauen wir ein modernes Hotel*"].

„Oh yes, but from whom do you buy the land? How much do you pay for it? To whom do you sell it?" – Lina hat „1000

Fragen" zu dem Immobilien-Projekt und mahnt Thwaite damit aufzuhören, so ein „Kindskopf" zu sein und „an Märchen zu glauben".

Schließlich wirft sie ihm vor, „überhaupt nicht an Johnny zu denken", ein Vorwurf, der „Beaky" regelrecht empört [BEAKY THWAITE: *„Jetzt schlägts 13! Das ist ein bisschen stark! Er ist Präsident unserer Dingsbums-Firma"*] und dazu bringt, Lina vor Augen zu führen, dass „Johnny" bald „ein großes Gehalt" bekommt und bald selbst „Schecks ausschreibt".

„Yes, that's what I mean" – Lina stellt klar, dass genau das... *„We've created us a credit card mess / We spend the money that we don't possess / Our religion is to go and blow it all / So it's shoppin' every Sunday at the mall"* [Copyright: *Shania Twain*] ...„das Problem" sein könnte, aber dann...geht plötzlich die Tür auf und „Johnny" steht wieder im Raum und hat wohl alles mitgehört.

Thwaite deutet gegenüber Aysgarth, der nun etwas „angry" wirkt, an, dass „his wife" ihn offenbar nicht zwingend für „geistig ganz gesund" hält [BEAKY THWAITE: *„Das ist ja toll, Bursche. Lina sagt, bei dir stimmt's im Köpfchen nicht so ganz.* [...]"], und „Johnny" bestätigt, dass die Aussagen seiner Frau diesen Schluss irgendwie nahelegen [JOHNNY: *„So hat es sich angehört, absolut"*; // *Anmerkung: „Final Analysis*: Eine vielleicht nicht so gelungene `Hitchcock-Imitation` aus den 1990s" oder „Some say I'm crazy, others say that's just me": „DR. ISAAC BARR" RICHARD GERE: *„Tell me anything. Just don't*

say it was for the money. Not something as cold as that" /
„HEATHER EVANS" KIM BASINGER: „*Isaac, this is crazy*" /
DR. ISAAC BARR: „*This is crazy. It's also very clever.*
You are a very clever woman" (aus: *Eiskalte Leidenschaft*; Original-Dialog: der „Psychiater" Richard Gere will von der „`Femme Fatale`, in die er sich verliebt hat und die seine Patientin war" Kim Basinger im Rahmen eines Gesprächs in einer Art „*Mental Hospital*" hören, dass nicht Geld das Motiv war, ihren „*husband*" zu ermorden, sondern, wie er ursprünglich angenommen hat, jahrelange „*emotional and psychological torture*") – für Alfred Hitchcock war es ja bekanntlich wichtig, in seinen Filmen möglichst Klischees zu vermeiden, aber was diesen Punkt anbelangt, ist Regisseur Phil Joanou, welcher 1988 auch U2's den gleichnamigen Longplayer begleitende „*mixture*" aus Musik-Doku & Konzertfilm *Rattle and Hum* inszenierte, bei seinem Thriller „*Final Analysis*" (OT) aus dem Jahr 1992 wohl gescheitert, denn das Werk, das eindeutig mit „*Hitchcock-elements*" spielt, strotzt im Grunde nur so vor Thriller-Klischees, und dennoch, die Besetzung mit Richard Gere, Kim Basinger, Uma Thurman & Eric Roberts ist ein „Coup" und macht einiges an „*nonsense*" wieder wett, wobei man sagen muss, dass Richard Gere, der zuvor mit *Pretty Woman* (1990) seinen wohl größten Erfolg gefeiert und mit Mike Figgis' Cop-Thriller *Internal Affairs – Trau' ihm, er ist ein Cop* (1990) einen seiner allerbesten Filme vorgelegt sowie mit *Rhapsodie im August* (1991) einen interessanten Abstecher nach Japan in die Welt von Akira Kurosawa gemacht hatte,

im Laufe des Joanou-Werks immer „besser & glaubwürdiger" wird, Basinger und Thurman jedoch, aufgrund des durchwachsenen Drehbuchs, zunehmend „unglaubwürdiger" agieren müssen; *„I'd stop seeing the girl"* / *„I don't know if I can. She's not the kind of girl you stop seeing"* (Original-Dialog zw. dem „Anwalt" Paul Guilfoyle und Richard Gere in einer Bar, bei dem Guilfoyle Gere rät, Kim Basinger lieber „sausen" zu lassen) – zur Story von *Eiskalte Leidenschaft*: Der Psychiater Isaac Barr behandelt in seiner Praxis in San Francisco eine attraktive junge Frau namens Diana Baylor (Uma Thurman) wegen Zwangsstörungen (Thurman zu dem „Sigmund-Freud-affinen" Gere, während einer Therapiesitzung: *„Wieso muss alles immer einen sexuellen Bezug haben, Doktor?"*), wobei immer wieder auch ein Traum, in dessen Zentrum Blumen, genauer: Lilien & Nelken, stehen, zur Sprache kommt (Gere zu Thurman: *„Erzählen Sie mir mehr von den Blumen"*); Diana besteht darauf, dass Barr auch mit ihrer älteren Schwester Heather redet (Thurman zu Gere: *„Sie sollten wirklich mit ihr reden. Sie bereuen's nicht. Sie ist ausgesprochen interessant"*), weil diese, wie sie behauptet, ihn über gewisse „Familiengeheimnisse" besser aufklären könne; als es dann zu einem Gespräch zwischen dem Psychiater und Heather kommt (Ausschnitt aus einem Dialog zw. Basinger und Gere in der Praxis: Basinger: *„Was wollen Sie eigentlich für Diana erreichen?"* / Gere: *„Tja, das, was alle Seelenklempner in der Regel wollen. Um es frei nach Freud zu sagen: Ich versuche einfach aus ihrem neurotischen Schmerz allgemeines Unglück* *zu machen, damit sie so wie wir alle sein kann*" / Basinger: "*Sie ist nicht so wie wir alle*"), behauptet diese, ihr Vater, der in einem Feuer umgekommen ist, hätte ihre Schwester einst vergewaltigt; Barr ist sofort fasziniert von Heather und erfährt bei einer Art "Date", dass sie verheiratet ist (Basinger: "*Isaac, ich bin verheiratet*" / Gere: "*Na klar, damit hätt' ich rechnen müssen*"), und zwar mit dem kriminellen Bauunternehmer Jimmy Evans (Eric Roberts), der Sozialsiedlungen errichtet, wobei Jimmy Heather "*at home*" regelmäßig gleichsam "emotionaler und psychologischer Folter" unterzieht (Roberts zu Basinger, nachdem diese gerade nach Hause gekommen ist und er sich vor ihr demonstrativ ein Haar ausgerissen hat: "*Ich sag' dir, ich hatte auch nicht **ein** graues Haar, kein einziges bis...ich dich geheiratet hab', Süße*"); Dr. Barr und Heather Evans beginnen eine Affäre, was Barr einige "*warnings*" seines Umfelds einbringt (aus einem Dialog zw. Gere und seinem "Kollegen" "Dr. Alan Lowenthal" Robert Harper: Harper: "*Das ist ein billiges Klischee. Der Psychiater mit einer Schwäche für eine unglückliche Frau*" / Gere: "*Unglücklich hab' ich nicht gesagt*" / Harper: "*Das war auch ganz überflüssig. `Sie erwählt den, der sie erwählen muss`, heißt es*"); eines Abends erschlägt Heather ihren Mann schließlich mit einer Hantel und bei dem darauffolgenden Prozess glauben die Geschworenen ihr, dass sie sich an die Tat nicht erinnern kann, und zwar aufgrund einer sogenannten "pathologischen Intoxikation", einer Art "extremen Überempfindlichkeit" gegenüber Alkohol, die dazu führt, dass kleinste Mengen zu einem „psychotischen Schub" führen (die „skeptische Gutachterin Dr. Grusin" Rita Zohar bezüglich der *„pathological intoxication"* vor Gericht: *„Die Thematisierung einer derartigen Störung ist ...ist nur ein Versuch, die Geschworenen durch pseudowissenschaftlichen Jargon zu irritieren, sonst nichts. Sie sollen glauben, dass Alkohol auf die Gehirne einiger Menschen eine geradezu magische, unheilvolle Wirkung ausübt"*); als sich Heather nach dem Freispruch wegen *„temporary insanity"* einer eingehenden Therapie in einer geschlossenen Einrichtung unterziehen muss, wird Barr nach und nach nicht nur klar, dass es Heather letztendlich um die Lebensversicherungssumme ihres Mannes gegangen ist, sondern auch, dass sie ihm den Mord an „Jimmy" in die Schuhe schieben will...; bereits im Vorspann, bei dem Joanou den Zuschauer nacheinander mit *„flowers"*, *„wine"*, der Golden Gate Bridge sowie *„water"* konfrontiert, fühlt man sich, in allererster Linie, an Hitchcock's Klassiker *Vertigo – Aus dem Reich der Toten* erinnert, wobei San Francisco bekanntlich die Lieblings-US-Stadt des Suspense-Meisters war; hinzu kommt, da eben auch ein *„deadly fire"* im Film thematisiert wird, das „Element des Feuers" und Joanou lässt die Leinwand hin und wieder brennen wie ein weiterer Regie-Meister, der bei *Eiskalte Leidenschaft* anscheinend ebenfalls, zumindest in visueller Hinsicht, Pate gestanden hat, nämlich David Lynch – *„Fire Walk With Me"* sozusagen; die Kamera-Arbeit von Jordan Cronenweth (z. B.: 1982: *Blade Runner* von Ridley Scott / 1984: *Stop Making*

415

Sense, der legendäre *Talking-Heads*-Konzertfilm von Jonathan Demme) gibt sich in einigen Passagen des Werks ebenfalls überaus „*Hitchcock-like*" und präsentiert überraschende Perspektiven und „betont schräge Winkel", vor allem auch immer dann, wenn der Leuchtturm, der eindeutig eine Hommage an den schicksalhaften Glockenturm aus „*Vertigo*" ist, eine Rolle spielt; „*Final Analysis*" bietet, dem Filmtitel alle Ehre machend, eine ganze Reihe an „klischeehaftem psychoanalytischem Talk" (Gere: „*Es wär' schon möglich, dass das Zuspätkommen ein Ritual ist, das Sie vollziehen, um einem potenziellen Liebhaber auszuweichen oder ihn zu verärgern*" / Thurman: „*Also bin ich passiv aggressiv?*") und der „Freudianer" Richard Gere wird auch dementsprechend von seinen „Patientinnen" Uma Thurman & Kim Basinger mit einem exemplarischen Traum aus Freud's Traumdeutungsbuch gezielt in die Irre geführt; „*Heather, du bist ein Wrack. Aber du bist auch meine Frau. Und falls du mich je wieder in so eine Verlegenheit bringst wie heute, verdammt, dann leg ich dich um*" (Eric Roberts zu Kim Basinger in einem Wagen, nachdem sie ihm in einem Restaurant und anscheinend im Zustand der „pathologischen Intoxikation" eine Szene gemacht hat) – Kim Basinger, die in *Eiskalte Leidenschaft*, wie übrigens auch in der äußerst amüsanten Blake-Edwards-Komödie *Blind Date – Verabredung mit einer Unbekannten* (1987; Co-Starring: Bruce Willis), offenbar keinerlei Alkohol verträgt, und Eric Roberts legen einige wahrhaft bizarr und reichlich „*overacted*" anmutenden „Szenen einer Ehe" hin, bei denen man den Eindruck hat, dass hier konsequent „weiter-gedacht" wurde, wie wohl eine „*marriage*" zwischen dem „to-xischen Duo" Rourke & Basinger aus Adrian Lyne's *9½ Wo-chen* (1986) ausgesehen hätte; eindeutig „*good*" an „*Final Ana-lysis*" jedoch ist der absolut „Hitchcock-Film-würdige" Score von George Fenton (z. B.: 1998: *e-m@il für Dich* / 2005: *Hitch – Der Date Doktor*) sowie, was auch dem US-Star-Kritiker Ro-ger Ebert seinerzeit aufgefallen ist, die tolle Liebesszene zwi-schen Kim Basinger & Richard Gere].

„Darling, Beaky's staying with us for a few days"...nachdem „Beaky" [BEAKY THWAITE: „*Hören Sie, Mädchen, das ist von Ihnen als seine Frau aber nicht nett*"] Lina für ihren „Mangel an Vertrauen" in „Johnny" ein wenig gerügt hat, stellt „Johnny" klar, dass Thwaite, wie gewohnt, ein paar Tage ihr Gast sein wird.

Als „Beaky" den Raum verlassen hat, um sich für das ge-plante Essen umzuziehen, wirkt „Johnny" plötzlich äußerst ver-ärgert und er bringt, während er und Lina schließlich den Weg aus dem „room" hinaus zur großen Treppe beschreiten, seinen Unmut darüber zum Ausdruck, dass sie sich in sein „business" eingemischt hat [JOHNNY: „*Eins sag' ich dir, aus meinen Ange-legenheiten hältst du dich heraus!*"].

„I was only..." – Lina versucht ihm in der Folge zu erklären, dass sie erreichen wollte, dass „Beaky" sich nicht vollkommen auf ihn verlässt und ebenfalls Verantwortung übernimmt für den Fall, dass „etwas schiefgehen sollte" [Nachsatz von LINA: „[...]

Es ist ja nicht so, dass ihr beide sehr erfahrene Geschäftsleute seid"].

Diese Aussagen... „What the devil do you know about business?" ...scheinen „Johnny" aber noch mehr zu „provozieren", wobei sie ihrem „husband" zustimmen muss, als dieser meint, dass sie... „Oh, very little" ...nur wenig von Geschäften verstehe. Allerdings gibt sie ihm zu bedenken, dass diese Immobilien-Sache nicht „any good" sein könnte.

„That's my business, not yours!" – als das Paar dann gemeinsam die große Treppe hinaufgeht, bekräftigt „Johnny" nochmals, dass „die Sache gut ist, wenn er der Meinung ist, dass sie gut ist" und dass er keinerlei Einmischung ihrerseits wünscht [Nachsatz von JOHNNY: *„Ist das klar?"*].

„Yes, that's clear"... Lina wirkt, „at the top of the stairs" angekommen, etwas „intimidatet" und meint, dass „Johnny's Botschaft zweifellos angekommen sei" [LINA: *„Ja, ganz klar"*].

Am nächsten Tag schneidet Lina im Garten die Hecke, als... *„Girl afraid / Where do his intentions lay? / Or does he even have any?"* [Copyright: *The Smiths*] ...„Johnny" unerwartet vor ihr auftaucht [JOHNNY: *„Guten Morgen, Mutzi-Putzi"*].

„Oh, you've frightened me. I didn't see you coming" – nachdem sie ihren „Schreck" über sein plötzliches Auftauchen zum Ausdruck gebracht hat, teilt er ihr eine Entscheidung mit, nämlich jene, dass er die Grundstücksfirma wieder aufgibt [JOHNNY: *„Du, ich muss dir was sagen, ich gebe die Grundstücksfirma wieder auf"*].

Lina... „What happened?" ...will natürlich wissen, warum er die Firma „fallenlässt", was dazu führt, dass er ihr zunächst eine Reihe an Gründen nennt (viel von „Beaky's" Geld stünde auf dem Spiel etc.), als Hauptgrund aber... „Perhaps it's a stiff job and I'm too lazy" ... die „erwartbar hohe Arbeitsbelastung" angibt, auf die er, wie er meint, „keinerlei Lust habe"... „Some say I'm lazy, and others say that's just me".

Daraufhin fragt Lina ihn, ob er „still angry about last night" sei, was „Johnny" verneint, woraufhin Lina von einer „schlaflosen Nacht" ihrerseits spricht, die mit einer gewissen „Angst" verbunden gewesen sei [LINA: „*Wirklich. Ich habe die ganze Nacht deshalb nicht schlafen können. Du...du hast noch niemals so scharf mit mir gesprochen und ich hatte Angst...*"].

„Johnny" möchte umgehend wissen, von welcher „fear" sie da in der Nacht geplagt worden sei, und sie teilt ihm mit, dass sie... „I was afraid you'd stopped loving me" ...Angst davor gehabt habe, dass er sie nicht mehr liebe.

Das führt zu einer... „No, Monkey Face, I'm not angry and I love you very much" ...diesbezüglichen „Entwarnung" von Johnny, der danach den Gartenbereich wieder verlässt. Auf Lina's Gesicht jedoch bleiben deutliche „Spuren von Zweifel" bezüglich „Johnny's all-clear in terms of love" zurück [*Anmerkung*: Exkurs: „Apropos `I was afraid you'd stopped loving me`: François Truffaut's *Liebe auf der Flucht*": VOICEOVER von „ANTOINE DOINEL" JEAN-PIERRE LÉAUD, eine Passage aus seinem Roman wiedergebend, die gerade von „COLETTE

TAZZI" MARIE-FRANCE PISIER in einem Zugabteil gelesen wird: „`Woran merkt man, dass man verliebt ist? Das ist sehr einfach. Man ist verliebt, wenn man anfängt, **gegen** seine eigenen Interessen zu handeln`" / COLETTE TAZZI, zu sich selbst und dabei gleichsam zustimmend lächelnd: „Schon möglich" (aus: Liebe auf der Flucht; „Antoine Doinel's `first love` Colette" Marie-France Pisier liest gerade jenes Kapitel aus dem Roman „Les salades de l'amour", in dem „Antoine" Jean-Pierre Léaud die seinerzeit etwas einseitige „Liebesgeschichte" mit ihr „aufgearbeitet" hat) – nach seinem „Totenkult-Drama" Das grüne Zimmer / OT: „La chambre verte" (1978), das ein „begrenztes Zielpublikum" hatte, wollte Hitchcock-Freund & Hitchcock-Gesprächspartner Truffaut unbedingt wieder eine Komödie drehen; „La vie d'Antoine Doinel" – was den Stoff betraf, fiel die Entscheidung des Franzosen darauf, sozusagen „den letzten Part der Abenteuer von Antoine Doinel" zu drehen; in „L'amour en fuite" (OT), der 1979 in die Kinos kam, wird die Entwicklung des wiederum von Jean-Pierre Léaud dargestellten „Antoine Doinel" in einer „puzzleartigen" Geschichte rekonstruiert, die aus zahlreichen Rückblenden besteht, in denen Szenen oder Episoden aus Doinel's Leben (also aus Sie küssten und sie schlugen ihn, Antoine und Colette, Geraubte Küsse, Tisch und Bett) wieder aufgegriffen werden, welche aber gleichsam in eine Geschichte integriert sind, in deren Verlauf Doinel mit seiner Vergangenheit und mit all den Frauen, denen er begegnet ist und mit denen er „*in love*" war, konfrontiert wird; „*Hast du unseren ersten Abend im Kino vergessen?* *An einem bestimmten Punkt haben dich die brutalen Szenen dazu gebracht, an meiner Schulter Zuflucht zu suchen*" (aus einem Brief, den „Antoine" Jean-Pierre Léaud an sein „*girlfriend*" „Sabine Barnerias" Dorothée schreibt, um sich mit ihr zu versöhnen) – zu den Ausgangspunkten der Story: Antoine Doinel lässt sich von seiner Ehefrau Christine (wie immer großartig: Claude Jade) scheiden („Christine" zu einigen „Vertretern des Rundfunks", die vor dem Gerichtsgebäude aufgetaucht sind, weil sie und „Antoine" offenbar das erste Ehepaar Frankreichs sind, das sich „einvernehmlich" scheiden gelassen hat: „*Napoleon hat trotzdem das Revolutionsgesetz dazu benutzt, Josephine loszuwerden. So war es doch, Antoine?*") und hat eine neue Freundin, nämlich die junge Plattenverkäuferin Sabine (aus einem Dialog zwischen Léaud & Dorothée ganz zu Beginn des Films, als „Sabine" „Antoine" als Geschenk einen Stapel Bücher überreicht: Dorothée: „*Die Tagebücher von Léautaud**" / Léaud: „*Im Ernst. Du hast sie so einfach bekommen, alle neunzehn? Für mich? Da siehst du, wie viele Schwierigkeiten er mit Frauen gehabt hat, der alte Léautaud*"; *Paul Léautaud (frz. Schriftsteller & Theaterkritiker; 1872 - 1956); vor dem Gerichtsgebäude wird Antoine auch von seiner Jugendliebe, der nunmehrigen Anwältin Colette, beobachtet („Colette" zu einem Kollegen, als Antoine nach dem Scheidungstermin fluchtartig das Gerichtsgelände verlässt:

„Aha, Doinel läuft weg. Der scheint sich überhaupt nicht geändert zu haben"), die sich daraufhin seinen Roman *„Der Liebessalat"* kauft; der Zufall will es, dass Antoine dann am Abend desselben Tages seinen Sohn Alphonse auf die Bitte seiner Ex-Frau hin zum Bahnhof bringt (Dialog am Bahnhof zwischen Vater und Sohn, als der Sohn schon im Zug ist: Léaud: *„Übe auch fleißig Geige, Alphonse. Mit viel Üben und Talent wirst du ein berühmter Musiker"* / „Alphonse" Julien Dubois: *„Und wenn ich schlecht bin?"* / Léaud: *„Wenn du schlecht bist und `ne Menge Fehler machst wirst du später Musikkritiker, Alphonse"*), zum Gare de Lyon, wo Colette aus beruflichen Gründen gerade in einen Zug nach Aix-en-Provence eingestiegen ist; als er Colette sieht und ihr Zug abfährt, springt Antoine, zunächst ohne ihr Wissen, spontan auf den Zug auf; in ihrem Schlafwagen liest Colette dann Antoine's Roman, und zwar speziell jenen Teil, in dem es eben um *„Antoine et Colette"* geht; dann erhält sie eine Einladung von einem „Fremden" in den Speisewagen, und der Fremde entpuppt sich als Antoine, woraufhin die beiden in Erinnerungen schwelgen und sowohl den Roman (Léaud: *„Und bedenken Sie bitte auch, dass das ein Roman ist, zwar ein wenig autobiografisch, aber **letzten Endes** doch ein Roman"*) besprechen als auch „neue Projekte" (Marie-France Pisier: *„[...] Ich halt Sie wirklich für einen guten Schriftsteller, Antoine, aber ich hab` den Eindruck, dass Sie es zum echten Romancier bringen könnten, wenn es Ihnen gelingen würde, eine Geschichte von A*

bis Z zu erfinden, wenn Sie dazu nur Ihre Fantasie benutzen würden" / Léaud: „*Diese Geschichte gibt es schon. Ich hab' auch bereits einen Titel, es wird ein richtiger Roman. Ich werde ihn `Das Manuskript, das ein Gör fand` nennen*"); letztendlich kommt es aber zu einem Streit zwischen Antoine und Colette, der damit endet, dass sie ihm klarmacht, dass er eben nie verstanden habe, dass sie ihn seinerzeit nur gern gehabt hätte und nicht geliebt; zurück in Paris will sich Doinel mit Sabine, die ebenfalls beleidigt auf ihn ist (Dorothée zu Jean-Pierre Léaud, als sie ihm seine Briefe vor die Füße wirft: „*Da, das sind deine Briefe! Du kannst sie wiederhaben! Ich möchte diesen Haufen Lügen nicht hierbehalten!*"), weil er sie versetzt hat, indem er auf den Zug gesprungen ist, versöhnen, was zunächst schwerer als gedacht ist...; „*Du bist ein alter Dummkopf! Alt, alt, alt!*" / „*Es stimmt, dass ich alt bin, aber die Alten sind weise*" („unernster" Dialog zw. „Sabine" & „Antoine" in der Wohnung von „Sabine") – nun, Truffaut ist vielleicht der einzige Regisseur der Filmgeschichte, der eine Figur an verschiedenen Punkten ihres Lebens vom gleichen Akteur spielen ließ, denn zunächst hat er seinen Antihelden „Antoine Doinel" Jean-Pierre Léaud 1959 in *Sie küssten und sie schlugen ihn* als 13-Jährigen porträtiert, dann in dem Kurzfilm *Antoine und Colette* von 1962 „Antoine's" erste Liebe in Szene gesetzt und ihn schließlich in *Geraubte Küsse* (1968) und *Tisch und Bett* (1970) als erwachsenen Mann gezeigt, der mit „Christine" verheiratet ist und einen Sohn namens „Alphonse" hat, was ihn aber, wie man in „*L'amour en*

fuite" erfährt, auch nicht davon abhält, letztendlich zu „flüchten"
(François Truffaut zum Thema *„Antoine n'est pas un héros"*:
*„Doinel fühlt sich nur in extremen Situationen wohl. Er ist keine
außergewöhnliche Figur, er ist das Gegenteil eines Helden.
Aber im Gegensatz zu Durchschnittstypen begibt er sich nie in
durchschnittliche Situationen. Er ist entweder so tief enttäuscht
und verzweifelt bis zu dem Punkt, dass man um ihn fürchten
muss, oder er ist ganz und gar begeistert. Das ist das Lustige bei
ihm. Es ist das, was ihn wenig vorhersehbar macht"*); der fünfte
und letzte Teil des Zyklus hat gewiss retrospektiven Charakter
und gerät zur *„Auto-analyse"*, zur Selbstanalyse der Familienge-
schichte, der Ängste, Eigenheiten und Lügen von „Antoine Doinel" und hat etwas von einem Drahtseilakt zwischen Lebens-
kraft, Trauer & Melancholie an sich; *Liebe auf der Flucht* war
bekanntlich die letzte Zusammenarbeit zwischen Truffaut und
Jean-Pierre Léaud (ein Filmographie-Highlight des Schauspielers jenseits der „Truffauts": 1990: *Vertrag mit einem Killer / „I
Hired a Contract Killer"* [OT] von Aki Kaurismäki) und natürlich schwebt über dem gesamten Werk eine gewisse „Ab-
schiedsstimmung", die einem durch das *„fin heureuse"*, das
„Happy End", gewiss erleichtert wird (*„Das Ende des Films war
anstrengend. Eine Tür schließt sich, obwohl ich wollte, dass der
Film ein Happy End hat. Ja, das musste sein. In der letzten Szene
waren Léaud und ich sehr durcheinander. Ich wollte ein Ende
wie ein Revue-Finale, bei dem jeder noch einmal auf die Bühne
kommt. Es ist das Ende der Vorstellung. Jetzt fühle ich mich zum*

ersten Mal frei. Ich habe keine Projekte am Laufen" – F.
Truffaut); ein echtes Highlight ist übrigens der regelrecht *inno-
vative* Vorspann von *Liebe auf der Flucht*, denn dieser besteht
aus einer Art „morgendlichen `love-scene`" zwischen „Antoine
und Sabine", und Truffaut hat das so gelöst, dass sich, während
die Titel laufen, die beiden „völlig angezogen bleibend und ohne
jegliche Nacktheit" gleichsam „auf dem Boden" in „Sabine's
Wohnung" „herumwälzen", wobei zahlreiche Überblendungen
ebenfalls ihren Teil dazu beitragen, dass man im Grunde „wirklich gar nichts sieht"; erwähnen in diesem Zusammenhang, als
„very nice and sweet detail", kann man auch das pinke
Nachthemd, das Dorothée trägt, denn auf diesem findet sich eine
Abbildung, die einen völlig erledigten *Snoopy* zeigt, der auf seiner Hundehütte liegt, sowie eine Aufschrift, auf der steht: *„I'm
allergic to mornings!"*].

„In the evening" spielen Lina, „Johnny" und „Beaky"
Thwaite, alle in vornehmer Abendgarderobe gekleidet, dann ein
„game of anagrams". „Beaky" kann nicht ganz verstehen, warum „Johnny" den Plan wieder aufgeben will und trotzdem „tomorrow" zu dem Küstenstreifen fahren möchte, um sich den
Strand anzusehen [Nachsatz von BEAKY THWAITE: *„Das ist
doch Unfug"*].

„Johnny" ist der Meinung, dass „Beaky" sich selbst überzeugen solle, dass das Land nichts tauge, aber Thwaite betont,
dass er ihm das auch so glaube, da von ihm ja schließlich die
Idee dazu gestammt habe.

„The state of this woman's mind"... Lina scheint nachzudenken oder in irgendetwas ziemlich vertieft zu sein. Dann legt sie mit den „stones" zunächst das Wort „MUD", das dann allmählich zu „MUDDER" wird, was bei „Beaky" für „Unverständnis" sorgt [BEAKY THWAITE: *Mädchen, was ist denn das für ein ulkiges Wort? Das ergibt ja gar keinen Sinn. Fügen Sie mal ein R ein*"; // *Anmerkung*: Das Wort „*mudder*", das Hitchcock Joan Fontaine hier bilden hat lassen, macht sozusagen durchaus Sinn und wird als Bezeichnung für ein Pferd verwendet, das sich gut „*in the wet and mud*" bewegen kann; insofern ist dieses „*word*" für die „Pferdeliebhaberin" „Lina" ein absolut schlüssiges].

Während Thwaite ihrem „husband" gegenüber wiederholt bekräftigt, dass er keine Lust habe, „morgen" dorthin zu fahren, fügt Lina ein „R" ein und das Wort wird zu dem Begriff... „**MURDER**".

„Then Lina glances at Johnny"... sie fixiert in der Folge „Johnny", der nochmals seine Absicht bekundet, am nächsten Morgen „so gegen 07:00" zu dem Küstenstreifen fahren zu wollen, weil da „noch nicht so viel Verkehr auf der Straße sei".

Lina betrachtet die Fotografie des Küstenstreifens... [Dialog zw. Nigel Bruce & Cary Grant, während Joan Fontaine das Foto betrachtet: BEAKY THWAITE: „*Ich glaub', du willst mich umbringen*" / JOHNNY: „*Wieso? Wie meinst du das?*" / BEAKY THWAITE: „*Na, wenn du mich so zeitig aus dem Bett holst. Du weißt schon, früh aufstehen zu müssen ist Mord für mich*"] ...und... „We read her shocked expression, `Of course, he's a murderer!" ...sie stellt sich vor, wie „Johnny" „Beaky" von einer Klippe hinunter in Richtung Meer stößt und sich „poor Beaky" folglich „im freien Fall" befindet.

Nach dieser „fantasy"... „*You can shoot me / You can throw me off a train / But I still maintain: / Life is a pigsty*" [Copyright: *Morrissey*] ...fällt Lina ohnmächtig vom Stuhl, und „Johnny" und „Beaky" Thwaite eilen ihr zur Hilfe.

Am nächsten Morgen erwacht Lina mit... „*Ooh-ooh, ooh-ooh-ooh-ooh, ooh, ooh / Darlin' don't you go and cut your hair*" [Copyright: *Pavement*] ...offenem Haar im gemeinsamen Schlafzimmer, aber „Johnny is already gone"!

Sie läuft umgehend aus dem „bedroom" und fragt Ethel, ob „Mr. Aysgarth" noch beim Frühstück weilt, woraufhin sie die Information bekommt, dass er und „Mr. Thwaite" bereits „vor zwei Stunden" aufgebrochen sind, und zwar mit „Beaky's car".

Nachdem sie kurz einen Blick auf die Adresse der „coast-line" auf einem Blatt Papier geworfen hat, setzt sie sich... „*But in my car – I'll be the driver / In my car – I'm in control*" [Copyright: *Shania Twain*] ...hinters Steuer ihres Wagens und fährt den beiden hinterher [*Anmerkung*: „*Das Geheimnis der falschen Braut*: Truffaut auf den Spuren von Alfred Hitchcock" oder „The thing about love is: There ain't no particular way": „LOUIS MAHÉ" JEAN-PAUL BELMONDO: „*Wir müssen beweisen, dass ein Mord begangen wurde. Sie müssen die Schuldige finden und der Polizei ausliefern. Sie soll verurteilt werden*" / „PRIVATDE-TEKTIV COMOLLI" MICHEL BOUQUET: „*Einverstanden, der*

Fall interessiert mich [...]" (aus: *Das Geheimnis der falschen Braut*; „der reiche Tabak-Pflanzer" Jean-Paul Belmondo erteilt dem „Privatdetektiv" Michel Bouquet den Auftrag, nach der „falschen Julie Roussel" Catherine Deneuve zu suchen, die sowohl sein Privat- als auch sein Firmenkonto leergeräumt hat) – in Hitchcock's *Marnie* Sean Connery „*wants to go to bed with a woman precisely because she's a thief*" und in *Verdacht* verhält es sich bei Joan Fontaine in gewisser Weise so, „*that her love for Johnny deepens in direct proportion to her conviction that he's a deranged killer*"; nun, in François Truffaut's an Hitchcock-Movies wie *Vertigo – Aus dem Reich der Toten*, *Marnie* oder „*Suspicion*" orientiertem Thriller & Liebesfilm „*La sirène du Mississippi*" (OT) aus dem Jahr 1969, der auf dem unter dem Pseudonym William Irish verfassten Roman & „Femme-Fatale-Narrativ" „*Waltz into Darkness*" (1947) von Cornell Woolrich basiert, welcher mit „*It Had to Be Murder* aka *Rear Window*" (1942) ja auch die Vorlage für *Das Fenster zum Hof* lieferte, verliebt sich Jean-Paul Belmondo in eine Betrügerin, die am Ende dann beinahe auch noch zu einer Mörderin wird; „*Wieso, du meinst wohl, ich könnte keinen Haushalt führen? Ich bin eine Frau wie jede andere. Ich kann sauber machen, kochen...*" (Deneuve zu Belmondo in einem „*red car*" mit offenem Verdeck) – zur Story von *Das Geheimnis der falschen Braut*: Der Zigarettenfabrikant Louis Mahé, der im Tropenparadies Réunion lebt, hat eine Kontaktanzeige aufgegeben und erwartet nun seine „*bride*" am Hafen, aber statt der erwarteten schwarzhaarigen

Frau taucht eine Blondine samt Vogelkäfig mit Kanarienvogel auf, die der Frau auf dem Foto überhaupt nicht ähnlich sieht; trotzdem behauptet die „*blonde*", Julie Roussel zu sein (Ausrede der Deneuve bzgl. der Fotografie: „*Das Bild in dem Brief war nicht von mir. Es war das Bild einer Bekannten*"); die Enttäuschung auf Seiten Mahés hält sich allerdings, aufgrund der strahlenden Schönheit der „Braut", in Grenzen (Deneuve: „*Jetzt sind Sie wohl enttäuscht?*" / Belmondo: „*Seh' ich etwa aus, als ob ich enttäuscht wäre?*") und er findet ihre Lüge „*wonderful*" (Belmondo zur Deneuve: „*Ihre Lüge war wunderbar*"); da die „Anziehung" zu stimmen scheint, heiraten die beiden, aber Julie wird in der Nacht von Alpträumen geplagt (aus einem Post-„*Nightmare*"-Dialog zwischen „Louis" & „Julie" im Bett: Belmondo: „*Als ob Sie plötzlich nicht mehr atmen können. Haben Sie das öfter?*" / Deneuve: „*Ja. Ich wollte es Ihnen nicht sagen. Ich kann nicht schlafen, wenn kein Licht brennt. Ich kann nicht im Dunkeln einschlafen*"); nachdem sie, als Ehefrau, dann auch noch eine Bankvollmacht über das Privat- und Firmenkonto erhalten hat, räumt Julie die Konten leer und verschwindet mit dem Geld spurlos (letzter Dialog am Telefon zwischen Deneuve & Belmondo, bevor sie ihm das Geld klaut: Deneuve: „[...] *Ich denke an Sie*" / Belmondo: „*Ich auch*" / Deneuve: „*Ich küsse Sie*" / Belmondo: „*Ich auch*" / Deneuve: „*Ganz zärtlich*" / Belmondo: „*Ich auch*"); daraufhin beauftragen Louis sowie Berthe Roussel (Nelly Borgeaud), die Schwester der wahren Julie Roussel, die diese noch zu dem Schiff „Mississippi" gebracht hatte, als sie nach Réunion aufbrach, den Privatdetektiv Comolli, „das Geheimnis der falschen Braut" zu lüften und „die falsche Julie" zu finden; *„Gute Reise!"* („Monsieur Jardine" Marcel Berbert, ein Geschäftspartner von „Louis", zu Belmondo am Flughafen, als dieser sich selbst nach Frankreich aufmacht, um seine „Ehefrau" zu finden) – nachdem Louis im Flugzeug Richtung *„France"* einen Zusammenbruch erlitten hat, landet er in einer Nervenklinik in Nizza und sieht dort eines Tages im Fernsehen „die Frau, die behauptet hat, Julie Roussel zu sein", nämlich im Rahmen eines Berichts über eine Nachtclub-Eröffnung, wobei „Julie" in diesem Club offenbar als Hostess arbeitet; mit einer Pistole bewaffnet dringt er ins Hotelzimmer von „Julie" ein, mit dem Plan, sie zu erschießen; doch als seine „Ehefrau" auftaucht, zögert Louis und erfährt letztendlich von ihr, dass sie in Wahrheit Marion Vergano heißt, in einem Waisenhaus aufgewachsen ist und dass das alles ein Plan ihres Freundes Richard gewesen sei, der die wahre Julie Roussel, die sie zufällig *„on the ship"* getroffen haben, ermordet hat (Deneuve: *„Dann hat er einfach beschlossen sie…sie eines Abends über Bord zu werfen. Zwei Tage vor unserer Ankunft"*); allerdings wurde Marion, wie sie Mahé mitteilt, in der Zwischenzeit auch von diesem Richard, der alles Geld an sich genommen hat, gleichsam „übers Ohr gehauen" und muss nun in einem Nachtclub arbeiten; *„Now my foolish boat is leaning / Broken lovelorn on your rocks"* (Copyright: *George Michael / Tim Buckley*) – diese *„confessions"* enden in einer gegenseitigen Liebesbekundung von Louis & Marion (Deneuve: „*Tun Sie, was Sie wollen. Aber ich habe Sie geliebt. Ich bin kein schlechter Mensch.* [...] *Ich liebe Sie noch*" / Belmondo: „*Ich glaube es*" / Deneuve: „*Das ist nicht wahr, Sie glauben mir nicht*" / Belmondo: „*Doch, ich glaube Ihnen. Und ich liebe Sie*"), welche daraufhin gemeinsam „losziehen" und eine kleine Villa in Aix-en-Provence anmieten, wo sie ihr „Eheleben" gleichsam einige Zeit lang relativ harmonisch weiterführen (Belmondo zu Deneuve, am Kaminfeuer: „*Es mag enden, wie es will, jedenfalls freu' ich mich, Sie zu kennen, Madame*"); dann allerdings trifft der Privatermittler Comolli in der Stadt ein und begegnet dort, während Marion Einkäufe macht, zufällig Louis (aus einer Unterhaltung in einem Café, aus dem Belmondo wenig später regelrecht flüchtet: Belmondo: „*Von Blondinen bin ich geheilt*" / Michel Bouquet: „*Na ja, soll aber Rückfälle geben*"); wenig später taucht der misstrauische und hartnäckige Ermittler, der seinen Auftrag unbedingt erfüllen möchte, dann in der Villa auf (Bouquet zu Belmondo: „[...] *Man hat die Leiche der echten Julie Roussel gefunden, im Hafen von Mombasa. Es handelt sich um einen Mord. Wenn Ihre Frau den Mord auch nicht begangen hat, so ist sie doch die Komplizin des Mörders. Ich werde das Haus ohne Ihre Frau nicht verlassen*"), wo er von Louis, in Abwesenheit von Marion, erschossen wird; anschließend wird er von beiden gemeinsam im Keller des Hauses vergraben (eine spätere *Zeitungsmeldung*, als die Leiche nach einer Überflutung des Kellers entdeckt wurde: „*Un cadavre dans une* cave"); die Flucht des Paares vor der Polizei endet, nach einem Abstecher nach Lyon, in einer winterlichen Landschaft und in einer Art Hütte im Wald, wo Marion aber anscheinend beginnt, ihren „Ehemann", von dem sie sich eingeengt oder eingesperrt fühlt, langsam zu vergiften (Belmondo zu Deneuve: *„Ja, mach' das Glas nur voll. Ich weiß, was du vorhast. Ich nehme es hin. Ich bedauere es nicht, dir begegnet zu sein, ich bedauere es nicht, für dich getötet zu haben. Ich bedauere nicht, dich zu lieben, ich bedaure gar nichts. Aber jetzt brennt es in mir wie ein Feuer. In meinem ganzen Körper. Es muss schnell vorübergehen. Mach' ein Ende. Mach' das Glas voll"*); allerdings sieht Marion dann davon ab, ihren Plan zu Ende zu führen und Louis zu töten, und nach diversen Bekundungen der „Akzeptanz" von Marion's Wesen (Belmondo zu Deneuve: *„Aber ich will ja nur dich. Dich allein. **So, wie du bist.** Wie du bist"*) sowie diversen gegenseitigen Liebesbekundungen (Deneuve: *„Ich liebe Sie"* / Belmondo: *„Ich glaube dir"*) spazieren die beiden dann gemeinsam in der Schneelandschaft davon – *„Oh, thank you baby for / Lovin' me like you do / I didn't like datin' / And trying to find someone"* (Copyright: *Shania Twain*); *Das Geheimnis der falschen Braut* war in den 90s mit Sicherheit einer der ersten Truffaut-Filme, die ich gesehen habe, wobei er natürlich auch meiner schon damals vorhandenen Begeisterung für die *„French Actress"* Catherine Deneuve entgegenkam, und *„La sirène..."* mag ich persönlich, innerhalb der Deneuve-Movies, neben *Belle de Jour – Schöne des Tages* (1967) und *Tristana* (1970) von Luis

Buñuel sowie *Ekel* (1965) von Roman Polanski, am liebsten; man hat Truffaut seinerzeit unterstellt, was angesichts von „*Mr. Hitchcock, wie haben Sie das gemacht?*" nicht verwundern mag, zu einer Art „Hitchcock-`épigone`" verkommen zu sein, zu einem bloßen Nachahmer des Suspense-Meisters, aber sämtliche Motive, die man aus *Vertigo – Aus dem Reich der Toten*, *Marnie*, *Verdacht* und auch *Berüchtigt* kennt, sind in *Das Geheimnis der falschen Braut*, wenn man so will, „*in a French way*" dargeboten und eben mit „*two icons*" des französischen Films, die während des Betrachtens ganz sicher kein „Hollywood-Feeling" aufkommen lassen; dass Catherine Deneuve „Frauen dieser Art" darstellen kann, ist jetzt vielleicht weniger eine Überraschung, als es die durchaus glaubwürdig dargebotene Wandlung von Belmondo vom „*Love Seeker*" zum „wahren Liebenden, der sogar einen Mord begeht" ist; außerdem bekommt man in „*La sirène du Mississippi*" einige Male Kostproben davon, wie „Actionfilm-tauglich" Belmondo war, denn einmal klettert er in einer nächtlichen Szene „problemlos" die Fassade des Hotels zu dem sehr hoch gelegenen Hotelzimmer von „Julie / Marion" in Nizza hinauf und später legt er, als er sich mit dem Privatdetektiv in dem Café unterhält, fast so einen „Actionhelden-typischen" plötzlichen Abgang aus dem Café hin wie Daniel Craig fast vier Jahrzehnte später in dem James-Bond-Film *Ein Quantum Trost* von 2008 (Regie: Marc Forster), als Craig sich mit seinem CIA-

Kollegen „Felix Leiter" Jeffrey Wright in einer Spelunke in Bolivien trifft und dann „*immediately*" vor diversen Polizeieinheiten aus dem Gebäude flüchten muss].

„A journey to the seaside"... als Lina den besagten Küstenstreifen erreicht, parkt sie ihren Wagen, steigt aus und blickt „at the edge of the cliffs" hinunter aufs Meer, wo aber keinerlei „Zeichen" von „Beaky" oder „Johnny" zu finden sind.

Lina fährt, mit deutlichen Zügen von „suspicion" im Gesicht, zurück zu ihrem Haus, wo... „*Black cloud, black cloud / The one I love / Roosts in the mind / Can snap this spell / Or, increase hell*" [Copyright: *Morrissey*]...eine dunkle Wolke, „a dark shadow of a cloud", vorüberzieht und die Eingangstür in Dunkelheit zu hüllen scheint, als sie sich dieser nähert.

Nachdem sie das Haus betreten hat, fallen ein weiteres Mal „some shadows" auf Lina, nur sind es diesmal „Spinnennetz-artige Schatten", die eben von den „web-patterned windows" des Hauses stammen [*Anmerkung*: „*Ein anderes Handicap ist die zu geleckte Fotografie*" (HITCHCOCK zu TRUFFAUT) – der „Meister der Suspense" war mit der Kameraarbeit von Harry Stradling Sr., welcher im Übrigen auch „Director of Photography" der Hitchcock-Filme *Riff-Piraten* (1939) und *Mr. und Mrs. Smith* (1941) war, bei *Verdacht* im Nachhinein nicht unbedingt zufrieden, aber diese beiden Szenen, die „*A dark shadow of a cloud covers the house*"-Szene sowie die „`*The web-patterned windows`* *werfen einen gespenstischen Schatten auf Lina*"-Szene, gehören zweifellos zu den visuellen Höhepunkten von

„Hitch's" viertem US-Film]. Sie geht langsam in Richtung „living room", als ein...*Pfeifen* ertönt.

Als „Mrs. Aysgarth" in den „living room" blickt...sieht sie „Johnny", der bei dem Plattenspieler herumhantiert und jemandem eine „Anweisung" gibt [JOHNNY: *„Jetzt wird es gehen. Tu mal den Stecker rein"*]. Der Adressat dieser „Anweisung" ist... „Beaky", der in einer Ecke des Raumes steht und den Stecker in die Steckdose tut [BEAKY THWAITE: *„Na, hörst du schon was?"*].

Lina's Gesichtszüge entspannen sich, sie wirkt erleichtert und sie wird... „Hello, girl!" / „Hello, darling!"...von den beiden Männern begrüßt, während aus dem Plattenspieler wiederum „Music from Vienna" ertönt. Sie zieht sich den Mantel aus, geht „gezielt" auf „Johnny" zu und umarmt ihn, was bei ihm... „Well, what's all this? I've only been away for a few hours" ...für Verwunderung sorgt, woraufhin Lina meint, dass sie die letzten „few hours" seiner Abwesenheit... *„Wanna wake up in the morning to your sweet face - always"* [Copyright: *Shania Twain*] ...„like a thousand years" empfunden habe [Kommentar von BEAKY THWAITE: *„Mir kam es auch wie eine Ewigkeit vor"*].

Dann erwähnt Thwaite, dass er um ein Haar „weggewesen" wäre und dass „da nicht mehr viel gefehlt habe", was Lina... „Nearly lost your life?" ...zurück in den „Alarmzustand" versetzt und sie will, dass „Beaky" ihr „alles erzählt".

Dieser beginnt, eine „Klippen-Geschichte" zum Besten zu geben, die eben davon handelt, dass er „in the morning" bei den

„cliffs" beinahe ums Leben gekommen wäre [BEAKY THWAITE: „*Na ja, wir standen oberhalb der Klippen und ich hatte mich eben überzeugt, dass Johnny Recht hat. Der Boden ist dort zu kreidehaltig und ich wollte also mit dem Wagen wenden, da, wo die Küste so steil abfällt, ich war noch nie ein sehr geschickter Fahrer*"].

„Was Johnny in the car?" – Lina scheint in allererster Linie wissen zu wollen, wo „Johnny" bei der Aktion war, und „Beaky" meint, dass dieser „ein paar Schritte entfernt" gestanden und die Aussicht bewundert habe.

„Johnny" allerdings schlägt vor, über die Sache nicht mehr zu sprechen, aber Lina... „Go on, Beaky"...möchte „die ganze Geschichte" hören, die dann von Thwaite fortgesetzt wird [BEAKY THWAITE: „*Ich war rückwärts, ohne es zu merken, viel zu nah an den Rand gefahren. Da haben nur noch Zentimeter gefehlt, wirklich, im Ernst, und wäre Johnny nicht zugesprungen und hätte sofort die Bremse gezogen, dann wär' ich jetzt bereits im Jenseits*"].

Thwaite's Schilderungen legen nahe, dass Aysgarth... „Johnny saved your life?" ...„sein Retter" gewesen ist, und „Beaky" bestätigt, dass „Lina's husband" bei der Rettungsaktion tatsächlich beinahe „mitdraufgegangen" wäre.

Nachdem sie „Johnny" mitgeteilt hat, „wie glücklich sie über diese Tatsache sei" [überraschte Reaktion von JOHNNY: „*Du, Schätzchen?*"], schlägt „Beaky" eine „Belohnung" für „Mr. Aysgarth" vor und will „heute Abend" alle einladen und ausgehen, woraufhin „Johnny" Thwaite in Erinnerung ruft, dass er doch eigentlich zurück nach Paris müsse, wo „Beaky" „Aktiengeschäfte zu regeln habe" und „die Grundstücksfirma wieder auflösen müsse".

„Why don't you come along with me?" – Thwaite will in der Folge, dass „Johnny" mit nach Paris kommt, aber Aysgarth bietet ihm stattdessen an... *„The Piccadilly Palare / Was just silly slang / Between me and the boys in my gang"* [Copyright: *Morrissey*] ...mit nach London zu kommen und dort mit ihm auszugehen.

Nachdem er bei seiner Ehefrau... *„Beurlaubst du mich, Mutzi-Putzi?"* [JOHNNY] ...nachgefragt hat, ob er „Beaky" nach London begleiten kann, und ein diesbezügliches „Ok" erhalten hat [LINA: *„Wenn er gehen will, ich werde ihn ja nicht gut festbinden können"*], erzählt Thwaite ein „Paris-Erlebnis" [BEAKY THWAITE: *„Eine fantastische Geschichte. Ich spaziere die Champs Elysées hinunter und treff' ein bezauberndes Kindchen. Na, und wie das so ist, ich geh' also mit ihr essen...und wir kannten uns kaum eine Stunde, da..."*].

Aysgarth unterbricht diese... *„I was a free man in Paris / I felt unfettered and alive"* [Copyright: *Joni Mitchell*] ...pikante „Frankreich-Geschichte" seines ehemaligen „business partner", indem er sich räuspert [*Anmerkung*: Exkurs: „Der beste Hitchcock-Film, der nicht von Hitchcock selbst ist": „PETER JOSHUA" CARY GRANT: *„Kennen wir uns?"* / „REGINA `REGGIE`

LAMPERT" AUDREY HEPBURN: „*Wieso? Sollten wir uns ken-nenlernen?*" / PETER JOSHUA: „*Keine Ahnung, wie soll ich das wissen?*" / REGINA `REGGIE` LAMPERT: „*Ich muss Ihnen sa-gen, ich kenn' bereits furchtbar viel Leute, und bevor nicht einer von ihnen stirbt, hab' ich wenig Bedarf für neue*" / PETER JOS-HUA: „*Hm, schicken Sie mir die Todesanzeige, wenn's so weit ist*" / REGINA `REGGIE` LAMPERT: „*Feigling*" / PETER JOS-HUA: „*Bitte?*" / REGINA `REGGIE` LAMPERT: „*Sie werfen wohl leicht die Flinte ins Korn, hä?*" (aus: *Charade*; aus der „Kennen-lernszene im Rahmen des Skiurlaubs in der Schweiz" zwischen Cary Grant und Audrey Hepburn; der „*flirty dialogue*" findet in einem Restaurant in den Bergen statt) – Audrey Hepburn und Cary Grant hatten sich zuvor nie getroffen, aber Regisseur Stan-ley Donen führte diese beiden „*magical silver screen personali-ties*" 1963 für seine „Agenten-Komödie im Hitchcock-Stil" mit dem Titel *Charade* zusammen, wobei „das Kennenlernen im echten Leben" der beiden Leinwandlegenden in einem italieni-schen Restaurant in Paris offenbar vor allem für Hepburn nicht ganz ohne „*nervousness*" ablief, so wie zumindest Donen später berichtete: „[…] *Cary came in, and Audrey stood up and said, `I'm so nervous.` He said, `Why?` And she said, `Meeting you, working with you – I'm so nervous.` And he said, `Don't be nerv-ous, for goodness' sake. I'm thrilled to know you. Here, sit down at the table. Put your hands on the table, palms up, put your head down and take a few deep breaths.` We all sat down, and Audrey put her hands on the table. I had ordered a bottle of red wine.*

When she put her head down, she hit the bottle, and the wine went all over Cary's cream-colored suit. Audrey was humiliated. [...]" (Copyright: *Stanley Donen*); nun, *Charade*, der ein Jahr nach Sean Connery's *007*-Debüt in *Dr. No* in die Kinos kam und eben auch mit Elementen des Agenten-Films spielt, ist vielleicht *nicht* „der beste Hitchcock, den Alfred Hitchcock nie gedreht hat", schon allein deshalb, weil der „*suspenseful score*" von Henry Mancini meines Erachtens nicht wirklich „*suspenseful*" ist, aber *Charade* geriet zumindest zu einem amüsanten „*summit of stars in Paris*", welches auch visuell durchaus „ansprechend" rüberkommt, wobei der Vorspann von James-Bond-Titelsequenz-Legende Maurice Binder gestaltet wurde; „*Hat Shakespeare nicht gesagt, Fremde, die sich in fernen Landen kennenlernen, sollten danach trachten, sich wiederzusehen?*" / „*Sowas hat Shakespeare niemals gesagt*" (Dialog zw. Hepburn & Grant zu Beginn in den „*Swiss Mountains*", als beide bekunden, nach Paris zurückkehren zu wollen) – zu den Ausgangspunkten der Story: „*In the beginning*" fällt ein Mann aus einem Zug und ist offenbar tot; währenddessen trifft Regina Lampert, die sich von ihrem Mann Charles trennen möchte, im Skiurlaub auf einen gut aussehenden Fremden namens Peter Joshua, mit dem sie kurz flirtet; zurück in Paris muss „Reggie" feststellen, dass das gesamte Inventar ihrer Wohnung verschwunden ist; sogleich wird sie auch mit der Tatsache konfrontiert, dass ihr Mann Charles derjenige war, der tot neben den Bahngleisen gefunden wurde; Charles hat das Inventar der Wohnung für 250.000$ verkauft, wobei das Geld unauffindbar ist, und „Reggie" bekommt von Inspektor Grandpierre (Jacques Marin) auch mehrere Reisepässe präsentiert, die ihr Mann besessen hat, der sich offenbar nach Venezuela absetzen wollte; Regina will daraufhin wieder in ihren alten Job zurück und Simultandolmetscherin bei der UNESCO werden; eines Abends taucht Peter Joshua in ihrer Wohnung auf und bietet ihr seine Hilfe an (aus einem späteren Dialog zw. Grant und Hepburn, der in einem Park stattfindet: Grant: *„Wie wär's, wenn Sie mich zu Ihrem Manager machen, mit dem Auftrag, Sie aufzuheitern?"* / Hepburn: *„Gut, von heute an?"*), während das *„funeral"* von Charles dann von drei seltsamen Männern besucht wird (Ned Glass, James Coburn, George Kennedy), die den Toten offenbar gekannt haben; *„Mrs. Lampert, wissen Sie, was CIA ist?"* / *„Ich nehme an, eine Fluggesellschaft, oder nicht?"* (Dialog zw. Walther Matthau & Audrey Hepburn in der *„American Embassy"* in Paris) – kurz darauf trifft sie einen gewissen Hamilton Bartholomew (Matthau) von der CIA in der US-Botschaft, der ihr mitteilt, dass sie in *„great deal of danger"* sei, da ihr Mann einst der US-Regierung 250.000$ gestohlen habe (Matthau zu Hepburn: *„Es geht um das Geld, Mrs. Lampert, um das Geld"*) und jetzt alle annehmen würden, dass sie wisse, wo das Geld abgeblieben sei; in der Folge weicht Peter Joshua nicht von ihrer Seite und Regina findet durchaus Gefallen an dem *„handsome stranger"* (aus zwei Hepburn-Grant-Dialogen, die vor der Wohnung von „Reggie" stattfinden: Hepburn: *„Wollen Sie nicht einen Augenblick reinkommen?"* / Grant:

„*Nein, ich will nicht*" / Hepburn: „*Ich beiße nicht, wissen Sie?*
Nur wenn's verlangt wird" // Hepburn: „*Wissen Sie, was ich bei*
Ihnen vermisse?" / Grant: „*Was denn?*" / Hepburn: „*Gar*
nichts"); plötzlich scheint es aber so, als ob auch dieser Peter
Joshua gemeinsame Sache mit den „*three men*" machen würde
und nicht der zu sein scheint, für den er sich ausgegeben hat, und
eigentlich Alexander Dyle heißt, und Hamilton Bartholomew
klärt Regina darüber auf (aus einem Hepburn-Matthau-Dialog:
Hepburn: „*Frauen sind, glaub' ich, bessere Spione als Männer*"
/ Matthau: „*Agenten*"), dass ihr toter Ehemann Charles im Zweiten Weltkrieg für den OSS tätig war, eine militärische Spiona-
getruppe, und gemeinsam mit vier anderen, den „*three men from*
the funeral" sowie einem gewissen Carson Dyle, der angeblich
in einem Kampf mit den Deutschen gefallen ist, den Auftrag
hatte, 250.000$ in Gold hinter die feindlichen Linien zu bringen
zur Unterstützung der Widerstandskämpfer; das Gold wurde
aber von Charles & Co gestohlen und irgendwo verbuddelt, wobei Charles das Gold dann heimlich an sich genommen und somit die anderen betrogen hat; letztendlich weiß Regina nicht
mehr, wer gut und wer böse ist und wem sie überhaupt noch
trauen kann, und erhält von Bartholomew den Auftrag, diesen
ominösen „Peter Joshua" / „Alexander Dyle" (der Carson Dyle's
Bruder sein soll) auszuspionieren...; „*Verstehen Sie Franzö-*
sisch?" / „*Kein Wort. Mir macht schon die Muttersprache*
Schwierigkeiten" (Dialog zw. Hepburn & Grant, als die beiden

in Paris in einem Park einem „Puppen-Theater für Kinder" zusehen) – eindeutig auf der Haben-Seite hat *Charade* die zahlreichen „*funny dialogues*" zwischen Cary Grant und Audrey Hepburn, aber auch „der CIA-Mann" Walther Matthau ist in seinen Szenen „aberwitzig" und bestätigt einmal mehr, dass er ein begnadeter „*comedian*" war; Highlights des Werks sind zweifellos das „Orangen-Spiel", bei dem Grant & Hepburn, zu einer „*lively bossa nova music*", in einem Nachtclub gemeinsam mit anderen Gästen versuchen, mit der Hilfe von Kinn und Hals eine Orange am Körper des Gegenübers zu „balancieren", sowie das Finale in der Comédie-Française; „*I'll do it just once more. I'm nearly sixty, and I don't like having to run that fast*", soll Cary Grant zu seinem Regisseur Donen am Set von *Charade* gesagt haben, als dieser von ihm die Wiederholung einer Szene, in der er laufen musste, verlangte, und tatsächlich begann Grant sozusagen während der Dreharbeiten „*his age*" zu spüren und wollte ganz generell in diesen Jahren seiner Karriere, angesichts der jüngeren Frauen, die man ihm zur Seite stellte (Audrey Hepburn war, „*for example*", rund 25 Jahre jünger als Grant), nicht „*lecherous*" oder dergleichen wirken, was zum Beispiel auch einer der Gründe war, warum Grant es ablehnte, an der Seite der deutlich jüngeren Paula Prentiss (Jahrgang 1938) in Howard Hawks' Komödie „*Man's Favorite Sport?*" (OT; 1964) aufzutreten, die mit dem deutschen Verleihtitel „*Ein Goldfisch an der Leine*" ausgestattet wurde].

„Beaky", der „Johnny's Botschaft" verstanden hat, entschuldigt sich bei den „Aysgarths" und verlässt daraufhin den „living room", um sich auf den Trip... „*The ice age is coming, the sun is zooming in / Meltdown expected, the wheat is growing thin / Engines stop running, but I have no fear / `Cause London is drowning – and I live by the river*" [Copyright: *The Clash*] ...nach London vorzubereiten.

Nach einem *Zeitsprung* hat „Johnny" den „Trip to London" angetreten und seiner Frau eine „short note" hinterlassen [Inhalt der Notiz: „*Liebling, ich bin bald zurück. Alles Liebe. Dein J.*"].

Lina ihrerseits ist gerade dabei, im Haus ein paar Blumen zu arrangieren, als Ethel und der Sealyham auf sie zusteuern, und „the maid" teilt ihr mit, dass gerade ein gewisser Inspektor Hodgson aufgetaucht sei, der eigentlich „Mr. Aysgarth" habe sprechen wollen, nun aber eben gerne mit „Mrs. Aysgarth" reden möchte. Nach dieser Meldung scheint Lina, instinktiv, „Böses" zu ahnen und bittet Ethel, den „Inspector" ins Arbeitszimmer zu führen.

Dort stellt ihr Hodgson [verkörpert von Lumsden Hare, der unter Hitchcock's Regie auch in *Rebecca* und in *Der Fall Paradine* zu sehen war und an der Seite von Cary Grant & Joan Fontaine in „*Gunga Din*" (*Anm.*)] zunächst seinen Assistenten, Detective Benson [Vernon Downing], vor, bevor sich alle setzen, wobei Lina zu Beginn des Gesprächs noch den Sealyham, der sich vor ihr postiert hat, streichelt.

Die Hausherrin teilt den beiden „policemen" mit, dass...
„Drinking tea with the taste of the Thames / [...] Where taxi drivers never stop talking / Under slate-grey Victorian sky" [Copyright: *Morrissey*] ...„Johnny" eben „for a few days" nach London gefahren sei.

Dann kommt der Inspektor zur Sache und fragt sie nach einem „Mr. Thwaite", den Lina als... „Yes, he is a close friend of my husband" ...„engen Freund von Johnny" bezeichnet. Anschließend bittet sie Hodgson darum, einen Blick in „this afternoon's paper" zu werfen und sich die Rubrik „Letzte Meldung" anzuschauen.

Lina setzt sich zu einem Tisch, neben dem das riesige Porträt ihres Vaters, das er ihr vererbt hat, platziert ist und sieht sich die besagte „Letzte Meldung" dann mit der Hilfe ihrer „eyeglasses" an: „ENGLÄNDER TOT AUFGEFUNDEN".

Bei dem toten „Englishman in Paris" handelt es sich tatsächlich um... „Beaky", denn es wird berichtet, dass ein „Mister Gordon Thwaite aus der Provinz Yorkshire gestern Abend in einem Pariser Nachtlokal auf rätselhafte Weise umgekommen sei".

„It's a shock"...Lina teilt den beiden Polizisten mit, dass das ein Schock für sie sei, da sie „Mr. Thwaite" sehr gut gekannt habe. Der Inspektor erwähnt in der Folge, dass man „Geschäftspapiere" bei Mr. Thwaite gefunden hat [Nachsatz von INSPEKTOR HODGSON: „[...] *Aus denen eindeutig hervorgeht, er hat kürzlich eine Firma mit Ihrem Mann gegründet"*].

Nachdem Lina, auf ihre Nachfrage hin [LINA: „*Hat die französische Polizei etwas über die Todesursache gesagt?*"], über den Ermittlungsstand der „French Police" informiert wurde, liest ihr Hodgson aus einem Telegramm vor, aus dem hervorgeht, dass Thwaite dort offenbar mit einem anderen Engländer im Lokal gewesen ist, wobei „both Englishmen" schon zuvor etwas getrunken hatten. Thwaite, so der Inspektor, hat dann auch noch eine Flasche Brandy bestellt und der Begleiter nach „extra großen Gläsern" verlangt. Im Rahmen des Austragens einer Art Wette habe dann Mr. Thwaite eins dieser Gläser „bis zum Rand voll mit Brandy gemacht" und es anschließend ausgetrunken [Nachsatz von INSPEKTOR HODGSON: „*Der andere Engländer war nicht mehr anwesend, als das Unglück geschah. Er hatte das Lokal kurz vorher verlassen*"].

Die „identity" des „zweiten Engländers" sei, so der „Inspector", unklar, aber laut dem Kellner habe Thwaite diesen häufig mit „alter Knabe" oder „Bursche" angeredet. Nach dieser Information steigert sich Lina's „suspicion" für einen Moment sichtlich „ins Unermessliche", und Hodgson will schließlich von ihr wissen, ob sie oder „Johnny" „vielleicht zufällig einen Freund von Mr. Thwaite kennen, den er so angeredet hat".

Lina geht nicht darauf ein, aber auf Nachfrage des Assistenten Benson hin bezüglich der „Real Estate Company" erzählt sie den beiden Ermittlern, dass Thwaite nach Paris gefahren sei, um die Firma aufzulösen... „Well, he apparently died before he could do this".

Schließlich... „No further questions. Thank you, Mrs. Aysgarth"...beendet Hodgson die Befragung, erfährt aber von Lina noch, dass sie „Mr. Aysgarth" „this evening" aus London zurückerwartet, was den Inspektor dazu bringt, sie zu bitten, ihrem Mann zu sagen, dass er ihn „gleich anrufen" soll.

„Yesterday, there was so many things / I was never shown / Suddenly this time I found / I'm on the streets and I'm all alone" [Copyright: *Guns N' Roses*] ...nachdem die beiden Polizisten das Domizil verlassen haben, bewegt sich Lina langsam „through the spider-web", welches die Fenster „in der Lobby" ihres Hauses fabrizieren, und das „game of suspicion" im Zusammenhang mit „Johnny" hat „Lina McLaidlaw-Aysgarth" wieder vollständig erfasst.

Zurück im Arbeitszimmer führt sie zunächst kurz... „He didn't go to Paris, I tell you" ...ein „Gespräch mit General McLaidlaw", mit dem Porträt ihres Vaters also [LINA: *„Ich sage dir, du irrst dich. Er ist nicht nach Paris gefahren"*], bevor sie zum Telefon greift und im Londoner „Hogarth Club" anruft, um „Mr. Aysgarth" zu sprechen, der aber, wie ihr mitgeteilt wird, bereits „yesterday morning" abgereist ist [LINA, ins Telefon: *„Gestern früh abgereist?"*].

Nach diesem erneuten „Schlag" nimmt sie... *„In our lifetime those who kill / The newsworld hands them stardom / And these are the ways / On which I was raised"* [Copyright: *Morrissey*] ...die Zeitung mit der „Tod in Paris-Meldung" bezüglich

„Beaky" und setzt sich „with an attitude of sceptical resignation" in den Stuhl.

„Hello, Monkey Face" – dann, plötzlich, steht... „Honey, I'm Home" ... „Johnny" im Durchgang zum Arbeitsraum und hat ebenfalls eine „newspaper" in Händen [*Anmerkung*: Exkurs: „*Die Braut trug schwarz*: François Truffaut's Mischung aus Melodram und Hitchcock-Thriller" oder „She walks in a long black veil": „JULIE KOHLER" JEANNE MOREAU: „*Wir kennen uns. Wir sind uns schon mal begegnet. Es liegt ein paar Jahre zurück, aber da trug ich nicht schwarz, da trug ich weiß*" / „CORAL" MICHEL BOUQUET: „*Ja, jetzt weiß ich, wer Sie sind. Sie sind die Braut.* [...]" (aus: *Die Braut trug schwarz*; „Julie" Jeanne Moreau eröffnet dem von ihr gerade vergifteten und bald sterbenden „Monsieur Coral" Michel Bouquet, dass sie jene „Braut" ist, deren Ehemann unmittelbar nach der Trauung Opfer eines „tödlichen Schusses" wurde) – François Truffaut war nach „*Le Cinéma selon Hitchcock*" (1966) selbstredend tief im „Hitchcock-Universum" angekommen und legte 1968 mit „*La mariée était en noir*" (OT) seinen ersten „Film Noir mit Hitchcock-Anleihen" vor, wobei *Die Braut trug schwarz* ebenfalls, wie der ein Jahr später entstandene *Das Geheimnis der falschen Braut* mit Belmondo & Deneuve, auf einer literarischen Vorlage („*The Bride Wore Black*" aus 1940) von Cornell Woolrich aka William Irish beruhte, dem „Supreme Master of Suspense", so wie der Autor ab und an bezeichnet wurde; „*Ich heiße Julie Kohler!*"

(Jeanne Moreau zu „Bliss" Claude Rich, bevor sie ihn vom Balkon stößt) – zur Story von Truffaut's Verfilmung von Woolrich's *„novel of revenge"*: Julie Kohler sinnt nach Rache für den Tod ihres Ehemannes David, denn als Julie am Tag der Hochzeit im Brautkleid zusammen mit David die Kirche verlassen hat, wurde dieser von einem Schuss aus einem Fenster tödlich getroffen und starb in Julie's Armen – *„was it murder or just an accident?"*; „die Braut" beschließt daraufhin, die dafür verantwortlichen fünf Männer zu finden und zu töten (Dialog in einem Beichtstuhl zw. dem *„unseen"* Priester und Jeanne Moreau: Priester: *„Sie werden Ihrer Strafe nicht entgehen"* / Moreau: *„Man kann mich auf dieser Welt nicht mehr bestrafen. Ich bin schon tot. Ich bin mit David gestorben, am selben Tag wie er. Aber erst wenn er völlig gerächt ist, werd' ich mit ihm vereint sein"*); Kohler tötet zunächst den „Frauenhelden" Bliss auf seiner Verlobungsfeier in seinem Apartment, indem sie ihn *„from the balcony"* befördert, nachdem sie den „`Womanizer`, der offenbar ein Ehe-Abenteuer wagen wollte" gebeten hatte, ihr weißes Seidentuch von einer Sonnenschutzvorrichtung zu holen, auf der sie dieses absichtlich platziert hat (zugehöriger Dialog, bevor Claude Rich über das Geländer steigt, um nach dem Schal zu greifen: Moreau: *„Dieser Schal ist ein Andenken, er ist unersetzlich. Ich hänge an diesem Seidentuch"* / Claude Rich, sozusagen geblendet von Moreau's Schönheit und mit „Hinweis" auf seine Verlobte: *„In Ihrer Gegenwart bin ich richtig befangen. Sie verwirren mich. Dabei ist meine Braut bildschön. [...]"*); als nächsten Mann von ihrer „Todesliste" streichen kann Julie dann den schüchternen „*loser*" Monsieur Coral, der in einer heruntergekommenen Wohnung lebt; nach einem Konzertbesuch, den sie ihm „spendiert" hat und bei dem sie plötzlich in der Loge aufgetaucht ist, verabreden sich die beiden für den nächsten Abend und Coral stirbt an einem Gläschen Arrak, den Kohler zuvor mithilfe einer Spritze vergiftet hat (Dialog zwischen „Julie Kohler" und „Monsieur Coral" in der Wohnung von „Coral", als beide anstoßen und Bouquet dann den „*poisoned alcohol*" trinkt: Moreau: „*Ein Genie hat mal gesagt, es gibt weder Optimisten noch Pessimisten, es gibt nur heitere Dummköpfe und traurige Dummköpfe*" / Michel Bouquet: „*Sehr nett. Dann bin ich ein trauriger Dummkopf. Aber Sie haben mich schon fast davon befreit. Darauf. Auf uns beide. Dass wir eine schöne Zeit zusammen haben*"); unter falschem Namen („Mademoiselle Becker") taucht Julie dann im Haus des Industriellen und nunmehrigen ehrgeizigen Politikers Clément Morane (gespielt von Michael Lonsdale, Roger Moore's Gegenspieler aus dem Bond-Film *Moonraker – Streng geheim* von 1979) auf, der ihr, da seine Frau gerade nicht da ist, welche Julie mit der Hilfe eines Telegramms „außer Haus" gelockt hat, Avancen macht, nachdem sein kleiner Sohn Cookie (Christophe Bruno) ins Bett gegangen ist (Lonsdale zu Jeanne Moreau: „*Ich gebe zu, ich bin vielleicht kein Don Juan. Aber eine Umfrage hat ergeben, dass Politiker auch nicht ohne Wirkung auf Frauen sein sollen. Reizt Sie das nicht? Wär'*" *es nicht erhebend, sagen zu können, für eine Stunde hat er*

Frankreich vergessen, da hat er nur mir gehört? "); in der Folge sperrt Kohler Morane in eine kleine Kammer unter einer Treppe innerhalb des Hauses ein und eröffnet ihm, wer sie ist, woraufhin er ihr erzählt, wie die Sache mit dem tödlichen Schuss auf ihren Bräutigam vonstattenging (aus der *Rückblende* geht hervor: die fünf gelangweilten Junggesellen waren am Tag von Kohler's Hochzeit in einer Wohnung im obersten Stock eines Hauses bereits angetrunken und hatten begonnen, mit einem Gewehr zu hantieren und aus Spaß auf die Kirchturmspitze gegenüber zu zielen; für den tödlichen Schuss war dann letztendlich Delvaux [Daniel Boulanger] verantwortlich, wobei der Schuss sich gelöst hatte, als ihm die anderen das Gewehr aus den Händen reißen wollten; anschließend sind Bliss, Coral, Morane, Delvaux und Fergus in alle Windrichtungen geflohen); nach dem Erstickungstod von Morane will sich Kohler dem „Schützen" Delvaux widmen, doch dieser wird vor ihren Augen, als sie ihn erschießen will, auf seinem Schrottplatz wegen „krummer Geschäfte" von der Polizei abgeführt und inhaftiert; „*Ihre Nase ist wunderbar. Und Ihr Mund. Über den könnte ich einen Roman schreiben*" (der Maler „Fergus" Charles Denner zu Jeanne Moreau) – die Tatsache, dass Delvaux „*out of reach and in jail*" ist, führt sie zum fünften und letzten Namen auf ihrer „Todesliste", nämlich zu dem „bildenden Künstler" Fergus, für den sie Modell steht, nämlich als „Diana auf der Jagd"; Fergus entwickelt allerdings eine Art „Obsession" für sein Model, malt heimlich ein riesiges Aktbild von ihr auf die Wand, neben der sein Bett steht, und gesteht ihr dann während einer „Diana auf der Jagd-Session" gleichsam seine Liebe (Reaktion von Moreau: *„Lassen Sie mich in Ruhe! Ich suche keine Liebesabenteuer!"*); Fergus endet letztendlich, dem „Diana auf der Jagd"-Motiv angemessen, mit einem Pfeil im Rücken; allerdings wurde Julie bei dem Künstler von jemandem erkannt, der seinerzeit auch bei der Verlobungsfeier von Bliss anwesend war („Corey" Jean-Claude Brialy zu Charles Denner, als dieser eben noch unter den Lebenden weilt, bezüglich seines „Models" Jeanne Moreau: *„Ich hab' sie schon mal gesehen"*), und auf dem Begräbnis von Fergus, bei dem eine „vollständig verschleierte" Julie auftaucht, reißt ihr Corey den *„long black veil"* vom Gesicht, woraufhin Kohler der Polizei alles gesteht und im Gefängnis landet, denn dort gibt es schließlich noch etwas für sie zu tun...; *„Ich muss meinen Weg weitergehen bis zum Ende"* (Moreau im Beichtstuhl zu dem „unsichtbaren" Priester) – nun, US-Regisseur Quentin Tarantino hat sich, wie ich auch in meinem Buch *„No Pulp in the Fiction – Die frühen Filme von Quentin Tarantino"* (2020) erwähnt habe, *„many years later"* bei seinem Epos *Kill Bill Vol. I & II* (2003/2004) durchaus bei Truffaut's *Die Braut trug schwarz* „motivisch bedient", jedoch ist Jeanne Moreau nicht so eine „Kampfmaschine" wie *„The Bride"* Uma Thurman bei Tarantino, aber bekanntlich steht auch am Anfang der Rachegeschichte von *Kill Bill* ein „*Wedding Chapel Massacre*" und bekanntlich führt auch QT's *„yellow haired warrior"* „Beatrix Kiddo" eine „Todesliste", bei der sie, so wie Moreau in *Die Braut trug schwarz* dies tut, wenn „Julie Kohler" gerade in einem Zug ist oder sich auf einem Flughafen befindet, Name für Name wegstreicht – *„Begeben Sie sich in den Kampf, blonde Kriegerin"* (der „Schwert-Schmied Hattori Hanzo" Sonny Chiba zu Uma Thurman); Truffaut hat für seinen „Film Noir" von `68, wie dies zuvor auch schon bei dem in England entstandenen dystopischen Science-Fiction-Movie *Fahrenheit 451* (1966; mit Oskar Werner & Julie Christie) der Fall war, den „Hitchcock-Komponisten" Bernard Herrmann engagiert, aber Herrmann hat glücklicherweise keinen „Hollywood-Score" abgeliefert, was ganz der „französischen Auslegung amerikanischer Motive" entsprach, die Truffaut vorschwebte und der er dann auch, wie bereits erwähnt, bei *Das Geheimnis der falschen Braut* treu geblieben ist (*„Wir mischen amerikanische Themen auf französische Art. Daraus wird dann eine Mischung, die ich sehr reizvoll finde"* – F. Truffaut); der gesamte Film ist allerdings, so wie Truffaut angemerkt hat und im Gegensatz zu *„La sirène...*", in einer Art „Fantasieland" angesiedelt, denn es werden keinerlei französische Städtenamen genannt, lediglich einmal wird die „Côte d'Azur" erwähnt sowie einmal ein Zug gezeigt, auf dem „Paris" steht – ansonsten hat man aber *tatsächlich* so ein „französisch-nordamerikanisches" „*C'est la vie! That's life, and that's how it's gonna be*"-Gefühl beim Betrachten, von dem Shania Twain einmal in *„one of her catchy tunes"* sang; *„Mögen Sie Mandolinen-Musik? [...] Ich hab' hier eine Platte mitgebracht, die ich sehr liebe. Wollen wir sie uns anhören?"* (Moreau zu Opfer Nummer zwei „Monsieur Coral" Michel Bouquet, wobei „Julie's" Liebe zu Antonio Vivaldi's *„Konzert für Mandoline in C-Dur"* offenbar darin begründet liegt, dass, wie im Rahmen einer Rückblende zutage tritt, ihr erschossener Ehemann & sie diese Platte bereits gemeinsam in der Kindheit gehört haben) – es gibt aus meiner Sicht bessere Truffaut-Werke als *„La mariée était…"*, nicht zuletzt auch deswegen, weil Truffaut und sein Kameramann Raoul Coutard die „Hitchcock-eske" subjektive Kamera darin *„from my point of view"* nicht allzu „elegant" einsetzen, aber der Film lebt zweifellos von und durch Jeanne Moreau, die darin im Übrigen großartig „eingekleidet" auftreten darf, man denke da nur an das weiße Abendkleid plus Seidenschal in der „Bliss-Episode" oder an das beinahe „Emma Peel"-artige Lederoutfit (Lederrock etc.) in der Szene, als sie den Schrotthändler erschießen will oder an ihr „Diana auf der Jagd-Outfit samt Pfeil & Bogen"; Moreau, für die es nach *Jules und Jim* (1962) bereits der zweite Film mit Truffaut war, sah bei dem Character der „Julie Kohler" einen „speziellen Fall von totaler Einsamkeit" vorliegen, sodass man sich, wie Moreau gemeint hat, nicht einmal vorstellen kann, „wo diese Frau schläft oder isst"; außerdem stellte die Figur der „Julie" aus der Sicht der *„famous French Actress"* jemanden dar, der „sich ganz und gar einer Suche verschrieben hat", einer „fixen Idee", die zur „Besessenheit" wird; im Rahmen der Dreharbeiten zu *Die Braut trug schwarz* gab Jeanne Moreau, ausgehend von der Frage, welchen Stellenwert sie „Julie Kohler" innerhalb ihres schauspielerischen Schaffens einräumt, einmal folgendes Statement zur „Schauspielerei" im Allgemeinen ab, das sicherlich zu den „besten und aussagekräftigsten Statements `of this type`" gehört: *„Ich mag den Ausdruck `Schauspielerin` nicht sehr. Nach zwei oder drei Berufsjahren bedeutet Schauspielerin sein weniger, eine Rolle zu spielen, als vielmehr eine bestimmte Lebensart, eine Art, sich durchs Leben zu bewegen. Man macht Erfahrungen, indem man ein anderer ist, wie im Psychodrama. Nach der Arbeit an einem Film ist man ein anderer, als man vorher war. Ich glaube, es gibt Türen, die sich in einem öffnen, und andere, die sich schließen"* (Copyright: *Jeanne Moreau*)].

„You read about Beaky, have you?"... „Johnny", welcher außerdem zusammen mit der Zeitung ein „book" bei sich trägt, geht davon aus, dass seine Frau, die auf dem Stuhl sitzen bleibt, die „sad news about Beaky" bereits ebenfalls kennt [Nachsatz von JOHNNY: *„Tut mir leid um den armen Kerl"*].

Nachdem Lina... „Really?" ...„Johnny's" Behauptung „leise" hinterfragt hat, spricht er davon, dass er „Beaky", diesen, wie er meint, „redseligen, gutmütigen Schwachkopf", immer sehr gern gehabt habe... *„Why do you think I let you get away / With the things you say to me? / Could it be I like you?"* [Copyright: *Morrissey*].

„Next to you I loved him more than anybody in the world" – die anschließende Aussage von „Johnny", dass er, abgesehen von Lina, kaum jemanden so geliebt habe wie Thwaite, scheint seine Angetraute... „Next to me?" ...kurz zu überraschen.

Er nähert sich in der Folge dem Stuhl und somit Lina und wirft sich selbst... „Oh, poor Monkey Face" ...„Egoismus" vor [JOHNNY: *Ich rede immer nur von mir und denke überhaupt nicht mehr an dich*], woraufhin Lina, auf eine diesbezügliche Frage von „Johnny" hin, meint, dass... „I liked him very much" ...auch sie „Beaky" sehr gemocht habe.

Schließlich spricht sie von dem Besuch des Inspektors, für den ihr „husband" auch umgehend den Grund erfahren möchte, und er bekommt ihn von seiner Frau geliefert, denn diese erwähnt das „Telegramm aus Paris" sowie den ominösen „zweiten Engländer", aber „Johnny" meint, dass er das alles ohnehin wisse, da es schließlich in der „late edition" der Zeitung stehe.

„He thought perhaps you could help to identify this Englishman" – dann erfährt er, dass er Inspektor Hodgson auf dem Revier anrufen soll [LINA: *Er meint, du würdest ihm vielleicht helfen können, den Engländer zu ermitteln*], aber „Johnny" scheint in allererster Linie daran interessiert zu sein, zu erfahren, ob sie der „police" von der Firma erzählt hat.

Als sie das bejaht, ist „Johnny" nicht sonderlich angetan von dieser Tatsache [JOHNNY: *Ich wünschte, das hättest du **mir** überlassen*] und will wissen... „What else did you tell?" ...was sie außerdem noch so „weitergegeben" habe, aber die sonstigen Infos hätten sich, so Lina zu „Johnny", ja nur darauf beschränkt, dass er „today from the capital city" zurückkehre... *London calling upon the zombies of death / Quit holding out – and draw another breath* [Copyright: *The Clash*].

Aysgarth geht daraufhin zum Telefon im Raum und lässt sich mit der „Polizeistation Wickstead" verbinden und spricht schon „very soon" mit dem Inspektor, während sich in Lina's „face" wiederum „tiefe Zweifel bezüglich des Wahrheitsgehalts" von dem zeigen, was „ihr Johnny" da dem Inspektor bezüglich London erzählt [JOHNNY, ins Telefon, während Hitchcock's Kamera aber vorwiegend auf dem *suspicious face*" von LINA verweilt: „[...] *Ja, ich bin am Dienstagabend mit ihm nach London gefahren. Wir haben im Savoy zusammen gegessen. Nein...ja, ich hab' ihn noch zum Flughafen gebracht. Ja...nein, ich bin die ganze Zeit in London gewesen. In meinem Club. Ja...ja. Keine Ursache, Inspektor. Ich bin Ihnen gern in jeder Weise behilflich. Sie brauchen mich nur anzurufen*"].

Lina wirft in der Folge einen Blick auf das Buch, das „Johnny" zusammen mit der Zeitung „transportiert" hatte. Dabei handelt es sich um den „neuen Isobel Sedbusk-Krimi" „Murder on the Footbridge". Sie sieht sich den Buchrücken an, wo ein großes Foto der Sedbusk zu sehen ist.

„Once Johnny begins reading a neighbor's murder mystery, Lina is again suspicious" [*Anmerkung*: Exkurs: „*Ekel*: Eine hypnotische Reise in die Hölle im Kopf" oder „Some say I'm crazy, and I guess I'll always be": „COLIN" JOHN FRASER: „*Hast du...hast du irgendwas? Ich weiß nicht, du siehst heute so anders aus. So merkwürdig*" / „CAROLE" CATHERINE DENEUVE: „*Ich fühl mich nicht...ich...ich meine...ich weiß auch nicht*" (aus:

Ekel; das „*mentally disturbed young girl*" Deneuve wird von ihrem „Möchtegern-Boyfriend" Colin bei einem eher zufälligen Treffen in den Straßen von London zurecht darauf hingewiesen, dass sie „einen reichlich merkwürdigen Eindruck" macht) – „*Repulsion*" (OT), der erste in Großbritannien entstandene Film von Roman Polanski, sollte, laut den Worten von Producer Gene Gutowski, „[...] *einen starken Eindruck hinterlassen, Aufsehen erregen und so erotisch sein, wie es die Zensur damals zuließ*"; nun, den ersten Drehbuchentwurf für den Psychothriller *Ekel*, der die Geschichte einer psychisch gestörten jungen Frau, die in London als „*manicure*" arbeitet, erzählt, haben Polanski und sein Co-Autor Gérard Brach nicht in London, sondern in Paris geschrieben („*Es gab ein Mädchen, das wir beide kannten, das sehr unschuldig aussah. Aber dann erfuhren wir einige Dinge über sie, die uns überraschten. Das war sozusagen der Ausgangspunkt: ein sehr unschuldig wirkendes Mädchen, das psychische Probleme hat, das schizophren ist und gefährlich werden kann. Wir versuchten, eine gewisse Psychologie in das Drehbuch einfließen zu lassen. Ich hatte eine bestimmte Vorstellung, wie ich aus dem Film einen Psychothriller machen konnte und nicht nur einen billigen Horrorfilm*" – R. Polanski); der polnische Regisseur wollte also keinen „*cheap horror movie*" drehen, aber er musste mit einem geringen Budget von 56.000 Pfund auskommen, das ihm Michael Klinger & Tony Tenser, die Betreiber von „Compton Films", welche eigentlich spezialisiert waren auf Exploitation-Filme sowie Softpornos, zur Verfügung stellten, vor allem auch deshalb, weil sie damals nach jemandem wie Polanski suchten, der nach seinem Kinodebüt *Das Messer im Wasser* (1962) einen guten Ruf als Regisseur hatte und dem „unseriösen" Unternehmen sozusagen etwas „*respectability*" verleihen konnte; „*Pfui Teufel! Was isn' das?*" (ein „*decomposing rabbit*": der „Vermieter" Patrick Wymark findet in der Wohnung von „Carole" Catherine Deneuve das sich langsam „in Auflösung befindliche" Kaninchen, das ihre Schwester vor ihrer Abreise noch im Rohr fabriziert hat und das „Carole" gleichsam den gesamten Film über nicht mehr „loswird") – „*the story of `Repulsion`*": Die sensible junge Belgierin Carole Ledoux lebt mit ihrer älteren Schwester Hélène (Yvonne Furneaux) in London, wo sie im Schönheitssalon von Madame Denise (Valerie Taylor) arbeitet und für die Nagelpflege zuständig ist (Dialog bezüglich des Wunsches einer Kundin nach einer ganz bestimmten Nagellack-Sorte: Deneuve: „*Madame Denise? Mrs. Rendlesham möchte `Fire & Ice` von Revlon. Ich glaub' nicht, dass noch was da ist*" / Valerie Taylor, die irgendeinen anderen Nagellack aus dem „`nail polish`-Depot" des Salons nimmt: „*Nehmen Sie den hier. Den Unterschied merkt sie doch nicht*"); ein Problem für Carole stellt die Tatsache dar, dass Michael (Ian Hendry), der verheiratete Geliebte ihrer Schwester, ständig in der Wohnung ein und aus geht (Deneuve zu Furneaux: „*Warum stellt er seine Zahnbürste immer in **mein** Glas?*"), wobei Michael, der versucht, die jüngere Schwester seiner Geliebten bei seinen Besuchen „miteinzubeziehen" (Ian Hendry zu Deneuve in der Wohnung: *„Ah, die schöne kleine Schwester. Comment ça va?"*), durchaus ahnt, dass mit Carole irgendwas nicht in Ordnung ist (Dialog zw. Hendry & Furneaux im Fahrstuhl des Hauses, in dem die Ledoux-Schwestern leben: Hendry: *„Sie ist ein bisschen überdreht. Findest du nicht?"* / Furneaux: *„Sie ist nur eine Mimose, weiter nichts"* / Hendry: *„Sagst **du**. Die sollte mal zum Arzt gehen"*); mit Zurückhaltung bis hin zu „angeekelter Abweisung" begegnet Carole auch ihrem Verehrer Colin (ein auf „Colin" John Fraser bezogener Dialog mit der Arbeitskollegin im Schönheitssalon: „Bridget" Helen Fraser: *„Bist du in ihn verliebt?"* / Deneuve: *„Nein, ich bin nicht verliebt, in niemanden"*), was sich zum Beispiel darin äußert, dass sie, nachdem er sie in seinem Auto geküsst hat, gleichsam die Flucht antritt und sich dann im Fahrstuhl *„disgusted"* die Lippen abwischt und sich anschließend die Zähne putzt; als ihre ältere Schwester mit Michael dann für 14 Tage nach Italien verreist und sie allein lässt (Furneaux zu Deneuve: *„Mach' nicht so ein trauriges Gesicht, in ein paar Tagen bin ich ja wieder bei dir"*), driftet Carole vollkommen in eine psychotische Albtraumwelt voll von Horrorvisionen sowie sexueller Gewalt ab, was letztendlich auch dazu führt, dass zwei Männer, die sie zuhause „besuchen", nämlich Colin, der ihr in gewisser Weise ein „Liebesgeständnis" macht (John Fraser zu Deneuve, nachdem er die Tür eingetreten hat und bevor ihn „Carole" mit einem Kerzenständer erschlägt: *„Entschuldige, ich musste dich unbedingt sehen. Ich...ich hielt's nicht mehr aus. Es war so furchtbar ohne dich. [...] Hab' ich* *irgendwas verkehrt gemacht?* [...] *Ich möchte doch nur mit dir zusammen sein, immer*"), und der „*Landlord*" (Patrick Wymark zu Deneuve, den sie wenig später mit einem Rasiermesser attackiert & tötet: „*Was ist mit Ihnen los? Krank?* [...] *Sie sind ja weiß wie ein Handtuch*"), der die Miete einkassieren möchte, durch Carole's Hände sterben...; Catherine Deneuve war, „*in 1965*", als *Ekel* in die Kinos kam, noch nicht so ein „berühmter Star" oder so ein „Erfolgsgarant für einen Film" wie später, aber Polanski wollte von der Liste mit Besetzungsvorschlägen der Filmfirma nichts wissen und fand eben, dass Deneuve, die 1964 in Jacques Demy's Musical-Film *Die Regenschirme von Cherbourg* / OT: „*Les Parapluies de Cherbourg*" ihren Durchbruch gefeiert hatte, die Richtige für den Part der „Carole" war („*Catherine war fantastisch. Ich habe nur gute Erinnerungen an die Arbeit mit ihr. Das war wie Tangotanzen. Sie wollte, dass ich sie führe. Es gab da keine Feindseligkeit, die sich manchmal entwickelt, vor allem mit männlichen Schauspielern, weil man ihnen Anweisungen gibt*" – R. Polanski); eins steht fest: Nur wenige Filme haben auf so eindringliche und überzeugende Weise eine „Reise in den Wahnsinn" dargestellt wie *Ekel*, an dem ich persönlich vor allem die zahlreichen „Spaziergänge der Deneuve durch die `Streets of London`" mag, die im Laufe des Films auch eine „zunehmend verrücktere Note" bekommen; „*Sie ist wohl eine der schönsten Frauen, die ich je gefilmt habe*" (Kameramann Gilbert Taylor über Catherine Deneuve) – Polanski lässt, wie Alfred Hitchcock das immer vorschwebte, in seinem vergleichsweise „Dialog-armen" Psychothriller „die Bilder sprechen", und sein wichtigster Mitstreiter dabei war der Kameramann Gilbert Taylor (z. B.: 1977: *Krieg der Sterne* von George Lucas), dessen Arbeit der polnische Regisseur seit Stanley Kubrick's *Dr. Seltsam oder: Wie ich lernte, die Bombe zu lieben* (1964) bewunderte, wobei auch Taylor, nachdem er *Das Messer im Wasser* gesehen hatte, sofort zusagte und später sogar Polanski's Enthusiasmus als Filmemacher mit jenem von Alfred Hitchcock, für den er dann bei *Frenzy* (1972) hinter der Kamera stand, verglich („*Solche Leute trifft man nur ganz selten, die die Anziehungskraft und diesen Enthusiasmus haben*" – G. Taylor über Alfred Hitchcock & Roman Polanski); neben den *ausgeprägten Schatten*, die Polanski für „*Repulsion*" vorschwebten, haben der Regisseur und sein „Director of Photography", um zu zeigen, wie der Wahnsinn „Carole Ledoux" überwältigt, vor allem *den Eindruck zunehmender Distanz* erzeugt, was man dadurch bewerkstelligte, indem die Brennweite der Objektive verringert wurden, um weitwinklige Aufnahmen zu bekommen; dieses Verfahren führte auch dazu, dass Catherine Deneuve's Gesicht im Film zunehmend „entstellt & wirr" wirkt („*Wenn man mit einem Weitwinkelobjektiv etwas aus der Nähe filmt, etwa ein Gesicht, dann wirkt es verzerrt*" – R. Polanski); das „*small budget*" machte, darüber hinaus, ebenfalls erfinderisch, und so wurde die berühmte „*horror-scene*", in der sich Deneuve, gequält von ihrer Psyche und ihren Visionen, durch den Gang in ihrer Wohnung bewegt und plötzlich von zahlreichen Männerhänden „attackiert" wird, die aus den „gummiartigen" Wänden nach ihr greifen, tatsächlich mit der Hilfe der „Durex"-Kondomfabrik realisiert, denn die „*hands*" bewegten dabei Material, welches eigentlich für die Herstellung von Präservativen verwendet wurde; wie auch immer: *Ekel* wurde von der Kritik in England, dem Rest von Europa sowie in den USA begeistert aufgenommen, erhielt sogar den Silbernen Bären bei den Filmfestspielen in Berlin und machte, ein wenig zur Überraschung aller Beteiligten, sogar richtig Geld an den Kinokassen].

„*Why can't you do it? / Why can't you set your monkey free? / Always giving into it / Do you love the monkey or do you love me?*" [Copyright: *George Michael*] ...am nächsten Tag besucht Lina, in Begleitung ihres Terriers, die „Lady Writer" Isobel Sedbusk in deren Haus.

Die Kriminalroman-Schriftstellerin... „Oh Lina, how nice" ...freut sich über den Besuch von „Mrs. Aysgarth" [ISOBEL SEDBUSK: „[...] *Ich hab' erst gestern daran gedacht, dass wir beide uns viel zu selten sehen*"].

Lina meint, im Zusammenhang mit dem „neuen Sedbusk" „Murder on the Footbridge", dass sie „ihre Nachttischlampe erst um 3 Uhr früh ausgemacht hat" und dass sie das Buch so dermaßen interessiert habe, dass sie der Autorin dazu noch gerne einige Fragen stellen würde.

„That's the most thrilling compliment I ever got"... „Isobel"
ist angetan von Lina's Worten und wundert sich schließlich darüber, nachdem sich ihr Besuch zu ihr an den Tisch gesetzt hat,
dass Lina ein „murder story fan" ist.

In der Folge erwähnt „Mrs. Aysgarth" ihre „Faszination für
den Bösewicht des Buches", wobei Sedbusk... „I always think
of my murderers as my heros" ...wert auf die Feststellung legt,
dass sie sich ihre Mörder stets als Helden vorstelle [*Anmerkung*:
Diese Sichtweise von „*murderers*" als „*heros*" war bekanntlich
auch jene von Alfred Hitchcock selbst, der, wie ich einmal im
Zusammenhang mit seinem „Witwenmörder-Epos" *Im Schatten
des Zweifels* erwähnt habe, in seinen Werken stets eine gewisse
„*Empathy for the Devil*" an den Tag legte].

Im Anschluss will „Isobel" dann wissen, was Lina so „fas-
zinierend" gefunden habe, und diese spricht dann von der „an
mehreren Stellen angesägten Holzbrücke" [LINA: „*Nun ja, Sie
wissen, er lockt sein Opfer über die Holzbrücke in der Kenntnis,
dass sie an mehreren Stellen angesägt ist*"].

„Don't forget that" – der Autorin ist daraufhin wichtig zu
erwähnen, dass der „hero and villain" in ihrem Buch vor allem
gewusst habe, dass das Opfer nicht schwimmen könne. Lina ihrerseits stellt ihr schließlich die Frage, ob man ein solches Verhalten als „Mord" bezeichnen müsse, was Sedbusk definitiv
mit... „It is murder" ...einem „Ja" beantwortet [ISOBEL SE-
DBUSK: „*Vom moralischen Standpunkt aus ist das gar keine
Frage. Es ist Mord*"].

Zu Lina's Überraschung meint Sedbusk, dass sich „Johnny" doch eigentlich für die Sache interessieren müsse, da das im Grunde „dieselbe Situation wie mit seinem Freund in Paris" sei... *„I have decided / I'm throwing my arms around, around Paris / Because only stone and steel accept my love"* [Copyright: *Morrissey*].

„Ja, glauben Sie?" [LINA] ...nachdem Lina ihr Erstaunen über diese Aussage zum Ausdruck gebracht hat, erklärt ihr „Isobel", warum sie gewisse Analogien zwischen dem „murder on the footbridge" in ihrem Buch und „dem Ende von Beaky Thwaite" sieht [ISOBEL SEDBUSK: *„Der Brandy hat in dem Fall die Funktion einer Holzbrücke. Und was diesen anderen Mann angeht, so ist es eben die Frage: `War es Mord oder Unglücksfall?`. Der Brandy-Trick ist ja auch keineswegs neu"*].

„That's been done before?" / „Oh yes, and in real life too"... um Lina zu beweisen, dass der „Brandy-Trick" kein ganz neuer mehr ist und „aus dem wahren Leben" kommt, geht die Autorin zum Buchregal und sucht dort nach einem „book" mit einem ganz bestimmten „famous murder case" darin, nämlich jenem von Richard Palmer, der sein Opfer, einen gewissen Jack Abbey, auf diese Art beseitigt habe, wobei Palmer erst gefasst worden sei, so wie „Isobel" Lina erzählt, welche außerdem noch die „strafrechtlichen Konsequenzen" von Palmer's Tun erfragt [LINA: *„Ist der Täter gehängt worden?"*], nachdem er noch sechs andere umgebracht habe [Nachsatz von ISOBEL SE-DBUSK: *„Ihm war die Brandy-Methode langweilig geworden und er hat es mit Gift versucht"*].

Da die „Lady Writer" das Buch aber nicht und nicht finden kann, will Lina sich verabschieden, aber dann fällt „Isobel" ein, dass das besagte Buch doch eigentlich...in Lina's „own house" sei [ISOBEL SEDBUSK: *„Oh, jetzt fällt es mir wieder ein.* **Das ist doch bei Ihnen**"].

„What!?" – „Mrs. Aysgarth" muss nachfragen, ob sie da jetzt richtig gehört hat, aber Sedbusk bestätigt ihr, dass „Johnny" sich das Buch über Richard Palmer und die sogenannten „Brandy-Morde" „some weeks ago" geborgt habe.

„Don't freak out until you know the facts / Relax" [Copyright: *Shania Twain*]...Lina versucht, nach dieser „Information", die Fassung gegenüber der Autorin zu bewahren. Nachdem die beiden Frauen... „Bye, Isobel" / „Bye, my dear" ...sich voneinander verabschiedet haben, geht Lina, gefolgt von ihrem Sealyham-Terrier, nach Hause, mit dem Ziel, einen Blick auf ihr eigenes Bücherregal zu werfen [*Anmerkung*: „Riff-Piraten": Eine Literatur-Verfilmung von Alfred Hitchcock" oder „Sail away sweet sister, sail across the sea": „SIR HUMPHREY PENGA-LLAN" CHARLES LAUGHTON: *„`Und Ihre Schönheit gleicht der Nacht. Wo über dunklem Zelt die Sterne gehen. Das Schönste aus der Himmelspracht sieht man in wundergleichen Augen stehen`"* / „MARY YELLEN" MAUREEN O'HARA: *„Danke, Sir, aber ich hatte Euch um ein Pferd bitten wollen,*

nicht um Verse" / SIR HUMPHREY PENGALLAN: *„Ach so. Bei der Schönheit von Lord Byron's Versen, Ihr sollt ein Pferd haben"* (aus: *Riff-Piraten*; das *„beautiful Irish girl"* Maureen O'Hara landet gleich zu Beginn von Hitchcock's Daphne-du-Maurier-basiertem *„costume drama"* im Haus des „verrückten Gutsherren" Charles Laughton und will ein Pferd, um zur alten Spelunke „Jamaica Inn" zu gelangen) – Alfred Hitchcock hat *„Jamaica Inn"* (OT) von 1939, seinen letzten in England entstandenen Film, denn „Hitch's" Vertrag mit dem US-Produzenten David O. Selznick, der dann bekanntlich zu einer weiteren Daphne-du-Maurier-Verfilmung führte, nämlich zu *Rebecca*, begann erst im April 1939, gegenüber Truffaut als „[...] *völlig absurdes Unternehmen"* bezeichnet, als „[...] *an absurd thing to undertake"*; nun, Hitchcock *„was right"*, was *Riff-Piraten* anbelangt, der in der Tat über weite Strecken den Eindruck hinterlässt, als habe hier ein „gelangweilter Regisseur Zeit totgeschlagen, da `in actual fact` schon die USA & Selznick auf ihn warteten"; *„Eigentlich mag ich keine historischen Themen, es ist nämlich nahezu unmöglich, dass sich ein Character in einem Kostüm normal bewegt"* (Copyright: *Alfred Hitchcock*) – zusammen mit dem misslungenen *„Waltzes from Vienna"* (1934) und mit dem US-Werk *„Under Capricorn"* (OT; 1949; Starring: Ingrid Bergman & Joseph Cotten) bildet die Literaturverfilmung (die Buch-Vorlage erschien 1936) gleichsam ein Trio von „Kostümdramen", über denen im Grunde eine auffällige und Hitchcock-untypische „Lethargie" schwebt, und noch dazu wirkt *Riff-*

Piraten innerhalb der Szenen, die in der Kneipe „Jamaica Inn" spielen, oftmals wie ein „abgefilmtes Theaterstück", was so ziemlich das Letzte ist, was man mit dem „Master of Suspense" gemeinhin in Zusammenhang bringt; allerdings hat der Film *einen* großen Trumpf, und das ist die irische Schauspielerin Maureen O'Hara (1920 – 2015), deren „Mary Yellen" streckenweise die einzig „echte / lebendige" Figur innerhalb des „Ensembles" zu sein scheint, wobei Maureen O'Hara, für die Hitchcock's letzter „*English Movie*" das Leinwanddebüt bedeutete, später in den USA bekanntlich eine große Karriere machte und vor allem als oftmalige Leinwandpartnerin des „Duke" John Wayne zu sehen war, mit dem sich O'Hara in diversen John-Ford-Filmen zahlreiche unvergessliche Dialoge und Szenen lieferte (Dialog-Zeilen von Maureen O'Hara aus dem legendären Kavallerie-Western *Rio Grande* von 1950, die „Kathleen Yorke" zu ihrem Ehemann „Lt. Col. Kirby Yorke" John Wayne sagt: Maureen O'Hara: „*Du hast dich überhaupt nicht verändert. Du bist noch genauso schwierig wie früher*"); „*Diese Ausbrüche von mir sind wirklich unentschuldbar. Versteh' nicht, was immer über mich kommt. Weißt du, übrigens, Chadwick, wie es ihm erging, meinem Großvater? Ja, er wurde verrückt*" (Charles Laughton zu seinem Butler „Chadwick" Horace Hodges, nachdem er einen seiner Zornesanfälle und „Anflüge von Wahnsinn" gehabt hat und den Butler angeschrien hat) – zur Story von *Riff-Piraten*: Die Küste von Cornwall im Jahr 1819; es kommt zu „Strandraub nach vorsätzlich herbeigeführten Schiffbrüchen", wobei jedes

Mal sämtliche Besatzungsmitglieder von den Riff-Piraten umgebracht werden, die offenbar stets genaue Informationen zur
Ladung und Bewegung der Schiffe haben; nach dem Tod ihrer
Mutter reist die junge Irin Mary zur Spelunke „Jamaica Inn", um
bei ihrer Tante Patience (Marie Ney) sowie ihrem Onkel Joss
Merlyn (Leslie Banks) zu bleiben; das „Jamaica Inn" entpuppt
sich aber als jener Ort, an dem sich die Riff-Piraten-Bande aufhält, die sich unter Merlyn's „*direction*" befindet; als die „*gang*"
ein neues Banden-Mitglied namens Jem Trehearne (Robert
Newton), dem unterstellt wird, Beute heimlich „gehortet" zu haben, im „Jamaica Inn" hängen will, wird er von Mary, die den
Vorgang beobachtet hat, vom Galgen geschnitten; „*Stayin' single was the plan / Didn't need a steady man*" (Copyright: *Shania
Twain*) – daraufhin verstecken sich Mary & Jem vor der Bande
zunächst in einer Höhle direkt „*by the sea*" (aus einem „Hitch-
cock-typischen Dialog eines Duos auf der Flucht, das sich letztendlich ineinander verliebt" zw. Maureen O'Hara & Robert
Newton: Newton: „*Ich bin früher Seemann gewesen und könnte
vielleicht wieder anheuern*" / O'Hara: „*Als wenn mich das interessieren könnte*" / Newton: „*Aber das muss es. Sie sind doch
jetzt verantwortlich für mich*" / O'Hara: „*Wie käm' ich dazu?*" /
Newton: „*Natürlich seid Ihr das. Ohne Euch säß' ich jetzt warm
und trocken in der Hölle. Das könnte Ihr nicht ableugnen. Wenn
wir also in Sicherheit sind, müsst Ihr für mich sorgen, ob Ihr
wollt oder nicht*" / O'Hara: „*Oh, bildet Euch bloß nichts ein*");
letztendlich landen Mary & Jem dann im Haus des obersten

Richters der „area" & Gutsherren Sir Humphrey Pengallan, der aber in Wahrheit der eigentliche „Mastermind" und Drahtzieher hinter den Überfällen der Piraten ist sowie auch von Mary's Schönheit angetan scheint, wie sich ja bereits schon zu Beginn ihres Aufenthalts an der Küste, als sie Pengallan um ein Pferd gebeten hatte, gezeigt hat (eine viel *später*, gegen Ende des Films, platzierte Aussage von Laughton zu O'Hara, als diese in einer Kutsche in gewisser Weise seine Geisel ist und einen Knebel im Mund hat: Laughton: „*Ja, meine Liebe. Das Leben ist wirklich erst schön, wenn man über die nötigen Dukaten verfügt und eine so reizende Frau neben sich hat wie dich*"); Trehearne entpuppt sich letztendlich als ein Lieutenant der Royal Navy, der den Auftrag hatte, die Piraten-Bande zu infiltrieren, um „*the mastermind*" zur Strecke zu bringen, und bald schon muss Trehearne erkennen, dass Pengallan der eigentliche „*villain*" ist, noch dazu „seine Mary" gekidnappt hat und das Land mit ihr in Richtung Frankreich verlassen will...; „*Könnt Ihr schwimmen?*" (Robert Newton zu Maureen O'Hara, bevor die beiden vor den Piraten aus ihrem Höhlenversteck flüchten) – eines der Probleme von *Riff-Piraten* ist sicherlich auch, dass der „Held" Robert Newton schlicht und einfach *langweilig* ist und von der „*Hitchcock-Woman*" Maureen O'Hara, die eben, wie fast alle „Hitchcock-Frauen", „*not just a pretty face*" ist, in Grund und Boden gespielt wird, was auch dem Mitproduzenten des Werks, nämlich Charles Laughton, aufgefallen war: „*Ich habe den Kollegen gesagt, dass wir Maureen helfen und ihr den Rücken stärken müssen. Wenn wir recht nett zu ihr wären, würde sie schon irgendwie heil durch den Film kommen.* Bereits nach zwei Tagen mussten wir aufpassen, dass sie uns nicht alle an die Wand spielte. *Sie ist nicht nur irgendeine Schauspielerin, sie ist eine große Schauspielerin"* (Copyright: *Charles Laughton*); nichtsdestotrotz zählt aber, neben O'Hara's „Mary Yellen", auch Laughton's „Sir Humphrey" zu den interessanten Charakteren des Films, und dies vor allem wegen der betont „selbstgefälligen" Performance des Schauspielers, die dem „Standesdünkel", der „unerträglichen Arroganz" und letztendlich der *„madness"* dieses Character entgegenkommt; wie gesagt: *Riff-Piraten* hat mit britischen Hitchcock-Meisterwerken wie *Die 39 Stufen, Jung und unschuldig* oder *Eine Dame verschwindet* nicht wirklich etwas zu tun, allerdings ist das Ende des Films, das auch mit dem Ende des *„lunatic"* Charles Laughton einhergeht, ein echtes Highlight, denn Laughton klettert zunächst, auf der Flucht vor Trehearne und diversen Soldaten, auf den *„topmast"* jenes Bootes, das ihn und die von ihm gekidnappte Maureen O'Hara nach Frankreich bringen soll; dann begeht er Selbstmord, indem er sich hinunterstürzt, aber nicht, bevor er sein eigenes Ende noch mit dem Ende einer „großen Ära" in Verbindung gebracht hat: *„Was erwartet ihr eigentlich? Eine Gala-Vorstellung? Die sollt ihr haben! Und erzählt euren Kindern, wie eine große Zeit zu Ende ging. Macht Platz für Pengallan!"* (Charles Laughton zu der Menge unten beim Boot); großartig ist auch die allerletzte

Szene des Films, denn da lässt Hitchcock „Chadwick", den Butler des mittlerweile toten „Sir Humphrey", noch einmal auftreten, wobei Horace Hodges dann beinahe direkt in die Kamera blickt und nur den Kopf schüttelt, angesichts der ganzen Vorfälle und angesichts des Endes seines „Herren"].

Angetrieben von ihrem erneuten „Verdacht" gegenüber... „*Ever fallen in love with someone / Ever fallen in love / In love with someone / Ever fallen in love / In love with someone / You shouldn't have fallen in love with*" [Copyright: *Fine Young Cannibals / Buzzcocks*] ...„Johnny" durchsucht sie die „Crime Book"-Abteilung, aber die „Nachforschungen" in „her own library" lassen sie nur auf Werke wie „Keep Murder Quiet", „Many Murders" oder „Famous Crimes" stoßen, nicht aber auf das Buch über Richard Palmer, welches sich „Johnny" angeblich von Isobel Sedbusk geborgt hat.

Letztendlich wird Lina fündig, nämlich in der Schreibtischschublade, wo „Johnny" eben „Trial of Richard Palmer" von einem gewissen George Houghton „abgelegt oder versteckt" hat. In dem Buch befindet sich darüber hinaus ein Kuvert, das an „den ehemaligen Arbeitgeber" ihres Ehemannes adressiert ist, nämlich an Captain Melbeck, und in dem diesem „envelope" zugehörigen „letter" geht es um „Melbeck's Money" [Inhalt des Briefes von JOHNNY an CAPTAIN MELBECK: „*Leider hat die Sache, die ich vorbereitet hatte, nicht geklappt. Wenn Du Dich noch etwas gedulden könntest, find ich sicher eine Möglichkeit,*

Dir Dein Geld zurückzuzahlen. Es fällt mir sehr schwer, eine so hohe Summe auf einmal flüssig zu machen"]. Dann läutet das „phone" im Raum und... *„Hallo? Nein, er ist nicht da. Hier ist Mrs. Aysgarth, um was handelt's sich?"* [LINA] ...am anderen Ende wird nach „Mr. Aysgarth" verlangt, denn ein Mann von der „Guarantor"-Versicherung will ihm mitteilen, dass sich die Beantwortung einer Anfrage seinerseits verzögert habe und er „den Brief" erst „tomorrow morning" bekommen werde. Lina verspricht, die Nachricht „Mr. Aysgarth" auszurichten.

„You're so complicated – you hang over my shoulder / When I read my mail" [Copyright: *Shania Twain*] ...am nächsten Morgen blickt Lina im gemeinsamen Schlafzimmer aus dem Fenster und sieht den „postman" kommen. Nur wenig später steht Ethel im Raum und bringt das Frühstück, wobei das „housemaid" von Lina sofort danach gefragt wird, ob „irgendwelche Briefe" gekommen seien, was Ethel bejaht und von „drei Briefen für Mr. Aysgarth" sowie „einem Modejournal für Mrs. Aysgarth" spricht.

Nun, „Mrs. Aysgarth" ignoriert ihr Modejournal und wirft einen Blick auf die Briefe, wobei einer von einer „Life Insurance Company" stammt und einer von der „Guarantors Assurance Company". In diesem Moment erwacht auch „Johnny" im gemeinsamen „bedroom" und Ethel teilt ihm mit, dass sie soeben den Tee und die Post gebracht habe.

„Johnny"... „Hello, darling. Any letters for me?" / „Three" ...erkundigt sich dann danach, ob bei der Post auch an ihn adressierte Briefe dabei gewesen seien. Nachdem Lina ihm seine drei Briefe ans Bett gebracht hat, sieht er sich offenbar jene zwei von der „Insurance Company" sowie von der „Assurance Company" durch und er scheint nicht wirklich zufrieden zu sein mit dem Inhalt der „letters", die er in der Folge in seine Jacke steckt, die neben dem Bett platziert ist, ein Vorgang, der von Lina, die „Johnny" den Rücken zugedreht hatte, aber mithilfe des großen Spiegels an der Wand genauestens beobachtet wurde.

Der dritte Brief jedoch... „*Well, well, well*" [JOHNNY; im Original] / „*Good news?*" [LINA; im Original] ...scheint ihren „husband" irgendwie zu erfreuen [JOHNNY: „*Toll. Nachricht vom alten Spotty. Er geht nach Indien.* [...]"].

Nach der „Spotty goes to India"-Neuigkeit fragt „Johnny" Lina, ob er vor ihr das Bad benutzen könne, und sie... „No, dear" ...hat nichts dagegen, denn als er im besagten „bathroom" verschwunden ist, holt Lina die Briefe aus der Tasche von „Johnny's" Jacke und wirft umgehend einen Blick drauf.

„She learns that he's been trying to borrow against her life insurance policy, which can only pay in the event of her death" – aus der Antwort der Versicherung geht hervor, dass es nicht möglich sei, „Mr. Aysgarth" ein Darlehen von 500 Pfund zu gewähren, denn eine Auszahlung der Polizze könne, gemäß den Bedingungen des Versicherungsvertrages, erst „nach dem Tode der Gattin" erfolgen. Kurz darauf kommt „Johnny" wieder aus dem Bad und Lina steht bereits wieder beim Schlafzimmerfenster und blickt hinaus... „Now she imagines *she's* to be the murder victim!“.

„Johnny“ bemerkt, dass „his wife“ zu zittern scheint [JOHNNY: *„Liebling, sag mal, zitterst du?“*], und Lina spricht davon, dass ihr kalt sei, dass sie „a bit of a chill“ habe [Reaktion von JOHNNY: *„Kalt, bei dem herrlichen Sonnenschein? Da muss ich dich ja wärmen“*].

„Perhaps this will help“ – als „sofortige Gegenmaßnahme“ umarmt er sie und küsst sie zunächst auf die Wange, was ihr sichtlich unangenehm ist, und dann... *„If you kiss me again / Like you did just now, like you did just then...“* [Copyright: *George Michael*]...küsst er sie auf den Mund.

Anschließend will „Johnny“ wissen, was sie beide „heute Abend“ machen, und Lina spricht von einem... *„And when I cook him dinner and I burn it black / He better say, mmmm, I like it like that yeah“* [Copyright: *Shania Twain*]...„Dinner with Isobel“ [LINA: *„Wir gehen zu Isobel zum Essen“*], was „Johnny“ allerdings als „langweilig“ empfindet [*Anmerkung:* „Alfred Hitchcock Presents: *Tödliche Fantasien* – eine amüsante Hommage an diverse Hitchcock-Movies“ oder „Waking Up the Neighbours“: ALFRED HITCHCOCK, in die Kamera sprechend, mit Anzug, *„bowler hat“* auf dem Kopf und mit aufgespanntem Regenschirm: *„Guten Abend, Freunde. Würden Sie die Liebenswürdigkeit haben, in Ihrem Bad nachzuschauen, ob nicht irgendjemand von Ihnen aus Versehen seine Dusche angelassen* *hat.* [der Regen hört auf] *Danke. Übrigens, ich wurde gebeten, darauf aufmerksam zu machen, dass dieses Programm noch zu wenige sehen. Viele sind verzogen und wir kennen nicht von allen die neue Adresse. So können wir sie mit unserer Sendung nicht erreichen. Ich hoffe, dass sich die Betreffenden mal darum kümmern*" (aus der nachträglich colorierten Hitchcock-Einführung zu „*Tödliche Fantasien*") – es gibt vielleicht bessere von Hitchcock persönlich inszenierte Episoden als „*Mr. Blanchard's Secret*" (OT) aus dem Jahr 1956, die die 52. Folge der originalen „*Alfred Hitchcock Presents*"-Reihe darstellt, in der es um eine von Mary Scott gespielte Autorin von „*Murder Mystery*"-Geschichten namens „Babs Fenton" geht, deren „*overstimulated mind*" sich, in bester „*Rear Window*"-Manier, auf die Nachbarn zu konzentrieren beginnt, da sie die Ehefrau von „Mr. Blanchard" (Dayton Lummis) nie zu Gesicht bekommt; ein äußerst amüsantes *Remake* von „*Mr. Blanchard's Secret*", das mit zahlreichen Verweisen auf diverse Klassiker des Suspense-Meisters wie eben *Das Fenster zum Hof, Verdacht, Psycho* oder *Marnie* daherkommt, ist den Machern der 1980s-Neuauflage von „*Alfred Hitchcock Presents*" gelungen, und zwar mit der achten Episode der fünften Staffel, betitelt mit „*Murder in Mind*" (OT; 1988; Regie: Allan King); die Rolle der Krimi-Autorin, die man auf „*Julie* Fenton" umgetauft hat, wird von dem ehemaligen *Unsere-kleine-Farm*-Star Melissa Sue Anderson gespielt, die die ganze Episode über als eine Art rastlose „*chatter-*

box" agiert, aber irgendwie auch als mutige „`Hitchcock-Wo-man`" im Sinne des eigentlichen Erfinders" erscheint; das Besondere ist, dass „Julie Fenton", da ihr Ehemann Donald (Larry Lalonde) lieber schlafen und nichts von ihren diversen „Theorien, die Blanchards betreffend" wissen möchte, sich die meiste Zeit über direkt „an die Kamera / ans Publikum" wendet – zur Story: Die Krimi-Autorin Julie Fenton arbeitet gerade an einem neuen Werk namens „The Bride Wore Pyjamas" und stellt sich beim Schreiben vor, wie eine Frau, die in einem Bett liegt, Opfer eines [*Norman-Bates*-artigen] Psychopathen mit einem Messer wird (Melissa Sue Anderson, nachdem sie die Szene „fertigimaginiert" und fertiggeschrieben hat, direkt in die Kamera: „*Die Ärmste, schade, dass sie so enden musste. Vor allem, weil sie Ähnlichkeit hatte mit mir. Ehrlich mal, ich muss aufhören, mich und meinen Mann als Modelle für meine Mordfälle zu nehmen. Schreckliche Gedanken liegen scheinbar in meiner Natur. Ein Psychoanalytiker würde bei mir wohl versteckten Tötungswahn feststellen. Es ist aber auch wirklich erschreckend, wie viel verschiedene Mordarten mir immer wieder einfallen. Wer weiß, wenn...wenn ich mir das nicht alles mit diesen Krimis von der Seele schreiben würde, vielleicht würd' ich dann zum Mörder werden. Aber...aber so ist es ja schließlich viel besser und gesünder. Außerdem bringts mehr Geld, viel mehr. Ansonsten bin ich so ziemlich normal, auch wenn Donald, mein Gatte, da anderer Meinung ist*"); als sie dann zu Bett gehen will, ihr „*husband*" Donald, ein Anwalt, befindet sich schon im Halbschlaf, beginnen ihre Gedanken um die neuen Nachbarn zu kreisen, die Blanchards, von denen sie Mrs. Blanchard noch nie zu Gesicht bekommen hat („Julie" zu „Donald": *Ist das nicht komisch, Liebling?*"); da ihr Ehemann der Autorin als diesbezüglicher Gesprächspartner aber nichts bringt, steht Julie wieder auf und spinnt ihre „Theorien" alleine weiter (Melissa Sue Anderson, gleichsam „zum Publikum": „*Mr. Blanchard ermordet seine Frau. Dann zieht er in eine andere Stadt, wo ihn keiner kennt und wo ihm keiner Fragen stellt, aber er muss immer noch Angst haben, dass jemand Verdacht schöpft*"), die eben davon ausgehen, dass Blanchard, der am College unterrichtet, stets den „*good husband*" spielt und behauptet, dass seine Frau allein sein möchte (Nachsatz von Melissa Sue Anderson: „*Und er wäre damit durchgekommen. Aber nicht, wenn er solche Leute als Nachbarn hat wie mich*"); plötzlich taucht aber Mr. Blanchard (Noel Harrison) ganz kurz bei den Fentons im Haus auf und scheint nach seiner Ehefrau Ellen zu suchen, was Julie dazu bringt, ihm zu folgen und in sein Haus einzudringen (Melissa Sue Anderson, im Haus der Blanchards: „*Ich glaube, es wäre am besten für mich, wenn ich wieder nach Hause gehe. Aber genau das werde ich nicht tun. Ich komm' nicht dagegen an*"); bald schon wird sie dort von einem „Schatten mit einem Messer in der Hand" verfolgt, der sich als Mr. Blanchard entpuppt, welcher behauptet, er hätte geglaubt, Julie sei eine Einbrecherin, wobei er, was seine Frau Ellen betrifft, meint, dass diese ausgegangen sei; zurück in ihrem eigenen Haus kann Julie weiterhin nicht schlafen und will aus der Sache nun eine ihrer Crime-Stories machen (Melissa Sue Anderson, zu „Donald" im Schlafzimmer: *Ich kann mir richtig vorstellen, wie die Ärmste da drüben zerstückelt im Keller liegt. In diesem Moment. Und wie dieser Blanchard sie Stück für Stück in den Ofen werfen wird. Ich sollte die Blanchards in eine Geschichte verarbeiten. Wahrscheinlich komm' ich dann erst zur Ruhe und kann wieder schlafen"*); nachdem sie sich an die Schreibmaschine gesetzt hat (Melissa Sue Anderson, an der Schreibmaschine, „zum Publikum": *„Vielleicht wäre es für die Story ganz gut, wenn sie irgendein Laster hätte, wie zum Beispiel Alkohol. Sie hat damit seine Karriere in Gefahr gebracht und er musste was dagegen tun"*), steht auf einmal Ellen Blanchard vor der Tür („Ellen" Ann-Marie MacDonald: *„Ich hätt' klopfen sollen. Ich weiß, es ist schon spät"*), die aber sofort wieder von ihrem Mann abgeholt wird; als Nächstes beobachtet die Autorin dann, wie Mr. Blanchard jemanden zu seinem Auto schleppt, was Julie als „Abtransport einer Leiche" interpretiert (Melissa Sue Anderson, „zum Publikum": *„Er hat sie ermordet und bringt sie mit dem Auto weg"*); sie ruft in der Folge die Polizei an und schreibt umgehend eine „Duschmord-Szene" mit Ellen Blanchard vor Augen, die aber dann plötzlich wieder vor Julie's Tür steht und behauptet, ihr Mann hätte nur einen betrunkenen Freund, der spontan bei ihnen aufgetaucht sei, zum Auto geschleppt und nach Hause gefahren (Melissa Sue Anderson zu Ann-Marie MacDonald: *„Wenn Sie wüssten, was für verrückte Theorien ich zu Ihnen hatte"*); nach dem Besuch von Ellen kommt Julie drauf, dass diese offenbar [Hitchcock's *Marnie* lässt grüßen] ein Feuerzeug mitgehen hat lassen, was sie glauben macht, dass Ellen's Problem nicht Alkohol, sondern Kleptomanie ist (Melissa Sue Anderson, zu „Donald" im Ehebett: *„Wenn ich daran denke, was ich ihm alles zugetraut habe. Und dabei hat er die ganze Zeit eine Kleptomanin am Hals. [...] Sobald er sie aus den Augen lässt, geht sie los und klaut"*); im Anschluss läutet das Telefon und die Polizei berichtet Julie von einer Frauenleiche, die „bei den Klippen" gefunden wurde, was die Autorin wieder zurück zu einer „Mr. Blanchard ist ein Psychopath und hat seine Frau von den Klippen gestoßen"-Theorie bringt, aber dann klopft es schon wieder an der Tür und Mr. & Mrs. Blanchard stehen davor und geben ihr das nun *reparierte* Feuerzeug zurück; etwas ratlos geht Julie zu Bett, wo sich aber ihr Mann für den Mangel an Schlaf, den sie ihm beschert hat, rächen möchte...; *„Und jetzt ist sie verheiratet mit einem Psychopathen"* („Julie" Melissa Sue Anderson mit Bezug auf „die Blanchards") – nun, *„Tödliche Fantasien"* ist in der Tat ein kurzweiliges, amüsantes Vergnügen und Melissa Sue Anderson liefert darin eine solide komödiantische Leistung als „`Lady Writer` & Nervensäge", die, wie Joan Fontaine in *Verdacht*, permanent Opfer ihrer „Theorien" wird und im Grunde jedes Mal falsch liegt; nicht vergessen darf man dabei natürlich die Schlussworte des „Master of Suspense", denn Hitchcock taucht am Ende der Episode, wie gewohnt, noch einmal auf und gibt dem Publikum, das wiederum direkt angesprochen wird, eine weitere Kostprobe seines britischen Humors: „*Würden Sie mich jetzt bitte entschuldigen. Ich muss noch schnell zu einer netten kleinen Feier. Ein guter Freund wird Ehrengast sein. Er ist steinalt. Vielleicht kann ich ihn beerben. Gute Nacht*" (Copyright: *Alfred Hitchcock* in „*Murder in Mind*")].

Beim besagten „Candlelight Dinner" im Haus von Isobel Sedbusk haben sich am Abend die Gastgeberin, deren Bruder, der Gerichtsmediziner Dr. Bertram Sedbusk [*Gavin Gordon*], sowie... „*Man! I feel like a woman!*" [Copyright: *Shania Twain*] ...„eine Frau in einem Anzug und mit Krawatte" namens Phyllis Swinghurst [gespielt von *Nondas Metcalf*] und Lina & „Johnny" versammelt.

Beim Hühnchen-Essen... „*No. No. No. It's murder / No. No. No. It's murder*" [Copyright: *The Smiths*] ...werden, ausgehend von „Isobel's" neuestem Buch, Mordmethoden besprochen [JOHNNY zu ISOBEL SEDBUSK: „`Mord auf der Brücke`*war ja ein Riesenerfolg. Hat mir sehr gefallen. Sie sagen also, der Kerl geht in das Zimmer, schließt hinter sich ab und setzt sich hin und spielt Klavier. Und hinter verschlossener Tür wird er erschossen*"], was bei Lina sichtlich zu „Dauer-Misstrauen" gegenüber „Johnny" führt.

Nachdem „Johnny" einige Fragen bezüglich des „Handlungsverlaufes" gestellt [JOHNNY zu ISOBEL SEDBUSK: „*Warum schließt der Mann sich ein? Er brauche sich ja nicht zu fürchten, wenn er ein bisschen Musik macht. Oder spielt der*

Mann so schlecht?"] und einige diesbezügliche Erklärungen bekommen hat [ISOBEL SEDBUSK: *"Nein, ich hab' mir die Sache so gedacht: Eine bestimmte Taste ist mit dem Revolver in der Wandtäfelung durch einen Draht verbunden. Na ja, und wenn er nun die Taste anschlägt, dann passierts"*], übt er etwas Kritik an... *"I don't mean to sound so pessimistic / But I don't think that cow really jumped over the moon"* [Copyright: *Shania Twain*] ...„Isobel's schriftstellerischen Lösungen" [JOHNNY: *„Das ist aber sehr herbeigeholt. Ich glaube, Sie lassen nach"*].

Das wiederum bringt Phyllis, „die Frau in Anzug & Krawatte", auf den Plan, die nun wissen möchte, was „Johnny" an diesem „Shoot The Piano Player"-Mord-Plan von Sedbusk nicht gefällt.

„It's too complicated. If you're going to kill somebody, do it simply" – „Mr. Aysgarth" plädiert daraufhin für „Einfachheit in Sachen Mord" [JOHNNY: „[...] *Bei einem Mord ist die einfachste Methode die beste"*].

Nun schaltet sich Lina ein und sie... „How would you do it simply?" ...möchte gerne wissen, wie er denn, angesichts seiner „Keep it simple"-Maxime, vorgehen würde, was „Johnny" zu der Aussage bringt, dass er eben „eine ganz simple Mord-Methode wählen und dabei die größte Sorgfalt anwenden würde, um nicht in Verdacht zu geraten".

Die Antwort reicht seiner Frau nicht aus und sie will, dass er „konkreter" wird [LINA: *„Wie würdest du es also machen?"*], was ihn zu dem Thema... „For instance poison" ...*Gift* bringt

[JOHNNY: „*Ganz einfach mit Gift. Mit dem ersten besten, das mir einfällt. Arsen zum Beispiel*"].

„The Brother of the Lady Writer", Bertram, der vor sich sein Geflügel auf dem Teller mit Messer und Gabel bearbeitet, weist in der Folge auf einen „Arsen-Fall" hin, bei dem Spuren des Giftes bei der Leiche noch vier Jahre nach dem Mord in Haaren und Fingernägeln nachweisbar waren, wobei der Gerichtsmediziner, auf „Johnny's" Nachfrage hin, dann verneinen muss, dass man den „dazugehörigen Mörder" gefunden hat.

„*Schrecklich sich vorzustellen, dass in dieser Minute vielleicht mehrere hundert Menschen frei herumlaufen, die einen Mord begangen haben*" [PHYLLIS SWINGHURST] – nachdem „Phyllis", als sie auf Bitte von „Isobel" hin Wein nachschenkt, der Runde die „mögliche Anzahl von frei herumlaufenden `murderers`" zu bedenken gegeben hat, die „Johnny" im Übrigen als „zu tief angesetzt" empfindet, wirft Lina die Frage in den Raum, „ob denn so ein Mörder noch jemals richtig schlafen könne" [JOHNNY: „*Keine Ahnung, Liebling. Ich denke ja, warum nicht...*"].

Da in der Folge von „Isobel" das Thema „Angst vor Entdeckung" angesprochen wird sowie die Möglichkeit, dass eben „selbst ein Haar vom Kopf ein Verräter sein könne", kommt „Johnny" zu seinem Gift-Thema zurück und fängt an... „There is an untraceable poison. Isn't there? I bet you know doctor" ...vor allem in Richtung von Dr. Sedbusk zu fragen, ob ein Gift existiere, welches keinerlei Spuren hinterlasse [Reaktion von DR. BERTRAM SEDBUSK: „*So fragt man Leute aus*"].

„Do I look like a murderer?" – schließlich stellt „Johnny", und Lina ist diejenige, die am gespanntesten auf die Antwort ist, eine weitere Frage, nämlich jene, ob er denn... „*Am I Einstein or am I Frankenstein?*" [Copyright: *Morrissey / Raymonde*] ...wie ein *Mörder* aussehe, und „Phyllis", die persönlich findet, dass er nicht so aussieht, sieht in „Isobel" die „erste Adresse", diese Frage zu beantworten [PHYLLIS SWINGHURST: „[...] *Sie sagt nämlich, sie braucht die Menschen nur anzusehen, dann weiß sie, wer einen Mord begehen könnte und wer nicht. Nicht wahr?*"].

Die „Lady Writer"... „*Ich will nicht eingebildet erscheinen, aber für gewöhnlich kann ich es*" [ISOBEL SEDBUSK] ...fängt daraufhin an, ihren Bruder als jemanden darzustellen, der „nicht einmal einer Fliege was zuleide tun könne", sowie Lina, welcher von „Phyllis" zuvor noch „a strange glint in the eye" attestiert wurde, und sich selbst die „Nerven für einen Mord" abzusprechen.

„*A death for no reason / And death for no reason is murder*" [Copyright: *The Smiths*] ...dann schätzt „Isobel", mit einer von dem Thema „unangenehm berührten" Lina im Hintergrund, „Johnny" ein, den sie als jemanden klassifiziert, der „gerne wie ein Mörder aussehen würde, aber keiner sei" [ISOBEL SEDBUSK zu JOHNNY: „[...] *Und Sie, mein kleiner Luftikus. Seht euch mal sein Gesicht an. Er möchte furchtbar gern wie ein Mörder aussehen, aber mir machen Sie nichts vor. Sie könnten kein Kaninchen töten, viel weniger einen Menschen umbringen"*].

Nach diesem „entlastenden Gutachten" der Kriminalroman-Schriftstellerin bezüglich ihres „husband" atmet Lina erleichtert durch und es zeichnet sich sogar ein Anflug eines Lächelns in ihrem Gesicht ab, während „Johnny's" Lächeln, nachdem er sich Sedbusk's Einschätzung angeschlossen hat [JOHNNY: *„Sie haben recht, ich glaube, ich kann es wirklich nicht"*], eher „verkrampft" wirkt.

Schließlich werden „Johnny's" Gesichtszüge sogar zutiefst „serious" [*Anmerkung*: „Apropos Gift: Frank Capra's *Arsen und Spitzenhäubchen*": „MARTHA BREWSTER" JEAN ADAIR: *„Mortimer, erinnerst du dich an die Giftflaschen, die jahrelang in Großvater's Arbeitszimmer gestanden haben?"* / „ABBY BREWSTER" JOSEPHINE HULL: *„Du kennst doch Tante Martha's Vorliebe für Mischgetränke. [...]"* / MARTHA BREWSTER: *„Ja, Mortimer. Auf vier Liter Holunderwein nehm' ich einen Teelöffel Arsenik. Dazu kommt noch ein halber Teelöffel Strychnin, und dann, zum Schluss, noch eine ganz kleine Brise Zyankali"* / „MORTIMER BREWSTER" CARY GRANT: *„Hm, das haut ganz schön hin"* / ABBY BREWSTER: *„Ja, aber stell' dir mal vor, einer unserer Herren hatte sogar noch die Zeit zu sagen: `Wie köstlich`"* / MORTIMER BREWSTER: *„Hatte er? War das nicht nett von ihm?"**](aus: *Arsen und Spitzenhäubchen*; die „lieben alten Tanten, die in Wahrheit Massenmörderinnen sind" Adair & Hull erklären ihrem „verblüfften & schockierten Neffen" Cary Grant, wie sie die „älteren Herren" mit vergiftetem Holunderbeerwein „von ihrer Einsamkeit erlösen"; *Synchro gemäß der deutschen Kinofassung von 1957) – ein absoluter Evergreen des „Schwarzen Humors" mit zahlreichen köstlichen Pointen voll von respektlosem & makabrem Witz ist „*Arsenic and Old Lace*" (OT), der bereits 1941 entstanden ist, aber aus firmenpolitischen Gründen, man wartete das Ende des Broadway-Run des erfolgreichen Theaterstücks von Joseph Kesselring ab, erst 1944 in die Kinos gekommen ist; wie ich bereits in „*Hitchcock Vol. 2 – More Movies To Be Murdered By*" einmal erwähnt habe, mochte Cary Grant diesen Film, den er unmittelbar nach *Verdacht* drehte und der wohl mit zu seinen bekanntesten zählt, *nicht* und bezeichnete das Capra-Werk sogar als seinen „*least favorite film*", der „*not his kind of comedy*" war mit all diesen „*double takes*"; und in der Tat, wenn man's genau betrachtet, ist Grant's „Mortimer Brewster unter der Regie von Frank Capra" ein gnadenlos „*overplayed character*", was Grant einmal zu der Aussage bewogen hat, dass er als einer der beiden alten Tanten „Abby & Martha" „glaubwürdiger" gewesen wäre; wie auch immer, der Film wurde zu einem „*big money-maker*", aber Grant spendete „*his entire salary*" für *Arsen und Spitzenhäubchen* diversen Wohltätigkeitsorganisationen, darunter 25.000$, eine wirklich „*impressive sum of money*" in den frühen 1940er-Jahren, für Kinder in Palästina, was Grant im Übrigen in der amerikanischen Öffentlichkeit umgehend „*the rumor*" einbrachte, „*Jewish*" zu sein; „*Schön, deine Familie ist verrückt, du bist auch verrückt. Darum lieb' ich dich eben. Ich liebe dich so, wie du bist. Ich bin auch verrückt. Küss' mich*" (Dialog zw. den beiden „Normalen" im Film: tröstende Worte von „Elaine" Priscilla Lane an „Mortimer" Cary Grant, der glaubt, aus einer „Familie von mörderischen Verrückten" zu stammen) – zur Story: Zu Beginn ist „*romance in the air*" und der New Yorker Schriftsteller & Theaterkritiker Mortimer Brewster, Autor des Buches „Marriage, a Fraud and a Failure" und eigentlich ein stadtbekannter „eingefleischter Junggeselle", heiratet die reizende Pastoren-Tochter Elaine Harper (Dialog, nachdem die beiden „*married*" nach einer offenbar recht „stürmischen Taxifahrt" zum Haus der Tanten in Brooklyn zurückgekehrt sind: Priscilla Lane: „*Mortimer, deine Liebe soll auch geistig sein*" / Cary Grant: „*Eins nach dem anderen*"); in der Folge findet Mortimer heraus, dass seine lieben alten Tanten Abby und Martha, die als „Wohltäterinnen" und „Menschenfreunde" gelten, Serienmörderinnen ohne jegliches Schuldbewusstsein sind und 12 ältere alleinstehende Herren mit Gift getötet haben, wobei Leiche Nr. 12, ein gewisser Mr. Hoskins, gerade frisch in einer Holztruhe im Haus aufbewahrt wird (Dialog zwischen Cary Grant & Josephine Hull: Grant: „*Das ist Mord!*" / Hull: „*So, mein lieber Junge, nun weißt du es und nun vergiss' es wieder. Schließlich dürfen Martha und ich auch unsere kleinen Geheimnisse haben*"); die Leichen hat, wie sich ebenso herausstellt,

Mortimer's spleeniger und „verrückter" Bruder Teddy (John Alexander), der sich für den Präsidenten Teddy Roosevelt hält (Dialog zw. Grant & John Alexander: Grant: *„Wie geht es, Herr Präsident?"* / Alexander: *„Famos, danke, einfach famos. Was hast du mir zu berichten?"* / Grant: *„Nur Gutes, Herr Präsident. Das Land steht geschlossen hinter Ihnen"* / Alexander: *„Ja, ich weiß, ist das nicht famos?"*), im Keller vergraben, wo er die „*graves*" gleichsam als „neue Schleusen für den Panama-Kanal" deklariert; Mortimer versucht daraufhin umgehend, Plätze für seine mörderische Verwandtschaft im Happy-Dale-Sanatorium zu bekommen („Dr. Witherspoon" Edward Everett Horton zu Grant am Telefon und mit Bezug auf „Teddy Brewster": *„Ich habe gedacht, dass er nicht so schnell kommen würde, Mr. Brewster. Wir haben zurzeit mehrere Teddy Roosevelts hier und das könnte zu Ungelegenheiten führen, das wäre unangenehm. Aber wenn es möglich wäre, dass er...Mr. Brewster, wir sind im Augenblick etwas knapp an Napoleons, Bonaparte. [...]"*), und sieht sich gezwungen, auch seine „frisch angetraute Ehefrau" Elaine vom Haus der Tanten fernzuhalten, mit der er eigentlich die Flitterwochen bei den Niagarafällen verbringen wollte (eine „beleidigte" Lane zu Grant, mit Verweis auf das Taxi, das eigentlich den ganzen Film über auf das „*married couple*" vor dem Haus wartet, um die beiden zum Flughafen zu bringen: *„Du kannst deine Hochzeitsreise, deinen Ring und deine Taxe und deine Truhe behalten! Pack' sie in ein Fass und roll' sie über den Niagarafall!"*); die ganze Situation wird noch komplizierter, als auch noch Mortimer's Bruder Jonathan (Raymond Massey), der nach diversen Gesichtsoperationen wie Frankenstein aussieht (Grant zu Massey, angesichts der „Ähnlichkeit": *„Wo hast du das Gesicht her? Aus Hollywood?"*), sowie dessen Freund, der plastische Chirurg Dr. Einstein (genial: Peter Lorre), auftauchen, die ebenfalls eine frische Leiche, einen gewissen Mr. Spenalzo, im Gepäck haben; bald schon wird Jonathan, der steckbrieflich gesucht wird, von Neid zerfressen, da seine Tanten offenbar genauso viele Morde wie er selbst aufzuweisen haben (Dialog zwischen „Dr. Einstein" & „Jonathan Brewster": Lorre: *„Du hast 12 und sie haben 12"* / Massey: *„Ich habe 13! [...] 13 mit Mister Spenalzo. Da ist der Erste in London, zwei in Johannesburg, einer in Sydney, einer in Melbourne, zwei in San Francisco und einer in Phoenix, Arizona. [...] An der Tankstelle. Drei in Chicago und einer in Südamerika"*), doch mit Mortimer als Opfer könnte er sie überflügeln...; *„Auf der Bühne tun die Leute wenigstens so, als ob sie intelligent sind"* / *„Ach, finden Sie? Haben Sie schon mal einen Schauspieler gesehen, der intelligent ist?"* (Dialog zwischen „Dr. Einstein" Peter Lorre & dem „Theaterkritiker" Cary Grant, wobei Grant selbst im Übrigen als *„very intelligent actor"* galt) – Frank Capra hat die literarische Vorlage überaus getreu verfilmt, ohne dabei aber lediglich nur „abgefilmtes Theater" zu liefern, im Gegenteil, die Gruselkomödie, die im Übrigen in der Halloween-Nacht spielt, ist auch filmisch überaus wirkungsvoll, und ein echtes filmisches Highlight und äußerst spannend ist beispielsweise jene Szene, in der Raymond Massey & Peter Lorre den toten „Mr. Spinalzo" ins abgedunkelte Haus der Brewster-Schwestern schleppen und dann auch den dunklen Keller mit den zahlreichen „Schleusen für den Panama-Kanal" erkunden].

„Back at home from the dinner with Isobel". „Johnny" verschließt die Eingangstür, was Lina mit Angst zu erfüllen scheint [LINA: *Warum riegelst du denn ab? Was ist mit Ethel?*"], woraufhin ihr „Johnny" in Erinnerung ruft, dass Ethel ihren „day off" habe und erst „tomorrow morning" zurückkomme und dass die Köchin, nach der sich Lina ebenfalls erkundigt... „The cook's away on a holiday" ...sich momentan „in den Ferien" befinde.

Nach der „Where is the housemaid and where is the cook?"-Diskussion schaltet „Mr. Aysgarth" das Licht im Haus ab, nimmt „Mrs. Aysgarth", deren „Fear" daraufhin noch größer zu werden scheint, bei der Hand und geht mit ihr gemeinsam die große Treppe, die wiederum mit... „the width of a thread from a spider's web" ...dem „Spinnennetz-Muster" der Fenster „überzogen" scheint, hoch in Richtung des gemeinsamen Schlafzimmers.

Oben im „bedroom" angekommen merkt „Johnny", dass seine Frau „zittert" [JOHNNY: *„Schätzchen, du zitterst ja schon wieder so"*], und er erkundigt sich, ob sie denn an einer Erkältung leide [Reaktion von LINA: *„Anscheinend, irgend so etwas muss es sein"*].

Lina's scheinbare „cold" führt dazu, dass er ihr rät, schnell zu Bett gehen, damit er sie „wärmen" könne. Als er ihr aber helfen will, den Mantel auszuziehen, bittet sie „Johnny" darum, sie in Ruhe zu lassen [LINA: *Nein, Johnny. Lass mich bitte, ja?*"]. „You know this reminds me on the day we first met on the top of the hill" – „Mr. John Aysgarth" fühlt sich dadurch an den ersten gemeinsamen Spaziergang mit „Miss Lina MacLaidlaw" erinnert [Nachsatz von JOHNNY: „[...] *Da durfte ich nicht mal dein Haar anfassen. Weißt du noch, wie du dich gewehrt hast?*"], was dazu führt, dass Lina, in einer „mixture between emotion and despair", sich an ihn presst, ihren Kopf auf seine Brust legt und davon spricht, dass sie diesen Moment „nie vergessen werde"... „*And for your love I'd give my last breath / From this moment on*" [Copyright: *Shania Twain*].

Als „Johnny" ihren „Genesungsprozess"... „Get undressed, old girl. What are you waiting for?"...beschleunigen möchte und sie dazu auffordert, in ihr „nightdress" zu schlüpfen, meint sie, dass er „nicht böse sein" solle, da sie heute „nervös" sei und „allein sein" möchte [LINA: „*Würd' es dir was ausmachen, heute Nacht im Wohnzimmer auf der Couch zu schlafen?*"].

Die damit einhergehende „Verbannung auf die Couch" macht „Johnny" allerdings sehr wohl etwas aus [JOHNNY – streng: „*Selbstverständlich würd' es das*"], was dazu führt, dass Lina ihn um Verständnis bittet, da sie „in letzter Zeit immer sehr schlecht geschlafen habe".

„Johnny" ist nun endgültig beleidigt und merkt gegenüber Lina an, dass sich die Dinge offenbar vollkommen geändert haben und sie früher nur immer dann schlecht geschlafen hätte, wenn er *nicht* da war.

Schließlich kommt er ihrem Wunsch... *„Na schön, wenn du's unbedingt so haben willst. Gute Nacht"* [JOHNNY] ...zähneknirschend nach und verlässt den gemeinsamen „bedroom".

„Thank you, drop dead / Something is squeezing my skull / Something I can barely describe / There is no love in modern life" [Copyright: *Morrissey*] ...nachdem „Johnny" das Schlafzimmer verlassen hat, greift sich Lina an die Stirn, muss sich plötzlich an dem Stuhl, der sich neben ihr befindet, festhalten, verliert den Halt auf den Beinen und sinkt zu Boden, wobei sie ihren Kopf auf der Stuhllehne abstützt. Es scheint so, als habe sie das Bewusstsein verloren [*Anmerkung*: Exkurs: „`Un film sur le cinéma`: Truffaut's *Die amerikanische Nacht*" oder „`Cause I think we've seen that movie too": „REGISSEUR FERRAND" FRANÇOIS TRUFFAUT: *„Walter, da kommen gerade die Fotos von Julie. Schau"* / „KAMERAMANN WALTER" WALTER BAL: *„Ah ja, die kenn' ich, die hab' ich in einem Film gesehen. Mit einer Auto-Jagd. [...] Aber sie war einmal sehr krank"* / REGISSEUR FERRAND: *„Ja, sie litt unter Depressionen. Aber das ist schon eineinhalb Jahre her"* / KAMERAMANN WALTER: *„Aber damals lief sie mitten während der Dreharbeiten weg"* / REGISSEUR FERRAND: *„Ja, das stimmt schon. Aber jetzt hat sie ihren*

Arzt geheiratet. Es spricht also alles dafür, dass es ihr jetzt bes-
ser geht" (aus: *Die amerikanische Nacht*; der „Regisseur"
François Truffaut und sein „Kameramann" Walter Bal sehen
sich ein paar Fotos von der Hauptdarstellerin ihres Films, nämlich von „Julie Baker" Jacqueline Bisset, an, die offenbar unter
„psychischen Problemen" gelitten hat; das mit dem „Film mit
der Auto-Jagd" ist natürlich eine Hommage an den grandiosen
US-Actionthriller *Bullitt*, in welchem Bisset an der Seite des
„King of Cool" Steve McQueen zu sehen gewesen ist) – einer
der allerbesten und auch kommerziell erfolgreichsten Filme von
Hitchcock-Freund François Truffaut ist zweifellos die Komödie
„*La Nuit américaine*" (OT) aus dem Jahr 1973, die Truffaut sogar den Oscar in der Kategorie „*Meilleur Film Etranger*", „Bester fremdsprachiger Film", einbrachte; als der „*French Direc-*
tor" in den Victorine Studios in Nizza am Schnitt seiner Henri-
Pierre Rochè-Verfilmung *Zwei Mädchen aus Wales und die*
Liebe zum Kontinent (1971) arbeitete, war Truffaut beeindruckt
von den Kulissen eines Filmes, der dort zuvor gedreht worden
war, nämlich *Die Irre von Chaillot* (1968; Regie: Bryan Forbes)
mit Katherine Hepburn & Yul Brynner nach dem Bühnenstück
von Jean Giraudoux; diese „*scenery*" führte bei ihm in der Folge
zu der Idee, einen „`film about cinema`" zu drehen, der die Einheit von Ort, Handlung und Zeit" respektiert, wobei Truffaut ohnehin „Filme übers Filmemachen" wie *Stadt der Illusionen*
(1952) und *Zwei Wochen in einer anderen Stadt* (1962) von Vin-

cente Minnelli oder „*Singin' in the Rain*" (OT; 1952) von Stanley Donen liebte; nach den bedauerlichen Box-Office-Flops der Literaturverfilmung „*Zwei Mädchen aus Wales*...*" sowie der Krimikomödie *Ein schönes Mädchen wie ich* (1972) mit Bernadette Lafont widmete sich der Regisseur also „*La Nuit américaine*", einem Film, der, das sei hier nebenbei erwähnt, offenbar auch zu den „*All Time Favorites*" von Steven Spielberg gehört, für den Truffaut ja die Rolle des UFO-Experten „Claude Lacombe" in dem Science-Fiction-Klassiker *Unheimliche Begegnung der dritten Art* (1977) spielte; „*Einen Film drehen, das ist wie eine Kutschenfahrt durch den Wilden Westen. Zu Beginn hofft man auf eine schöne Reise und sehr bald fragt man sich dann nur noch, ob man wohl am Ziel ankommen wird*" (Voiceover von „Regisseur Ferrand" François Truffaut) – wie immer verwendete Truffaut auch bei *Die amerikanische Nacht*, der im Übrigen den schauspielenden Schwestern Lillian & Dorothy Gish gewidmet ist, als Basis-Input für das Drehbuch diverse Anekdoten sowie gewisse „Vorfälle, deren Zeuge er war"; darum herum hat der Franzose dann „*the idea of a film within a film*" konstruiert, und der Film, den der Regisseur „Ferrand" und sein Team in den besagten Victorine Studios in Nizza drehen, ist mit „*Je vous présente Pamela*" (in der dt. Synchro: „*Meine Ehefrau Pamela*") betitelt; „*Also los, Bernard! Die Katze jetzt ins Bild!* [...] *Ach, aus, aus, aus! Die Sache ist ganz einfach, wir verschieben die Szene so lange, bis ihr 'ne Katze gefunden habt,* *die spielen kann!*" („Ferrand" Truffaut zu dem „Ausstatter Bernard" Bernard Menez, der eine „für die Szene unbrauchbare" Baby-Katze gecastet hat, die sich nicht und nicht über das Frühstück hermachen will, das das „Paar auf der Flucht" Jacqueline Bisset & Jean-Pierre Aumont gerade vor die Hotelzimmertür und ins Freie gestellt hat) – der Inhalt dieses „Filmes, der gerade gedreht" wird (Ein junger Mann [Jean-Pierre Léaud] heiratet eine schöne junge Frau [Jacqueline Bisset] und stellt sie seinen Eltern [Valentina Cortese & Jean-Pierre Aumont] vor. Der Vater verliebt sich in seine Schwiegertochter und brennt mit ihr durch. Der eifersüchtige Sohn verfolgt die beiden und versucht, seinen Vater zu töten), wurde von einem Vorfall inspiriert, den die englische Presse aufgebracht hatte; der Plot von *Die amerikanische Nacht* im Allgemeinen jedoch ist um den Regisseur „Ferrand" gebastelt, der sich *„during the making of the film"* mit diversen Problemen konfrontiert sieht, wobei Truffaut hier zum zweiten Mal nach *Der Wolfsjunge* (1970) als *„acteur"* einer seiner Filme zu sehen ist; laut Eigenaussage wollte er gleichsam die Zuschauer an der Hand nehmen und *„to the other side of the screen or the mirror"* führen, um zu zeigen, was während der Dreharbeiten eines Filmes passiert, inklusive der „Intrigen" und der „kleinen Geheimnisse" (*„Ich werde nicht die ganze Wahrheit erzählen, aber ich werde die Wahrheit über Dinge erzählen, die ich bei meinen eigenen Filmen und bei denen anderer gesehen habe. Jede Figur wird bei ihrer Arbeit und in ihrem Privatleben gezeigt"* – F. Truffaut); die *„leading role"* zusammen mit den

Stars des Films teilen sich „*all the people in the background*", die also ebenfalls im Rampenlicht erscheinen, so wie zum Beispiel das „Scriptgirl Joëlle" Nathalie Baye, die quasi „die rechte Hand" von „Ferrand" François Truffaut spielt; „*Ah, Day for Night. Das nennt man im Englischen Day for Night*" („Julie" Jacqueline Bisset zu „Ferrand" François Truffaut, nachdem er ihr erklärt hat, dass sie einen Autounfall als „amerikanische Nacht" drehen, also als eine „mithilfe eines Filters am Tag gedrehte Nachtszene") – was „*le choix des acteurs*" betrifft, wollte Truffaut einen „angelsächsischen Touch" in der Besetzung haben, „*to appeal to a wide audience*" und um dem Publikum eine „*Hollywood influence*" spüren zu lassen, und der größte Coup in diesem Zusammenhang ist wohl die Besetzung von Jacqueline Bisset, die seit Peter Yates' Polizeifilm *Bullitt* (1968), in dem sie als „*girlfriend*" von Steve McQueen unter dessen „filmüblicher" Unzugänglichkeit litt, ein internationaler Star war; vor allem die Dialoge zwischen Bisset und Jean-Pierre Léaud, der als „Schauspieler Alphonse" genauso liebenswert und „*unstable*" daherkommt wie im Antoine-Doinel-Zyklus, zählen zu den Highlights von „*La Nuit américaine*" (aus einem Gespräch während einer Drehpause: Jean-Pierre Léaud: „*Haben Sie Lampenfieber?*" / Jacqueline Bisset: „*Was soll denn das sein?*" / Jean-Pierre Léaud: „*Stage fright. Have you stage fright? Sind sie nervös?*"); Jean-Pierre Aumont, der den „Schauspieler Alexandre" verkörpert, hatte ebenfalls in Hollywood gearbeitet, und Valentina

Cortese, die „Séverine", eine Schauspielerin mit Alkoholproblemen und damit einhergehenden Problemen, sich ihren Text zu merken („Regisseur Ferrand" Truffaut zu Cortese nach einer misslungenen Szene: *„Das macht nichts, Séverine. Nochmal von vorn"*), spielt, war seinerzeit eine international bekannte *„Italian actress"*, die beispielsweise auch in Federico Fellini's „ziemlich unheimlichem Fantasyfilm" *Julia und die Geister* (1965) zu sehen gewesen ist; eine Art *Manifest* Truffauts bekommt „Alphonse" Jean-Pierre Léaud zu hören, als dieser in eine Liebeskrise gerät, nachdem ihn eine sprunghafte Skriptvolontärin namens Liliane (gespielt von Dani) ganz plötzlich für einen Stuntman verlassen hat, denn als er den Film abbrechen und vom Drehort „flüchten" möchte, sagt ihm „Ferrand"/Truffaut Folgendes: „[...] *Hör auf zu spinnen, Alphonse! Du bist ein guter Schauspieler, die Arbeit läuft gut. Ich weiß, du hast privaten Kummer, aber jeder von uns hat mal ein Tief in seinem Privatleben. Im Film ist alles harmonischer als im Leben. Es gibt keine plötzlichen Hindernisse, keinen Leerlauf, die Filme rollen wie ein Zug, wie ein Zug in der Nacht. Du weißt genau, Leute wie du und ich, wir können nur bei der Arbeit glücklich sein, bei der Arbeit fürs Kino. Salut, Alphonse, ich verlass' mich auf dich"* (Copyright: *Die amerikanische Nacht*); wenig später stellt Léaud aber „das Leben über den Film" und will *„Meine Ehefrau Pamela"* tatsächlich hinter sich lassen (Léaud zu Jacqueline Bisset, als er seinen Koffer packt: „*Und dann weiß ich genau, dass Ferrand unrecht hat, das Leben ist viel wichtiger als das Kino. Ich muss* *gehen. Danke, Julie. Danke für alles*"), was Jacqueline Bisset allerdings zu verhindern weiß...; eine meiner persönlichen Lieblingsszenen von „*La Nuit américaine*" ist aber beispielweise auch jene, in der „Regisseur Ferrand" François Truffaut im Büro seines Produzenten Bertrand (Jean Champion) ein Paket öffnet, in dem sich zahlreiche Filmbücher befinden, und zwar über Luis Buñuel, Ingmar Bergman, Roberto Rossellini, Carl Theodor Dreyer, Ernst Lubitsch, Jean-Luc Godard, Howard Hawks, Robert Bresson und Alfred Hitchcock].

Nach einem *Zeitsprung* liegt Lina in ihrem Bett und scheint... „*I used to love her, but I had to kill her*" [Copyright: *Guns N' Roses*] ...zu schlafen, und „Johnny" sitzt am Bettrand und blickt auf sie hinunter. Dann erwacht Lina und Aysgarth erkundigt sich... „Feeling better?" ...nach ihrem Befinden [JOHNNY: „*Fühlst du dich besser?*"].

„Oh yes, thank you" – nachdem Lina ihrem Ehemann eine „gesundheitliche Auskunft" erteilt hat, bemerkt sie, dass... „Oh, Isobel" ...Isobel Sedbusk auf der anderen Seite des Bettes sitzt und offenbar ebenso „auf sie aufgepasst hat" wie „Johnny" [ISOBEL SEDBUSK: „*Wie geht's Ihnen, mein Kind?*"].

Nachdem Lina nochmals bestätigt hat, dass es ihr gut geht, möchte sie wissen, wie lang sie geschlafen hat [LINA: „[...] *Ich hab' wohl sehr lange geschlafen, ja?*"], woraufhin „Johnny" ihr mitteilt, dass... „Isobel's brother gave you a sleeping pill this morning. Your nerves seemed to be all upset. We were quiet worried about you" ...Dr. Sedbusk ihr „heute früh" eine

Schlaftablette verabreicht habe, da alle um sie in Sorge gewesen seien.

Daraufhin meint „Isobel", dass sie keine Angst zu haben brauche, da „Bertram" sie genau untersucht habe [Nachsatz von ISOBEL SEDBUSK: „[...] *Und wenn er auch nur selten einen lebenden Menschen behandelt, ich glaube, er ist ein sehr befähigter Arzt. Er sagt, Ihnen fehlt nichts weiter als Schlaf*"].

Damit Lina wieder zu Kräften kommt, verlässt „Johnny" das Schlafzimmer, um Ethel zu sagen, dass sie „Mrs. Aysgarth" etwas zu essen machen soll, was dazu führt, dass die „Lady Writer" umgehend ein Loblied auf „Johnny" singt [ISOBEL SEDBUSK: „*Er ist einfach eine Perle, Ihr Johnny. Ein Juwel*" / LINA: „*Ich weiß*"].

„Isobel" zündet sich eine Zigarette an und teilt Lina mit, dass sie bereits seit „heute in der Früh" hier sei, da „Johnny" sie sofort angerufen habe. In der Folge bittet sie „Mrs. Aysgarth" darum, möglichst schnell wieder gesund zu werden, denn Sedbusk sieht „career ending consequences" auf sie zukommen, wenn sie noch länger Umgang mit „Johnny" pflege [ISOBEL SEDBUSK: „*Wenn Sie mich mit Ihrem Mann noch oft allein lassen, wird es mit meiner Karriere bald vorbei sein*"].

„He flirted with you, Isobel, isn't it?" – nachdem Lina die Schriftstellerin gefragt hat, ob ihr „husband" mit ihr „geflirtet" habe, spricht diese davon, dass die Sache „viel schlimmer" sei und „Johnny" es anscheinend auf ihre „Berufsgeheimnisse" abgesehen habe, um selbst, so jedenfalls ihr „Verdacht"... „*The* *death of a disco dancer / Well, it happens a lot `round here"* [Copyright: *The Smiths*] ...Kriminalromanschriftsteller zu werden [ISOBEL SEDBUSK: „*Er presst alle meine Geheimnisse aus mir heraus. Ich habe ihn im Verdacht, dass er heimlich einen Kriminalroman schreibt*"].

„What secrets?" – Lina's Stimmung... „*So how can anybody say / They know how I feel? / The only one around here who is me is me*" [Copyright: *Morrissey*] ...ändert sich nach dieser aus ihrer persönlichen Sichtweise heraus „äußerst beunruhigenden Information" sofort.

In der Folge spricht Sedbusk von „einer erstaunlichen Beharrlichkeit, die Johnny da an den Tag lege", sodass sie dann halt irgendwann „auspacke", was ihr ihr Bruder „Bertram", so „Isobel" außerdem, sicherlich „übelnehmen" werde [Nachsatz von ISOBEL SEDBUSK: „*Aber seien Sie mal ehrlich. Haben Sie Johnny schon irgendwann mal etwas abschlagen können?*"; // *Anmerkung*: Die deutsche Synchro unterschlägt an der Stelle „Lina's" Antwort auf die originale „*Have you ever been able to deny Johnny anything*"-Frage von „Isobel" Auriol Lee, denn Joan Fontaine sagt daraufhin in der Originalfassung „*Never*", während sie in der deutschen Fassung, aus welchen Gründen auch immer, „stumm" bleibt, eine Tatsache, die der gesamten Szene einiges an „Tiefe" und Aussagekraft wegnimmt].

Sofort bringt Lina das Gespräch auf „Johnny's Lieblingsthema am Dinner-Tisch bei Isobel", nämlich „undetectable poison" [LINA: „*Hat er Sie nach diesem Gift gefragt?*"], und die

„Lady Writer" muss gestehen, dass sie auch in diesem Zusammenhang „bereitwillig gesungen" habe [ISOBEL SEDBUSK: „[...] *Ich könnte mich ohrfeigen. Ich werd' mir das nie verzeihen können. Wenn er diese Sache nun vor mir in einem Roman verwertet, geschieht es mir ganz recht. Und bedenken Sie, es ist eine Substanz, die überall im Gebrauch ist. Jeder kann sie sich ohne Weiteres beschaffen. Und wenn man sie jemandem verabreicht, ist er innerhalb einer Minute sanft entschlummert. Und wohlgemerkt: Das Gift ist im Körper des Toten nicht nachzuweisen"*].

„Is, whatever it is, painful?" – Lina scheint „ihr Schicksal" klar vor sich zu sehen und will von „Isobel" wissen, ob denn so ein Tod „schmerzhaft" sei, aber Sedbusk... „Not in the least. In fact I should think it'll be the most pleasant death" ...gibt diesbezüglich „Entwarnung" und geht von einem „ausgesprochen angenehmen Tod" aus [*Anmerkung*: Exkurs: „*Stage Fright*: Eines von Hitchcock's vergleichsweise weniger gelungenen Werken" oder „I might be a little young but honey, I ain't naive": „CHARLOTTE INWOOD" MARLENE DIETRICH zu „EVE GILL/`DORIS TINSDALE`" JANE WYMAN: „*Der einzige Mörder hier im Haus ist der Kapellmeister*" (aus: *Stage Fright*; Garderoben-Dialog während einer Aufführung zwischen dem „großen Bühnenstar" Marlene Dietrich und der „Jungschauspielerin, die sich als `maid` & Assistentin bei der Dietrich eingeschlichen hat, um diese als Mörderin zu überführen" Jane Wyman) – *Rebecca, Verdacht, Im Schatten des Zweifel*s, *Das Rettungsboot, Berüchtigt, Cocktail für eine Leiche*, Alfred Hitchcock lieferte bekanntlich zahlreiche Klassiker in den 1940er-Jahren ab, das Jahrzehnt beschlossen hat er aber dann sozusagen mit einem seiner „*least appreciated works*", mit einem Film, den auch Truffaut nicht gerade als „Ruhmesblatt" für den Suspense-Meister empfand, nämlich mit dem in London entstandenen „*Stage Fright*" (OT), der mit dem irreführenden deutschen Verleihtitel *Die rote Lola* versehen wurde, aber auch die ehemals „fesche Lola" aus *Der blaue Engel* Marlene Dietrich, die in dem Film im Übrigen wirklich *fantastisch* aussieht, kann das Werk nicht retten; „*Das ist wirklich ein kleiner englischer Krimi in der Agatha-Christie-Tradition und genau eines von diesen Whodunits, mit denen Sie sonst nichts zu tun haben wollen*", meinte François Truffaut gegenüber Hitchcock kritisch, aber „Hitch" hatte hier zunächst die Idee einer „Theatergeschichte" fasziniert, wobei auch die Tatsache, dass die literarischen Vorlagen von Selwyn Jepson („*Man Running*" & „*Outrun the Constable*") von verschiedenen Kritikern sinngemäß als „`*pretty good stuff*' für einen Hitchcock-Film" bezeichnet wurden, eine Rolle spielte („*Und ich habe sie wie ein Idiot beim Wort genommen*" – HITCHCOCK zu TRUFFAUT); „*Oh, that rain. That rain at the garden party. Thank goodness it didn't rain at the funeral. That would have been too much. I hate rainy funerals*" (Hitchcock zurück in seiner Heimatstadt London: Marlene Dietrich bringt gegenüber Jane Wyman in einer Theatergarderobe ihre Freude darüber zum Ausdruck, dass es auf dem Begräbnis ihres Ehemannes nicht auch noch geregnet hat, was dramaturgisch eindeutig „zu viel des Guten" gewesen wäre) – zu den Grundzügen der Story: Jonathan Cooper (Richard Todd) steigt in den Wagen der „*aspiring actress at the Royal Academy of Dramatic Art*" Eve Gill und erzählt ihr (was dann im Rahmen einer *Rückblende* dargestellt wird), dass „*his older lover*", die Theaterdiva Charlotte Inwood, völlig außer sich und mit einem Blutfleck auf ihrem weißen Kleid bei ihm zuhause aufgetaucht ist und ihm erzählt hat, dass sie ihren Ehemann getötet hat (aus dem Dialog zwischen Marlene Dietrich & „Jonathan, genannt Jonnie" Richard Todd im Rahmen der Rückblende: Dietrich: „*Jonnie, du liebst mich! Sag, dass du mich liebst! Du liebst mich wirklich, nicht wahr? Ich glaube, er ist tot. Er ist bestimmt tot. Ich wollt's nicht tun. Ich wollt's nicht tun*" / Todd: „*Wer ist tot?*" / Dietrich: „*Mein Mann*"); nachdem Inwood und Cooper beraten haben, was zu tun ist (Dialog im Rahmen der Rückblende: Dietrich: „*Ruf das Theater an. Ich kann heut' nicht spielen. Sag ihnen, ich sei krank*" / Todd: „*Nein, du musst heute Abend spielen. Spielen, als ob nichts passiert wäre.* [...]"), holt „Jonnie" ein neues Kleid für Charlotte aus der Wohnung, in der tatsächlich die Leiche des Ehemannes liegt, und lässt das Szenario dort wie einen Einbruch aussehen; in der Wohnung wird er dann aber von dem Hausmädchen Nellie Goode (Kay Walsh) überrascht, die einen lauten Schrei ausstößt; wenig später ist „Jonnie" bereits der Gejagte und auf der Flucht vor der Polizei taucht er in der „Royal Academy of Dramatic Art" auf und platzt dort mitten in den

Schauspiel-Unterricht (Dialog zwischen Todd & Jane Wyman auf der Theaterbühne, wobei er ihr ins Ohr flüstert: Wyman: *„Geh doch weg, was willst du denn hier?"* / Todd: *„Die Polizei ist hinter mir her. [...] Die glauben, ich hab' einen Mord begangen. Kannst du mich auf dem Schiff deines Vaters verstecken?"*); Eve bringt (nach dem Ende der Rückblende) „Jonnie" dann zu ihrem Vater, Commodore Gill (Alastair Sim), und die beiden entscheiden sich, ihm zu helfen (Wyman zu Alastair Sim über „Charlotte Inwood": *„Ich kann nicht ruhig zusehen, wie sie Jonnie ruiniert. Diese Frau ist ein böser Geist"*) und die Theaterdiva zu überführen, obwohl „Jonnie" das scheinbar wichtigste Beweisstück, nämlich das blutbefleckte Kleid von Charlotte, vor den Augen von Vater & Tochter Gill verbrannt hat, wobei der Commodore bei dem Unterfangen selbstredend gewisse Gefahren für seine Tochter sieht (Alastair Sim: *„Mein Kind, sie kann dich ermorden"* / Wyman: *„Sei nicht so schrecklich dramatisch, Vater"*); in der Folge schlüpft Eve gleichsam in die Rolle eines Ersatzes für die „*maid*" Nellie, die gegen Geld behauptet, sie wäre krank, und agiert fortan als „*a girl namend* Doris Tinsdale" an der Seite von Charlotte Inwood, welche schließlich auch der Polizei und einem Inspector Wilfred `Ordinary` Smith (Michael Wilding) Rede und Antwort stehen muss (Marlene Dietrich zu Wilding bezüglich „Jonnie": *„Aber ich wusste nicht, dass er so wahnsinnig vernarrt in mich war. Ich wusste es einfach nicht. Jetzt mach' ich mir die furchtbarsten Vorwürfe deswegen. [...]*

Ja, vielleicht, wenn ich schwach geworden wäre, wenn ich seinem Drängen nachgegeben hätte, hätte er es nicht getan"); Eve allerdings verliebt sich sehr bald in „Ordinary" Smith (Wyman zu Wilding: „[...] *Ich habe geglaubt, dass ich Jonnie liebe, aber jetzt weiß ich's besser"*), wobei der Inspector Eve ja nur als „gute Freundin von Jonnie" kennt und nichts von ihrer Zweitexistenz als Charlotte Inwood's *„maid and dresser"* „Doris Tinsdale" weiß...; *„Wenn die Beine der kleinen Edith auch nicht berühmt sind, spielen kann sie ebenso gut wie ich"* (Marlene Dietrich, mit Verweis auf ihre „berühmten Beine", zu ihrem Manager „Freddie Williams" Hector MacGregor während eines Gesprächs über die „Zweitbesetzung") – wie bereits angedeutet ist „die Dietrich", *„by far"*, das Beste an dem Film, in dem, Hitchcock-typisch, wieder einmal sämtliche Figuren „eine Rolle" zu spielen scheinen und in dem in der Welt der Verkleidungen, Performances und Garten-Partys so gut wie nichts *„certain"* ist; ein Höhepunkt, den der Film wiederum Marlene Dietrich (1901 – 1992) zu verdanken hat, ist jener Moment, in dem sie auf der Bühne den Cole-Porter-Song *„The Laziest Gal in Town"* singt (*„It's not `cause I wouldn't / It's not `cause I shouldn't / And you know that it's not `cause I couldn't / It's simply because I'm the laziest gal in town"*), denn dieser Song ist von Hitchcock nicht zufällig gewählt, sondern weist auf die entscheidende *„resolution"* des Plots voraus (*„Wissen Sie, ich habe mir bei dieser Geschichte etwas erlaubt, was ich nie hätte machen dürfen: eine Rückblende, die eine **Lüge** war"* – HITCHCOCK zu TRUFFAUT);

ein weiterer „durchaus denkwürdiger Dietrich-Moment" ist dann die Szene, in der Dietrich im Rahmen der besagten „Theatrical Garden Party", eine Art Wohltätigkeitsveranstaltung, die im strömenden Regen stattfindet, in einem Zelt „*La vie en rose*" singt (was „*with friendly permission from*" Édith Piaf, mit der die Dietrich befreundet war, realisiert werden konnte) und der Auftritt dann dadurch unterbrochen wird, dass ein kleiner Junge eine Puppe, die „Commodore Gill" Alastair Sim zuvor an einer Schießbude erstanden hat, in das Zelt bringt, denn das Kleidchen dieser Puppe wurde von „Eve Gill's *father*" mit Blut versehen, um „Charlotte Inwood" mit dem „*bloodstain on the dress*" aus der Fassung zu bringen; nun, das Problem an „*Stage Fright*" ist also nicht die Dietrich, sondern eher der Rest der Besetzung, denn der, wie's Truffaut bezeichnet hat, „pittoreske Vater" von Jane Wyman ist keine sonderlich gelungene Figur und der schottische Schauspieler, der ihn verkörpert und den man Hitchcock auf der Insel als „einen der besten Schauspieler" angepriesen hatte, also: Alastair Sim, ist eine glatte Fehlbesetzung („*Ich mag weder die Figur noch den Schauspieler*" – TRUFFAUT zu HITCHCOCK); laut Eigenaussage hatte Hitchcock aber auch „*big troubles*" mit Jane Wyman, die sich gleichsam im Konkurrenzkampf mit Marlene Dietrich sah, so wie „Hitch" ebenfalls François Truffaut berichtete: „[...] *Ich habe sehr viel Schwierigkeiten mit Jane Wyman gehabt. In ihrer Verkleidung als Zimmermädchen musste sie sich hässlich machen lassen, denn im-*

merhin kopierte sie die ziemlich unfreundliche Zimmerfrau, deren Platz sie einnahm. Bei den Mustervorführungen verglich sie sich jedes Mal mit Marlene Dietrich, und dann fing sie an zu weinen. Sie konnte sich einfach nicht damit abfinden, eine bestimmte Rolle zu spielen, und die Dietrich war wirklich schön. Und so richtete sich Jane Wyman heimlich von Tag zu Tag besser her und schaffte deshalb ihre Rolle nicht" (HITCHCOCK zu TRUFFAUT); „Here I am / And you're a Rocket Queen / I might be a little young / But honey I ain't naive" (Copyright: Guns N' Roses) – in der Tat aber das „main problem" von „Stage Fright", der 1949 entstanden und 1950 in die Kinos gekommen ist, bleibt der schwache Bösewicht, denn „Charlotte Inwood's younger lover Jonathan `Jonnie` Cooper" Richard Todd (1919 – 2009), der „Eve Gill" Jane Wyman schlichtweg, wenn man so will, „eine gelogene Rückblende" erzählt hat und den „husband" der Dietrich also doch eigenhändig ermordet hat, ist, im Vergleich etwa zu Joseph Cotten in Im Schatten des Zweifels oder zu Claude Rains in Berüchtigt, eine komplette Enttäuschung – „Je gelungener der Schurke ist, umso gelungener ist der Film. Das ist die Kardinalregel. Aber in diesem Film war der Schurke nichts" (HITCHCOCK zu TRUFFAUT)].

„I can't ever understand / Why my life has been cursed, poisoned, and condemned / When I been tryin', every night, to hold you near me / I'm tellin' you, it ain't easy / Believe me, look" [Copyright: Morrissey] ...später, es ist mittlerweile wieder die

Nacht angebrochen, liegt Lina immer noch in ihrem Bett, zunächst „with her eyes closed", dann aber, als ob sie eine plötzliche „Bedrohung" verspüren würde, mit geöffneten Augen.

„Downstairs" öffnet sich eine Tür innerhalb des Hauses und ein Lichtbalken, der dann zunehmend breiter wird, durchdringt die „lobby" des Aysgarth-Hauses, und kurz darauf erscheint „der Schatten eines Mannes" in diesem „light bar".

Nachdem das Licht wieder ausgemacht wurde, durchquert die „male figure" mit einem Tablett, auf dem sich ein „glass of milk" befindet, die besagte Lobby, die, wie üblich, genauso wie die Treppe, die die „männliche Figur" in der Folge hinaufschreitet, von dem „spider web" durchzogen ist, welches die Fenster erzeugen. Fast scheint es so, als würde das Milchglas in der Dunkelheit leuchten [HITCHCOCK: *„Aber mochten Sie die Szene mit dem Milchglas?"* / TRUFFAUT: *„Wenn Cary Grant die Treppe raufgeht. Das ist wirklich gut"* / HITCHCOCK: *„Ich hatte eine Lampe in das Milchglas getan"* / TRUFFAUT: *„Sie meinen, einen Scheinwerfer auf das Glas gerichtet?"* / HITCHCOCK: *„Nein, in die Milch, ins Glas. Weil es wirklich strahlend erscheinen musste. Cary Grant geht die Treppe hinauf, und man muss wirklich nur auf das Glas schauen"* (*Anm.*)].

Lina richtet sich im Bett auf...die Tür zum Schlafzimmer öffnet sich langsam und... „Johnny" betritt den Raum. Er sagt kein Wort, was Lina's „Bedrohungsgefühl" noch zu steigern scheint, als er sich ihr dann mit dem Tablett nähert, das er auf dem Nachtkästchen abstellt, bevor er sich selbst an die Bettkante setzt.

Anschließend entlässt „Johnny"... „Good night, Lina" ...seine „Angetraute" gleichsam in die Nacht [JOHNNY: „*Gute Nacht, mein Schatz*"] und küsst sie auf den Mund [*Anmerkung*: Exkurs: „`Husbands and Wives`: Cary Grant & Ann Sheridan in Howard Hawks' *Ich war eine männliche Kriegsbraut*" oder „So you got the looks, but have you got the touch?": „CAPTAIN HENRI ROCHARD" CARY GRANT: „*Ich werde nicht sehr viel Erfolg bei Männern haben*" / „LIEUTENANT CATHERINE GATES" ANN SHERIDAN: „*Vielleicht doch*" / CAPTAIN HENRI ROCHARD: „*Ja, im Dunkeln*" / LIEUTENANT CATHERINE GATES: „*Du müsstest dir etwas die Lippen schminken*" / CAPTAIN HENRI ROCHARD: „*Auch das noch*" / LIEUTENANT CATHERINE GATES: „*Warum nicht?*" / CAPTAIN HENRI ROCHARD: „*Ich bin mehr ein schlichter Typ. Unschuld vom Land. Bauerndirne*" (aus: *Ich war eine männliche Kriegsbraut*; Dialog zwischen der „männlichen Kriegsbraut" Cary Grant und seiner „Gemahlin" Ann Sheridan, nachdem die „weibliche Militärperson" Sheridan ihn „äußerst notdürftig" und auch mithilfe einer improvisierten Perücke aus Pferdeschwanzhaaren zu einer Frau „umgestylt" hat, um mit ihm problemlos auf einem Schiff in die Vereinigten Staaten reisen zu können) – während Alfred Hitchcock sich Ende der 1940er-Jahre mit Werken wie *Sklavin des Herzens* und *Die rote Lola* eher in eine leichte „Formkrise" hineinmanövriert hatte, war Cary Grant eindeutig „*at the top of his career*"; so fand sich der Schauspieler im Jahr 1948 auf der Liste der „*Top Ten Actors*" des „Fame Magazine" wieder, wo sein Name neben anderen großen Namen wie Humphrey Bogart, Clark Gable, Spencer Tracy, Gary Cooper, Bob Hope, Bing Crosby, Betty Grable, Abbott & Costello und Ingrid Bergman stand; darüber hinaus wurde Grant mit satten Gagen entlohnt, wobei die Verträge, so wie das auch bei Howard Hawks' Screwball-Comedy-Klassiker „*I Was a Male War Bride*" (OT; 1949) der Fall war, für den Grant 100.000$ (heutzutage ca. 1,3 Millionen USD) kassierte, vorsahen, dass er auch „*10 percent of the gross*" des jeweiligen Filmes einstreifte; „*Ich bin der alliierte Gemahl einer weiblichen Militärperson, einreisend in die Vereinigten Staaten nach der Verfügung A271 des Kongresses. Ich bin eine Kriegsbraut*" (Satz, den „Henri" Cary Grant reichlich oft im Film sagt, nachdem er „Catherine" Ann Sheridan geheiratet hat) – zu den Grundzügen der Story: Kurz nach dem Zweiten Weltkrieg im von den Alliierten besetzten Deutschland; in Heidelberg erhalten der „*French Army Captain*" Henri Rochard und das „*Women's Army Corps*"-Mitglied Lt. Catherine Gates den Auftrag, in Bad Nauheim einen Mann namens Schindler, der am physikalischen Institut in Paris und dann unter Zwang für die deutsche Wehrmacht tätig war, ausfindig zu machen und ihm gültige Papiere zu überreichen, damit er zurück nach Frankreich kann (Sheridan's Vorgesetzte „Major Prendergast" Kay Young zu Cary Grant bezüglich der Zusammenarbeit: „*Aus den Akten geht hervor, dass Sie mit Lt. Gates schon mal sehr erfolgreich* zusammengearbeitet haben. *Es heißt hier Auffindung gestohlener Kunstwerke aus dem Besitz des Museums von Lille. Sicherstellung verborgener Dokumente über Raketenforschung. Erhielt die Kriegsverdienstmedaille. Lt. Gates ist Ihr Mann, Captain"*); die Tatsache, dass Gates und Rochard schon mal eine Affäre hatten (Sheridan zu Grant, angesichts der gemeinsamen Vergangenheit: *„Für dich ist eine wie die andere. Aber andere Männer machen Unterschiede. Es soll sogar vorkommen, dass sich ein Mann auf eine einzige Frau konzentriert. Das ist Liebe. Du weißt wahrscheinlich gar nicht, was das ist, aber du wirst darüber gelesen haben"*), führt von Anfang an zu Turbulenzen bei der Mission, wobei das Duo, aus der Not heraus, mit einem Motorrad nach Bad Nauheim aufbrechen muss, das aber nur Catherine fahren darf (Dialog in Gegenwart eines „Sergeant", der für die Vehikel-Vergabe zuständig ist: Sheridan: *„Ich bin eine Kapazität auf dem Motorrad. Hast du etwa Angst?"* / Grant: *„Bitte ein Rad, Sergeant, und ich habe viel Angst"*); nach einigen Abenteuern sowie zahlreichen Neckereien *„on the road to* Bad Nauheim" (nach einer von Sheridan nicht „ausdrücklich verlangten" Wadenmassage von Grant auf einer Wiese: Grant: *„Ich wollte doch nur ein bisschen charmant sein"* / Sheridan, die das Wort *„distance"* sozusagen in „Henri's Landessprache", also: auf Französisch, ausspricht: *„Das halte bitte etwas mehr auf `distance"*) macht sich Rochard in der Stadt dann auf die Suche nach Schindler, der im Schwarzmarkt-Milieu untergetaucht sein soll, doch Henri wird von Militärs verhaftet, wobei Catherine, die seine Identität klären könnte, nicht eingreift und ihm somit einen kurzen Gefängnisaufenthalt beschert, den sie darüber hinaus erfolgreich nutzt, um Schindler zu finden; Henri ist daraufhin „schwer beleidigt" auf Catherine (aus einem Dialog an einer Theke in einem Restaurant: Grant: *„Ich habe mich noch nie nach etwas gesehnt, nach nichts. Macht, Reichtum. Nein, kein Interesse. Nur eins möchte ich. Und zwar, dass ich dich niemals wiedersehe, solange ich lebe"* / Sheridan: *„Das war gemein und niederträchtig, hörst du, Henri!* [...] *Das war gemein und ordinär"*), die ihm wiederum, als sie erfährt, dass das sein letzter Dienstauftrag gewesen ist und er das Militär verlassen wird, eine *„explicit declaration of love"* macht (aus dem Dialog zw. Sheridan & Grant an der Theke: Sheridan: „[...] *Es klingt albern, aber ich kann nicht ohne dich sein, ich brauche dich einfach, wenn du auch ein Dickschädel und ein Dummkopf bist und sehr egoistisch, ich brauche dich, so wie die Luft zum Atmen, und es darf doch nicht sein, dass du so sang- und klanglos aus meinem Leben verschwindest"* / Grant: *„Aber das macht dir doch nichts aus"* / Sheridan: *„Sehr viel sogar, leider, aber du weißt eben nicht, was in der Seele einer Frau vorgeht. Warum erzähl' ich dir das alles? Geh, geh jetzt endlich oder sag etwas Nettes!"* / Grant: *„Weißt du, Catherine, ich glaube..."* / Sheridan: *„Das war nett, Henri, das war nett, bitte noch mehr!"*); in der Folge heiraten Henri & Catherine, allerdings wird schon die Hochzeitsnacht dadurch „sabotiert", dass Gates' Dienststelle gleichsam „mit sofortiger Wirkung" von Deutschland in die Vereinigten Staaten verlegt wird, was umgehendes Handeln erfordert; leider regelt ein Gesetz aber nur die Einführung von sogenannten „Kriegsbräuten" nach Amerika, woraufhin ein formularreicher Kampf des Paares gegen die Militärbürokratie beginnt (Grant: „*Vorschriften beim Militär sind dazu da, umgangen zu werden*"), der zunächst dazu führt, dass Henri den Status einer „*War Bride*" erhält (Sheridan: „*Die Sache ist ganz einfach*" / Grant: „*Im Gegenteil. Der Umwandlungsprozess eines Mannes in eine Frau ist enorm kompliziert. Aber ich tu, was ich kann*"); allerdings gibt es am Ende für die zunächst „ganz normal" mit Hut und im Anzug herumirrende „männliche Kriegsbraut" Henri keine andere Möglichkeit, als sich *tatsächlich* als Frau zu verkleiden, um mit Catherine, die ihn auf gar keinen Fall in Europa zurücklassen möchte (Sheridan zu Grant: „*Ehe ich dich verlasse, erschieß ich mich lieber*"), die Schiffsreise nach New York antreten zu können...; „*Sind Sie denn jetzt fertig, Captain?*" / „*Ja, mit den Nerven*" (Dialog zw. Sheridan & Grant, kurz bevor sie mit dem „*motorcycle*" nach Bad Nauheim aufbrechen) – in meiner Erinnerung war „*I Was a Male War Bride*", bevor ich ihn dann sozusagen „wiederentdeckt" habe, eher so etwas wie „ein Film, in dem Cary Grant fast die ganze Zeit über in Frauenkleidern" herumläuft, ähnlich wie Tony Curtis & Jack Lemmon das in Billy Wilder's *Manche mögen's heiß* tun, aber in Wahrheit wird Grant darin ja nur ganz zum Schluss „in eine Frau verwandelt", die dann „*on Board*" sofort auch „einen Fan" findet (Kommentar eines Besatzungsmitgliedes zu einem Kollegen bezogen auf die

„woman" Grant: „Hm, Fahrgestell ist nicht schlecht"); nun, „Yeah the woman in me / Needs the man in you" (Copyright: Shania Twain) – es gibt sicherlich bessere Howard-Hawks-Filme als diese Screwball-Komödie, die, wie üblich, auch voller „erotischer Anspielungen" steckt (Sheridan zu Grant, in „Catherine's Hotelzimmer" in Bad Nauheim: „Du wirst mich weder über dem Hemd noch unter dem Hemd massieren"), allerdings hat man beim Betrachten das Gefühl, dass man Cary Grant hier, ähnlich, wie man das im Zusammenhang mit Sean Connery bei den Bond-Filmen Goldfinger (1964) oder Feuerball (1965) hat, tatsächlich „in his prime" erlebt, während Ann Sheridan zwar ein „incredible open face" besitzt und sympathisch ist, aber natürlich gegen andere legendäre „Hawksian Women" wie Katherine Hepburn (Leoparden küsst man nicht), Lauren Bacall (Haben und Nichthaben, Tote schlafen fest) oder gar Angie Dickinson (Rio Bravo) etwas „abfällt"; erstaunlicherweise erkrankten sowohl Cary Grant als auch Ann Sheridan während der Dreharbeiten in Europa ernsthaft, denn Grant litt unter Hepatitis, die sich zu einer Gelbsucht auswuchs, und Sheridan unter einer Rippenfellentzündung, die zu einer Lungenentzündung geriet, ein Umstand, der das „filming" rund acht Monate dauern ließ; „during his illness" wurde Grant im Übrigen gleichsam „on location" von seiner dritten Frau Betsy Drake gepflegt].

„Subsequently" verlässt „Johnny" den Raum wieder. Lina wirft daraufhin einen Blick auf dieses Glas Milch und denkt merkbar darüber nach, ob sie es trinken soll, denn möglicherweise erwartet sie dadurch ein, wie „Isobel" gemeint hat, „most pleasant death".

„Living longer than / I had intended / Something must have gone right?" [Copyright: *Morrissey*] ...am nächsten Morgen ist das Milchglas völlig „unangetastet" geblieben, und Lina ist dabei, einen Koffer zu packen. „Johnny", der ihr beim Packen zusieht, fragt sie, ob sie denn immer noch beleidigt auf ihn sei [JOHNNY: *„Du bist immer noch verärgert über mich, nicht wahr?"*].

„No, Johnny, really. I still don't feel well, that's all" – Lina verneint das und spricht davon, dass sie sich „immer noch nicht ganz wohl fühle", was „Johnny" „sehr persönlich" nimmt, denn „his wife" hat offenbar vor, „a few days at her mother's house" zu verbringen [JOHNNY – mit schärferem Tonfall: *„Und jetzt willst du zu deiner Mutter, weil du dich bei mir nicht erholen kannst..."*].

Lina entgegnet, dass sich die Sache nicht so verhalte, wie er glaube, aber „Johnny" kommt der „frühe Anruf" von „Mother MacLaidlaw" irgendwie „verdächtig" vor [JOHNNY: *„Es scheint, sie hat sich heute verdammt früh an die Strippe gehängt"*].

Nachdem Lina ihre Mutter als „early bird" charakterisiert hat, die unter „loneliness" leide, behauptet Lina, dass sie sie eben eingeladen habe, um ihre momentane „nervousness" zu kurieren [Nachsatz von LINA: *„Als sie von mir hörte, ich sei ein bisschen*

514

nervös, da meinte sie, dass ich doch ein paar Tage zu ihr kommen könnte"].

„All right. I run down to get the car ready" – „Johnny" besteht darauf, „den Wagen fertigzumachen", ein Umstand, der Lina „even more nervous" zu machen scheint [LINA: *Nicht nötig, Johnny, ich fahr allein*"], aber „Johnny" insistiert... „I prefer to drive you"...den Fahrer zu geben [JOHNNY: *Kommt nicht in Frage, ich fahre dich!*"], und macht sich dann in Richtung „car" auf.

„*To die by your side / Well, the pleasure, the privilege is mine*" [Copyright: *The Smiths*] ...wenig später steuert „Johnny" das Auto die Küstenstraße entlang, und „Mr. Aysgarth" blickt ernst, fast grimmig, drein, während „Mrs. Aysgarth" einen „Please get me out of this car!"-Ausdruck im Gesicht hat. Noch dazu ist die Autotür auf Lina's Beifahrerseite etwas geöffnet, und „Johnny" sieht das...und greift mit der Hand...über Lina hinweg und schließt die Tür, was sie erleichtert durchatmen lässt, allerdings nur für einen kleinen Moment, denn „Johnny" fährt den Wagen offenbar mit beträchtlicher Geschwindigkeit diese einsame „coastal road" entlang [*Anmerkung*: Exkurs: „Heimliche Hitchcock-*Favorites* meinerseits: *Das Rettungsboot –* Hitchcock auf hoher See" oder „Sign Your Name": „JOHN KOVAC" JOHN HODIAK zu „CONSTANCE `CONNIE` PORTER" TALLULAH BANKHEAD: „*Wenigstens werden wir gemeinsam untergehen, Connie*" (aus: *Das Rettungsboot*; der „*left-wing crew member*" John Hodiak spürt in dem Augenblick, als das

„*lifeboat*" zu sinken droht, eine gewisse „Nähe" zu der „*photographer*" Tallulah Bankhead) – wenn man sich Hitchcock's „*primary rule of filmmaking*" ins Gedächtnis ruft, nämlich, dass Filme keine „*pictures of people talking*" abliefern sollten („*Kunst hat mit Emotionen zu tun. Deshalb sage ich, dass der Einsatz des Films als Mittel, um beides zusammenzufügen und somit eine Wirkung auf das Publikum zu erzielen, meiner Meinung nach die Hauptaufgabe des Films ist. Wenn man natürlich Dialoge in einem Film verwendet, dann borgt man sie sich allerdings nur vom Theater. Deshalb sagte ich schon oft, dass die meisten Filme Fotos von Leuten sind, die sprechen*" – A. Hitchcock), so hat er in „*Lifeboat*" (OT) aus 1944 ein wenig dagegen verstoßen; nichtsdestotrotz ist *Das Rettungsboot* ein formaltechnisches Meisterwerk und auch psychologogisch durchaus schlüssig, auch wenn das Werk zugegebenermaßen nicht ganz frei von Klischees sowie „*repetitive dialogue*" ist; der „Meister der Suspense" hat in „*Lifeboat*" sowohl den „Raum für die Schauspielerinnen & Schauspieler", den „*acting space*", als auch den „Raum für die Kamera" extrem eingeengt & begrenzt, und das ist etwas, was „Hitch" sowohl bei seinem britischen Film „*Blackmail*" (OT) gemacht hat als auch in seinen US-Werken *Mord* (OT: „*Foreign Correspondent*"), auf den ich noch im „allgemeinen Teil" zu *Verdacht* genauer eingehen werde, *Sklavin des Herzens* und natürlich *Das Fenster zum Hof*; im Gegensatz zu den beiden anderen Hitchcock-Movies, die während des Zweiten Weltkriegs entstanden sind und die auch offen auf den

„*World War II*" referieren, nämlich *Mord & Saboteure* (1942), ist *Das Rettungsboot*, zu dem Literatur-Nobelpreisträger John Steinbeck (z. B.: 1939: „*Früchte des Zorns*" / 1952: „*Jenseits von Eden*") die „*original story*" beigesteuert hat, natürlich jenes Werk, das aufgrund des Settings vollkommen auf „teure Sets & Bauten" verzichten konnte („`Lifeboat` *war ausschließlich vom Krieg beeinflusst. Das war ein Mikrokosmos des Krieges*" – HITCHCOCK zu TRUFFAUT); „*Und wie kommt es, dass Sie allein hier im Boot saßen, fix und fertig angezogen, als hätten Sie noch etwas ganz Bestimmtes vor?*" / „*Stimmt, ich hatte etwas vor. Ich wollte in eines dieser Rettungsboote*" (Dialog zwischen dem „Kommunisten" John Hodiak und der aus seiner Sicht „dekadenten" Tallulah Bankhead, die mit Nerzmantel & Juwelenarmband im „*lifeboat*" sitzt) – zur Story: Während des Zweiten Weltkrieges auf hoher See; nachdem ein Schiff [Hitchcock zeigt lediglich in einer Nahaufnahme den „*smokestack*" des Schiffes, der dann langsam ins Meer sinkt] von einem deutschen U-Boot torpediert worden ist, retten sich „*several survivors*" in ein Rettungsboot; „*on board*" sind in der Folge die Fotojournalistin Constance „Connie" Porter, der „linksgerichtete Ingenieur aus dem Maschinenraum" John Kovac (Dialog zw. Bankhead & Hodiak, nachdem er ihre Fotokamera ins Meer bugsiert hat: „Connie": „*Sie unglaublich dämlicher...warum können Sie nicht aufpassen?! Das ist absolut unersetzliches Material, das ist unbezahlbar! Das Beste, das ich je geschossen hab`! Und jetzt liegt`s im Meer, irgendwo da unten!*" / „John": „*Besser, als würden Sie* *selbst da unten liegen*"), ein Seemann mit einer ernsthaften Bein-Verletzung namens Gus Smith (William Bendix), der Funker Stanley Garrett (Hume Cronyn), der farbige Schiff-Steward Spencer (Canada Lee), die Krankenschwester Alice MacKenzie (Mary Anderson), der schwerreiche Geschäftsmann Charles Rittenhouse (Henry Hull) sowie Mrs. Higgins (Heather Angel – die „Ethel"-Darstellerin aus *Verdacht*), welche ihr „*dead child*", genauer: ein Baby, bei sich trägt; zu der Gruppe gesellt sich dann auch noch Willi (Walter Slezak), der einzige Überlebende des feindlichen U-Bootes, das offenbar ebenfalls gesunken ist, wobei eine hitzige Diskussion darüber entsteht, ob man den Mann, der sich als „Holländer" ausgibt [und mit Tallulah Bankhead einige Dialoge auf Holländisch spricht], an Bord behalten soll oder nicht (Kommentar von John Hodiak bezüglich „Willi" Walter Slezak: *„Ich sage, über Bord mit ihm. Und wenn er absäuft, mach' ich einen Freudentanz, so wie Hitler ihn tanzte, als Frankreich gefallen ist*"); nachdem man sich, auch angesichts eines kaputten Kompasses, dazu entschieden hat, den „*expert naval officer*" mitzunehmen, der vorgibt zu wissen, in welcher Richtung man zu den rettenden Bermudas gelangt, muss man erst einmal der völlig verstörten Mrs. Higgins beibringen, dass ihr Kind, das inzwischen „seebestattet" wurde (Worte aus der Bibel von „Spencer" Canada Lee bei der „Seebestattung des `dead child`": „[...] *Auch wenn ich durch das Tal der Schatten des Todes einst wandere, werd' ich mich nicht ängstigen. [...]*"), den Angriff nicht überlebt hat (Heather Angel, hinaus aufs Meer blickend: „*Das Meer, so groß und fürchterlich. Johnny? Ich bin's, Mum. Wo bist du? Wo bist du, Johnny? Johnny!*"), woraufhin die junge Frau Selbstmord begeht; die Tage gehen vorüber und sowohl das Wasser als auch das Essen werden knapp, was die Spannungen und Konflikte an Bord verstärkt („Rittenhouse" Henry Hull: „*Wie fühlst du dich, Connie?*" / Bankhead: „*Furchtbar. Seekrank bin ich nicht, aber die Schreibmaschine, dass die weg ist. Die war immer dabei. Rom, Berlin, Paris, London*" / Henry Hull: „*Ach, hör auf zu jammern*" / Bankhead: „*Wieso kann ich nicht jammern? Nach und nach verschwindet Stück für Stück all meine irdische Habe. Meine wunderbaren Strümpfe als Erstes. Dann meine Kamera. Die Kamera ist zu ersetzen, aber der Film, der drin war, nicht. Es macht mich krank, wenn ich darüber nachdenke.* [...]"); Willi, der außerdem ein Chirurg ist, rettet schließlich das Leben von Gus, indem er ihm das verletzte Bein „*under primitive conditions*" amputiert, doch ausgerechnet Gus ist dann jener, der entdeckt, dass Willi eine Extraration Wasser besitzt, was sein Todesurteil bedeutet, denn der „Holländer" wirft ihn in der Nacht über Bord und behauptet, dass er „*suicide*" begangen habe; langsam kommt die ganze „*truth about Willi*" ans Tageslicht, und als dann klar ist, dass der Deutsche, der außerdem einen funktionstüchtigen Kompass besitzt, das Boot absichtlich vom Kurs abgebracht und alle belogen hat und das Rettungsboot in Wahrheit einem deutschen Versorgungsschiff „entgegennavigiert" hat, will man den „*German*

Nazi", der auch fließend Englisch spricht, exekutieren, aber bevor dieser Plan dann letztendlich von den „*survivors*" in die Tat umgesetzt wird, übernimmt Willi, nachdem das Rettungsboot in einem Sturm fast gesunken wäre, sogar noch einmal das Kommando und spielt Kapitän (Kommentar von John Hodiak angesichts des „Nazis" Walter Slezak an den Rudern: „*Unser Feind, unser Kriegsgefangener. Jetzt sind **wir** die Gefangenen und er ist der Gauleiter auf diesem Boot, der uns deutsche Schlaflieder vorsingt und uns dabei zu seinem Versorgungschiff rudert, und ins Konzentrationslager*")...; die wichtigste und beste Figur in *Das Rettungsboot* ist zweifelsohne die von Tallulah Bankhead mit „*touching vulnerability*" sowie „temperamentvoller Selbstsicherheit" gespielte „Constance Porter", deren „*diamond bracelet*", das am Ende sogar mit ihrer Einwilligung als Fischköder dient, für steten Ärger bei „Kovac" John Hodiak führt, was die beiden im Laufe der Geschichte nicht davon abhält sich anzunähern (Tallulah Bankhead zu John Hodiak, nachdem das Rettungsboot im Sturm fast gesunken wäre: „*Wieso nennst du mich nicht Connie? Einmal hast du Connie gesagt, bei dem Sturm. Du sagtest: `Wenigstens werden wir gemeinsam untergehen, Connie`. Ich mochte es, wie du Connie sagst, weißt du es nicht auch noch? [...] Einen Augenblick hast du damit meine Seele berührt, das* keiner so dahinsagt. [...] Es kann schöner sein, zusammen zu sterben, als zusammen zu leben*"; *entspricht der dt. Synchro); nun, „*Sign your name across my heart / I want you to be my lady*", hat in den 80ern einmal der Pop-Musiker

Terence Trent D'Arby gesungen, und ein Highlight zwischen Tallulah Bankhead und John Hodiak in „*Lifeboat*" ist demensprechend auch jene Szene, in der „Connie Porter" „John Kovac", welcher auf der Brust ein Tattoo mit den Initialen „B. M." trägt, das ihn an eine Ex-Freundin erinnert, mit ihrem Lippenstift ihre Initialen „C. P." auf die Brust schreibt; Hitchcock generiert die Spannung in *Das Rettungsboot*, der kein kommerzieller Erfolg wurde, ihm persönlich aber eine „*Academy Award nomination as `Best Director of the Year`*" einbrachte, zweifellos mehr aus dem „Setting auf hoher See" als aus der „tatsächlichen Aktion", wobei gleichsam „Wind & Wellen" sowie „Sturm & Donner" den „Soundtrack" bilden und Musik de facto nur während der „*opening & closing titles*" erklingt; da es naturgemäß etwas schwer war, im *Rettungsboot* den üblichen Hitchcock-Cameo unterzubringen, hat sich „Hitch" eine reichlich originelle Lösung für dieses Problem einfallen lassen, denn er hat „Vorher-Nachher-Bilder" von sich auf einer Zeitung platziert, die auf dem Boot herumgereicht und von William Bendix gelesen wird und die ihn vor und nach einer erfolgreichen Diät zeigen („*Im Allgemeinen spiele ich Passanten, aber wo kriegt man auf dem Ozean Passanten her? Ich dachte daran, eine Leiche darzustellen, die in einiger Entfernung auf dem Meer schwimmt, aber ich hatte zu große Angst zu ertrinken. [...] Schließlich kam mir eine ausgezeichnete Idee. Ich machte damals gerade eine strenge Abmagerungskur und näherte mich nur mühsam meinem Ziel, nämlich von zweihundert Kilo fünfzig loszuwerden. Also*

beschloss ich, meine Abmagerung zu verewigen und gleichzeitig
zu meiner Nebenrolle zu kommen, indem ich Modell stand für
die „Vorher"- und „Nachher"-Fotos. Diese Fotos illustrierten
dann die Reklame in einer Zeitung und priesen ein famoses Mit-
tel mit dem Namen `Reduco` an. [...]" – HITCHCOCK zu
TRUFFAUT); eine „pikante" Geschichte rund um die Dreharbeiten von „*Lifeboat*" im Zusammenhang mit Tallulah Bankhead
habe ich bereits am Ende von „*Hitchcock Vol. 2 – More Movies*
To Be Murdered By" erwähnt, wobei dieses „*Miss Bankhead do-*
esn't wear any panties. She has nothing on underneath. What
am I going to do? I can see everything, and it's there on film"-
Problem, mit dem sich der Kameramann Glen MacWilliams an
Alfred Hitchcock gewandt hatte, und Hitchcock's „*Well...I don't*
know whether this is a problem for wardrobe, makeup, or hair-
dressing"-Antwort einst beinahe Cary Grant vor lauter Lachen
aus einem Auto befördert hätten, nachdem ihm diese, ihm persönlich zuvor unbekannte, „Hitchcock-Story" erzählt worden
ist].

Lina blickt hinunter zu den „cliffs" und zum Meer und dann
wieder zu „Johnny", der „entschlossen und `unzugänglich`"
wirkt und seine Augen „on the road" behält. Als der Tacho „50
M.P.H." erreicht hat, werden Lina's Gesichtsausdrücke immer
panischer und ihr Kopf „pendelt" sozusagen stetig zwischen
dem Abgrund und ihrem „husband behind the wheel" hin und
her.

Bei „60 M.P.H.“... *„Hier links schneiden wir ein Stück ab!“* [JOHNNY] ...steuert „Johnny“ den Wagen, als er die „Wahl zwischen zwei Straßen“ hat, dann abrupt nach links, was dazu führt, dass sich die Autotür auf der Beifahrerseite abermals öffnet. Lina schaut hinüber zu ihrem „husband“ ...dieser greift ihre Hand dann blitzschnell mit der seinen... *„Johnny!!!...Johnny!!!“* [LINA] ...und nach einigen Schreien von Lina, die tatsächlich im Begriff scheint... *„As I live and breathe / You have killed me / You have killed me“* [Copyright: *Morrissey*] ...aus dem Wagen zu fallen, kommt das Auto wieder zum Stillstand.

„Lina, what's got into you!?“ – „Mrs. Aysgarth“ springt aus dem „car“ und läuft davon, „Johnny“ folgt ihr und packt sie nun... *„Lass mich!“* [LINA] ...am Arm, um sie zu stoppen [Reaktion von JOHNNY: „[...] *Lina, bist du verrückt?! Zum Donnerwetter, wirst du hierbleiben! Mir reicht es, ich mach' das Theater nicht mehr mit! Was ist mit dir los?!*“].

„You're my wife, Lina!“ / „I know!“...nachdem „Mr. Aysgarth“ sie daran erinnert hat, dass sie eigentlich „Mrs. Aysgarth“ ist, meint er, dass sie mit ihrem Verhalten vorhin... „You almost killed us both back there!“ ...beinahe großen Schaden angerichtet hätte [JOHNNY: *„Wir wären eben beinahe da runter gesaust! Wie kannst du dich von mir losreißen, wo ich dich doch nur halten will, damit du nicht aus dem Wagen fällst?!“*].

Er verspricht ihr dann, dass er ihr in Zukunft, nachdem er sie zu ihrer Mutter gebracht hat, „nie mehr zu nahe kommen werde“

[Reaktion von LINA, als JOHNNY zurück zum Auto geht: *„Johnny, wo willst du hin?"*].

„Don't worry, I don't bother you again"...als er bekräftigt, dass er sie... *„If you're not in it for love / I'm outta here!"* [Copyright: *Shania Twain*] ...verlassen werde, will sie von ihm wissen, ob er „Isobel" nach dem Gift gefragt habe, um „sich damit selbst zu töten", was er bejaht, wobei er die „suicide solution" umgehend als „cheap way out" bezeichnet, den er nicht gehen möchte, weil er, wie er der weinenden Lina erzählt, „die ganze Sache", den Prozess und die Gefängnisstrafe, die ihn wegen der Wellbeck-Geschichte erwarten, durchstehen müsse.

„I made the last attempt to raise the money when I was away with Beaky" – „Johnny" spricht dann die letzte Reise mit „Beaky" an [LINA: „*Paris*..."], die ihn, wie er auf Nachfrage von Lina hin meint, aber nicht nach Paris, sondern nach Liverpool geführt habe, um dort ihre Lebensversicherung zu beleihen, was aber nicht möglich gewesen sei [Reaktion von LINA: *„Ja, wirklich, du warst in Liverpool, während Beaky...dann warst du also gar nicht in Paris!?"*].

„Of course not!"...Aysgarth ist empört über diese Annahme seiner Frau und bekräftigt, dass er niemals „some idiot" das mit dem Brandy „poor old Beaky" in Paris hätte antun lassen.

„Johnny, wenn ich das nur gewusst hätte! Wie hab' ich nur so blind sein können?" [LINA] ...Lina spricht in der Folge davon, dass sie „nur an sich selbst gedacht und dabei nicht gesehen habe, was er durchmache" [Nachsatz von LINA: *„Hätte ich mich*

nicht so zurückgezogen, hättest du Vertrauen zu mir gehabt, und so hast du dich geschämt, zu mir zu kommen"].

Allerdings ist „Johnny" skeptisch, was Lina's Vorschlag anbelangt, „noch mal von vorne anzufangen", denn... „People don't change over night, Lina. I'm no good" ...er glaubt nicht an „Veränderungen des Charakters, die über Nacht passieren" [Entgegnung von LINA: *Ich lass' dich nicht mehr allein. Wir werden zusammen schon einen Weg finden, Johnny*"].

Aysgarth will sie daraufhin dennoch zu ihrer Mutter bringen und spricht sie davon frei, „mit der Sache irgendwas zu tun zu haben", was „his wife" aber mittlerweile anders sieht [LINA: *„Natürlich hab' ich was damit zu tun. Du kannst mich doch nicht ausschließen. Komm, Johnny, wir kehren um und fahren nach Hause, bitte, Johnny, bitte!*"].

„No, Lina, no, no" – „Johnny" scheint hart zu bleiben und setzt sich wieder in das Auto, aber Lina... *„You're not right in the head / And nor am I / And this is why / This is why I like you*" [Copyright: *Morrissey*] ...betont nun die „Love", die sie für ihn empfindet [LINA – im Original: *„My Darling*"], und nimmt dann ihren Platz auf der Beifahrerseite ein.

„Mr. Aysgarth" startet den Wagen, wendet ihn, und die beiden treten den Weg heimwärts an. Bevor der Wagen dann in einer Wolke verschwindet, die von der staubigen Straße produziert wird, legt „Johnny" im „car" noch seinen Arm um „Mrs. Aysgarth" [*Anmerkung*: „Apropos `Happy Hitchcock-Endings`": „ROGER O. THORNHILL" CARY GRANT: *„Unsinn,*

Frau Thornhill" / „EVE KENDALL" EVA MARIE SAINT: „*Ach, Roger, wie bist du doch albern*" / ROGER O. THORNHILL: „*Ja, ich weiß, aber auch ein bisschen sentimental*" (aus: *Der unsichtbare Dritte*; der „Werbefachmann aus Manhattan, der fälschlicherweise für einen Agenten gehalten wurde" Cary Grant und „die Agentin der United States Intelligence Agency" Eva Marie Saint spielen am Ende ihres gemeinsamen Abenteuers im Schlafwagen-Abteil eines Zuges noch einmal jenen Moment nach, in dem „Roger" „Eve" bei den Präsidentenköpfen am Mount Rushmore seine „*helping hand*" gereicht und vor dem Absturz gerettet hat, wobei das „*Come along, Mrs. Thornhill*", wie's in der Originalfassung heißt, noch aus der tatsächlichen Mount-Rushmore-Szene stammt und Hitchcock erst dann unvermittelt ins Schlafwagen-Abteil des Zuges schneidet, wo Saint in der Folge „*Oh, Roger, this is silly*" meint und Grant „*I know, but I'm sentimental*" sagt) – bekanntlich wurde Hitchcock das „*Happy Hollywood Ending*" zwischen „Lina" & „Johnny" bei *Verdacht* aufgedrängt, aber auch wenn der „Meister der Suspense" es als „*inappropriate ending*" empfunden haben mag, so ist es in Wahrheit „*entirely consistent*" mit sämtlichen Vorgängen, die diesem Ende vorausgegangen sind; das wird auch dadurch bestätigt, indem Hitchcock nach der „*Lina leaps from the car as they drive along the cliff*"-Szene im Grunde das Publikum zu der ersten „*Hilltop*"-Sequenz zurückführt, die den ersten gemeinsamen Spaziergang von „Lina" & „Johnny" dokumentiert hat, denn in diesem „Duplikat" hier am Ende bietet Hitchcock quasi denselben „windigen Hügel", dieselben „kahlen Bäume", dieselbe „Auseinandersetzung zwischen den beiden" und dieselbe „*attack imagined by Lina*" auf].

„*Die meisten anglo-amerikanischen Filmemacher sehen Sie vor allem als einen Entertainer. Für die Franzosen sind Sie jedoch ein Moralist. Sind Ihre jüngsten Filme Melodramen und Thriller oder eher Fabeln oder sogar Allegorien?*"

„*Nun, wenn wir sie aus der Perspektive des Melodramas betrachten, dann gehen wir traditionell davon aus, dass das Gute über das Böse triumphieren muss. Anders ausgedrückt: das Böse muss verlieren. Dieses Konzept gilt sowohl für das einfache Melodrama als auch für ein religiöses Prinzip, wenn man es so nennen will*"

&

„*Sie interessieren sich mehr für die Technik, mit der man durch Film Geschichten erzählt, als für den Inhalt des Films selbst*"

„*Das stimmt. [...] Halten Sie mich nicht für anmaßend, wenn ich jetzt Parallelen zu einem Maler ziehe, der einen Baum, eine Landschaft oder sogar eine Obstschale malt. Ich bin sicher, dass der Maler sich kein bisschen für die Äpfel selbst interessiert, sondern für die Technik seiner Arbeit, die*

die Gefühle vom Betrachter seines Bildes stimuliert. Im Grunde

ist jede Kunst eine Erfahrung. Die Leute sehen sich etwas an

und sagen: `Ich hasse es`. Aber dass sie `hassen` sagen, bedeu-

tet, dass sie eine Erfahrung machen. [...] Oder sie mögen es.

Wenn man diese Prinzipien auf den Film anwendet, so wie ich

das mache, dann geht es nicht nur um den Inhalt des Films.

Nicht die Geschichte ist wichtig, sondern was man damit

macht. [...] Das Wie. Und deshalb finde ich, dass viele Men-

schen sich einen Film ansehen und sich nur für den Inhalt inte-

ressieren. Sie sehen ihn sich nicht genau an. Ich spreche von

der Kritikfähigkeit. Sie sehen nicht, mit welchen Mitteln beim

Publikum die verschiedenen Gefühle hervorgerufen wurden.

Vor allem in meinem Genre, bei dem Nervenkitzel und Span-

nung eine große Rolle spielen"

(ZITATE 1: *Alfred Hitchcock* stellt Mitte der 60er-Jahre,
auf die Frage des Schauspielers *Fletcher Markle* in der TV-
Sendung „*A Talk with Hitchcock*" hin, klar, dass die Erwartung
an einen Hitchcock-Thriller im Grunde stets jene ist, dass das
Gute über das Böse triumphiert; bei *Verdacht* hätte Hitchcock,
wie erwähnt, eigentlich andere, weit „ambivalentere" Pläne für
das „Ehepaar" Cary Grant & Joan Fontaine gehabt; // ZITATE
2: wiederum aus einer Q & A-Abfolge zwischen *Fletcher
Markle* & *Alfred Hitchcock*, in deren Zentrum „Hitch's" Ruf
als „technischer Filmemacher" steht, bei dem „das Wie" über
den Inhalt, die Geschichte, triumphiert)

„`Für Nicolo`...Oh, sagen Sie mir jetzt bloß nicht, dass Sie der berühmte...Oh, über Sie hab' ich ja schon so viel gelesen im `Life` und `Look` und..."

„Und vielleicht auch im `Sonntagsblatt der Hausfrau`"

&

„`An Affair to Remember` has one of the great closing lines in cinema history. Cary says to Deborah Kerr, `If I can paint, you can walk.` It is my favorite film. It always makes me cry. Cary knew that and told me it also made him cry"

&

„Although I cried at the end of `The Dirty Dozen`"

(sozusagen „einen Cary Grant, wie ihn das Publikum *gemeinhin* sehen wollte" präsentierte der Regisseur Leo McCarey 1957 in einem Film, der zu den „großen romantischen Filmklassikern Hollywoods" zählt, nämlich „*An Affair to Remember*" (OT), der mit dem etwas pathetisch daherkommenden deutschen Verleihtitel *Die große Liebe meines Lebens* ausgestattet wurde; an der Seite von Cary Grant ist Deborah Kerr (z. B.: 1950: *König Salomons Diamanten*, mit Stewart Granger als „Allan Quatermain") zu sehen, mit der sich Grant vor allem im ersten Drittel des Films durchaus amüsante Dialoge liefert, so wie den im ZITAT 1 angeführten, der stattfindet, als Grant & Kerr sich auf dem Kreuzfahrtschiff kennenlernen und Kerr einen Blick in Grant's goldenes Etui wirft, das eine Gravur hat; „*An Affair to Remember*", mit dem Leo McCarey praktisch ein

Remake seines Films „*Love Affair*" (OT; dt. *Verleihtitel: Ruhe-lose Liebe*) von 1939 mit Irene Dunne & Charles Boyer abge-liefert hat, zählte, wie aus dem ZITAT 2 hervorgeht, zu den Lieblingsfilmen des ehemaligen Time-Warner-CEO *Steven J. Ross*; zu den Grundzügen der Story: An Bord eines Luxusliners trifft der bekannte Playboy Nickie Ferrante, der bald die Milli-onenerbin Lois Clark (Neva Patterson) heiraten soll, auf die ehemalige Nachtclub-Sängerin Terry McKay (Kerr), die wiede-rum mit dem „*business man*" Kenneth Bradley (Richard Den-ning) liiert ist (aus einem Dialog zw. Grant & Kerr im Restau-rant des Schiffes: Grant: „*Ich idealisiere sie. Jede Frau, die mir begegnet, stell ich immer so hoch, aber je länger ich sie kenne und je besser ich sie kenne...*" / Kerr: „*Mmh, es ist schwer, sie da oben zu halten*" / Grant: „*Sie sagen es*" / Kerr: „*Der Sockel kommt ins Wackeln und plötzlich fällt er um*" / Grant: „*Ja, c'est la vie. Man ist eben schwach*"); nach einem Zwischenstopp des Schiffes in der Nähe von Villefranche-sur-Mer an der Riviera, bei dem Ferrante & McKay Nickie's verwitweter „*grand-mother*" Janou (Cathleen Nesbitt) einen Besuch abgestattet ha-ben, bei dem die Großmutter Nickie's vernachlässigtes Talent als Maler angepriesen hat (Cathleen Nesbitt zu Deborah Kerr: „*Leider ist er sich selbst ein ungerechter Kritiker. Der Künstler in ihm möchte gestalten, aber der Kritiker zerstört alles, mit dem Ergebnis, dass er nicht mehr malt. [...] Er ist auch zu be-schäftigt `zu leben`, wie es so schön heißt*"), verlieben sich die beiden endgültig ineinander; aus diesem Grund vereinbaren Nickie & Terry, als sie New York erreichen, sich „in sechs Monaten", sollten sich ihre Gefühle füreinander nicht geändert haben, auf dem Empire State Building wiederzusehen (Grant: „*Wie wär's auf dem Dach vom Empire State Building?*" / Kerr: „*Oh ja, die Idee ist wundervoll. Das ist der Platz in New York, wo man dem Himmel am nächsten ist*" / Grant: „*Gut, im 102. Stock. Aber, dass du ja den Fahrstuhl nimmst*"); in diesen „*six months*", in denen sowohl Ferrante seine Millionenerbin Lois Clark als auch McKay ihren Geschäftsmann hinter sich gelassen haben, versucht sich Nickie tatsächlich als Maler (Nickie's Agent „Courbet" Fortunio Bonanova, als er ein Bild von ihm in Händen hält, auf dem er „Terry" gemalt hat: „*Hier, Nickie, hier sind Sie zum Maler geworden*" / Grant: „*Danke. Wissen Sie, von diesem Bild halte ich sogar selber einiges. Ich hatte etwas zu sagen und ich glaube, ich habe es gesagt*") und Terry kehrt in ihren Beruf als Nachtclub-Sängerin zurück; am besagten Tag eilen dann beide zum Treffpunkt auf dem Empire State Building, doch Nickie wartet dort vergebens auf Terry, weil diese, nachdem sie in der Nähe des Wolkenkratzers ihr Taxi verlassen hatte, von einem Auto erfasst und schwer verletzt wurde (der „Liftboy" zu Grant, welcher am Abend dann der letzte Gast auf der Aussichtsplattform ist und zuvor unzählige Male den Fahrstuhl beobachtet hatte, in der Hoffnung, dass Kerr doch noch auftaucht: „*Wollen Sie jetzt runter?*")...; „*Your love keeps me alive / You're all I need to survive / I got you by my side*" (Copyright: *Shania Twain*) – nun, die Regisseurin Nora Ephron hat sich das Empire-State-Building-Motiv dann bekanntlich für *ihren* Romantik-Klassiker *Schlaflos in Seattle* (1993) mit Tom Hanks & Meg Ryan „geborgt"; war Leo McCarey's „Original" „*Love Affair*" eine in Schwarzweiß gedrehte ausbalancierte Mischung aus „*romance*", Humor und Melodram, so wurde bei „*An Affair to Remember*" die ganze Story mit der Hilfe von Farbe & CinemaScope in eine, auch wenn der Film mit eher komödiantischen Szenen auf dem Luxusliner beginnt, „Tragödie mit hohem Taschentuchverbrauch" umgewandelt, die aber durch die beiden „*Down to Earth*"-Persönlichkeiten Grant & Kerr bis zum Ende halbwegs „erträglich" bleibt; das ZITAT 3 stammt aus dem besagten „*Sleepless in Seattle*" (OT) und gibt eine Aussage von *Tom Hanks* wieder, die fällt, nachdem Rita Wilson bei Tisch „tränenreich" eine Art „*An Affair to Remember*"-Nacherzählung zum Besten gegeben hat, weil Hanks gemeint hat, dass da „diese Frau" (Meg Ryan) sei, die ihn, glaubt man ihrem Brief, auf dem Empire State Building treffen möchte; Hanks meint nach der „*summary*" eben scherzhalber, dass der Kriegsfilm *Das dreckige Dutzend* (1967; Regie: Robert Aldrich) mit Lee Marvin & John Cassavetes ein Werk sei, das *ihn* „zum Weinen" bringe)

„[...] *Die Elemente, aus denen sich ein Film dieses Genres zusammensetzt, haben mir nicht zugesagt, die eleganten Saloons, die üppigen Treppen, Luxusschlafzimmer und so weiter. Mit `Rebecca` hatten wir dasselbe Problem: einen englischen Schauplatz in Amerika zu rekonstruieren. Für die Geschichte hätte ich wirklich gerne einen authentischen Rahmen gehabt“*

&

„*Hitch hat eine eigene Welt des Films. Er erschuf Figuren, Orte und Geschichten dafür. Fast so wie es Dickens tat. Dabei geht es nicht darum, ob es eine reale Welt ist. Es ist eine erfundene Welt, die umgesetzt wurde. Dickens tat das in seinen Büchern, und Hitch tut das durch diesen Film. Und obwohl viele der Geschichten, die er erzählt hat, Geschichten aus unserer Zeit sind, sind die Art der Darstellung und die Psychologie dahinter aus der Zeit von Dickens und der viktorianischen Schriftsteller. `Psycho` ähnelt einer Geschichte von Wilkie Collins*. Das gehört zu Hitch's großartigem Erbe als Engländer. Er konnte das umwandeln und in die Welt des Kinos übertragen*“

(ZITAT 1: Hitchcock bringt gegenüber Truffaut zum Ausdruck, dass es ein Problem sein kann, „eine englische Geschichte“ wie *Verdacht* ausschließlich „in Hollywood-Studios“ zu drehen; // ZITAT 2: ein sich im Grunde auf *Psycho* beziehendes Statement von „Hitchcock-Komponist“ *Bernard Herr-*

mann mit Allgemeingültigkeit-Status, wobei Herrmann den ursprünglich aus England stammenden „*Master of Suspense*" in der Nachfolge des Literaten Charles Dickens (z. B.: 1838: „*Oliver Twist*" / 1843: „*A Christmas Carol*") sieht und als einen Regisseur betrachtet, der sein „viktorianisches Erbe" auch in die Welt des Hollywood-Kinos übertragen konnte; *Wilkie Collins* (1824 – 1889): einer der bedeutendsten viktorianischen Schriftsteller, der als Verfasser der ersten „*Mystery Thriller*" galt)

„*Sie werden nicht den Bösen spielen, aus Angst um ihre Karriere. Deshalb darf in sehr vielen Fällen der Star, der mitspielt, nichts Böses tun*", hat Alfred Hitchcock einmal in einem Interview gesagt, in dem er auf das Ende von *Verdacht* verwiesen wurde, aber im Grunde hätte „Hitch" schon damals, als er den Film im Jahr 1941 drehte, wissen müssen, dass ihm die „*participation*" des „*Big Movie Star*" Cary Grant in diesem Zusammenhang Schwierigkeiten bereiten wird.

Aber der Reihe nach: Anthony Berkeley Cox hatte also unter dem Pseudonym Francis Illes im Jahr 1932 die „*novel*" „*Before the Fact*" verfasst. Als Hitchcock 1940 mit Harry Edington, dem „*Head of Production*" bei RKO-Pictures, mögliche Projekte besprach, entschied sich der Suspense-Meister auf der Stelle für eine Verfilmung des Illes-Romans, dessen Rechte sich bereits fünf Jahre im Besitz der RKO befanden.

Hitchcock, der durch *Verdacht* außerdem die Gelegenheit sah, gleichsam „die britische Flagge" in Hollywood hochzuhalten, hatte vor allem Gefallen an den abgründigen psychologischen Aspekten des Romans gefunden, der von Besessenheit und Tod handelte, wobei dem Regisseur dann von einigen „*critics*" vorgeworfen wurde, die Thematik des Buches völlig verändert zu haben („*Der Roman handelt von einer Frau, die nach und nach dahinterkommt, dass sie einen Mörder geheiratet hat und sich schließlich, aus Liebe zu ihm, von ihm umbringen lässt. Ihr Film handelt von einer Frau, die entdeckt, dass ihr Mann sprunghaft, verschwenderisch und etwas verlogen ist, und anfängt, ihn für einen Mörder zu halten, sich fälschlicherweise einbildet, er wolle sie umbringen*" – TRUFFAUT zu HITCHCOCK).

Letztendlich muss man aber, wie ich am Schluss der Zusammenfassung des Inhalts ja bereits angedeutet habe, den Film in seiner jetzigen Form, in der er, wenn man's so ausdrücken will, eine „*examination*" des „*dangerous potential*" von „*unrestrained suspicion*" präsentiert, verteidigen, obwohl auch Cary Grant, den das Studio aufgrund seines Images eben nicht als „*murderer*" sehen wollte, der Meinung war, dass das von Hitchcock ursprünglich vorgesehene Ende („[...] *Es war ein großer Fehler, diese Geschichte mit Cary Grant zu verfilmen. Das wäre nur mit einem zynischen Ende gegangen. Im Film `Verdacht` geht es um die Geschichte eines Mannes, dessen Frau ihn für einen Mörder hält. [...] Als er ihr am Ende des Films ein Glas Milch bringt, weiß sie, er wird sie töten. Aber im Film musste es*

ein ganz harmloses Glas Milch sein. In Wirklichkeit müsste das
Ende des Films so sein, dass hier der Mord geschieht. Bei dem
Ende, das ich machen wollte, weiß sie alles und schreibt einen
Brief. Sie schreibt: `Liebste Mutter, ich bin in schrecklichster
Not. Ich will sterben. Er will mich töten, aber ich liebe ihn so.
Ich will nicht mehr leben. Aber die Gesellschaft sollte vor ihm
geschützt werden`. Sie versiegelt den Brief. Als er das tödliche
Glas Milch bringt, bittet sie ihn, den Brief aufzugeben. Sie trinkt
die Milch und begeht Selbstmord. Wir blenden mit ihrem Tod
aus. Danach kommt eine Einstellung, in der Cary Grant fröhlich
pfeifend den Brief in den Briefkasten wirft. So wollte ich den
Film enden lassen" – A. Hitchcock) ein „*perfect Hitchcock*
ending" gewesen wäre.

Die Dreharbeiten zu „*Suspicion*", den Hitchcock zunächst
„*Fright*", RKO jedoch „*Suspicious Lady*" taufen wollte, dauer-
ten von Februar 1941 bis Juli 1941, aber ein Problem stellte zunächst dar, dass sich Cary Grant & Joan Fontaine nicht sonderlich gut verstanden, auf jeden Fall verspürte Grant mit Fontaine,
die nach *Rebecca* an Selbstbewusstsein als Schauspielerin gewonnen hatte, nicht gleichsam „*the rapport that he had with*"
Rosalind Russell bei *Sein Mädchen für besondere Fälle* (1940;
Regie: Howard Hawks) oder Irene Dunne bei *Akkorde der Liebe*
(1941; Regie: George Stevens).

Sehr bald hatte dann Hitchcock selbst den „Verdacht", dass die Darsteller und das Team nicht mit der nötigen „Leidenschaft" bei der Arbeit waren. Hinzu kam, dass der Kameramann Harry Stradling Sr., der für „Hitch", wie bereits erwähnt, nach *Riff-Piraten* und *Mr. und Mrs. Smith* kein Unbekannter mehr war, von RKO gleichsam parallel noch einem zweiten Projekt zugeteilt wurde, was bei Hitchcock, welcher, wie sein Biograf Donald Spoto das einmal so ähnlich ausgedrückt hat, nie in der Lage gewesen ist, „geteilte Aufmerksamkeit oder Energie" hinzunehmen, zu einem Tobsuchtsanfall im Büro von Harry Edington führte, der den RKO-Mann hinterher zu einer Aktennotiz mit folgendem Inhalt animierte: *„Mit Hitchcock habe ich mir einen tobenden Irren aufgehalst"* (Copyright: *Harry Edington*).

Zu dem Problem mit dem *„ending"*, das eben sehr lange Zeit während der Dreharbeiten nicht gelöst war, was so ganz und gar nicht Hitchcock's üblicher Arbeitsmethode entsprach, kam, dass der Regisseur, *„for the first time in years"*, krank wurde und eine Woche pausieren musste, ein Umstand, den wiederum Joan Fontaine als „mangelndes Interesse an ihr und an dem Film" interpretierte. Das führte letztendlich dazu, dass sich auch die Schauspielerin plötzlich mehrfach „unpässlich" fühlte und kurz sogar ein vollständiger Abbruch der Dreharbeiten angedacht wurde.

Bevor *Verdacht* aber dann im November 1941 in die Kinos kam, wurde Hitchcock noch mit einem weiteren „Anschlag" auf sein Werk konfrontiert, der abermals mit der Beteiligung von Cary Grant zu tun hatte, denn ein Verantwortlicher bei RKO hatte aus dem abendfüllenden Spielfilm, während Hitchcock für vierzehn Tage in New York weilte, plötzlich einen „Kurzfilm" gemacht, so wie der Regisseur ebenfalls François Truffaut erzählt hat: „[...] *Ein Produzent von der RKO hatte sich den Film vorführen lassen und gefunden, dass viele Szenen den Eindruck vermitteln, Cary Grant sei ein Mörder. Daraufhin hatte er alle diese Hinweise rausschneiden lassen und der Film dauerte nur noch 55 Minuten. Glücklicherweise hat der Chef der RKO dann auch eingesehen, wie lächerlich das Ergebnis war, und ich durfte den Film so wiederherstellen, wie er vorher war"* (HITCHCOCK zu TRUFFAUT).

Trotz aller Probleme geriet der „psychologische Thriller" *Verdacht* zu einem großen Publikumserfolg, der auch überwiegend wohlwollende Kritiken erhielt, die „den neuen Hitchcock" als „spannend & brillant" titulierten und sogar die „Auflösung", dass Fontaine's Verdacht lediglich „*her own neurosis*" geschuldet war und Grant, abgesehen davon, dass er einen „leichtfertigen" Charakter besaß und Geldprobleme hatte, am Ende als „*innocent man*" dastand, als „durchaus akzeptabel" bezeichneten.

Ich persönlich schätze vor allem auch den „Minimalismus" des Werks, denn in „*Suspicion*" gibt es im Grunde nur „Lina & Johnny" und keinerlei „*National Monuments*", auf denen dann „ein großer Showdown" stattfindet oder dergleichen. Abgesehen davon muss ich, aus welchen Gründen auch immer, bei dem „*Hollywood Ending*" des Hitchcock-Films immer an die „*words*" von Woody Allen aus seinem Film *Der Stadtneurotiker*

(1977) denken, wo Allen kurz vor dem Abspann direkt in die Kamera, angesichts des „Happy Ends", das er sich für die Bühnenumsetzung seiner in Wahrheit gescheiterten Beziehung zu „Annie Hall" Diane Keaton ausgedacht hat, Folgendes sagt: „[...] *Man will doch, dass es wenigstens in der Kunst positiv ausgeht, denn im Leben ist das ja ziemlich selten der Fall*" (Copyright: *Der Stadtneurotiker*).

Joan Fontaine bekam für ihre Rolle der „Lina MacLaidlaw" in der Folge sogar einen Oscar als „*Best Actress*", und ihre Darstellung einer Frau, die durch ihre „*melodramatic fantasy*" und durch ihre „glühende Imagination" gleichsam konstant zu „vorschnellen Urteilen" und „fehlerhaften Wahrnehmungen" getrieben wird, ist sicherlich die beste Leistung ihrer Karriere.

Ach ja, „*by the way*": Hitchcock's Cameo in *Verdacht* findet nach etwas mehr als einer Dreiviertelstunde statt, und zwar ist er als Passant zu sehen, der gerade einen „*letter*" in einen Briefkasten einwirft, als „Mrs. Newsham" Isabel Jeans ihren Wagen vor dem „*Book Shop*" parkt, in dem „Lina" immer die Krimis für „Johnny" kauft.

„But last night the plans for a future war was all I saw on Channel Four"

&

„Wie beurteilen Sie die derzeitige Krisenlage in Europa, Mr. Jones?"

„Was für eine Krisenlage?"

„Ich meine damit den bevorstehenden Krieg, Mr. Jones"

&

„England ist wirklich wunderschön und London ist einfach herrlich, wenn die Sonne scheint. Leider gibt es sonst hier immer so viel Regen und Nebel, und das selbst im August. [...] Da sehen Sie mal, die Vögel. Ganz gleich, wie groß eine Stadt auch ist, Plätze und Parks für die Vögel sollte es überall geben. Ich habe heute Morgen einen Spaziergang durch den Park gemacht und da hab' ich Leute gesehen, die die Vögel gefüttert haben. Es ist doch ein gutes Zeichen in einer Zeit wie der unseren, finden Sie nicht?"

&

„[...] Diese Leute sind schlimmer als Kriminelle. Sie sind viel gefährlicher als Ihre Schmuggler und Einbrecher. Es sind Fanatiker. Sie vereinen absolute Vaterlandsliebe mit absoluter Gleichgültigkeit dem Leben gegenüber, ihrem eignen und dem anderer. Sie sind durchtrieben und skrupellos und...besessen von einer Idee"

&

„Erinnern Sie sich noch an Rowley?"

„[...] *Oh ja, das ist doch der kleine Mann, der bei Ihrem Vater in Österreich gearbeitet hat. Ja, ich weiß noch, dass er dabei war, als ein gemeinsamer Freund von uns zufällig von einer hohen Brücke in Bern fiel*"

&

„*Johnny, you don't love me*"

„*You're crazy*"

(ZITAT 1: aus dem Song „*Shoplifters of the World Unite*" von *The Smiths*, „taken from their compilation-album" „*The World Won't Listen*" (1987) – in Alfred Hitchcock's *Mord* aka *Der Auslandskorrespondent* steht Europa kurz vor dem Zweiten Weltkrieg; // ZITATE 2 – 6: aus: *Mord*; ZITAT 2: Dialog „über die Lage in Europa" zwischen dem Chefredakteur des „New York Globe" „Mr. Powers" *Harry Davenport* & seinem neuen „*foreign correspondent*" in London „Johnny Jones" *Joel McCrea*, der sich „des Ernstes der Lage in Europa" nicht ganz bewusst zu sein scheint; // ZITAT 3: der holländische Politiker „Van Meer" *Albert Bassermann* zu „Johnny Jones aka Huntley Haverstock" in einem Taxi in London, wobei Joel McCrea in der Szene genervt ist von den „ausweichenden Antworten" des „*old politician*", von dem er lieber etwas über die „europäische Lage" und über dessen „Einschätzung der Kriegsgefahr" erfahren hätte; // ZITAT 4: „Stephen Fisher" *Herbert Marshall*, der Vorsitzende einer „Friedensorganisation", beschreibt „Johnny Jones / Huntley Haverstock" Joel McCrea die Wesenszüge der

„Gegenseite", zu der „Fisher" aber in Wahrheit selbst gehört; // ZITAT 5: Dialog zwischen „Mr. Krug" *Eduardo Ciannelli* und „Stephen Fisher" *Herbert Marshall* mit Bezug auf den „Auftragskiller Rowley", der von dem wunderbaren *Edmund Gwenn* gespielt wird, dem späteren „Captain" aus *Immer Ärger mit Harry*; „Rowley" soll engagiert werden, um „Johnny Jones / Huntley Haverstock", der mittlerweile „zu viel weiß", zu töten; // ZITAT 6: „*'Cause nothin' lasts forever / And we both know hearts can change*", heißt es in einem ganz großen *Guns N' Roses*-Klassiker, aber hier liegen die Dinge wohl anders: Original-Dialog zwischen „Carol Fisher" *Laraine Day* & „Johnny Jones" *Joel McCrea* in einem Hotelzimmer in Cambridge, angesichts des Eindrucks von „Miss Fisher", dass sich „Johnny" mittlerweile mehr für den „*upcoming war*" als für sie interessiert; „Johnny Jones" hält diesen Eindruck für schlichtweg „verrückt")

„Es wundert mich, dass Sie nach einem so erfolgreichen Film wie `Rebecca` dann einen Film wie `Foreign Correspondent` gedreht haben, den ich sehr bewundere, der aber doch ein B-Film ist"

„Das ist leicht zu erklären. Es ist wieder einmal die Sache mit dem Besetzungsproblem. In Europa wird der Thriller, die Abenteuergeschichte nicht als minderes Genre betrachtet, in England ist es sogar ein anerkanntes literarisches Genre. In

Amerika ist das ganz anders. Schon in der Literatur gelten Abenteuergeschichten als zweitklassig. Als ich mit dem Drehbuch zu `Foreign Correspondent` fertig war, bin ich zu einem großen Star gegangen, zu Gary Cooper. Aber da es ein Thriller war, wollte er ihn nicht machen. Das ist mir in meinen Anfängen in Hollywood mehrfach passiert, und schließlich musste ich mich dann mit der zweiten Garnitur begnügen, in diesem Fall mit Joel McCrea. Ein paar Jahre später habe ich Gary Cooper wiedergetroffen, da hat er gesagt: `Ich bin wirklich blöd gewesen`"

&

„Walter Wanger war der Produzent des Films. Hat er Ihnen die Geschichte vorgeschlagen?"

„Ja. Er interessierte sich für Außenpolitik und hatte die Rechte eines Buches mit dem Titel `Personal History` gekauft. Der Autor war Vincent Sheean, ein Journalist, ein bekannter Sonderkorrespondent. Im Film ist von dem rein autobiografischen Buch nichts übriggeblieben. Eigentlich ist es ein Originaldrehbuch von Charles Bennett und mir"

(ZITATE 1: *François Truffaut* spricht gegenüber *Alfred Hitchcock* den Umstand an, dass *Mord* im Vergleich zu *Rebecca* ja fast wie ein „B-Movie" wirkte, und „Hitch" weist sofort auf den tatsächlichen Kern des Problems hin, nämlich die Besetzung der Hauptrolle mit Joel McCrea (z. B.: 1932: *Luana*, eine „erotische Inselromanze" mit Dolores del Rio von King

Vidor), den Hitchcock im Laufe derselben Konversation mit Truffaut auch als „[...] *etwas schlaff*" bezeichnet hat, wobei McCrea, was ebenso bedauerlich ist, mit Laraine Day (z. B.: 1954: *Es wird immer wieder Tag*, ein „Fliegerfilm" mit John Wayne von William A. Wellman) leider auch nicht die allerbeste „*Hitchcock Woman*" zur Seite steht; die Rolle des „US-Journalisten Johnny Jones", so wurde jedenfalls später in diversen Besprechungen des Werks „angedacht", wäre auch eine Rolle für Cary Grant gewesen; allerdings hätte Grant's „*sophistication*" dem Part im Weg gestanden, da Hitchcock für „*Foreign Correspondent*", so der Originaltitel, in gewisser Weise, glaubt man Joel McCrea, der das in diversen Interviews gesagt hat, „*eine amerikanische Sorte eines Langweilers vom Lande*" vorschwebte, für den sich Grant nun wirklich nicht geeignet hätte, denn der Brite versprühte auf der Leinwand nun mal kein, ums mit einem Songtext des großen *Randy Newman* zu sagen, „*Oh, the sun shines bright on / My Old Kentucky Home*"-Feeling; // ZITATE 2: der François Truffaut antwortende Hitchcock stellt klar, dass von der „literarischen Vorlage" zu *Mord* „so gut wie nichts übriggeblieben" ist; vorab für die Entwicklung der Story waren im Übrigen Hitchcock's Ehefrau Alma Reville sowie Joan Harrison zuständig gewesen)

„*Manchmal kann man fast sagen, dass ein Mann, der eine Achterbahn baut, ein Künstler ist. Die Steigungen und Gefälle, die er in die Achterbahn einbaut, erzeugen beim Fahrer die primitivsten und vielseitigsten Gefühle*" (Copyright: *Alfred Hitchcock*) – nun, eine „Achterbahnfahrt `with a lot of Suspense`" und zahlreichen Wendungen", lässt man das wirklich etwas störende „Besetzungsproblem" mal kurz beiseite, ist *Mord* von 1940, der es sogar auf sechs Oscar-Nominierungen brachte, auf jeden Fall geworden, denn das Werk verfügt über wirklich zahlreiche dem Hitchcock-Fan überaus vertraute Elemente wie dem „Ein Mann wird in ein Abenteuer verwickelt"-Motiv, den (erzwungenen) Wechsel von Namen & Identitäten, „*the need to trust*" beziehungsweise „das Problem des mangelnden Vertrauens zwischen Liebenden" oder die Hinterhältigkeit & Perfidie von „*spies*" oder „*espionage*".

Die gesamte Struktur des Films, der zweifellos zu den besseren „*Hollywood anti Nazi-films*" zählt, ähnelt Hitchcock's in „*Great Britain*" entstandenem Meisterwerk *Die 39 Stufen* (1935) und nimmt auch die ellipsenartige Struktur von „*great adventure movies*" des Suspense-Meisters wie *Saboteure* (1944) oder *Der unsichtbare Dritte* (1959) vorweg.

„*Wieder schwindet `ne Illusion dahin. Ich hab` Sie für einen von diesen Journalisten gehalten, die vor nichts Halt machen. Überschwemmungen, `ne Pockenepidemie, Liebe. Die Story ist* *das Wichtigste*" („Stebbins" Robert Benchley zu seinem Kollegen Joel McCrea im Londoner Büro des „New York Globe", da „Johnny Jones / Huntley Haverstock" seine nunmehrige Verlobte „Carol Fisher" für „unschuldig" und für „nicht eingeweiht in die Doppelexistenz ihres Vaters", der ein Nazi-Kollaborateur ist, hält) – zur Story: 1939. Johnny Jones, ein Zeitungsreporter des „New York Globe", der sich eigentlich mit Bandenkriminalität auseinandersetzt, wird von seinem Chef Mr. Powers nach Europa entsendet, um in London Stebbins zu ersetzen, der nach über zwei Jahrzehnten Tätigkeit für den „Globe" „etwas durch den Wind" ist (Benchley im Original zu McCrea auf einem Bahnhof: „*Let's get out of here. This crowd's making me nervous. My nerves aren't in the pink this morning*"), und um den „starken Mann Hollands", den Politiker Van Meer, zu interviewen, um herauszufinden, was in einem Abkommen steht, das Holland unlängst mit Belgien unterzeichnet hat („Mr. Powers" zu Joel McCrea in New York bezüglich „Van Meer": „*Wenn wir wüssten, was in seinem Kopf vorgeht, wüssten wir auch mehr über die europäische Lage*"). Jones, den man für seinen Europa-Trip mit einem neuen und „eleganteren" Namen, nämlich „Huntley Haverstock", ausgestattet hat, weil „Johnny Jones" „unglaubwürdig" klingt, nimmt in London Kontakt zu Van Meer auf, mit dem er dann nach einer Taxifahrt (McCrea zu Albert Bassermann im Taxi: „*Mr. Van Meer, was wird England tun, wenn die Nazis...*") an einer Veranstaltung einer „*peace organisation*" namens „Universal Peace Party" teilnimmt. Van Meer verschwindet aber plötzlich auf der Veranstaltung und gilt als „entschuldigt", Jones hingegen verliebt sich umgehend in Carol Fisher, die Tochter von Stephen Fisher, dem Kopf der „Friedensorganisation" (Dialog auf der Veranstaltung: McCrea: *„Es ist nicht weiter schlimm, wenn Sie hören, ich sei Huntley Haverstock, weil ich nämlich in Wirklichkeit Jones heiße. Wie ist Ihr Name?"* / Laraine Day: *„Mein Name ist Smith. Und es macht nichts, wenn Sie erfahren, dass ich nicht so heiße"*). Jones/Haverstock folgt Van Meer dann nach Amsterdam, wo dieser im Rahmen einer Friedenskonferenz, die im Grunde einen Tag vor dem möglichen Kriegsausbruch stattfindet, eine Rede halten soll. Van Meer wird aber vor den Augen von Jones durch einen falschen Reporter mit Fotokamera erschossen. Die anschließende Auto-Verfolgungsjagd, die Jones gemeinsam mit Carol Fisher sowie einem Kollegen namens Scott ʼffolliottʼ bestreitet („Scott ʼffolliottʼ" George Sanders zu McCrea im Auto bezüglich der tatsächlichen *Kleinschreibung* seines Namens: *„Einen meiner Vorfahren hat man unter Heinrich VIII. einen Kopf kürzer gemacht. Seine Frau hat zum Gedenken an dieses Ereignis die Großbuchstaben weggelassen.* [...]"), endet bei einem Feld mit Windmühlen, wo Jones dann herausfindet, dass Van Meer noch lebt und lediglich ein „Van-Meer-Double" erschossen wurde. Während der Attentäter von einem „Mann mit einem Rollkragenpullover" namens Mr. Krug, der der Kopf der Bande scheint, bezahlt wird, unterhält sich Jones mit Van Meer, welcher offenbar unter dem Einfluss von Drogen steht, damit er den wichtigsten Teil des Abkommens zwischen Holland & Belgien, der niemals schriftlich niedergelegt wurde und den beide Unterzeichner nur in ihrem Gedächtnis haben, preisgibt [„*Ja, die berühmte Geheimklausel, das war unser MacGuffin*" – HITCHCOCK zu TRUFFAUT]. Jones informiert im Anschluss die Polizei, die aber dann nur mehr eine weitgehend verlassene Windmühle ohne Van Meer vorfindet. Zurück in Amsterdam wird Jones schließlich von falschen Polizisten in seinem Hotelzimmer im „Hotel Europa" aufgesucht, was ihn dazu führt, sich ins Zimmer von Miss Fisher zu flüchten (McCrea: „*Hören Sie, Sie müssen mir helfen! Das ist die größte Story in Europa!*" / Laraine Day: „*Ihr kindliches Gemüt ist in Europa genauso deplatziert, wie Sie's in meinem Schlafzimmer sind*"), die ihm hilft und mit ihm gemeinsam auf einer Fähre zurück nach London reist, wobei Jones ihr auf dem Schiff sogar einen „*proposal of marriage*" macht (Dialog nach dem besagten Antrag zw. „Johnny Jones" & „Carol Fisher": McCrea: „*Na dann ist das fast so etwas wie eine Liebesszene, stimmt's?*" / Laraine Day: „*Was dagegen?*" / McCrea: „*Überhaupt nicht. Ich fühle mich wie neu geboren*" / Laraine Day: „*Hoffentlich verändert dich das nicht zu sehr. Ich hab' 'ne Weile gebraucht, mich an dich zu gewöhnen, so wie du warst*"). In London muss Jones/Haverstock dann aber erkennen, dass Carol's Vater ebenfalls zu den Verschwörern gehört und für den Feind arbeitet, denn jener „Mann mit Rollkragenpullover" aus der Windmühle in Amsterdam ist gerade zu Gast bei Fisher, als er und Carol, die in die Pläne ihres Vaters *nicht* eingeweiht ist, das Haus betreten. Kurz darauf setzen Kruger und Fisher den *„hitman"* Rowley, getarnt als „Aufpasser/Bodyguard", auf Jones an, und wenig später versucht Rowley, Johnny Jones dann von der Aussichtsplattform einer Kathedrale zu stoßen (Edmund Gwenn zu McCrea in der *„cathedral"*, bevor sie mit dem Lift rauf auf die Aussichtsplattform fahren: *„Auf dem Schild da stand, dass sie ein Requiem abhalten. So was legt sich bei mir immer aufs Gemüt. Totengebete und alles, was damit zusammenhängt.* [...]"). Statt Jones fällt aber Rowley vom Turm der Kathedrale. Johnny Jones und Scott `ffolliott` finden und befreien, nach einem kurzen Intermezzo von Johnny & Carol in Cambridge, das mit einer Enttäuschung Carols endet, in der Folge Van Meer, bevor die Fishers, Jones und wiederum `ffolliott` am Tag der Kriegserklärung von England an Deutschland mit einem Flugzeug in die Vereinigten Staaten reisen, das aber dann von einem feindlichen Schiff abgeschossen wird. Auf einer Tragfläche treibend können Jones, Miss Fisher & Co überleben und werden wenig später von einem US-Schiff aufgelesen. Nur Carol's Vater, der sich ohnehin einem Kriegsgericht stellen wollte und seiner Tochter im Flugzeug reinen Wein bezüglich seiner „Doppelexistenz" eingeschenkt hatte, stürzt sich zuvor, also: bevor die *„survivors"* dann von dem besagten *„ship"* entdeckt & gerettet werden, noch absichtlich in die Fluten, um „Platz auf der schwimmenden Flugzeugtragfläche zu machen". Der Film endet in London, wo Johnny Jones in einem *„London*

Radio Studio", während die Stadt bombardiert wird, eine flammende „*Keep your lights burning, America!*"-Rede hält, die die „United States" sozusagen zur „Wachsamkeit" und zum „Überdenken der Neutralität" auffordert.

„*Und was ist mit Hitler? Halten Sie's nicht für eine gute Idee, ihn auszuquetschen? Irgendwas denkt er sich doch bestimmt auch*" („Johnny Jones" zu „Mr. Powers" in den Räumlichkeiten des „New York Globe") – der Film wurde seinerzeit, auch in den Vereinigten Staaten, als „Propaganda" eingestuft, aber Hitchcock hat mit *Mord* grundsätzlich keine „oberflächliche Kriegsreklame" abgeliefert, auch wenn Hitler's Propaganda-Minister und „Filmbeauftragter" Joseph Goebbels in dem Hitchcock-Werk naturgemäß so etwas wie „perfekte Propaganda der Gegenseite" sah, die ihre Wirkung auf die Massen nicht verfehlen würde.

Mord zählt sicherlich zu den unterschätztesten Filmen des „Meisters der Suspense", aber er ist sogar einer der „*most visually intensive of Hitchcock's works*", und Anteil daran hat sicherlich auch das Set-Design des Werks, für das der große William Cameron Menzies, der Produktionsdesigner von „*Gone with the Wind*", zuständig war, denn egal, ob der Film gerade im New Yorker Büro des „Globe" spielt oder in den Hotels in London oder in Amsterdam oder bei den beeindruckenden und „unheimlichen" Windmühlen oder in dem großartigen „klaustrophobischen" Cockpit, das bei dem spektakulären „*airplane crash in the sea*" zu sehen ist, die Sets sind allesamt brillant und je nach „erforderter Stimmung" auch bedrohlich oder „angsteinflößend".

„*It can't be an optical illusion / So how can you explain / Shadows in the rain, oh*" (Copyright: *The Police*) – den besagten Flugzeugabsturz hatte man seinerzeit im Originaltrailer sogar als „*most thrilling scene ever filmed*" bezeichnet, aber das *wahre* visuelle Highlight ist, jedenfalls für mich persönlich, nicht diese veritable und großartige Action-Szene, sondern die Regen-Szene vor der „*town hall*" in Amsterdam, in welcher der Attentäter, der zuvor das „Van-Meer-Double" auf der großen Treppe erschossen hat, durch eine „*crowd*" hindurch, die mit Hunderten von Regenschirmen ausgestattet ist, flüchtet, denn aufgrund der „*bobbing umbrellas*" kann man genau den Fluchtweg des „*murderer*" erkennen.

DAS ENDE